📖 Die Bonus-Seite

Ihr Vorteil als Käufer dieses Buches

Auf der Bonus-Webseite zu diesem Buch finden Sie zusätzliche Informationen und Services. Dazu gehört auch ein kostenloser **Testzugang** zur Online-Fassung Ihres Buches. Und der besondere Vorteil: Wenn Sie Ihr **Online-Buch** auch weiterhin nutzen wollen, erhalten Sie den vollen Zugang zum **Vorzugspreis**.

So nutzen Sie Ihren Vorteil

Halten Sie den unten abgedruckten Zugangscode bereit und gehen Sie auf **www.galileodesign.de**. Dort finden Sie den Kasten **Die Bonus-Seite für Buchkäufer**. Klicken Sie auf **Zur Bonus-Seite/Buch registrieren**, und geben Sie Ihren **Zugangscode** ein. Schon stehen Ihnen die Bonus-Angebote zur Verfügung.

Ihr persönlicher **Zugangscode**

zudf-kcxm-ev6b-nh3q

Robert Klaßen

Photoshop Elements 11
Der praktische Einstieg

Liebe Leserin, lieber Leser,

Sie haben sich Photoshop Elements 11 gekauft, weil Sie Ihre Digitalfotos schnell und einfach organisieren und bearbeiten wollen? Dann haben Sie eine gute Wahl getroffen! Denn Elements bietet Ihnen wirklich alles, um aus Ihren Bildern das Beste herauszuholen. Man muss nur wissen, wie! Genau dafür wurde dieses Buch geschrieben. Es richtet sich an alle, die leidenschaftlich gerne fotografieren, die gerne kreativ sind und die sich nicht mit einfachen Schnappschüssen zufriedengeben.

Robert Klaßen zeigt Ihnen, wie Sie schiefe Horizonte gerade rücken, Farben intensivieren, Kontraste verbessern u. v. m. Er führt Sie Schritt für Schritt in die Welt der Bildbearbeitung ein und vermittelt dabei auch wichtiges Grundlagenwissen. So können Sie das Gelernte anschließend auch auf Ihre eigenen Foto-Projekte übertragen. Zum Kennenlernen der vielen verschiedenen Funktionen und Werkzeuge können Sie das Beispielmaterial von der DVD verwenden oder Ihre eigenen Fotos nutzen. Über 70 Workshops zeigen Ihnen ganz genau, wie Sie vorgehen müssen, um eine bestimmte Aufgabe zu bewältigen. Dabei geht es natürlich nicht immer nur um die Fehlerkorrektur oder Retusche – auch in Sachen Fotomontage bietet die Adobe-Software einiges. Effektvollen Fotos und individuellen Designs steht also nichts mehr im Wege!

Nun bleibt mir noch, Ihnen viel Spaß beim Entdecken von Photoshop Elements 11 zu wünschen. Sollten Sie Anregungen, Fragen oder Kritik zum Buch haben, so freue ich mich über Ihre Nachricht.

Ihre Katharina Geißler
Lektorat Galileo Design
katharina.geissler@galileo-press.de

www.galileodesign.de
Galileo Press • Rheinwerkallee 4 • 53227 Bonn

Auf einen Blick

1	Einleitung	17
2	Fotos verwalten – der Organizer	23
3	Schnellkorrektur und Assistenten kennenlernen	75
4	Die Grundfunktionen des Fotoeditors	105
5	Grundlegende Arbeitstechniken	125
6	Auswahlen und Freistellungen in der Praxis	175
7	Bilder ausrichten und Verzerrungen korrigieren	217
8	Farben eindrucksvoll nachbearbeiten	249
9	Beleuchtung und Schärfe korrigieren	287
10	Retusche – nicht nur für Profis	341
11	Camera-Raw-Dateien bearbeiten	363
12	Bilder drucken und präsentieren	379

Wir hoffen sehr, dass Ihnen dieses Buch gefallen hat. Bitte teilen Sie uns doch Ihre Meinung mit. Eine E-Mail mit Ihrem Lob oder Tadel senden Sie direkt an die Lektorin des Buches: *katharina.geissler@galileo-press.de*. Im Falle einer Reklamation steht Ihnen gerne unser Leserservice zur Verfügung: *service@galileo-press.de*. Informationen über Rezensions- und Schulungsexemplare erhalten Sie von: *julia.mueller@galileo-press.de*.

Informationen zum Verlag und weitere Kontaktmöglichkeiten finden Sie auf unserer Verlagswebsite *www.galileo-press.de*. Dort können Sie sich auch umfassend und aus erster Hand über unser aktuelles Verlagsprogramm informieren und alle unsere Bücher versandkostenfrei bestellen.

An diesem Buch haben viele mitgewirkt, insbesondere:

Lektorat Katharina Geißler
Korrektorat Angelika Glock, Ennepetal
Herstellung Vera Brauner
Layout Janina Brönner, Vera Brauner
Einbandgestaltung Janina Conrady
Coverbild iStockphoto: 7640571 © Nikada, 13368946 © Nikada, 14488388 © Frank Leung, 17572623 © 4X-image, 18616734 © Anastasy Yarmolovich, 20568911 © Todd Niemann, 12540045 © Manuel Gutjahr
Satz SatzPro, Krefeld
Druck Himmer AG, Augsburg
Fotos im Buch © 2013 Robert Klaßen und Lizenzgeber. Alle Rechte vorbehalten.
Alle in diesem Buch und auf dem beiliegenden Datenträger zur Verfügung gestellten Bilddateien sind ausschließlich zu Übungszwecken in Verbindung mit diesem Buch bestimmt. Jegliche sonstige Verwendung bedarf der vorherigen, ausschließlich schriftlichen Genehmigung des Urhebers.

Dieses Buch wurde gesetzt aus der Linotype Syntax (9,5 pt/13,75 pt) in Adobe InDesign CS6. Gedruckt wurde es auf matt gestrichenem Bilderdruckpapier (115 g/m^2).

Der Name Galileo Press geht auf den italienischen Mathematiker und Philosophen Galileo Galilei (1564–1642) zurück. Er gilt als Gründungsfigur der neuzeitlichen Wissenschaft und wurde berühmt als Verfechter des modernen, heliozentrischen Weltbilds. Legendär ist sein Ausspruch *Eppur si muove* (Und sie bewegt sich doch). Das Emblem von Galileo Press ist der Jupiter, umkreist von den vier Galileischen Monden. Galilei entdeckte die nach ihm benannten Monde 1610.

Bibliografische Information der Deutschen Nationalbibliothek:
Die Deutsche Nationalbibliothek verzeichnet diese Publikation in der Deutschen Nationalbibliografie; detaillierte bibliografische Daten sind im Internet über *http://dnb.d-nb.de* abrufbar.

ISBN 978-3-8362-2015-6
1. Auflage 2013
© Galileo Press, Bonn, 2013

Das vorliegende Werk ist in all seinen Teilen urheberrechtlich geschützt. Alle Rechte vorbehalten, insbesondere das Recht der Übersetzung, des Vortrags, der Reproduktion, der Vervielfältigung auf fotomechanischem oder anderen Wegen und der Speicherung in elektronischen Medien.

Ungeachtet der Sorgfalt, die auf die Erstellung von Text, Abbildungen und Programmen verwendet wurde, können weder Verlag noch Autor, Herausgeber oder Übersetzer für mögliche Fehler und deren Folgen eine juristische Verantwortung oder irgendeine Haftung übernehmen.

Die in diesem Werk wiedergegebenen Gebrauchsnamen, Handelsnamen, Warenbezeichnungen usw. können auch ohne besondere Kennzeichnung Marken sein und als solche den gesetzlichen Bestimmungen unterliegen.

Inhalt

1 Einleitung

1.1	Ein Workshop für Sie – jetzt sofort!	18

2 Fotos verwalten – der Organizer

2.1	**Den Organizer starten**	24
	Das Archiv	25
	Erststart	25
2.2	**Vorhandene Datenbestände aktualisieren**	26
	Organizer updaten	26
	Fotos aus iPhoto laden (Mac)	28
2.3	**Fotos in den Organizer aufnehmen**	29
	Fotos laden und anzeigen	29
	Ansicht nach dem Import	31
	Fotos per Drag & Drop integrieren	33
	Der Adobe-Foto-Downloader	33
	Ordner überwachen (nur Windows)	37
2.4	**Den Organizer-Bestand sichern**	38
	Nur Fotos sichern	38
	Den kompletten Katalog sichern	40
	Katalog wiederherstellen	41
2.5	**Die Ansichtsoptionen der Organizer-Oberfläche**	42
	Dateinamen ein- und ausblenden	42
	Miniaturgröße	43
	Fotos drehen	43
2.6	**Bildeigenschaften und Metadaten**	44
	Bilddateien benennen	44
	Datum und Uhrzeit ändern	45
	Vollständige Metadaten anzeigen	45

Inhalt

2.7	Vollbildschirm und Vergleichsansicht	46
	Vollbildschirm	46
	Vergleichsansicht	48
2.8	Fotos ordnen und kennzeichnen	50
	Fotostapel	50
	Alben erstellen	51
	Stichwort-Tags	53
	Importierte Stichwort-Tags	57
	Bild-Tags vergeben	57
	Personenerkennung	57
	Orte hinzufügen	62
2.9	Motiv-Suche	66
	Suche nach visueller Ähnlichkeit	66
	Objektsuche	67
	Doppelte Fotos suchen	68
2.10	Fotos weiter verarbeiten	70
	Korrekturen im Organizer	70
	Automatische Analyse	71
	Vom Organizer zum Fotoeditor	71
	Versionssätze erzeugen	72

3 Schnellkorrektur und Assistenten kennenlernen

3.1	Die Arbeitsoberfläche der Schnellkorrektur	76
	Schnellkorrektur-Werkzeuge	77
	Werkzeug zurücksetzen	80
	Ansichten	80
3.2	Bildbearbeitung in der Schnellkorrektur	82
	Bedienung der Korrekturelemente	83
	Feineinstellungen vornehmen	84
	Korrektur verwerfen	85
3.3	Automatische Schnellkorrektur	85

3.4	Dunkle Fotos schnell aufhellen	88
	Tonwert und Kontrast korrigieren	88
3.5	Farbe schnell korrigieren	91
3.6	Balance beeinflussen	92
3.7	Bildschärfe korrigieren	93
3.8	Rote-Augen-Effekt entfernen	94
3.9	Mit dem Assistenten arbeiten	97
	Pop-Art-Effekt	98
	Lomo-Effekt	100
	Orton-Effekt	102
	Neue Wege der Bildbearbeitung	104

4 Die Grundfunktionen des Fotoeditors

4.1	Photoshop Elements startklar machen	106
	Der Startbildschirm	106
4.2	Die Fotoeditor-Oberfläche	107
	Optionsleiste und Fotobereich	109
	Die Werkzeugleiste	110
4.3	Die Bedienfelder im Expertenmodus	111
	Der Bedienfeldbereich	111
	Das Bedienfeldmenü	111
	Weitere Bedienfelder einblenden	112
	Bedienfelder individuell zusammenstellen	113
	Register sortieren	114
	Standardansicht wiederherstellen	115
	Das Navigator-Bedienfeld	115
4.4	Dateien öffnen, erstellen und schließen	116
	Dateien öffnen	116
	Zuletzt verwendete Dateien öffnen	116
	Mehrere Dateien öffnen	117
	Dateien schließen	119
	Eine neue Bilddatei erstellen	119

Inhalt

4.5	Dateien speichern	121
	Organizer-Dateien speichern	121
4.6	Das Rückgängig-Protokoll	122

5 Grundlegende Arbeitstechniken

5.1	Auswahlen erstellen	126
	Auswahlwerkzeuge: Rechteck und Ellipse	126
	Farben für eine Auswahl	128
	Auswahlkombinationen	129
	Weiche Auswahlkante erzeugen	130
	Auswahl glätten	131
	Auswahlarten	131
	Auswahl aufheben	131
	Auswahl umkehren	132
	Lasso-Werkzeuge	132
	Zauberstab	133
	Auswahlpinsel	135
	Schnellauswahl-Werkzeug	137
	Verschieben-Werkzeug	137
5.2	Farben	138
	Farben am Bildschirm	139
	Farben ausdrucken	139
5.3	Mit Buntstift und Pinsel arbeiten	140
	Mit dem Buntstift malen	140
	Mit dem Pinsel malen	142
5.4	Ebenen	142
	Neue Ebene erzeugen	143
	Hintergrund und Ebene	143
5.5	Weitere Ebenenoptionen	151
	Ebenen verschieben	151
	Ebenen ausrichten und verteilen	152
	Ebenen verbinden	153
	Ebenen löschen	154
	Weitere Funktionen des Ebenen-Bedienfelds	154

5.6	Montage mit Füllmethoden	156
5.7	Montage mit Ebenenmasken	162
	Und der Radiergummi?	167
	Wann malen und wann maskieren?	167
	Was passiert beim Verschieben?	168
5.8	Mit Text arbeiten	168
	Text auf Pfad	168
	Text auf Auswahl	172
	Text auf Form	173
	Dateien mit Text weitergeben	174

6 Auswahlen und Freistellungen in der Praxis

6.1	Auswahl- und Freistelltechniken	176
	Mit Auswahl-Grundformen arbeiten	176
	Mit dem Schnellauswahl-Werkzeug arbeiten	181
	Komplexe Freistellungen	185
	Weitere Kantenoptionen	192
6.2	Freistellungen auf Maß	192
	Individuelle Maßeinheiten	194
	Fotoverhältnis verwenden	195
	Direkt freistellen	199
6.3	Bildgröße und Arbeitsfläche ändern	200
	Bildgröße ändern	200
	Bildgröße in Serie ändern	201
	Weitere Stapelverarbeitungen	203
	Größe der Arbeitsfläche ändern	204
6.4	Fotos neu zusammensetzen	210
	Mit dem Assistenten zusammensetzen	210
	Beim Zusammensetzen strecken	214

7 Bilder ausrichten und Verzerrungen korrigieren

7.1	Bilder gerade ausrichten – Teil I	218
	Das Gerade-ausrichten-Werkzeug	218
	Optionen des Gerade-ausrichten-Werkzeugs	221
	Mit dem Assistenten begradigen	222
7.2	Perspektive korrigieren	223
	Stürzende Linien korrigieren	223
	Transformationsoptionen	227
	Perspektivische Verzerrung	228
	Das Raster anpassen	228
	Hilfslinien	229
7.3	Bilder gerade ausrichten – Teil II	230
7.4	Photomerge: Panoramen erstellen	233
	Layout-Einstellungen	237
7.5	Out-of-Bounds	238
	Editierbarkeit eines Out-of-Bounds-Fotos	243
7.6	Bilderstapel erstellen	244

8 Farben eindrucksvoll nachbearbeiten

8.1	Farbveränderungen im gesamten Bild	250
	Fotos farblich verfremden	250
	Fotos farblich korrigieren	253
	Farbton und Sättigung verändern	255
	Farbstiche entfernen	258
8.2	Punktuelle Farbveränderungen	260
	Anspruchsvollere Farbveränderungen	264
	Die Funktion »Farbe ersetzen«	269
	Hauttöne korrigieren	275
8.3	Schwarzweißbilder erstellen	281
	Bilder schnell entfärben	281
	Option »In Schwarzweiß konvertieren«	282
	Farbkurven anpassen	285
	Zu guter Letzt: Graustufenmodus einstellen	286

9 Beleuchtung und Schärfe korrigieren

9.1	Dunkle Bilder aufhellen	288
	»Helligkeit/Kontrast« vs. »Tiefen/Lichter«	288
	Mit Füllmethoden aufhellen und abdunkeln	294
	Tiefen/Lichter- oder Füllmethoden-Korrektur?	297
9.2	Kontraste bearbeiten mit Farbkurven	298
9.3	Helle Bilder abdunkeln	300
	Mit Füllmethoden abdunkeln	300
	Hilfsmittel zur Beleuchtungskorrektur: Masken	302
9.4	Abwedeln und Nachbelichten	306
	Was ist zu tun, wenn der Pinsel nicht mehr reagiert?	310
	Die Werkzeuge Abwedler und Nachbelichter	310
9.5	Tonwerte korrigieren	311
	Arbeiten mit der Tonwertkorrektur	311
	Direkte Tonwertkorrektur	313
	Einstellungsebenen zur Tonwertkorrektur verwenden	315
	Schnittmasken erstellen	316
9.6	Bilder scharfzeichnen	321
	Unscharf maskieren	321
	Schärfe einstellen	324
9.7	Bilder weichzeichnen	325
	Schärfentiefe verändern	325
	Weichzeichnung mit dem Assistenten	329
	Tilt-Shift	335
	Bewegungsunschärfe	338
	Die Werkzeuge Weichzeichner und Scharfzeichner	340

10 Retusche – nicht nur für Profis

10.1	Der Kopierstempel	342
	Funktionsweise des Kopierstempels	342
	Bildbereiche klonen	344
	Mit Ebenen klonen	347

10.2	Retusche	348
	Der Reparatur-Pinsel	348
	Der Bereichsreparatur-Pinsel	348
	Inhaltsbasierte Retusche	351
10.3	Porträts korrigieren	353
	Porträt-Retusche mit dem Assistenten	353
	Zähne weißen	359

Camera-Raw-Dateien bearbeiten

11.1	Bevor Sie mit Camera Raw arbeiten	364
	Unterschiedliche Raw-Formate	364
	Raw-Fotos öffnen	365
	Der DNG Converter	365
	Andere Formate im Raw-Dialog bearbeiten	366
11.2	Erste Schritte mit Camera Raw	367
11.3	Beleuchtung und Farbe in Camera Raw angleichen	372
	Wichtige Raw-Grundeinstellungen im Überblick	376
11.4	Stapelverarbeitung in Camera Raw	376
	Mehrere Fotos öffnen	376
	Mehrere Fotos bearbeiten	377
	Fotos bewerten	378

Bilder drucken und präsentieren

12.1	Bilder für den Druck vorbereiten	380
	Auflösung überprüfen	380
	Bildgröße oder Auflösung ändern	381
	Datei vergrößern, Qualitätsverluste minimieren	382
	Bildfläche vergrößern	383
12.2	Dateien drucken	383
	Ein einzelnes Foto drucken	383
	Mehrere Fotos drucken	386
	Erweiterte Funktionen	387

12.3	Grußkarten, Bildband oder Kalender erstellen und drucken	388
12.4	Diashow (nur Windows)	393
	Andere Formate einstellen	408
	Datei für Premiere Elements vorbereiten	409

Die DVD zum Buch 411

Index 413

Video-Lektionen

Auf der Buch-DVD finden Sie einige Video-Lektionen aus dem Video-Training »Photoshop Elements 11 für digitale Fotografie« von Alexander Heinrichs (ISBN 978-3-8362-2002-6). Diese Video-Lektionen wurden ausgewählt, um wichtige Themen aus dem Buch weiter zu vertiefen.

Photoshop Elements 11 kennenlernen
1.1 Die Benutzeroberfläche (10:11 Min.)
1.2 Tipps und Voreinstellungen (05:39 Min.)
1.3 Der Organizer (09:31 Min.)

Perfekte Foto-Organisation
2.1 Fotos von der Kamera importieren (08:14 Min.)
2.2 Bilder richtig organisieren (04:27 Min.)
2.3 Die Gesichtserkennung nutzen (06:37 Min.)

Bilder korrigieren und optimieren
3.1 Bilder optimieren im Schnellmodus (06:15 Min.)
3.2 Bildrauschen entfernen (04:45 Min.)
3.3 Sattgrüne Landschaften erschaffen (07:50 Min.)

Workshops

Fotos verwalten – der Organizer

Beispieldateien von der DVD integrieren	29
Fotos von einer Speicherkarte importieren	34
Ein Album erstellen	51
Stichwort-Tags zuweisen	54
Personen-Fotos ausfindig machen	58
Orte zuweisen	62

Schnellkorrektur und Assistenten kennenlernen

Fotos drehen und automatisch korrigieren	85
Kontraste mit der Schnellkorrektur korrigieren	89
Rote Augen entfernen	94
Pop-Art mit dem Assistenten erzeugen	98
Lomo-Effekt für Ihre Fotos	100
Orton-Effekt erzeugen	102

Grundlegende Arbeitstechniken

Einen Auswahlbereich erstellen	127
Einen Himmel austauschen	144
Eine Bildkomposition aus mehreren Ebenen gestalten	156
Fotos mit Ebenenmasken kombinieren	163
Text auf Pfad platzieren	169

Auswahlen und Freistellungen in der Praxis

Ein eigenes Bild-Logo erstellen	176
Eine Orange mit dem Schnellauswahl-Werkzeug freistellen	182
Ein Porträt freistellen	185
Auswahlkanten verbessern	189
Gleiche Abmessungen für mehrere Bilder	192
Freistellen nach Drittelregel	196
Automatische Größenänderung mehrerer Fotos	201
Eine selbst gemachte Postkarte	204
Eine Person durch Verschiebung der Arbeitsfläche entfernen	211

Bilder ausrichten und Verzerrungen korrigieren

Ein Bild gerade ausrichten	218

Perspektive durch Verzerren korrigieren 223
Bilder gerade ausrichten (und freistellen) 230
Panoramabild einer Landschaft erstellen 233
Bildelemente aus dem Rahmen laufen lassen 238
Ein Foto in Teilbereiche zerlegen und
mit Bilderrahmen versehen 244

Farben eindrucksvoll nachbearbeiten

Ein Bild mit den Farbvariationen verfremden 250
Farben mit dem Assistenten verbessern 253
Farbstich per Mausklick entfernen 258
Einen Leuchtturm umfärben 260
Die Augenfarbe ändern 264
Farben mit dem Smartpinsel ersetzen 269
Die Farbe der Kleidung ersetzen 271
Hauttöne korrigieren mit »Farbe für Hautton anpassen« 275
Hauttöne manuell korrigieren 278
Bilder schnell entfärben und konvertieren 281
Bilder in Schwarzweiß konvertieren 283

Beleuchtung und Schärfe korrigieren

Helligkeit/Kontrast erhöhen 288
Mit »Tiefen/Lichter« aufhellen 290
Beleuchtung komplett korrigieren 292
Fotos schnell aufhellen 295
Kontraste verbessern 298
Teint abdunkeln 301
Teint abdunkeln, ohne die Haare zu verändern 302
Fassade aufhellen 307
Grauschleier entfernen 311
Tonwerte auf der Original-Ebene anpassen 314
Tonwerte auf einzelne Ebenen anwenden 316
Bilder schärfen 321
Einen unscharfen Hintergrund erzeugen 325
Weichzeichnung des Hintergrunds ändern 328
Tiefenunschärfe mit dem Assistenten erzeugen 329
Einfache Weichzeichnung mit dem Assistenten 333
Einen Schärfeverlauf erzeugen 336
Einen stehenden Zug zum Fahren bringen 338

Retusche – nicht nur für Profis

Einen Schmetterling klonen	344
Störende Bildelemente verschwinden lassen	349
Komplexe Strukturen retuschieren	351
Porträt-Retusche mit dem Assistenten	353
Zähne wieder weiß machen	360

Camera-Raw-Dateien bearbeiten

Farbtemperatur korrigieren und das Bild als Digital-Negativ speichern	367
Raw-Bilder nachbearbeiten	372

Bilder drucken und präsentieren

Eine Grußkarte erstellen	388
Eine eigene Diashow erstellen I (Vorbereitungen)	394
Eine eigene Diashow erstellen II (Medien integrieren)	396
Eine eigene Diashow erstellen III (Überblendungen bearbeiten)	399
Eine eigene Diashow erstellen IV (Sound bearbeiten)	401
Eine eigene Diashow erstellen V (Cliparts und Text hinzufügen)	403
Eine eigene Diashow erstellen VI (Kamerafahrten erzeugen)	404
Eine eigene Diashow erstellen VII (Diashow ausgeben)	406

Einleitung

1 Einleitung

Wissen Sie, was ich an manchen Büchern mitunter ein wenig »suboptimal« finde? Ellenlange Vorworte und minutiöse Erklärungen, die allesamt wenig bis gar nichts mit dem eigentlichen Thema zu tun haben. Aus diesem Grund haben wir das Vorwort ganz einfach weggelassen. Stattdessen gibt es gleich zu Beginn dieses Buches ein vollwertiges Kapitel – mit allem Drum und Dran – inklusive Workshop!

1.1 Ein Workshop für Sie – jetzt sofort!

Dieses klitzekleine Kapitel soll Ihnen ermöglichen, direkt voll in die Arbeit mit Photoshop Elements 11 einzusteigen. Sie werden in nur fünf Schritten eine funkelnagelneue Technik kennenlernen, einen coolen Bildeffekt realisieren und ganz nebenbei noch ein paar Dinge über dieses Buch erfahren. Während Sie den Workshop durcharbeiten, erzähle ich Ihnen, was Sie über diese Lektüre wissen müssen. Ich halte mich kurz. Versprochen.

Schritt 1: Photoshop Elements vorbereiten | Starten Sie Photoshop Elements. Sobald sich der Startbildschirm zeigt, klicken Sie auf Fotoeditor ❶.

Abbildung 1.1 ▶
Ein Klick bringt Sie in den Fotoeditor.

Ein Workshop für Sie – jetzt sofort! 1.1

Tastaturbefehle | Leider wissen wir nicht, ob Sie einem Windows- oder Mac-Betriebssystem Ihr Vertrauen schenken. Deswegen sind in diesem Buch die Tastenkombinationen, sofern möglich, für beide Plattformen angebracht. Da steht dann z. B.: »Drücken Sie [Strg]/[cmd]+[Z].« Das bedeutet, dass Sie als Windows-Benutzer [Strg]+[Z] drücken müssen, während Sie am Mac [cmd]+[Z] betätigen. Ist das nicht ein ausgeklügeltes System? (Die erwähnte Tastenkombination macht übrigens den zuletzt ausgeführten Befehl rückgängig.)

Schritt 2: Ansicht ändern | Das hätten wir also geklärt. Nun sollte Photoshop Elements geöffnet sein. Klicken Sie bitte in der silbergrauen Leiste ganz oben auf EXPERTE ❷. Ja, keine Sorge. In der Expertenansicht wird auch nur mit Wasser gekocht.

▲ Abbildung 1.2
Guten Mutes wechseln wir gleich zur Expertenansicht.

Was erwartet mich in diesem Buch? | Dieses Buch zeigt zahlreiche, wenngleich nicht alle Techniken auf, die mit Photoshop Elements möglich sind. Dazu ist das Programm viel zu komplex. Es zeigt aber, wie Sie mit der Software kreativ arbeiten können. Ich präsentiere nicht einfach nur Klick-Reihenfolgen, sondern möchte Ihnen fundierte Strategien an die Hand geben. So wird es Ihnen schnell gelingen, Ihre Fotos richtig einzuschätzen, den Korrekturbedarf zu erkennen und eine effektive Vorgehensweise zu wählen.

Schritt 3: Bild öffnen | Öffnen Sie bitte das Beispielfoto »Einstieg.jpg«. Sie finden es im Ordner BEISPIELDATEIEN der beiliegenden DVD. Am besten, Sie importieren es gleich auf Ihren Rechner. Danach muss es irgendwie in Photoshop Elements bereitgestellt werden. Entscheiden wir uns doch für den einfachsten Weg: Ziehen Sie das Beispielfoto mit gedrückter linker Maustaste in den mittelgrauen Bereich der Anwendung. Dort angekommen, lassen Sie los. – (Genauso lässt es sich übrigens von der DVD auf Ihren PC übertragen.) Das läuft ja super.

1 Einleitung

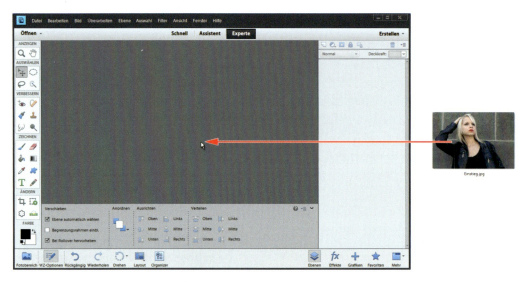

▲ **Abbildung 1.3**
So einfach geht das Öffnen eines Fotos in Photoshop Elements.

Abbildung 1.4 ▶
Dieses Foto soll bearbeitet werden.

Alle Beispieldateien finden Sie im Ordner Beispieldateien.

Die Beispielfotos | Ach ja, wo wir gerade beim Thema Bilder sind: Der besagte DVD-Ordner ist prall gefüllt mit tollen und vor allem »fehlerhaften« Fotos, die alle von Ihnen korrigiert werden wollen. Insgesamt sind es über 60. Hinzu kommen noch mal fast genauso viele Ergebnisfotos, anhand derer Sie direkt vergleichen können, ob Sie den Workshop richtig gemacht haben. Warum nur »fast« genauso viele? Nun, weil in einigen Workshops zwei Fotos miteinander kombiniert werden. Dann gibt es davon natürlich nur »ein« Ergebnis. Trotzdem: Sie werden sehen, es macht viel Spaß, mit diesem Material zu arbeiten.

Ein Workshop für Sie – jetzt sofort! **1.1**

◄ **Abbildung 1.5**
Diese und viele weitere Fotos gibt's zum Üben dazu.

Hat der Autor die alle selbst geknipst?

Gut, dass Sie danach fragen. Nein, ich habe nicht alle Fotos selbst gemacht. Vielmehr haben eifrige Fotografinnen und Fotografen auf beeindruckende Weise zum Fundus beigetragen. Deshalb gilt mein besonderer Dank auch Steffi Ehrentraut, Renate Klaßen, Leszek Schluter (in alphabetical order) sowie den aktiven Usern von *fotolia.de* und *pixelio.de*. Und meiner geschätzten Galileo-Lektorin, Katharina Geißler, mit der ich nun schon seit vielen Jahren jede Menge schöne Bücher machen darf, gilt an dieser Stelle mein besonderer Dank.

Schritt 4: Aktionen-Palette öffnen | Sie werden jetzt Zeuge einer ganz beeindruckenden Neuerung in Photoshop Elements 11. Die Rede ist von der Aktionen-Palette, die es wirklich in sich hat. Die wird Ihnen sicher gefallen. Um sie zu öffnen, klicken Sie unten rechts auf die kleine Dreieck-Schaltfläche ❶ (neben Mehr) und betätigen danach Aktionen ❷. Einfach, oder?

◄ **Abbildung 1.6**
Sie benötigen die Aktionen-Palette.

Fehler gefunden? | Eines wollte ich noch schnell loswerden: Sollten Sie an irgendeiner Stelle dieses Buches einen Fehler finden oder etwas vermissen, teilen Sie mir das bitte per Mail mit (*info@dtpx.de*), oder benutzen Sie das Kontaktformular auf *www.dtpx.de*. Bitte haben Sie aber Verständnis dafür, dass ich in diesem Zusammenhang keinen technischen Support leisten werde.

1 Einleitung

Was ist eine Aktion?

Eine Aktion ist eine Aneinanderreihung von einzelnen Bearbeitungsschritten. Die Liste aller Einzelaktionen wird mit einem Klick auf ❶ »abgearbeitet« und führt so zu einem Gesamtergebnis im Foto. – Übrigens gibt es in diesem Buch zahllose solcher Info-Kästen, die für zusätzliche Infos sorgen.

Schritt 5: Aktion zuweisen | Setzen Sie jetzt bitte einen Mausklick auf die Zeile VERBLASSTE TINTE MIT VIGNETTE ❷. Danach klicken Sie auf die Play-Schaltfläche ❶. Lehnen Sie sich genüsslich zurück, und beobachten Sie, wie Photoshop Elements die weitere Arbeit für Sie erledigt. (Obwohl: Das geht so schnell, dass das Ergebnis wohl vorliegt, noch ehe Sie die Rückenlehne erreicht haben.)

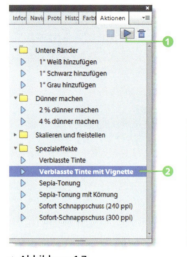

▲ **Abbildung 1.7**
Nach Auswahl der Aktion wird diese mit Klick auf die Play-Schaltfläche ausgeführt.

▲ **Abbildung 1.8**
Das fertige Ergebnis weist einen coolen und effektvollen Look auf.

So, das war's schon. Ich hoffe, dieser kleine Einstieg hat Ihnen gefallen. Ist doch wirklich besser als ein herkömmliches Vorwort, oder? – Wenn Sie an weiteren spannenden Workshops interessiert sind, greifen Sie zu bzw. blättern Sie weiter. Jedenfalls wünsche ich Ihnen viel Spaß mit »Photoshop Elements 11 – Der praktische Einstieg« und hoffe, dass Ihnen dieses Buch einen leichten und unterhaltsamen Weg in die kreative Bildbearbeitung gibt.

Herzlichst
Ihr Robert Klaßen

Fotos verwalten – der Organizer

Fotos mit System archivieren

- Wie werden Fotos in den Organizer integriert?
- Wie kann ich meine Fotos in Alben ablegen?
- Wie kann ich gezielt nach Fotos suchen?
- Wie füge ich Aufnahmeorte hinzu?
- Wie gebe ich Fotos an den Fotoeditor weiter?

2 Fotos verwalten – der Organizer

»Ordnung ist das halbe Leben!« Wie oft schon haben wir diesen Satz gehört. Wer aber keine halben Sachen mag, der greift zu einer Archivierungssoftware. Und diese wird mit der Installation von Photoshop Elements 11 gleich mitgeliefert – in Form des Organizers (sowohl für Windows- als auch für Mac-Anwender). Die Applikation kann übrigens weitaus mehr, als nur Bilder, Videos oder Musik archivieren. Überzeugen Sie sich selbst …

2.1 Den Organizer starten

Früher war das ja alles viel einfacher. Man hatte jede Menge Fotos und einen riesigen Schuhkarton. Deckel auf – Fotos rein – Deckel zu. So einfach konnte Archivieren sein. Und heute? Heute ist das auch nicht wirklich anders. Organizer bzw. Bridge auf – Fotos rein – Deckel zu! Ach, wäre doch alles so leicht …

Um dennoch zu beleuchten, wo die Unterschiede zwischen Schuhkarton und Adobe-Software liegen, starten Sie Photoshop Elements und wählen vom Startbildschirm aus ORGANIZER ❶.

Einstellungen

Ganz oben rechts im Startbildschirm finden Sie hinter dem Zahnrad-Symbol ❷ wichtige Einstellungen. Ein Mausklick darauf lässt eine Änderung der Startoptionen zu. So können Sie beispielsweise festlegen, dass nach dem Programmstart grundsätzlich der Organizer oder der Fotoeditor gestartet werden soll. Von Hause aus ist die Anwendung so eingestellt, dass stets der Startbildschirm aufgerufen wird.

Abbildung 2.1 ▶
Im Startbildschirm entscheiden Sie sich für ORGANIZER, um ins Bildarchiv zu gelangen.

Das Archiv

Der Organizer öffnet sich als eigenständiges Fenster. Betrachten Sie bitte den gerade geöffneten Bereich stets als eigenständige Anwendung. Er agiert zunächst einmal vollkommen losgelöst vom Fotoeditor, der das Herzstück Ihrer Bildbearbeitungssoftware ist (dazu später mehr). Der Organizer ist lediglich ein Archiv, das allerdings die löbliche Eigenschaft besitzt, ganz hervorragend mit dem Photoshop-Elements-Fotoeditor zusammenzuarbeiten.

Sounds

Wenn Sie den Organizer zum ersten Mal starten und nicht von einer Vorgängerversion umsteigen, sehen Sie, dass bereits Datenbestände vorhanden sind. Dabei handelt es sich um mitgelieferte Musikdateien, die beispielsweise Diashows mit musikalischer Untermalung versehen können.

Falls Sie diese Anzeige stört, gehen Sie auf Ansicht • Medientypen • Audio. (Wiederholen Sie den Schritt gegebenenfalls, um sich die Dateien wieder anzeigen zu lassen.)

▲ **Abbildung 2.2**
Sehr sachlich – die Oberfläche des Organizers

Erststart

Öffnen Sie den Organizer gerade zum ersten Mal? Dann sind Sie sicher ziemlich aufgeregt, oder? Photoshop Elements auch, denn die Anwendung will gleich alles richtig machen. Deswegen fragt sie nach, ob es etwas zu tun gibt; und zwar auf folgende Weise:

Es öffnet sich ein kleines Dialogfenster, das Ihnen beim Erstimport behilflich sein möchte (Abbildung 2.3). Sie könnten diese Hilfe annehmen, sofern Sie bereits eigene Datenbestände aufnehmen wollen. Mein Vorschlag jedoch: Lassen Sie das noch außen vor. Um den Import kümmern wir uns später. Betätigen Sie daher Abbrechen. (Sie möchten wissen, was passiert, wenn Sie auf Weiter klicken? Dann lesen Sie bitte Abschnitt 2.3, »Fotos in den Organizer aufnehmen«, auf Seite 29.)

2 Fotos verwalten – der Organizer

Abbildung 2.3 ▶
Das ist nett. Sie werden dienstbereit empfangen.

Sollte Photoshop Elements feststellen, dass Sie bereits mit einer Vorgängerversion gearbeitet haben, will es den vorhandenen Bildkatalog (also Ihr bereits in der Vorgängerversion erstelltes Fotoarchiv) integrieren. Entscheiden Sie, ob Sie das wollen, indem Sie auf JA, KONVERTIEREN ❶ gehen. Mein Tipp: Lassen Sie das noch außen vor, da Sie im folgenden Abschnitt erfahren, wie Sie die Konvertierung jederzeit selbst erledigen können. Benutzen Sie daher lieber den Button NEIN, NEU ERSTELLEN ❷.

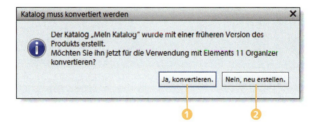

Abbildung 2.4 ▶
Vorhandene Kataloge können für Photoshop Elements 11 konvertiert werden.

Adobe Revel

Mit Photoshop Elements 11 haben Sie auch die Möglichkeit, virtuellen Speicherplatz zu erstehen. Damit sind Ihre Fotos und sonstigen Dateien überall nutzbar. Dieser Service ist für einen Testzeitraum von 30 Tagen kostenlos und schlägt anschließend mit USD 5,99 pro Monat zu Buche. Über DATEI • NACH ADOBE REVEL EXPORTIEREN oder oben rechts über WEITERGEBEN erhalten Sie weitere Informationen zu diesem Service (siehe auch *www.adoberevel.com*).

2.2 Vorhandene Datenbestände aktualisieren

Wenn Sie nach der Installation von Photoshop Elements 11 mit einem komplett neuen Datenbestand agieren wollen, wird dieser Abschnitt Sie weniger interessieren. Was aber, wenn Sie bereits eine Vorgängerversion installiert hatten und darin noch Fotos archiviert sind? Oder wenn Sie Ihre Bilder bisher (unter Mac OS X) mit iPhoto archiviert hatten? Dann wollen Sie die vorhandenen Datensätze ja bestimmt übernehmen, oder?

Organizer updaten

Sie haben soeben gesehen, dass sich beim Erststart ein Dialog öffnet, der beim »Umzug« auf die aktuelle Version behilflich ist. Zudem lassen sich alte Kataloge jederzeit importieren. Und das

2.2 Vorhandene Datenbestände aktualisieren

geht so: Gehen Sie auf Datei • Kataloge verwalten. Dadurch erreichen Sie jedoch zunächst nur, dass alle Elements 11-Kataloge angezeigt werden. Um ältere Kataloge zu erreichen, müssen Sie oben rechts auf Konvertieren ❸ gehen. Markieren Sie anschließend die betreffende Katalogzeile ❹, und klicken Sie auf Konvertieren ❺.

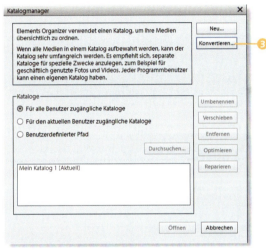

▲ **Abbildung 2.5**
Über den Katalogmanager erhalten Sie auch Zugriff auf alte Kataloge.

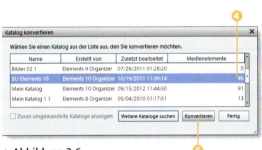

▲ **Abbildung 2.6**
Jetzt liegen sämtliche Kataloge offen.

Ganz wichtig: Der Katalog in der Vorgängerversion wird dadurch nicht beeinträchtigt. Er bleibt weiterhin in der alten Version editierbar. Das bedeutet allerdings auch, dass eventuelle Änderungen, die Sie später dort vornehmen, keinen Einfluss mehr auf den soeben konvertierten Katalog im neuen Photoshop Elements haben (und umgekehrt natürlich auch nicht). Aber genau das ist wirklich gut so, denn auf diese Art und Weise lassen sich von nun an beide Datenbestände ganz unabhängig voneinander pflegen. Was genau mit dem alten Katalog passiert ist, verrät auch die anschließende Erfolgsmeldung.

◀ **Abbildung 2.7**
Der Ursprungskatalog wird umbenannt – kann aber in der Vorgängerversion weiterhin benutzt werden.

Falls Sie sich übrigens einmal dafür interessieren, wo auf Ihrem Rechner sich die Kataloge befinden, folgen Sie doch unter Windows einmal diesem Pfad:

▶ *C:\ProgramData\Adobe\Elements Organizer\Catalogs\[Katalogname]*. Dabei müssen Sie allerdings berücksichtigen, dass der Ordner PROGRAMDATA nur angezeigt wird, wenn Sie innerhalb der Systemsteuerung (Ordneroptionen) die Option AUSGEBLENDETE DATEIEN, ORDNER UND LAUFWERKE ANZEIGEN zuvor aktiviert haben (Registerkarte: ANSICHT • ERWEITERTE EINSTELLUNGEN • VERSTECKTE DATEIEN UND ORDNER).

▶ Am Mac geht es übrigens hier lang: [BENUTZERNAME]/LIBRARY/APPLICATION SUPPORT/ADOBE/ELEMENTS ORGANIZER/CATALOGS.

Abbildung 2.8 ▶
Die Anzeige versteckter Dateien ist Voraussetzung für die Suche nach den Katalogen.

▲ **Abbildung 2.9**
So können Sie Ihren iPhoto-Datenbestand übernehmen.

Fotos aus iPhoto laden (Mac)

Sollten Sie auf Ihrem Mac vorab bereits ein Archiv mit iPhoto erstellt haben, kann das schnell übernommen und in den Organizer integriert werden. Hier sind Sie dem Windows-Benutzer gegenüber klar im Vorteil, denn unter DATEI • FOTOS UND VIDEOS LADEN verbirgt sich auch der Eintrag AUS IPHOTO. Noch einfacher geht es über IMPORTIEREN • AUS IPHOTO oben links.

2.3 Fotos in den Organizer aufnehmen

Jetzt beschäftigen wir uns mit dem Import neuer Fotos. Was halten Sie davon, wenn wir gleich die Fotos dazu verwenden, die sich auf der DVD zum Buch befinden? Ziehen Sie den gesamten Ordner BEISPIELDATEIEN der Buch-DVD zunächst an den gewünschten Speicherort auf Ihrem Rechner.

Zur Info: Sie könnten auch darauf verzichten, die Bilder vorab auf die Festplatte zu übertragen, und die Fotos direkt von der DVD aus einbinden. Das hätte jedoch entscheidende Nachteile: Wann immer Sie mit einem der Fotos arbeiten wollten, müssten Sie vorab die DVD einlegen. Außerdem ließe sich das Foto auf der DVD nicht nachspeichern, und, was noch viel schlimmer ist, der Zugriff auf das DVD-Laufwerk ist erheblich träger als der auf eine Festplatte. Übertragen Sie die Daten also lieber. Der Organizer macht im Prinzip nichts anderes, als Verweise auf die Originale anzulegen. Deshalb sollten sich Ihre Fotos idealerweise auf dem Rechner befinden.

Fotos laden und anzeigen

Doch zurück zu unseren Beispieldateien. Sobald sich alle Dateien auf der Festplatte befinden, können diese in den Organizer integriert werden.

Schritt für Schritt
Beispieldateien von der DVD integrieren

Bitte lesen Sie zunächst den vorangegangenen Abschnitt. Es ist nämlich wichtig, dass die Beispielfotos der DVD zuvor auf Ihren Rechner übertragen werden.

1 Import-Option aktivieren
Markieren Sie den Menüeintrag DATEI, und entscheiden Sie sich in der Liste für FOTOS UND VIDEOS LADEN • AUS DATEIEN UND ORDNERN. Alternativ gehen Sie über IMPORTIEREN, gefolgt von AUS DATEIEN UND ORDNERN oben links. Wem das alles viel zu

▲ Abbildung 2.10
Hier erhalten Sie Zugriff auf Ihr Dateisystem.

umständlich ist, der kann natürlich auch die Tastenkombination [Strg]/[cmd]+[⇧]+[G] verwenden.

2 Ordner wählen

Navigieren Sie zum Ordner BEISPIELDATEIEN (auf der Festplatte!), und markieren Sie diesen mittels einfachen Mausklicks. Wählen Sie bitte noch alle deaktivierbaren Checkboxen ab. Insbesondere FOTOS AUS UNTERORDNERN LADEN ❶ sollte nicht angewählt sein. Das würde nämlich dazu führen, dass auch die im Unterordner befindlichen Ergebnisse sowie Panoramafotos aus den folgenden Workshops mit importiert würden. Das ist nicht gewünscht. Deaktivieren Sie die Checkbox, werden die integrierten Ordner vom Import ausgeschlossen.

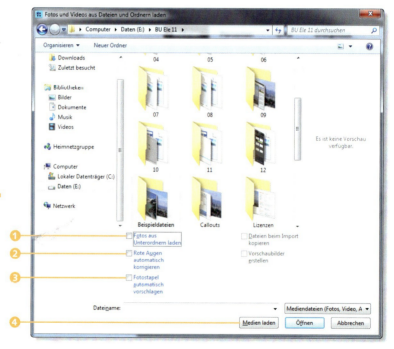

Abbildung 2.11 ▶
So greifen Sie auf Dateien zu, die sich bereits auf dem Rechner befinden.

Fotostapel automatisch vorschlagen

Unter Windows können Sie mit dieser Funktion ❸ veranlassen, dass Photoshop Elements beim Import nach Gemeinsamkeiten in den Bildern sucht. Werden diese festgestellt, schlägt die Anwendung eine Stapelung der Fotos vor. Was es damit genau auf sich hat, erfahren Sie auf Seite 51. Vorerst sollten Sie die Funktion inaktiv lassen.

3 Optional: Weitere Import-Optionen auswählen

Sie könnten sogar gleich beim Import der Bilddateien den unschönen Rote-Augen-Effekt ausgleichen, den einige Blitzgeräte hervorrufen. Alles in allem ist das eine ganz nette Sache. In unserem Fall ist das jedoch ausdrücklich nicht erwünscht, da Sie in späteren Lektionen dahingehend noch selbst Hand anlegen können. Wenn

2.3 Fotos in den Organizer aufnehmen

Sie beispielsweise jetzt beim Import schon den Rote-Augen-Effekt korrigieren, können diese Workshops später nicht mehr nachvollzogen werden. Deaktivieren Sie daher bitte unbedingt diese Funktion ❷, indem Sie das Häkchen entfernen. Jetzt dürfen Sie auf MEDIEN LADEN ❹ klicken. Am Mac heißen die Zauberworte MEDIEN ABRUFEN.

◀ Abbildung 2.12
Während des Ladens wird ein Fortschrittsbalken angezeigt.

Entstehung von Tags

Software-Applikationen wie Photoshop oder Photoshop Elements sind in der Lage, Stichwort-Tags zu vergeben. Diese werden mit den Bilddateien zusammen abgelegt und bleiben stets erhalten – auch dann, wenn die Fotos, wie in diesem Beispiel geschehen, von einem Rechner zum anderen weitergegeben werden. Weitere Infos zu Stichwort-Tags erhalten Sie in auf Seite 53.

4 Stichwort-Tags importieren

Sie werden jetzt noch darauf hingewiesen, dass einige Fotos zuvor mit sogenannten Stichwort-Tags ausgestattet worden sind. Da sie nun schon einmal vorhanden sind, wollen wir sie auch übernehmen, weshalb Sie zunächst auf ALLE ❺ unten links klicken sollten, bevor Sie mit OK bestätigen. (Falls Sie vorhandene Tags nicht übernehmen wollen, können Sie gleich auf OK klicken.)

◀ Abbildung 2.13
Vorhandene Tags können beim Import übernommen werden.

Ansicht nach dem Import

Nun sehen Sie alle importierten Fotos in Form von Miniaturen. Sollten Sie eine derartige Aktion später noch einmal wiederholen, werden jedoch nur noch die zuletzt importierten Bilder angezeigt. Das ermöglicht, zunächst nur mit den neu hinzugefügten Fotos zu arbeiten, diese beispielsweise zu analysieren, zu kennzeichnen usw. Im Anschluss an einen erneuten Import ist jedoch stets auf ZURÜCK 1 zu klicken. Machen Sie das jetzt ebenfalls, werden die Fotos neu angeordnet. Wer Photoshop Elements noch von Vorgängerversionen her kennt (10 oder niedriger), der wird einen entsprechenden Hinweisdialog vermissen. Dieser bleibt seit Version 11 aus.

Abbildung 2.14 ▶
Grundsätzlich präsentiert der Organizer zunächst nur die neu importierten Fotos.

In der linken Spalte gibt es die herausragende Möglichkeit, den Inhalt des Organizers sortiert nach den Ordnern auf Ihren Festplatten anzeigen zu lassen. Wählen Sie also etwa den Ordner BEISPIELDATEIEN an, werden im Organizer auch nur jene Fotos gelistet, die dort enthalten sind. Dazu klicken Sie auf das Symbol 2. Sollte die linke Spalte nicht sichtbar sein, aktivieren Sie diese, indem Sie auf EINBLENDEN unten links klicken. (Bei aktiver Spalte ist das Steuerelement mit AUSBLENDEN betitelt.) Gehen Sie auf ALLE MEDIEN 4, um die Selektion aufzuheben. Mit Klick auf 3 gelangen Sie zudem zurück in die herkömmliche Spaltenansicht.

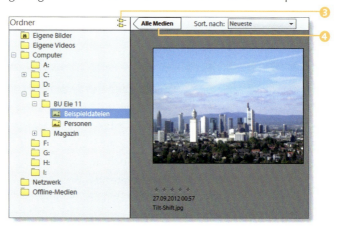

Abbildung 2.15 ▶
Die Ordnerstruktur verrät, wo die integrierten Fotos auf Ihrer Festplatte zu finden sind.

Fotos per Drag & Drop integrieren

Fotos lassen sich übrigens auch per Drag & Drop in die Anwendung hineinziehen. Wenn Sie mehrere Fotos in einem Arbeitsgang transferieren wollen, markieren Sie zunächst die gewünschten Bilder, während Sie [Strg]/[cmd] gedrückt halten. Wenn Sie danach abermals eines der markierten Fotos anklicken und die Maustaste nicht mehr loslassen, können Sie alle markierten Dateien gemeinsam herüberziehen. Sollten die zu kopierenden Fotos alle nebeneinanderliegen, geht es noch einfacher. Dann reicht es auch, wenn Sie das erste Foto anklicken und im Anschluss einen Mausklick auf das letzte Foto setzen, während Sie [⇧] gedrückt halten. Der eigentliche Transfer läuft ab, wie zuvor beschrieben.

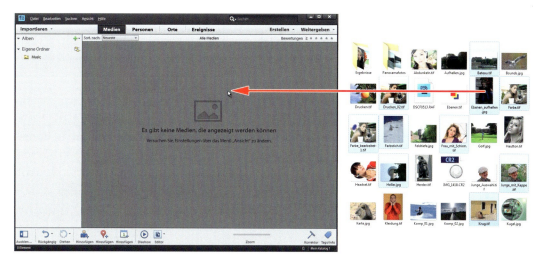

▲ **Abbildung 2.16**
Sie möchten ziehen und fallen lassen? Dann nur zu …

Der Adobe-Foto-Downloader

Der Organizer verfügt über einen sogenannten Foto-Downloader, der seine Arbeit von Hause aus immer dann aufnehmen sollte, wenn der Organizer geöffnet ist und anschließend eine Kamera angeschlossen wird. Wenn Sie über ein zeitgemäßes Kartenlesegerät verfügen, dürfen Sie den Kamerachip auch dort einstecken. Es kommt auf einen Versuch an. Denn möglicherweise dauert der Transfer länger als beim herkömmlichen Direkt-Transfer zwischen Kamera und PC (via USB).

2 Fotos verwalten – der Organizer

Schritt für Schritt
Fotos von einer Speicherkarte importieren

Es ist gut möglich, dass Photoshop Elements überhaupt nicht darauf reagiert, wenn Sie die Kamera via USB anschließen und einschalten. Das ist aber kein Grund zur Melancholie.

1 Downloader manuell öffnen
Zunächst einmal müssen Sie sicherstellen, dass die Kamera (im Zweifelsfall auch der Kartenleser) verbunden ist. Sollte sich der Foto-Downloader nicht automatisch zeigen, gehen Sie abermals über Datei • Fotos und Videos laden • Aus Kamera oder Kartenleser, oder drücken Sie [Strg]/[cmd]+[G]. Danach widmen Sie sich dem obersten Pulldown-Menü, Fotos laden aus, und selektieren darin die gewünschte Kamera bzw. den Kartenleser.

2 Liste aktualisieren
Sollte kein Gerät gefunden werden, klicken Sie auf Liste aktualisieren ❶ und öffnen das Pulldown-Menü anschließend erneut. Bedenken Sie zudem, dass nicht alle Kameras die Zusammenarbeit mit dem Downloader unterstützen.

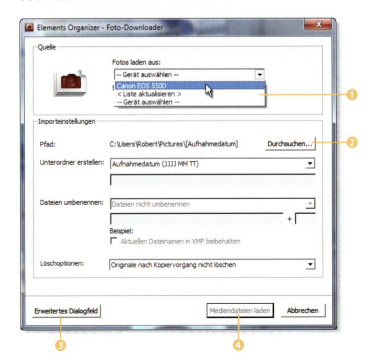

Abbildung 2.17 ▶
Nach Aktualisierung der Liste findet sich in der Regel auch das neue Gerät.

Sollte sich die Kamera nach einer Aktualisierung nicht in der Liste befinden, müssen Sie wohl oder übel den Kamerachip in Verbindung mit einem Kartenleser benutzen.

3 Speicherort festlegen

Kurze Zeit später ist gleich unterhalb des erwähnten Pulldown-Menüs abzulesen, wie viele Dateien der Downloader gefunden hat. Damit ist es an der Zeit, auf DURCHSUCHEN ❷ zu klicken und einen Speicherort für die Fotos anzugeben. Am Mac verwenden Sie den Button AUSWÄHLEN.

4 Unterordner deaktivieren

Zudem stellt sich die Frage, ob Sie Unterordner wünschen. Standardmäßig ist diese Funktion sogar aktiv. Das bedeutet, dass die Anwendung automatisch neue Verzeichnisse anlegt, sobald Fotos mit neuem Aufnahmedatum auftauchen. Ob Sie wirklich wünschen, dass für jeden Tag ein eigener Ordner erstellt wird, ist fraglich. Wenn Sie lieber einen einzelnen Ordner für alle Fotos haben wollen, stellen Sie im Pulldown-Menü UNTERORDNER ERSTELLEN den Parameter OHNE ein.

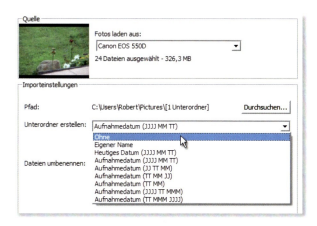

◀ Abbildung 2.18
Wenn Sie keine Unterordner wünschen, müssen Sie diese Funktion manuell deaktivieren.

5 Fotos umbenennen

Es fragt sich, ob »IMG_5289.jpg« oder Ähnliches als Bildname wirklich sinnvoll ist. Sie können derartige Bezeichnungen zwar beibehalten; wenn Sie jedoch lieber das Aufnahmedatum oder eine Kombination aus Name und Datum haben wollen, stellen Sie das in der Liste DATEIEN UMBENENNEN ein. Darüber hinaus legen

Keine Vorschauminiaturen

In Abbildung 2.19 sehen Sie einige blaue Felder mit Platzhalter-Symbolen (Blume im Bildrahmen). Dabei handelt es sich um sogenannte Raw-Dateien, die keine Vorschau präsentieren. Dennoch sind auch dies reguläre Fotos. Mehr zum Thema Camera Raw erfahren Sie in Kapitel 11, »Camera-Raw-Dateien bearbeiten«.

Abbildung 2.19 ▼
Per Klick bestimmen Sie, welche Fotos von der Speicherkarte geladen werden sollen.

Sie in den LÖSCHOPTIONEN fest, ob die Anwendung die heruntergeladenen Fotos anschließend vom Speicherchip entfernen soll oder nicht.

6 Alle oder einzelne Fotos laden

Wenn Sie alle Fotos importieren wollen, klicken Sie jetzt auf MEDIENDATEIEN LADEN ❹ (Abbildung 2.17). Sollen jedoch nur einzelne Bilder von der Karte geholt werden, wählen Sie in der Fußleiste des Fensters zunächst ERWEITERTES DIALOGFELD ❸ an. (Dieser Button mutiert dadurch zu STANDARD-DIALOGFELD. Wenn Sie ihn abermals anklicken, gelangen Sie wieder zum »kleinen« Foto-Downloader zurück.)

Danach sollten Sie unterhalb der Miniaturen auf ALLE DEAKTIVIEREN ❺ klicken, damit sämtliche Häkchen entfernt werden. Scrollen Sie anschließend durch die Liste, und markieren Sie alle Fotos, die Sie importieren möchten ❻. Die letzte Aktion ist dann der ersehnte Klick auf MEDIENDATEIEN LADEN ❼.

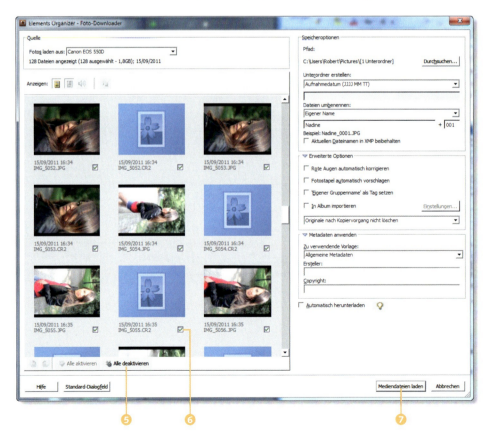

Ordner überwachen (nur Windows)

Eine wirklich interessante Form der permanenten Organizer-Aktualisierung können Sie erreichen, indem Sie DATEI • ORDNER ÜBERWACHEN wählen. Von Hause aus wird bereits der Bilder-Ordner Ihres Betriebssystems überwacht. Über den Folgedialog können Sie jedoch noch weitere Verzeichnisse hinzufügen, auf die Photoshop Elements ebenfalls ein besonderes Augenmerk legen soll. Der Hintergrund: Wann immer der Bestand des jeweiligen Ordners anwächst (z. B. wenn Sie Bilder dort hineinziehen), reagiert die Anwendung darauf. Entweder lassen Sie sich in diesem Fall BENACHRICHTIGEN ❾, oder Sie legen fest, dass Photoshop Elements die DATEIEN AUTOMATISCH ZU ELEMENTS ORGANIZER HINZUFÜGEN ❿ soll. Bevor Sie die gewünschte Aktion aber mit OK bestätigen, sollten Sie unbedingt noch auf HINZUFÜGEN ❽ klicken. Denn erst damit können Sie die Ordner festlegen, die letztendlich überwacht werden sollen. Andernfalls wirkt sich die Überwachung nur auf den Ordner BILDER aus.

◄ **Abbildung 2.20**
Lassen Sie Überwachungsaufgaben von der Software erledigen.

◄ **Abbildung 2.21**
Die Reaktion auf neue Fotos folgt unverzüglich.

2.4 Den Organizer-Bestand sichern

Von Zeit zu Zeit sollten Sie den Bestand Ihres Organizers auf einer externen Festplatte sichern. Denn nichts ist schlimmer als der Verlust sämtlicher Fotos nach einem irreparablen System-Crash.

Nur Fotos sichern

Sie dürfen jederzeit ein manuelles Backup Ihrer Fotos einleiten. Wohlgemerkt: Das ist keine 1:1-Sicherung Ihres Katalogs, sondern lediglich ein Backup all Ihrer Fotos. (Wie das mit der Katalogsicherung funktioniert, schauen wir uns gleich noch an.) Gehen Sie im Menü auf DATEI • AUF WECHSELDATENTRÄGER KOPIEREN/VERSCHIEBEN. In gewohnter Sorge fragt die Anwendung nach, ob das denn auch wirklich Ihr Wunsch ist. Bleiben Sie entschlossen, und schleudern Sie ein konsequentes JA zurück.

Abbildung 2.22 ▸
Manchmal erweist sich Photoshop Elements übervorsichtig.

Sie sollten die oberste Checkbox (DATEIEN VERSCHIEBEN ❶) nur dann aktivieren, wenn Sie die Daten auf eine externe Festplatte auslagern und darüber hinaus am vorhandenen Rechner löschen wollen. Das ist beispielsweise dann angezeigt, wenn Sie Ihren Bildbestand auf einen weiteren Rechner übertragen wollen. Wenn Sie die Daten lediglich sichern, auf dem PC jedoch erhalten wollen, lassen Sie die Checkbox inaktiv.

Die beiden Funktionen im Bereich STAPEL UND VERSIONSSÄTZE ❷ sind derzeit nicht anwählbar, da wir zuvor weder Stapel noch Versionssätze erzeugt hatten. Sollte es Derartiges in Ihrem Bestand geben (wie diese erzeugt werden, erfahren Sie ebenfalls in diesem Kapitel), ist es empfehlenswert, beide zu aktivieren. Abschließend klicken Sie auf WEITER.

2.4 Den Organizer-Bestand sichern

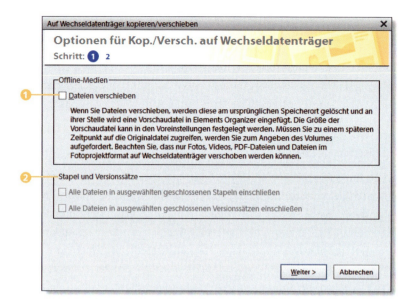

◄ Abbildung 2.23
Die Sicherung erfolgt in zwei Schritten. Der hier gezeigte ist Schritt 1.

Im nächsten Dialog ist zunächst das Ziellaufwerk einzustellen (hier: die Festplatte ELEMENTS (L:) ❸. Vergeben Sie einen aussagekräftigen Namen, und betätigen Sie anschließend DURCHSUCHEN ❹ in der Zeile ZIELPFAD. Damit haben Sie die Möglichkeit, einen Zielordner auf der zuvor auserkorenen Festplatte zu bestimmen oder zu erzeugen. Zuletzt klicken Sie auf OK ❺.

◄ Abbildung 2.24
Schritt 2 besteht im Festlegen der Zieleinstellungen.

▲ Abbildung 2.25
Es dauert noch …

▲ Abbildung 2.26
Endlich ist die Aktion abgeschlossen.

Nun kann es je nach Umfang des Katalogs mehr oder weniger Zeit in Anspruch nehmen, bis die Sicherung abgeschlossen ist. Wie dem auch sei: Währenddessen wird Ihnen ein Fortschrittsbalken angezeigt, und am Schluss gibt es eine Bestätigung. Job erledigt!

Den kompletten Katalog sichern

Sie wollen Ihren Katalog so, wie er ist (also inklusive darin erzeugter Ordner, Alben usw.), sichern? Dann gehen Sie so vor: Entscheiden Sie sich zunächst für DATEI • KATALOG SICHERN. In der Folge haben Sie die Wahl zwischen einem kompletten oder einem inkrementellen Backup. Letzteres bietet sich nur dann an, wenn Sie zuvor bereits ein komplettes Backup erstellt hatten. In diesem Fall werden die Sicherungsdateien über die Funktion INKREMENTELLES BACKUP auf den neuesten Stand gebracht – bei großen Organizer-Beständen ist das wesentlich schneller realisiert als die komplette Neuanfertigung eines Backups. Wollen Sie Ihren Fundus erstmals sichern, entscheiden Sie sich für KOMPLETTES BACKUP, gefolgt von WEITER.

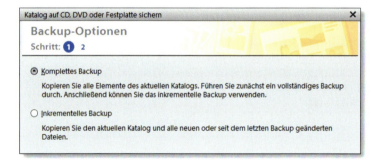

▲ Abbildung 2.27
Beim ersten Backup wird der komplette Bestand gesichert.

Danach geben Sie für das komplette Backup ein Ziellaufwerk und den gewünschten Backup-Pfad an. Wie das geht, haben Sie ja bereits im vorangegangenen Abschnitt erfahren. Legen Sie aber auf jeden Fall einen neuen Ordner an, da die Dateien ansonsten auf der höchsten Ebene des Datenträgers verstreut werden. Das Ziellaufwerk kann eine interne oder externe Festplatte sein, unter Windows können Sie die Sicherungsdateien aber auch auf CD oder DVD brennen. Zuletzt ist BACKUP SICHERN ❶ angesagt.

2.4 Den Organizer-Bestand sichern

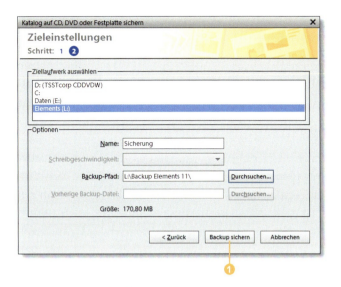

◄ Abbildung 2.28
Jetzt wird der Katalog gesichert.

Katalog wiederherstellen

Sollte es einmal zum Verlust der Katalogdaten kommen, oder Sie wollen zum zuletzt gesicherten Stand zurück, haben Sie nichts weiter zu tun, als den Katalog wiederherzustellen. Dazu gehen Sie im Menü zunächst über DATEI • KATALOG WIEDERHERSTELLEN. Wenn Sie das Backup zuvor auf eine Festplatte ausgelagert hatten, müssen Sie nun den zweiten Radio-Button (FESTPLATTE/ANDEREM LAUFWERK ❷) aktivieren. Danach klicken Sie auf DURCHSUCHEN ❹. (Am Mac stellt sich diese Aufgabe nicht, da die Sicherung ja ohnehin nur auf einer externen Festplatte erfolgen kann. Hier betätigen Sie gleich DURCHSUCHEN.)

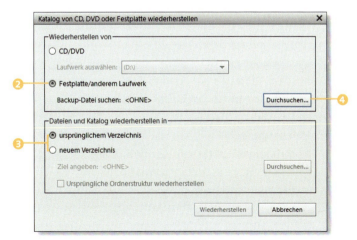

◄ Abbildung 2.29
Das Wiederherstellen ist keine große Sache.

▲ **Abbildung 2.30**
Die Datei sieht unspektakulär aus, ist aber für die Wiederherstellung unerlässlich.

Miniatursymbole im Organizer

Innerhalb der angezeigten Miniaturen verbergen sich möglicherweise kleine Symbole. Dadurch werden besondere Dateien oder externe Speicherorte markiert. Ein Video beispielsweise würde um ein kleines Film-Symbol ergänzt. Wenn Sie einen kleinen Ausschalter sehen, ist die Datei offline, also nicht auf der lokalen Festplatte enthalten. (Das erreichen Sie, indem Sie Fotos von einer CD oder DVD integrieren und dabei die Funktion DATEIEN BEIM IMPORT KOPIEREN abschalten.) Ein Lautsprecher-Symbol deutet auf Audiokommentare hin, und der Fotostapel – auf einen Fotostapel.

Innerhalb des zuvor erstellten Ordners finden Sie nicht nur sämtliche Bilder und Musikdateien, sondern auch zahlreiche XML-Daten und weitere Dateien. Wirklich interessant für die Wiederherstellung ist aber nur eine einzige Datei, nämlich »Backup.tly«. Markieren Sie diese mittels Mausklick, und gehen Sie anschließend auf ÖFFNEN.

Legen Sie zuletzt fest, ob das Backup im ursprünglichen oder in einem neuen Verzeichnis ❸ (Abbildung 2.29) angelegt werden soll. Das ursprüngliche Verzeichnis bietet sich an, wenn Sie die Dateien (beispielsweise nach einem Datenverlust) wieder auf demselben System installieren wollen. Falls erforderlich, installiert Photoshop Elements die fehlenden Verzeichnisse gleich mit. Wenn Sie auf einen anderen Rechner »umziehen«, bietet sich auch die Erstellung eines neuen Verzeichnisses an.

2.5 Die Ansichtsoptionen der Organizer-Oberfläche

Auf der Oberfläche des Organizers scheint es eine ganze Menge zu geben, das man in irgendeiner Weise schalten, drücken, klicken, aktivieren und schieben kann. Schauen wir uns das doch einmal etwas genauer an.

Dateinamen ein- und ausblenden

Bevor Sie sich näher mit dem Organizer und seinen Elementen beschäftigen, sollten Sie sich die Dateinamen anzeigen lassen. Das geht aber zunächst nur in zwei Schritten. Im ersten Schritt müssen Sie über das Menü ANSICHT gehen und dort auf DETAILS ❶ klicken (zumindest wenn dem Eintrag noch kein Häkchen vorangestellt ist). Daraufhin werden sämtliche Details, aber leider keine Dateinamen eingeblendet. Das müssen Sie mit ANSICHT • DATEINAMEN ❷ erst noch veranlassen. Jetzt werden die Originalbezeichnungen inklusive Dateiendungen unterhalb der Miniaturen aufgelistet. Fortan können Sie die gesamten Informationen mit [Strg]/[cmd]+[D] aus- und wieder einschalten.

2.5 Die Ansichtsoptionen der Organizer-Oberfläche

◀ **Abbildung 2.31**
Sinnvoll: Die kompletten Hinweise lassen sich sowohl über das Ansicht-Menü als auch mit einer Tastenkombination aktivieren und wieder deaktivieren. Die Dateinamen müssen allerdings zunächst separat aktiviert werden.

Miniaturgröße

Der Schieberegler Zoom, der sich unterhalb der Bildminiaturen befindet, skaliert die Ansichtsgröße der Elemente auf der Arbeitsfläche. Wenn Sie ihn ganz nach rechts stellen, werden Sie nur ein einzelnes Bild sehen können.

▲ **Abbildung 2.32**
Die Größe der Miniaturen kann angepasst werden.

Fotos drehen

Falls Aufnahmen verdreht angezeigt werden, können Sie diese in 90°-Schritten korrigieren. Sie müssen allerdings vorab eines oder mehrere Fotos markieren. Die betreffenden Tasten finden Sie ziemlich weit links in der sogenannten **Aktionsleiste**; damit gemeint ist die Fußleiste der Anwendung. Zunächst ist nur das Werkzeug für die Linksdrehung aktiv. Wollen Sie die Rechtsdrehung erreichen, müssen Sie auf das nebenstehende Dreieck ❸ klicken. Die Fotos lassen sich übrigens auch mit Hilfe der Tasten Strg/cmd+← bzw. Strg/cmd+→ drehen.

◀ **Abbildung 2.33**
Drehen im Organizer

2.6 Bildeigenschaften und Metadaten

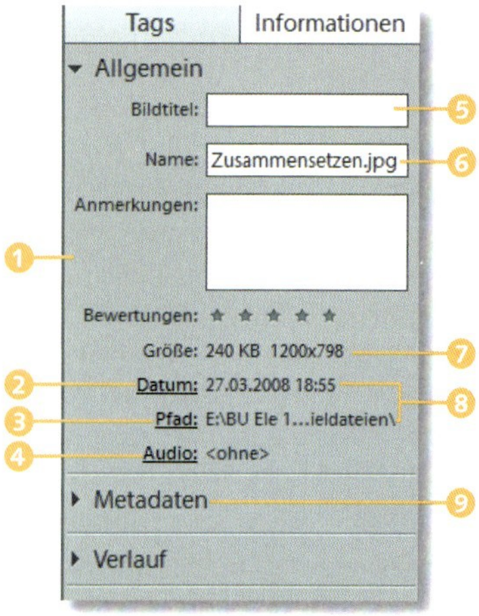

Nun besteht so ein Bild ja aus weit mehr als nur aus bunten Pixeln. Wenn Sie wissen möchten, was beim Speichern einer Datei so alles archiviert wird, klicken Sie mit der rechten Maustaste auf eine Miniatur und wählen DATEIINFORMATIONEN ANZEIGEN. Oben rechts erscheint daraufhin ein Informationsfenster (bzw. es schließt sich, wenn es zuvor geöffnet gewesen ist), das Sie zunächst einmal durch Ziehen der Begrenzung ❶ etwas vergrößern sollten. Sonst wird es nämlich gleich ziemlich eng dort. Das Bedienfeld können Sie übrigens auch über [Alt]+[↵] aufrufen.

Wichtig ist hier vor allem die GRÖSSE ❼. Sie verrät nämlich nicht nur, wie groß die Datei in Kilobyte oder Megabyte ist, sondern gibt auch Auskunft über die Abmessungen in Pixeln (im Beispiel 1.200 × 798 Pixel). Außerdem sehen Sie eine Zeile tiefer, wann das Foto aufgenommen wurde und wo Sie es abgespeichert haben ❽. Sollten Sie den Pfad nicht komplett lesen können, skalieren Sie das Fenster noch etwas mehr, indem Sie den linken Begrenzungssteg weiter nach links ziehen. Praktisch: Durch einen Klick auf das Wort PFAD ❸ gelangen Sie sofort in das angezeigte Verzeichnis – für den Fall, dass sich der Speicherort des Fotos nicht mehr auf den ersten Blick erschließt. Und mit einem Klick auf AUDIO ❹ könnten Sie sogar einen Audiokommentar zum Bild aufnehmen.

▲ **Abbildung 2.34**
Nicht gerade so spannend wie ein Hitchcock-Thriller, aber dennoch recht interessant – die Informationen.

Bilddateien benennen

Im Eingabefeld BILDTITEL ❺ lässt sich die Datei benennen. Dabei müssen Sie jedoch bedenken, dass der hier vergebene Name nur im Organizer intern Anwendung findet. Der Dateiname (ein Feld tiefer ❻) ist davon nicht betroffen. Dieser NAME ist jedoch die offizielle Bezeichnung Ihres Bildes – so wie es auch auf der Festplatte gekennzeichnet ist. Ändern Sie diesen Eintrag, wird auch die Originaldatei entsprechend umbenannt. Löblich: Sie können dort ruhigen Gewissens die Dateiendung mit überschreiben. Photoshop Elements fügt diese am Schluss wieder an. Das verhindert, dass die Datei durch unbeabsichtigtes Entfernen dieser Endung unbrauchbar würde. Um den Bildtitel festzulegen, reicht ein Klick

Beispieldateien nicht umbenennen!

So schön die Funktion mit der Umbenennung auch ist; Sie sollten keines der Beispielbilder im Feld NAME anders bezeichnen. Im weiteren Verlauf dieses Buches werden Sie auf die Dateien zugreifen müssen. Wenn Sie diese aber jetzt umbenennen, wird es sicher in manchen Fällen schwierig, das richtige Bild zum jeweiligen Workshop zu finden.

2.6 Bildeigenschaften und Metadaten

in das Eingabefeld. Geben Sie den gewünschten Namen ein, und bestätigen Sie anschließend mit ⏎.

Datum und Uhrzeit ändern

Auch Datum und Uhrzeit lassen sich anpassen. Diese Möglichkeit ist spätestens dann heiß begehrt, wenn Sie vor Reiseantritt vergessen hatten, die Systemzeit der Kamera zu aktualisieren. Klicken Sie dazu auf das Wort DATUM ❷. Im Folgedialog warten drei Optionen auf Sie, nämlich BESTIMMTES DATUM/UHRZEIT, DATUM UND UHRZEIT DER DATEI sowie ANDERE ZEITZONE. Nach Anwahl des gewünschten Bereichs lassen sich die Daten dann neu festlegen.

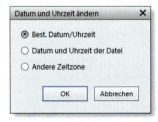

▲ Abbildung 2.35
Das Datum kann auf drei verschiedene Arten angepasst werden.

Vollständige Metadaten anzeigen

Setzen Sie einen Mausklick auf die Zeile METADATEN ❾. Hier sehen Sie bereits einige das markierte Foto betreffende Infos. Betätigen Sie allerdings die Schaltfläche VOLLSTÄNDIG, werden Sie überrascht sein, wie viele Informationen doch in so einer Bilddatei verborgen sind: Fakten, Fakten, Fakten … Und die Liste lässt sich sogar noch scrollen.

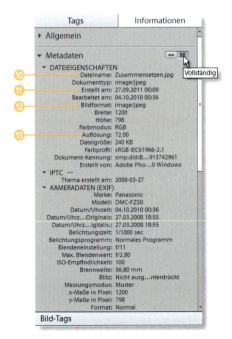

◀ Abbildung 2.36
Infos, so weit das Auge reicht. Neben den Kameradaten finden Sie hier noch zahlreiche weitere Informationen.

Bitte berücksichtigen Sie, dass sich hier keinerlei Änderungen an der Datei vornehmen lassen. Die Metadaten dienen lediglich als Informationsquelle. Mit Dateiname ❿ (siehe Abbildung 2.36) wird die Bezeichnung der Datei angegeben – und zwar so, wie sie auf der Festplatte benannt ist. Erstellt am ⓫ sagt etwas darüber aus, wann die Datei auf den Rechner übertragen worden ist, während Bearbeitet am ⓬ Informationen über das Datum der letzten Änderung an diesem Bild liefert. Von besonderer Bedeutung ist hier noch die Zeile Auflösung ⓭. Diese verrät nämlich etwas darüber, aus wie vielen Pixeln je Zoll die Datei besteht.

2.7 Vollbildschirm und Vergleichsansicht

Ihr Organizer verfügt über eine Vollbildansicht (in Elements Vollbildschirm) sowie eine Vergleichsansicht. Beide Modi erlauben dem Anwender die bildschirmfüllende Darstellung der ausgewählten Fotos. Eine derartige Ansichts- und Präsentationsoption macht vor allem dann Sinn, wenn Sie Dateien bekommen, deren Inhalt Sie noch nicht kennen. Denn nur mit den Miniaturen allein ist eine zuverlässige Begutachtung ja bisweilen schwierig.

Vollbildschirm

Gehen Sie im Menü auf Ansicht • Vollbildschirm. Wer bereit ist, die Tastatur zu benutzen, kann selbiges mit [F11] erreichen. Mac-User drücken die Tastenkombination [fn]+[cmd]+[F11]. Nach Aufruf dieser Aktion werden dann alle derzeit im Organizer angezeigten Fotos berücksichtigt. Wenn Sie nur einzelne ansehen wollen, müssen Sie die relevanten Dateien vorab mit der Maus selektieren.

Die in Abbildung 2.37 gezeigten Overlay-Bedienfelder blenden sich nach wenigen Sekunden automatisch wieder aus. Immerhin sollen Sie einen »unverbauten« Blick auf Ihre Fotos haben. Bei Bedarf kann jedoch jedes einzelne Element eingeschaltet werden. Die Paletten auf der linken Seite (Bearbeiten ❶ und Zu Alben hinzufügen ❷) erreichen Sie, indem Sie die Maus an diese Position bewegen. Eine kleine graue Leiste bleibt dort nämlich zu jeder Zeit erhalten. Das gleiche Resultat erzielen Sie, indem Sie die Schaltflächen Korrektur ⓫ bzw. Organisieren ⓬ im Overlay-Bedienfeld anwählen. Allerdings blendet sich dieses kleine Bedienfeld ebenfalls nach kurzer Bewegungslosigkeit der Maus wieder aus, wird aber sofort wieder sichtbar, sobald Sie das Zeigegerät bewegen.

◀ **Abbildung 2.37**
In der Ansicht Vollbildschirm finden Sie eine komplett veränderte Darstellung vor.

▲ **Abbildung 2.38**
So steuern Sie den Vollbildschirm.

So lässt sich beispielsweise die Leiste mit den Miniaturen ❹ über den Button Filmstreifen ❾ bzw. über [Strg]/[cmd]+[F] ein- und wieder ausschalten. Hier können die Fotos per Mausklick ausgesucht werden, die in der Bildmitte vergrößert zu sehen sein sollen. Wollen Sie die Fotos »der Reihe nach« betrachten, können Sie das mit den beiden Pfeiltasten (❺ und ❼) erledigen.

Mit dem Taster dazwischen ❻ spielen Sie alle in dieser Ansicht geöffnete Fotos in Form einer Diashow ab. Dann kommen Sie auch erstmals in den Genuss, die mitgelieferte Musik anzuhören. Sie gefällt Ihnen nicht? Kein Problem. Dann klicken Sie auf Einstellungen ❿. Der folgende Dialog gestattet im Bereich Hintergrundmusik nicht nur den Wechsel des Musikstücks, sondern auch die DAUER, die jedes Foto stehen bleiben soll. Wem die Übergänge zwischen zwei Bildern (in Diashows werden diese übrigens Folien genannt) nicht gefällt, der bemächtigt sich des Buttons THEMA ❽ und legt einen anderen Effekt fest.

Abbildung 2.39 ▶
Diesen Dialog erreichen Sie über den Button ❿.

Abbildung 2.40 ▶
Ein kleiner Dialog erlaubt die Gestaltung der Übergänge (es öffnet sich durch einen Klick auf ❽).

Klicken Sie auf das »i« ⓭, wird das Informationen-Bedienfeld ❸ als Overlay angeboten. Dessen Funktionsweise haben Sie ja bereits kennengelernt. Mit der kleinen Dreieck-Schaltfläche ⓯ lässt sich die Leiste übrigens um einige Steuerelemente verringern und zudem nach unten stellen. Nun könnte sich trotz aller Faszination für diese Art der Darbietung der Wunsch einstellen, den Vollbildschirm zu verlassen. So etwas soll es ja geben. In diesem Fall reißen Sie einfach den Stecker Ihres Computers aus der … nein, das ist keine gute Idee … Klicken Sie lieber auf BEENDEN ⓮, oder drücken Sie [Esc] auf Ihrer Tastatur.

Vergleichsansicht

Aus dieser Ansicht heraus lässt sich jederzeit in die Vergleichsansicht wechseln. Das erreichen Sie mit Klick auf ANSICHT ⓰, gefolgt von der Markierung eines der zwei Buttons, die nun oberhalb angeboten werden. Der oberste ordnet stets zwei Bilder nebeneinander an, während der untere sie übereinander zeigt. Drücken Sie [F12], wird automatisch die Nebeneinanderansicht eingestellt.

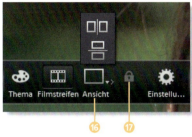

◀ **Abbildung 2.41**
Wechseln Sie zur Vergleichsansicht.

Jetzt ist auch das kleine Schloss-Symbol ⑰ wählbar, das das gleichzeitige Zoomen beider Vorschaudateien mit einem Mausklick auf nur eines der Fotos ermöglicht.

◀ **Abbildung 2.42**
Zur Aktivierung der Vergleichsansicht gehen Sie über den ANSICHT-Button ⑯ oder drücken [F12]. Mac-User müssen den Befehl mit [fn]+[cmd]+[F12] auslösen.

Die ausgewählten Fotos werden nun nebeneinander dargestellt. Achten Sie bitte auch hier darauf, dass sich die linke oder rechte Bilddatei markieren lässt. Hier erscheint dann ein farbiger Rahmen. Das bedeutet: Diese Seite ist markiert und kann nun mit den Pfeiltasten Ihrer Tastatur bewegt werden. Auf diese Weise lassen sich vor allem ähnliche Fotos prima miteinander vergleichen, um das schönste herauszufinden. Da das Zoom-Werkzeug standardmäßig bereits ausgewählt ist, lässt sich das gewünschte Foto mit Klick darauf vergrößern. Verlassen Sie die Vergleichsansicht mit Klick auf ANSICHT ⓰. Anschließend müssen Sie den einzelnen Rahmen (in der ursprünglichen Ansicht sichtbar) benutzen. Alternativ betätigen Sie [F11]. Mit [Esc] verlassen Sie die Fotovergleichsansicht.

2.8 Fotos ordnen und kennzeichnen

So schön der Organizer auch ist – ohne eine sinnvolle Struktur werden Sie mit der Zeit unweigerlich den Überblick verlieren. Deshalb sollten Sie von Anfang an darauf achten, dass Ihnen der Dateienfundus nicht über den Kopf wächst, und klare Strukturen schaffen.

Fotostapel

Eine recht einfache Möglichkeit der Sortierung bietet Ihnen Elements mit den Fotostapeln. Markieren Sie mehrere Bilder (diese müssen nicht unbedingt nebeneinanderliegen), und klicken Sie anschließend mit der rechten Maustaste auf eines der markierten Fotos. Wählen Sie aus dem Kontextmenü STAPEL • AUSGEWÄHLTE FOTOS STAPELN. Das kleine Symbol ❶ oben rechts in der Miniatur verdeutlicht: Hierbei handelt es sich um einen Stapel. Über die kleine Schaltfläche ❷ können Sie den Fotostapel öffnen bzw. wieder schließen.

▲ **Abbildung 2.43**
Der Fotostapel ist geschlossen.

▲ **Abbildung 2.44**
Der Fotostapel wurde geöffnet.

Sie können einen Stapel natürlich auch wieder löschen. Dazu klicken Sie die Stapel-Miniatur mit der rechten Maustaste an und wählen Stapel • Fotostapel aufheben. Ebenso lassen sich einzelne Fotos aus dem Stapel entfernen, indem Sie nach einem Rechtsklick auf die betreffende Miniatur Stapel • Foto aus Stapel entfernen einstellen.

Sicher haben Sie längst bemerkt, dass die Reihenfolge der Fotos auch innerhalb eines Stapels beibehalten wird. Das ist zwar zunächst löblich, bedeutet aber auch, dass stets das erste Foto einen geschlossenen Stapel repräsentiert. Wenn Sie ein anderes Stapel-Foto für geeigneter halten, markieren Sie dieses mit einem Rechtsklick und stellen Stapel • Als erstes Foto festlegen ein. Das funktioniert bei allen Fotos – mit Ausnahme des ersten natürlich.

Alben erstellen

Die Fotostapel-Funktion, die Sie eben kennengelernt haben, eignet sich in erster Linie zur Sortierung ähnlicher Aufnahmen, beispielsweise wenn Sie das beste Foto aus einer Serie heraussuchen wollen. Thematische Strukturen innerhalb des Organizers, über die sich z.B. Fotos aus einem Urlaub oder Fotos mit bestimmten Motiven zusammenfassen lassen, werden dagegen mit Alben erreicht. Wie wäre es also mit einer eigenen Kategorie für Porträts, einer weiteren für Landschaftsaufnahmen usw.? Das geht ganz einfach, wie der folgende Workshop beweist.

Fotostapel automatisch vorschlagen

Über den Befehl Stapel • Fotostapel automatisch vorschlagen würden Sie die Anwendung nach strukturellen Gemeinsamkeiten innerhalb der Bilder suchen lassen und diese anhand ihrer Ähnlichkeit in Stapel packen. Sie haben ja auch beim Import von Fotos in den Organizer bereits gesehen, dass es hier eine Checkbox gibt, die Fotostapel automatisch vorschlagen heißt. In diesem Fall wird die Untersuchung nach Gemeinsamkeiten bereits beim Bildimport vorgenommen.

Schritt für Schritt
Ein Album erstellen

In diesem Workshop sollen Fotos aus dem noch ungeordneten Organizer-Bestand übersichtlich in einem Album zusammengefasst werden.

1 Bilder aussuchen

Selektieren Sie zunächst die Fotos, die Sie in ein Album packen wollen. Sie wissen ja: Mehrere Fotos markieren Sie, indem Sie `Strg`/`cmd` gedrückt halten. Nehmen Sie für diesen Workshop doch einmal sämtliche Fotos aus den Beispieldateien, auf denen Sie vordergründig Gebäude ausfindig machen können.

2 Neues Album erstellen

In der linken Spalte der Anwendung befindet sich der Bereich ALBEN ❶, der mit einem Mausklick geöffnet werden kann. Da es aber noch keine Alben gibt, hat das zunächst noch wenig Sinn. Selektieren Sie stattdessen das Plus-Symbol ❷. Alternativ betätigen Sie den kleinen Pfeil ❸ und entscheiden sich im Menü für NEUES ALBUM.

Abbildung 2.45 ▶
Ein neues Album wird erzeugt.

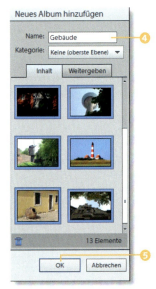

▲ Abbildung 2.46
Die zuvor selektierten Bilder sind jetzt Bestandteil dieses Albums.

3 Album benennen

Jetzt sollten Sie sich um die rechte Spalte kümmern. In dieser sind nämlich nun alle Fotos enthalten, die zuvor selektiert worden sind. Geben Sie im Bereich NAME ❹ einen Albumnamen ein. Hier eignet sich natürlich »Gebäude«. Mit Klick auf OK ❺ schließen Sie die Aktion ab. Das neue Album erscheint links in der Liste mit den Alben und kann per Klick aufgerufen werden.

Die Dateien, die jetzt Bestandteile des Gebäude-Albums sind, wurden übrigens nicht verschoben. Auch am ursprünglichen Speicherort der Bilder (auf Ihrer Festplatte) hat sich nichts verändert. Vielmehr werden sie hier nur noch einmal in der gewünschten individuellen Zusammenstellung präsentiert.

4 Weitere Bilder hinzufügen

Wenn Sie irgendwann einmal Fotos hinzufügen wollen, ziehen Sie diese einfach per Drag & Drop auf das Album (dazu muss, wie bereits erwähnt, die Liste ALBEN oben in der linken Spalte geöffnet werden). Sie dürfen sogar den umgekehrten Weg gehen und das Album auf die Bildminiatur ziehen.

2.8 Fotos ordnen und kennzeichnen

◄ Abbildung 2.47
Das Gebäude-Album wird in der linken Spalte gelistet.

5 Bilder entfernen

Nun ist die viel zitierte Null-Fehler-Quote ja bekanntlich reine Theorie. Wenn Ihnen also versehentlich einmal ein falsches Foto in die Zusammenstellung geraten ist, klicken Sie auf das Album (jetzt wird auf der Arbeitsfläche nur der Inhalt dieses Albums präsentiert), markieren das Foto dort einfach und drücken [Entf]/[←]. Die folgende Kontrollabfrage bestätigen Sie mit OK.

◄ Abbildung 2.48
Mit Klick auf OK fliegt raus, was nicht in das Album gehört.

6 Alle Bilder anzeigen

Um das Album wieder zu verlassen und zum gesamten Inhalt zurückzukehren, klicken Sie auf ALLE MEDIEN ❻ oberhalb des Fotobereichs.

Stichwort-Tags

Nun muss ich Sie unbedingt noch mit *Tags* bzw. *Stichwort-Tags* konfrontieren. Tags? Ja, Tags. Es stellt sich die Frage: Wozu werden Tags überhaupt benötigt? Die Antwort: Mit Tags hängen Sie Schildchen an jedes Bild und weisen damit markante Aussagen zu. Stellen Sie sich vor, Sie hätten etliche Fotos von Ihrer Finca auf Mallorca angefertigt. Dann könnten Sie ein Schildchen mit dem Namen »Finca« erzeugen und jedem Ihrer Fotos ein solches Schildchen anhängen. So weit, so gut. Das könnten Sie aber auch mit einem Album lösen. Nun sieht man auf einigen Bildern aber auch noch Ihre wunderschöne Jacht im Hintergrund. Spätestens jetzt fangen die Probleme an. Sie können nämlich die Jacht-Fotos nicht mehr allein über das Finca-Schildchen aufspüren. Ach, Sie

2 Fotos verwalten – der Organizer

sind da wirklich nicht zu beneiden! Glücklicherweise ist es aber möglich, einem Foto gleich mehrere Schildchen anzuhängen. Kein Grund also, Ihre Jacht oder die Finca auf Mallorca zu verkaufen.

Schritt für Schritt
Stichwort-Tags zuweisen

Stichwort-Tags geben Ihnen die Möglichkeit, Fotos aufgrund bestimmter Eigenschaften auszuzeichnen.

1 Vorhandene Tags nutzen

Zunächst widmen Sie sich der Liste TAGS. Diese kann über die Schaltfläche TAGS/INFO ❸ in der Aktionsleiste (Fußleiste) unten rechts eingeschaltet werden. Hier werden Sie bereits einige von Photoshop Elements vorbereitete Tag-Gruppen finden, die Sie natürlich nutzen können. Sie können aber auch eigene Tags und Tag-Gruppen anlegen. Dazu müssen Sie Folgendes wissen: Tags können nicht einfach frei zugewiesen werden, sondern müssen einer Kategorie angehören.

Abbildung 2.49 ▼
In der rechten Spalte tauchen die Tags auf ❶.

2 Neue Kategorie erstellen

Um eigene Kategorien zu definieren, gehen Sie zunächst auf die kleine Dreieck-Schaltfläche neben dem Plus-Symbol und entscheiden sich für NEUE KATEGORIE. Im Anschluss daran können Sie eine Farbe, einen Namen und ein geeignetes Symbol vergeben. Nehmen Sie doch einmal den Kategorienamen »Tiere«, und suchen Sie als Symbol z. B. den Papagei aus. Klicken Sie anschließend auf OK.

3 Neues Stichwort-Tag vergeben

Nun dürfen Sie direkt auf das Plus-Symbol ❷ klicken. Dadurch erreichen Sie das Gleiche, als gingen Sie über die Dreieck-Schaltfläche und betätigten NEUES STICHWORT-TAG. Wer ganz cool vorgehen möchte, bedient sich der Tastenkombination [Strg]/[cmd]+[N]. Achten Sie darauf, dass unter KATEGORIE ❹ der Eintrag TIERE markiert ist. Legen Sie jetzt einen Namen für Ihr Tag fest (im Beispiel: »Reptilien«), und lassen Sie einen sanften Klick auf OK folgen.

▲ Abbildung 2.50
Zunächst muss eine Kategorie erzeugt werden.

▲ Abbildung 2.51
Hier entsteht eine Kategorie für Tierfotos.

4 Zweites Tag erstellen

Erzeugen Sie ein weiteres Tag. Das zweite soll VÖGEL heißen. Vergleichen Sie anschließend Ihr Tag-Bedienfeld mit Abbildung 2.53.

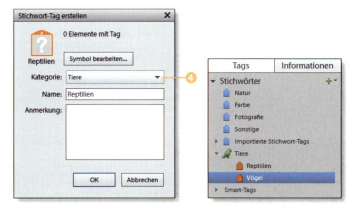

◀◀ Abbildung 2.52
Hier entsteht ein Tag innerhalb einer Kategorie.

◀ Abbildung 2.53
In der Kategorie TIERE sind zwei Tags enthalten.

5 Tags auf die Bilder übertragen

Gehen Sie, falls erforderlich, auf ALLE MEDIEN, und ziehen Sie das Tag REPTILIEN auf das Foto, das den Leguan zeigt (»Unscharf.tif«). Dort lassen Sie es fallen. Das Tag VÖGEL ziehen Sie auf »Bounds.jpg«. Übrigens geht es auch umgekehrt. Sie dürfen auch gern das

Foto auf das Tag ziehen. Achten Sie lediglich darauf, dass unterhalb der Miniaturen entsprechende Kategorie-Symbole angezeigt werden. Wenn Sie mit der Maus daraufzeigen, lässt sich ablesen, um welches Tag es sich handelt.

Abbildung 2.54 ▶
Das erste Tag (REPTILIEN) wird auf das Leguan-Foto gezogen.

Abbildung 2.55 ▶▶
Zeigen Sie auf das Symbol. Die QuickInfo verrät mehr.

6 Tags selektieren

Schauen Sie auf das Bedienfeld TAGS. Stellen Sie die Maus einmal auf das Tag REPTILIEN, werden Sie feststellen, dass sich dem Eintrag ein kleiner weißer Pfeil ❸ hinzugesellt. Klicken Sie darauf, werden nur die Fotos angezeigt, die dem Tag entsprechen. Des Weiteren erscheint oben ❷ eine Stichwortliste. Hier haben Sie die Möglichkeit, die Suche zu erweitern, indem Sie beispielsweise die Kategorie TIERE anwählen. Entsprechend würde sich die Liste der Bildminiaturen füllen. Denn jetzt werden sowohl die Reptilien als auch die Vögel sichtbar. Mit Klick auf ZURÜCK ❶ können Sie diese Ansicht im Übrigen wieder verlassen.

▼ **Abbildung 2.56**
Mit dieser Technik ist der Suche im Archiv kaum mehr eine Grenze gesetzt.

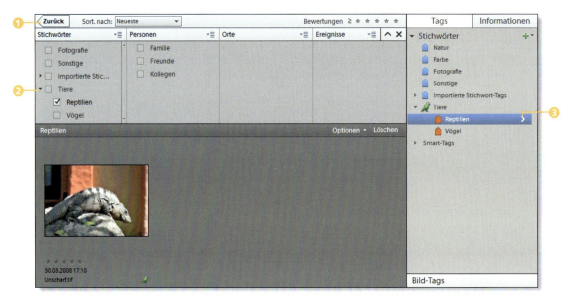

Importierte Stichwort-Tags

Die Beispielfotos haben ja bereits etliche Stichwörter mitgebracht. Sie finden diese allerdings erst, nachdem Sie die Liste IMPORTIERTE STICHWORT-TAGS mithilfe des vorangestellten Dreieck-Symbols ❹ geöffnet haben. Nun verhält es sich so, dass Sie erneut die Pfeilspitze eines Tags anklicken müssen ❺, um sich die entsprechend katalogisierten Fotos anzeigen zu lassen.

◀ Abbildung 2.57
Der Organizer ist im Stande, die Stichwörter anzeigen zu lassen.

Bild-Tags vergeben

Das Bedienfeld BILD-TAGS bietet Ihnen die Möglichkeit, Ihre Stichwort-Tags noch etwas schneller als über den zuvor vorgestellten Weg hinzuzufügen. Markieren Sie dazu ein oder mehrere Fotos, und tippen Sie den gewünschten Begriff in die Eingabemaske der Bild-Tags unten rechts ein. Danach klicken Sie auf HINZUFÜGEN ❻. Das Stichwort wird sofort in der Stichwortliste unter SONSTIGE aufgeführt und kann wie hier beschrieben künftig auch anderen Fotos zugewiesen werden.

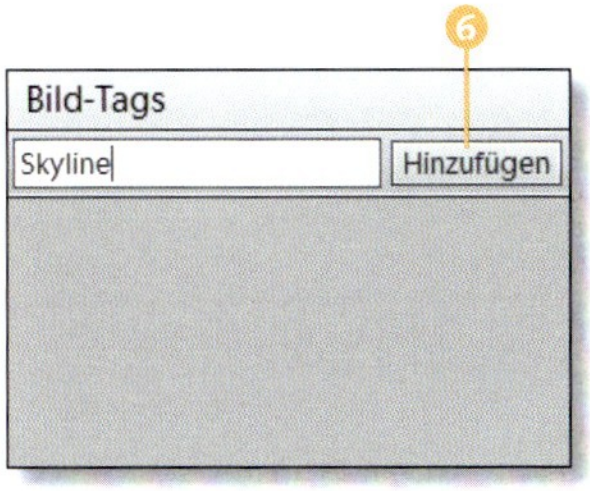

▲ Abbildung 2.58
Auch die Produktion neuer Tags ist ein Kinderspiel.

Personenerkennung

Elements kann Sie dabei unterstützen, Fotos ausfindig zu machen, auf denen bestimmte Personen abgebildet sind. Dazu müssen Sie der Anwendung lediglich mitteilen, wer auf einem Foto zu sehen ist.

2 Fotos verwalten – der Organizer

Schritt für Schritt
Personen-Fotos ausfindig machen

In jedem Fotoarchiv gibt es sicherlich Porträtaufnahmen und Bilder von Familie und Freunden. Sollen die per Klick zusammengestellt werden, beispielsweise für eine Diashow, hilft die Personenerkennung weiter.

1 Suche vorbereiten
Zunächst einmal müssen Sie dafür sorgen, dass alle Beispielfotos deselektiert sind. Sonst würden nämlich nur die markierten Bilder in der Suche berücksichtigt. Falls erforderlich, klicken Sie auf ALLE MEDIEN.

Unterschiedliche Resultate

Möglicherweise weicht Ihr Suchergebnis vom hier gezeigten ab. Wenn Sie den Dialog mehrfach aufrufen und wieder abbrechen, werden auch unterschiedliche Personenfotos gelistet. Für den Anfang ist das aber unerheblich.

2 Personenerkennung starten
Danach setzen Sie einen Mausklick auf den Button HINZUFÜGEN. »Davon gibt es mehrere«, sagen Sie? Vollkommen richtig. Wir nehmen jedoch den linken ❶. Sicherheitshalber fragt Photoshop Elements noch einmal nach, ob Sie denn auch wirklich alle derzeit angezeigten Fotos durchsuchen wollen. Bestätigen Sie das mit JA. Nach kurzer Zeit liefert Photoshop Elements bereits das erste Ergebnis.

Abbildung 2.59 ▶
Personen werden hinzugefügt.

Abbildung 2.60 ▶
Ja genau, liebe Anwendung. Wir wollen das wirklich machen. Ganz ehrlich.

Abbildung 2.61 ▶
Die ersten Ergebnisse werden präsentiert.

Fotos ordnen und kennzeichnen **2.8**

3 Personen benennen

Zunächst präsentiert die Anwendung stolz, was sie bislang gefunden hat. Keine Bange, das ist noch nicht alles. Bislang wird Ihnen nur der erste Teilerfolg präsentiert. Benennen Sie die Person, indem Sie einen Mausklick auf der Miniatur platzieren und danach den Namen in das Eingabefeld eintragen. Verfahren Sie mit allen anderen Miniaturen entsprechend, und schließen Sie die Arbeit mit SPEICHERN ab.

Facebook-Freunde hinzufügen

Achten Sie bitte einmal auf die unterste Zeile dieses Dialogs. Wenn Sie dort klicken, können Sie eine direkte Verbindung zu Facebook herstellen und die dort angelegte Freundschaftsliste herunterladen. So hält Ihr persönliches Social Network auch Einzug in Photoshop Elements.

▲ **Abbildung 2.62**
Die Ausbeute hält sich noch in Grenzen. Dennoch können die vorhandenen Gesichter bereits benannt werden.

Nach einem Klick auf SPEICHERN versucht Photoshop Elements, weitere Personen ausfindig zu machen und diese den zuvor benannten Personen zuzuordnen. Sollten Sie hier das eine oder andere Bild ausschließen wollen, zeigen Sie darauf und klicken auf das Kreuzchen ❷. Taucht das Foto einer Person auf, die Sie bereits benannt haben, lässt sich deren Name nach einem Klick auf WER IST DAS? auch direkt selektieren ❸. Die Eingabe ist im Übrigen »kontextsensitiv«. Das bedeutet: Sobald Sie bereits zuvor gespeicherte Wortteile oder nur einzelne Buchstaben eingeben, wird unterhalb des Eingabefelds eine Vervollständigung angeboten ❹, die mittels Mausklick übernommen werden kann. Speichern Sie das Ergebnis am Ende erneut ab.

Falsches Ergebnis

Sollte anstelle einer Person einmal eine personenähnliche Struktur ausfindig gemacht worden sein, wie z. B. eine Statue, zeigen Sie auf das Foto und klicken anschließend auf das kleine daraufhin auftauchende Kreuz-Symbol in der oberen rechten Ecke ❷.

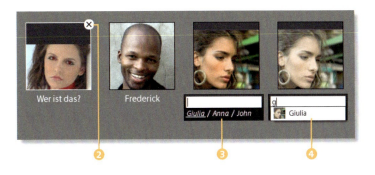

◀ **Abbildung 2.63**
Photoshop Elements lässt unterschiedliche Zuordnungsarten zu.

Daraufhin werden die nächsten Ergebnisse präsentiert. So geht das nun weiter und weiter, bis alle Personen gefunden worden sind. Das Beschriften der Personen macht beim ersten Durchlauf natürlich viel Arbeit. Aber die Mühe zahlt sich aus.

4 Problematische Fotos bearbeiten

Am Ende werden möglicherweise nur noch Miniaturen mit Halt-Symbolen angeboten. Damit wissen Sie – es geht dem Ende zu. Möglicherweise ist auch die eine oder andere Statue dabei. Diese soll natürlich bei einer Personensuche nicht berücksichtigt werden. Das wird sie auch nicht, wenn Sie das Halt-Symbol auf der Miniatur belassen. Sollte sich dennoch ein Personenfoto zeigen, klicken Sie mit rechts darauf und markieren dieses als Person. Gehen Sie abermals mit Speichern weiter.

Abbildung 2.64 ▶
Die nächsten Kandidaten warten auf ihre Benennung.

▲ **Abbildung 2.65**
Am Schluss gibt es noch ein anerkennendes Schulterklopfen.

▲ **Abbildung 2.66**
Nicht automatisch gefundene Personen können nachträglich noch manuell benannt werden.

5 Person manuell kennzeichnen

Und was ist, wenn wirklich einmal eine Person nicht erkannt worden ist? Dann platzieren Sie am besten zunächst einen Doppelklick auf dem Foto, damit es größtmöglich dargestellt wird. Stellen Sie die Maus auf das Bild, wird dieses noch einmal separat analysiert. Meist wird die Anwendung dann fündig und kann doch ein Gesicht ausmachen, was durch den Rahmen verdeutlicht wird. Klicken Sie auf WER IST DAS?, um den Namen einzugeben.

6 Grenzfälle einschließen

Ganz schwierig wird es bei Personen, deren Gesichter nicht mehr zu erkennen sind. (Die Datei »Komp_01.jpg« ist beispielsweise so ein Fall. Hier kann die Anwendung ganz bestimmt keine Person ausfindig machen.) In einem derartigen Fall markieren Sie das Bild mit rechts und selektieren EINE PERSON HINZUFÜGEN aus dem Kontextmenü. Geben Sie in der folgenden Dialogbox einen Namen ein, und schließen Sie die Aktion mit Klick auf HINZUFÜGEN ab.

◀ Abbildung 2.67
Nicht erkannte Personen können ruck, zuck hinzugefügt werden.

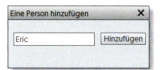

▲ Abbildung 2.68
Sorry, Eric, aber wegen deiner Schneebrille hatten wir dich gar nicht erkannt.

Tags finden

Photoshop Elements erzeugt für jede Person ein eigenes Tag. Allerdings werden diese von Hause aus nicht in der Tag-Spalte angezeigt. Gemein, oder? Beheben Sie dieses Problem, indem Sie in das Menü ANSICHT gehen und PERSONEN IM TAG-BEDIENFELD EINBLENDEN aussuchen. Daraufhin wird rechts eine Liste mit PERSONEN-TAGS offeriert.

Jetzt dürfen Sie aber nicht zu viel erwarten. Denn die Anwendung wird lediglich speichern, dass Eric im Bild vorhanden ist. Eine Miniatur gibt es nicht dazu. Was es damit auf sich hat, werden Sie gleich sehen.

7 Personen anzeigen

Na, das hat ja gut geklappt. Dann lassen Sie uns doch einmal einen Blick auf die Personen unseres Katalogs werfen. Sicher haben Sie bereits die großen Überschriften (MEDIEN, PERSONEN, ORTE, EREIGNISSE) gesehen, die sich über den Bildminiaturen erstrecken.

Betätigen Sie PERSONEN, um sich die Auswahl anzeigen zu lassen. Cool, dass jetzt alle (mit Ausnahme von Schneebrillen-Eric) mit einer eigenen Miniatur aufwarten können. Wollen Sie sich alle Fotos einer bestimmten Person anzeigen lassen? Dann erreichen Sie das per Doppelklick auf das jeweilige Bild. Zurück geht es dann mit Klick auf MEDIEN.

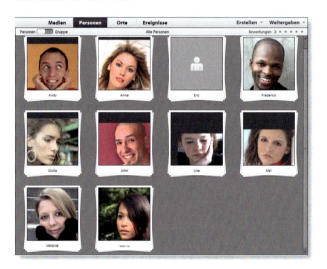

Abbildung 2.69 ▶
Sollte die eine oder andere Person vergessen worden sein, wissen Sie ja, wie Sie diese noch hinzufügen können.

Orte hinzufügen

Im Zeitalter von GPS wird der Ort, an dem das eine oder andere Foto geschossen worden ist, immer wichtiger. Haben Sie eine GPS-fähige Kamera verwendet, ist der Ort in der Regel bereits markiert.

Schritt für Schritt
Orte zuweisen

Wer Fotos mit einem Aufnahmeort versehen möchte, die noch nicht entsprechend katalogisiert sind, erreicht das mit einer entsprechenden Hilfsfunktion.

1 Fotos markieren
Wie gehabt muss als Erstes das zu markierende Bild ausgewählt werden. (Übrigens dürfen Sie hier auch mehrere Fotos von unter-

Fotos ordnen und kennzeichnen **2.8**

schiedlichen Orten auswählen.) Im Beispiel wählen wir »Feldtiefe.jpg« und »Zusammensetzen.jpg«. Danach erfolgt ein Mausklick auf den mittleren HINZUFÜGEN-Button in der Aktionsleiste ❶.

◄ **Abbildung 2.70**
Dieses Foto soll einen Aufnahmeort erhalten.

◄ **Abbildung 2.71**
Jetzt werden die Orte markiert.

2 Ersten Ort eingeben

Da in der oberen Zeile nun beide Fotos markiert sind, würden auch beide mit ein und demselben Ort versehen. Das müssen wir verhindern. Betätigen Sie deshalb die erste Miniatur ❷ (sie erhält daraufhin als Einzige einen blauen Rahmen). Im Anschluss daran tragen Sie »Zons« in das darunter befindliche Eingabefeld ❸ ein. Danach reicht ein Klick auf SUCHEN. Darunter wird nun ausschließlich eine einzige mögliche Ortsbeschreibung gelistet, die Sie mit einem Mausklick zuweisen sollten.

◄ **Abbildung 2.72**
Das rheinische Zons ist gefunden worden.

63

2 Fotos verwalten – der Organizer

3 Ort spezifizieren

Nun gibt es mehrere Möglichkeiten, die Ihnen die Suche nach dem Aufnahmeort erleichtern. Zum einen lässt es sich in die Karte ein- 2 und aus ihr herauszoomen 3. Zudem können Sie mit dem Pulldown-Menü 4 von KARTE auf HYBRID umstellen. Dann werden Ihnen Luftaufnahmen präsentiert. Mit 1 verschieben Sie den Ausschnitt in die gewünschte Richtung. Entsprechendes funktioniert auch, indem Sie auf die Karte oder das Luftbild klicken, die Maustaste gedrückt halten und die Maus entsprechend verschieben. Darüber hinaus kann der Pin 6 per Drag & Drop auf der Karte bewegt werden. Positionieren Sie ihn auf dem Punkt, an dem das Foto entstanden ist. (Liebe Zonser: Ich weiß nicht, ob ich mit dieser Ortsangabe richtig liege. Wissen Sie es besser? Dann schreiben Sie mir bitte. Vielen Dank!) Wenn Sie fertig sind, betätigen Sie das Häkchen 5.

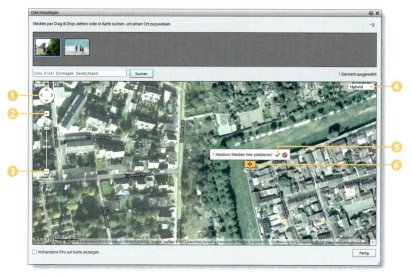

▲ Abbildung 2.73
Der erste Ort ist markiert.

4 Zweiten Ort markieren

Den zweiten Ort markieren Sie, indem Sie zunächst die rechte Miniatur selektieren und dann Folgendes eingeben: »Cancun, Boulevard Kukulkan«. Nach Klick auf SUCHEN bestätigen Sie auch hier wieder mit dem unterhalb des Eingabefeldes angebotenen Ortshinweis.

Fotos ordnen und kennzeichnen   2.8

◀ **Abbildung 2.74**
Sie dürfen auch die Straßeninformationen hinzufügen.

◀ **Abbildung 2.75**
Das hat sich gelohnt: mexikanische Karibik.

5 Orte anzeigen

Wenn alle Fotos mit Daten versorgt sind, betätigen Sie FERTIG unten rechts. Wann immer Sie nun wissen wollen, wo ein Foto aufgenommen worden ist, müssen Sie dieses im Organizer markieren und in der Kopfleiste auf ORTE gehen.

◀ **Abbildung 2.76**
Ah, da war das! Oder doch nicht? Wer weiß es besser?

65

2.9 Motiv-Suche

Photoshop Elements offeriert die Möglichkeit, schnell und komfortabel nach bestimmten Bildinhalten, Objekten oder Motiven zu suchen. Diese Form der Suche ist nicht nur intuitiv, sondern auch in hohem Maße Erfolg versprechend.

Suche nach visueller Ähnlichkeit

Zunächst müssen Sie den Pfad Suchen • Visuelle Ähnlichkeit • Visuell Ähnliche Fotos und Videos einstellen. Daraufhin taucht eine Suchleiste auf, auf die Sie eines Ihrer Fotos ziehen können. Sie können es selbst einmal ausprobieren, indem Sie eines der beiden Fotos »Junge_Auswahl.tif« oder »Junge_mit_Kappe.tif« nach oben ziehen und dort fallen lassen.

Abbildung 2.77 ▼
Ziehen Sie das Foto auf die graue Leiste. Dort lassen Sie es fallen.

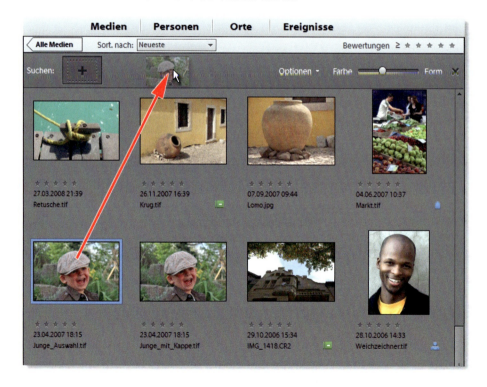

Benutzen Sie anschließend den kleinen Schieberegler oben rechts, mit dessen Hilfe Sie das Suchergebnis mehr in Richtung ähnlicher Farben oder darin enthaltener Formen verschieben können.

Optimal ist, dass sich jetzt in jedem Miniaturbild eine prozentuale Übereinstimmung zeigt. Schieben Sie den Regler einmal ganz nach links und anschließend nach rechts. Beobachten Sie, wie sich die Ergebnisse und damit Reihenfolge und prozentuale Übereinstimmung der Miniaturen verändern. (Das Suchergebnis lässt sich im Übrigen mit Klick auf Alle Medien verwerfen.)

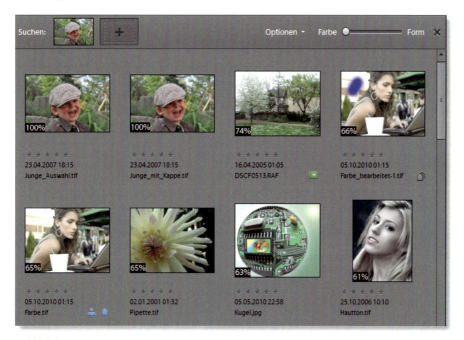

▲ **Abbildung 2.78**
Bei dieser Reglerstellung wird mehr Wert auf die Ähnlichkeit der Farben gelegt.

Objektsuche

Sie können auch nach bestimmten Objekten suchen. Das ist beispielsweise dann interessant, wenn Sie alle Fotos finden wollen, auf denen ein bestimmtes Bauwerk zu sehen ist. Dazu müssen Sie zunächst ein Foto markieren, das das Gebäude zeigt. Anschließend gehen Sie über Suchen • Visuelle Ähnlichkeit • Objekte, die in Fotos erscheinen. Daraufhin wird das Bild vergrößert dargestellt. Zudem erscheint ein Auswahlrahmen. Klicken Sie mitten hinein, und halten Sie die Maustaste gedrückt, um den Rahmen zu verschieben, bzw. skalieren Sie ihn, indem Sie einen der acht quadratischen Anfasser mit gedrückter Maustaste verziehen. Wenn das erledigt ist, betätigen Sie den Button OBJEKT SUCHEN.

Abbildung 2.79 ▶
Hier wurde der obere Teil des Düsseldorfer Rheinturms referenziert.

Abbildung 2.80 ▶
Kurz darauf wird das Ergebnis präsentiert. Gleiche Strukturen werden mit einem gelben Rahmen visualisiert.

Doppelte Fotos suchen

Zuletzt sollten Sie noch in Erfahrung bringen, wie Sie ähnliche Fotos suchen, diese in Stapel zusammenfassen oder auch löschen

Motiv-Suche **2.9**

können. Bevor Sie damit beginnen, sollten Sie sich Gedanken darüber machen, welche Fotos gesucht werden sollen. So können Sie beispielsweise zunächst mehrere Miniaturen anwählen. Dann nämlich würde die Suche auf diese Bilder beschränkt. Wollen Sie hingegen den kompletten Katalog durchforsten, sollte keine Miniatur angewählt sein. Betätigen Sie anschließend Suchen • Visuelle Ähnlichkeit • Doppelte Fotos.

Miniaturen verschieben

Sollte sich die Anwendung wider Erwarten einmal geirrt haben, oder wollen Sie selbst eine andere Reihenfolge herstellen, können Sie das per Drag & Drop tun. Die Miniaturen lassen sich nämlich beliebig umsortieren.

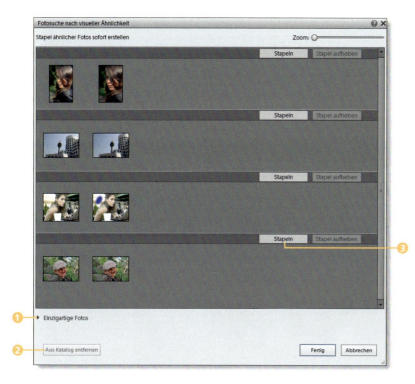

◄ **Abbildung 2.81**
Bei der Suche nach doppelten Fotos verrichtet Photoshop Elements ganze Arbeit.

Nun ließen sich einzelne Miniaturen anklicken und mit [Entf]/[←] aus dem Katalog entfernen. Alternativ betätigen Sie Aus Katalog entfernen ❷ unten links. Damit stellen Sie sicher, dass nicht zu viele ähnliche Fotos in Ihrem Fundus lagern, sondern nur die schönsten. Außerdem könnten Sie rechts auf Stapeln ❸ klicken und damit sämtliche Fotos einer Reihe schichten. Wer Kompromisse mag: Es ist durchaus erlaubt, einige Fotos einer Reihe mit der Maus vorab auszuwählen. Dann nämlich werden nur diese gestapelt, wenn Sie den entsprechenden Button betätigen. Die nicht markierten bleiben dabei außen vor.

Einzigartige Fotos

Ganz unten befindet sich übrigens der Eintrag Einzigartige Fotos ❶. Wenn Sie auf das vorangestellte Dreieck klicken, öffnet sich die Liste jener Fotos, die nicht zugeordnet werden konnten.

2.10 Fotos weiter verarbeiten

Nun ist das Ende der Fahnenstange mit einem schönen Archiv noch lange nicht erreicht. Damit allein wäre Photoshop Elements nicht so berühmt geworden. Die Stärken der Anwendung liegen immer noch in der Bildbearbeitung.

Korrekturen im Organizer

Der Organizer an sich ist ausgesprochen leistungsfähig und vielseitig. Selbst Korrekturfunktionen lassen sich hier ganz schnell aktivieren, indem Sie unten rechts auf Korrektur ❷ klicken. Markieren Sie ein Foto, und wählen Sie anschließend die gewünschte Korrekturoption ❶ aus.

▲ **Abbildung 2.82**
Der Organizer ist auch Korrektor – allerdings in stark abgespeckter Form.

Automatische Analyse

Aber es kommt noch besser. Der Organizer verfügt über ein Analyse-Tool, das Ihnen »präsentiert«, was von dem einen oder anderen Foto zu halten ist. Dazu markieren Sie zunächst alle Fotos, die Sie analysieren lassen wollen. Danach klicken Sie mit rechts auf eines der markierten Fotos und entscheiden sich im Kontextmenü für Automatische Analyse ausführen.

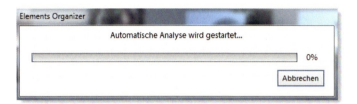

◄ **Abbildung 2.83**
Die Analyse kann etwas Zeit in Anspruch nehmen.

Wer sich jetzt fragt, was das soll, der möge sich bitte noch einmal die Stichwort-Tags unterhalb der Miniaturen ansehen. Die violetten weisen nämlich auf Smart- bzw. Analyse-Tags hin. Zeigen Sie mit der Maus darauf, sehen Sie, was bei der Analyse aufgefallen ist.

◄ **Abbildung 2.84**
Aha, der Anwendung ist das Foto also zu dunkel. Interessant!

Vom Organizer zum Fotoeditor

Nun ist der Organizer durchaus sinnvoll strukturiert. Allerdings ist das Herzstück von Photoshop Elements die digitale Bildbearbeitung. Deswegen müssen Sie auch die Möglichkeit haben, ein Foto an dieses Herzstück, den Fotoeditor, übergeben zu können. Und das geht so: Nachdem Sie ein Foto markiert haben, drücken

In anderem Programm öffnen

Direkt rechts neben der Schaltfläche EDITOR befindet sich ein kleines Dreieck. Betätigten Sie dieses, hätten Sie auch die Wahl, das Bild beispielsweise an Photoshop (den großen Bruder von Photoshop Elements) oder an Premiere Elements zu übergeben. Vorausgesetzt natürlich, diese Anwendungen sind bei Ihnen installiert.

Kontextmenü verwenden

Der Befehl MIT PHOTOSHOP ELEMENTS BEARBEITEN steht im Übrigen auch im Kontextmenü zur Verfügung. Um dieses zu öffnen, müssen Sie mit rechts auf die Miniatur klicken.

Korrektur im Organizer

Auch der Organizer stellt Korrekturfunktionen zur Verfügung (siehe das Register KORREKTUR oben rechts). Wenn Sie eine derartige Korrektur auf ein Bild anwenden, wird automatisch und ohne Rückfrage ein Versionssatz erzeugt.

Sie [Strg]/[cmd]+[I]. Sie können auch über das Menü gehen und BEARBEITEN • MIT PHOTOSHOP ELEMENTS EDITOR BEARBEITEN aussuchen oder EDITOR in der Aktionsleiste (Fußleiste) des Organizers betätigen.

▲ Abbildung 2.85
Per Mausklick geht es in den Editor.

Berücksichtigen Sie bitte, dass Sie das Foto im Organizer so lange nicht bearbeiten können, wie es im Fotoeditor geöffnet ist. Ein entsprechender Balken über der Miniatur verdeutlicht dies.

▲ Abbildung 2.86
Ein im Fotoeditor geöffnetes Bild wird im Organizer solange gesperrt.

Versionssätze erzeugen

Wenn Sie ein im Organizer befindliches Foto im Fotoeditor überarbeiten und das Ergebnis dann mit DATEI • SPEICHERN UNTER absichern, wird automatisch ein sogenannter **Versionssatz** erzeugt. Der Folgedialog beinhaltet die Option MIT ORIGINAL IM VERSIONSsatz speichern ❷. Wählen Sie diese Funktionen nicht ab, wenn Sie wollen, dass Originalfoto und Nachbearbeitung im Organizer gestapelt werden sollen. Voraussetzung für diese Option ist im Übrigen, dass In Elements Organizer aufnehmen ❶ ebenfalls aktiv ist. Logisch, oder? Wenn das Foto nicht im Organizer aufgenommen werden darf, kann es dort selbstverständlich auch dem Original nicht beigefügt werden.

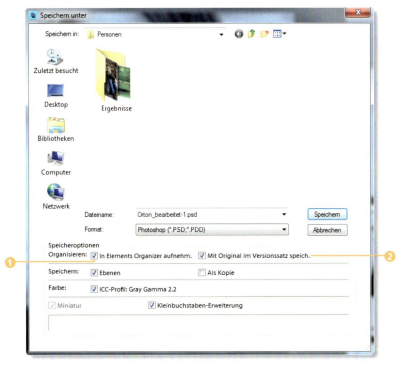

▲ **Abbildung 2.87**
Hier wird eine Kopie erzeugt.

Schließen Sie das Foto im Fotoeditor, und kehren Sie zum Organizer zurück. Sie finden dann eine Miniatur vor, die anstelle des Originals die korrigierte Datei zeigt. Dieser Versionssatz wird durch eine aufgehellte Umrandung und ein Symbol ❸ (Abbildung 2.88) in der oberen rechten Ecke entsprechend ausgewiesen. Zudem finden Sie rechts eine kleine Schaltfläche, mit der Sie den Versionssatz öffnen ❹ bzw. wieder schließen ❺ können. Bei Versionssätzen liegt das zuletzt nachbearbeitete Bild ganz oben.

▲ **Abbildung 2.88**
Der geschlossene Versionssatz (hier mit zwei Überarbeitungen und dem Original) …

▲ **Abbildung 2.89**
… und der geöffnete Versionssatz mit allen drei Elementen

Schnellkorrektur und Assistenten kennenlernen

Eilanträge an Ihre Bilder

- Wie funktioniert die Schnellkorrektur?
- Wie ändere ich Belichtung und Farbe in der Schnellkorrektur?
- Wie werden Rote-Augen-Effekte rasch behoben?
- Wie kann ich kurzerhand Korrekturen mit dem Assistenten durchführen?
- Wie erzeuge ich auf die Schnelle Effekte?

3 Schnellkorrektur und Assistenten kennenlernen

Das Bild zum Thema

Natürlich können Sie jedes beliebige Foto verwenden, um die folgenden Erklärungen gleich praktisch nachzuvollziehen. Wenn Sie jedoch lieber die hier im Buch abgebildete Datei benutzen möchten, greifen Sie auf »Krug.tif« zurück. Sie finden sie im Ordner BEISPIELDATEIEN auf der beiliegenden DVD.

»Krug.tif«

Die umfangreichsten Korrekturmöglichkeiten befinden sich in der Expertenansicht von Photoshop Elements. Wer aber »eben mal so« eine einfache Korrektur durchführen möchte, der entscheidet sich gerne für die Korrekturansicht SCHNELL. Und wer sich bislang noch nicht wirklich mit dem Thema Bildbearbeitung auseinandergesetzt hat, der wird den integrierten Assistenten geradezu lieben.

3.1 Die Arbeitsoberfläche der Schnellkorrektur

Als Einsteiger sollten Sie diesen Abschnitt aufmerksam lesen. Sie erhalten hier nämlich grundlegende Hinweise zum Umgang mit Steuerelementen. So lernen Sie nicht nur die Ansicht SCHNELL und ASSISTENT kennen, sondern sind auch bestens gerüstet für die weiteren Kapitel. – Üblicherweise werden Sie zunächst einmal ein Foto im Organizer aussuchen. Danach müssen Sie dieses Foto an den Fotoeditor übergeben.

Haben Sie ein Bild wie auf Seite 71 beschrieben an den Fotoeditor übergeben, befinden Sie sich bereits in Ihrer leistungsfähigen »Zentralstelle für digitale Bildbearbeitung«. Jetzt müssen Sie nur noch für die richtige Benutzeroberfläche sorgen. Grundsätzlich können Sie sich oberhalb der *Montagefläche* (das ist der dunkelgraue Bereich in der Mitte der Anwendung) zwischen drei Kategorien entscheiden (SCHNELL, ASSISTENT, EXPERTE). Für den Fall, dass SCHNELL ❶ nun nicht aktiv ist, platzieren Sie einen Mausklick darauf.

Auf der rechten Seite, dem Bedienfeldbereich, finden Sie einige Schieberegler, mit deren Hilfe Sie individuelle Farb- und Belichtungskorrekturen im Bild vornehmen können. Wie diese Elemente bedient werden, erfahren Sie in Abschnitt 3.4, »Dunkle Fotos schnell aufhellen«. Den Bedienfeldbereich können Sie öffnen und schließen, indem Sie unten rechts auf BED.FELD AUSBL. (Bedien-

3.1 Die Arbeitsoberfläche der Schnellkorrektur

feldbereich ausblenden) ❷ bzw. BED.FELD ANZ. (Bedienfeldbereich anzeigen) klicken.

◀ **Abbildung 3.1**
So kommen Sie in die Schnellkorrektur. Rechts sehen Sie den Bedienfeldbereich.

▲ **Abbildung 3.2**
Die Werkzeugleiste hier ist erheblich kleiner als die im Experte-Modus.

Schnellkorrektur-Werkzeuge

Zunächst wollen wir uns aber mit der kleinen Werkzeugleiste auf der linken Seite beschäftigen. Mit Hilfe dieser Tools werden Ansichts- und Bearbeitungsfunktionen zur Verfügung gestellt.

Im Schnellkorrektur-Modus stehen längst nicht so viele Werkzeuge zur Verfügung wie in der Expertenansicht. Nicht nur daran ist zu erkennen, dass dieser Bereich eher für die rasche Qualitätsverbesserung von Bildern zuständig ist.

Nach dem Start der Anwendung ist die Hand aktiv. Wollen Sie das Tool wechseln, erreichen Sie das durch einen schlichten Mausklick auf das gewünschte Symbol. Wählen Sie zunächst einmal die Lupe an (Zoom-Werkzeug).

Zoom-Werkzeug | Klicken Sie mit aktiviertem Zoom-Werkzeug auf die Arbeitsfläche, um den Bildausschnitt zu vergrößern. Halten Sie [Alt] gedrückt, und klicken Sie dann, um den Ausschnitt zu verkleinern. Darüber hinaus können Sie mit gedrückter Maustaste einen Rahmen aufziehen. Dieser Bereich wird, nachdem Sie die Maustaste losgelassen haben, entsprechend vergrößert dargestellt. Ein Doppelklick auf den Werkzeug-Button (nicht auf das Bild!) bildet das Foto immer in 100 % seiner Größe ab.

▲ **Abbildung 3.3**
Ein Mausklick auf das entsprechende Symbol sorgt für den Werkzeugwechsel.

77

3 Schnellkorrektur und Assistenten kennenlernen

Tastaturkürzel

Besonders beim häufig verwendeten Zoom sollten Sie versuchen, die Werkzeuge mit Hilfe der Tastatur zu wechseln. Merken Sie sich diese vier Shortcuts, die Ihnen die Arbeit beträchtlich erleichtern:
- Schnellauswahl-Werkzeug = A
- Zoom = Z
- Hand = H
- Freistellen = C
  (c wie »cut«)

Hand-Werkzeug | Mit diesem Werkzeug schieben Sie den Bildausschnitt per Drag & Drop an die gewünschte Stelle. Funktioniert nicht, sagen Sie? Dann wird bereits das komplette Bild auf dem Monitor angezeigt. Die Hand kommt dann zum Einsatz, wenn einzelne Bereiche des Bildes dargestellt werden. Wechseln Sie auf das Zoom-Werkzeug, vergrößern Sie den Bildausschnitt mit einem Mausklick, und benutzen Sie danach die Hand zum Verschieben.

Um von einem anderen Werkzeug aus kurzzeitig zum Hand-Tool zu wechseln, halten Sie einfach die Leertaste gedrückt. Verschieben Sie nun Ihr Bild nach Wunsch. Wenn Sie die Taste wieder loslassen, stellt sich das unmittelbar zuvor selektierte Werkzeug wieder ein.

Schnellauswahl-Werkzeug | Das Schnellauswahl-Werkzeug ermöglicht die schnelle Auswahl und Freistellung von bestimmten Bildbereichen. Wenn Sie mit ihm über einen bestimmten Bereich zeichnen, versucht die Anwendung dabei selbstständig, angrenzende Kanten zu finden. Wischen Sie mit gedrückter Maustaste so lange über die einzugrenzende Stelle, bis die Anwendung die Kanten selbsttätig gefunden hat. (Lesen Sie dazu bitte auch die Hinweise zum Auswahlpinsel.)

Das Schnellauswahl-Werkzeug bringt eine Besonderheit mit. Unter diesem Tool befindet sich nämlich ein zweites: nämlich der Auswahlpinsel. Sie erreichen ihn bei aktiviertem Schnellauswahl-Werkzeug in der Optionsleiste (auch Steuerelementleiste oder Werkzeugoptionen genannt) der Anwendung. Damit ist der Werkzeugwechsel vollzogen.

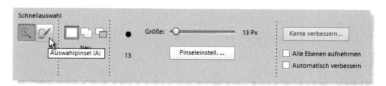

▲ Abbildung 3.4
Wechseln Sie in der Optionsleiste der Anwendung auf den Auswahlpinsel.

Auswahlpinsel | Der besagte Auswahlpinsel ermöglicht die schnelle Auswahl und Freistellung von bestimmten Bildbereichen. Da dieses Tool, genau wie das Schnellauswahl-Werkzeug, auch im Standardeditor zur Verfügung steht, soll die damit verbundene Technik erst zu einem späteren Zeitpunkt vertieft werden. Wir sprechen besser erst dann darüber, wenn Sie **Auswahlen** und **Ebenen** kennengelernt haben. Nähere Hinweise zu beiden Werkzeugen finden Sie in Kapitel 5, »Grundlegende Arbeitstechniken«.

Rote Augen entfernen | Mit diesem Werkzeug lässt sich der beim Blitzen oft entstehende Rote-Augen-Effekt auf der Netzhaut eliminieren. In Abschnitt 3.8 gibt es einen separaten Workshop dazu.

Zähne bleichen | Wenn Sie mit diesem Tool bei gedrückter Maustaste über Bildbereiche fahren, werden diese heller. Wie der Name schon sagt, sollen damit Zähne heller werden. Dafür gibt es bessere Methoden, die wir im Abschnitt »Zähne weißen« auf Seite 359 vertiefen werden.

Texte einfügen | Dann wäre da noch das Textwerkzeug T, mit dem man Texte erstellen, formen und mit Effekten versehen kann. Damit befassen wir uns in Abschnitt 5.8, »Mit Text arbeiten«.

Bereichsreparatur-Pinsel | Dieses ausgesprochen nützliche Werkzeug ist zur schnellen Retusche vorgesehen. Ein Klick auf die schadhafte Stelle (Muttermale, Pickel usw.) korrigiert diese wie von selbst. Daneben gibt es noch den Reparatur-Pinsel (in der Optionsleiste aktivierbar), der für größere Korrekturstellen vorgesehen ist. Auf beide Tools gehen wir in Kapitel 10, »Retusche – nicht nur für Profis«, näher ein.

Freistellungswerkzeug | Ziehen Sie mit diesem Werkzeug mittels Drag & Drop einen Rahmen auf, und drücken Sie anschließend ⏎. Oder klicken Sie, falls Sie über jede Menge Zeit verfügen, auf das grüne Häkchen AKTUELLEN VORGANG BESTÄTIGEN unterhalb des aufgezogenen Rahmens. Das Bild wird daraufhin auf den Ausschnitt beschränkt, der durch den Freistellungsrahmen vorgegeben ist. In Kapitel 6, »Auswahlen und Freistellungen in der Praxis«, werden wir die Feinheiten dieses Werkzeugs genauer unter die Lupe nehmen.

Auf die Ecke achten!

Achten Sie einmal auf die nicht aktivierten Tasten der Werkzeugleiste. Verweilen Sie mit der Maus darüber, erscheinen kleine Pfeilspitzen in der oberen rechten Ecke einiger Tasten. Das ist ein Indiz dafür, dass es sich hierbei um eine Werkzeuggruppe handelt. Weitere Infos dazu erhalten Sie in Kapitel 4, »Die Grundfunktionen des Fotoeditors«.

3 Schnellkorrektur und Assistenten kennenlernen

Werkzeug zurücksetzen

In der Optionsleiste können Sie jedes Werkzeug feinjustieren. Haben Sie Änderungen an einem Tool vorgenommen und wollen diese Änderungen zu einem späteren Zeitpunkt wieder verwerfen, klicken Sie zunächst die Schaltfläche ❶ an. Jetzt haben Sie die Wahl, ob Sie alle Werkzeuge oder nur das gerade ausgewählte zurücksetzen wollen.

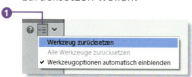

Abbildung 3.5 ▶
Werkzeuge können immer wieder in den ursprünglichen Zustand zurückgesetzt werden.

Ansichten

Oben links im Bildfenster finden Sie ein Flyout-Menü, das verschiedene Ansichtsmodi zur Verfügung stellt, wenn Sie darauf klicken. Standardmäßig ist es auf Nur nachher eingestellt.

Farbton ändern

Wenn Sie die Farben wie im folgenden Beispiel verändern wollen, schieben Sie einfach den auf der rechten Seite befindlichen Regler Farbton im Register Farbe so weit nach links, bis der gewünschte Ton angezeigt wird. Achten Sie jedoch darauf, dass zu diesem Zeitpunkt nicht die Ansicht Nur vorher eingestellt ist, da Sie dann die Auswirkungen Ihrer Veränderung nicht im Bild verfolgen können.

▲ **Abbildung 3.6**
Entscheiden Sie sich für eine der vier Ansichten.

- Nur nachher: Sie sehen am Bild gleich die Auswirkungen Ihrer Einstellungen. Das Bild verändert sich gemäß den Parametern, die Sie festlegen.
- Nur vorher: Egal, welche Änderungen Sie auch vornehmen – Sie werden das Bild immer in der Einstellung »vor« den Änderungen betrachten können. Diese Funktion bringt natürlich zur direkten Nachbearbeitung rein gar nichts. Sie dient vielmehr als Ergänzung zu Nur nachher. Springen Sie von dort aus auf Nur vorher, um Veränderungen besser beurteilen zu können.

Die Arbeitsoberfläche der Schnellkorrektur 3.1

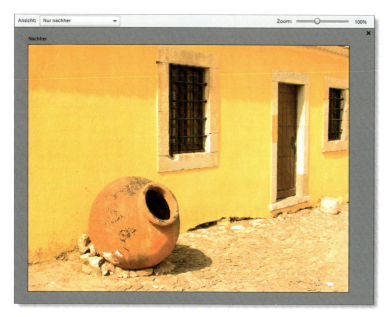

◄ **Abbildung 3.7**
NUR NACHHER – Änderungen am Bild werden gleich angezeigt.

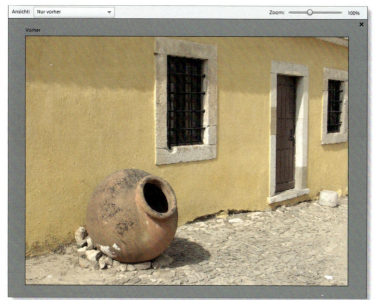

◄ **Abbildung 3.8**
NUR VORHER: Die Datei wird ohne Änderungen angezeigt.

▸ VORHER UND NACHHER – HORIZONTAL: Vergleichen Sie beide Bilder nebeneinander. Links sehen Sie das Originalbild und rechts die Variante mit den von Ihnen vorgenommenen Einstellungen. Diese Darstellung eignet sich besonders für Bilder im Hochformat.

Abbildung 3.9 ▶
Vorher und nachher im Direktvergleich nebeneinander – für hochformatige Bilder ist das die optimale Ansicht.

▶ VORHER UND NACHHER – VERTIKAL: Für querformatige Bilder ist diese Ansicht die beste. Oben sehen Sie das Original, während unten die Nachbearbeitung dargestellt wird.

Abbildung 3.10 ▶
Der übereinander platzierte Direktvergleich ist, wenn überhaupt, nur für querformatige Fotos empfehlenswert.

Doppelformat-Anzeige

Beim Vorher-nachher-Vergleich – sowohl im Hoch- als auch im Querformat – fällt besonders auf, dass sich die Zoom-Funktionen auf beide Ansichten gleichermaßen auswirken. Entsprechendes gilt für das Hand-Werkzeug. Verschieben Sie eine Ansicht, wird die andere synchron mitverschoben.

3.2 Bildbearbeitung in der Schnellkorrektur

Die eigentliche Bildbearbeitung nehmen Sie über die Bedienfelder vor, die Sie rechts sehen. Hier sehen Sie allerdings zunächst nur Gruppen (INTELL. KORREKTUR, BELICHTUNG usw.). Um die dazugehörigen Steuerelemente zu erreichen, müssen Sie eine der Zeilen mit einem Mausklick versehen (hier: TONWERTKORREKTUR). Gehen Sie mit den dort zur Verfügung stehenden Steuerelementen, insbesondere den *Schiebereglern* (den sogenannten *Slidern*) bitte maßvoll an die Arbeit. Gerade der Einsteiger neigt dazu, alle Steuerelemente auch einmal kräftig zu benutzen. Jedoch auch hier lautet wie so oft der Wahlspruch: Weniger ist mehr! Übrigens: Das Schließen einer Bedienfeldgruppe (hier: TONWERTKORREKTUR) übernimmt Photoshop Elements für Sie, wenn Sie:

- noch einmal darauf klicken
- eine andere Bedienfeldgruppe anwählen
- auf die Kopfleiste der Anwendung klicken

Bedienung der Korrekturelemente

Sämtliche Optionen, die sich hinter einer AUTO-Schaltfläche ❺ verbergen, werden durch einen darauf gesetzten Klick dem Bild direkt zugewiesen. Damit überlassen Sie Photoshop Elements die Intensität der jeweiligen Korrektur. Sehr oft, aber leider nicht immer, liegt die Anwendung mit der Korrektur richtig. Leider kann sie das Bild aber nur »rechnerisch« analysieren. Optisch beurteilen können nur Sie es. Deswegen ist es besser, Sie korrigieren selbst. Und das geht so: Die manuelle Einstellung nehmen Sie vor, indem Sie entweder den Schieberegler ❸ bewegen oder eine der neun zur Verfügung stehenden Miniaturen selektieren.

▲ **Abbildung 3.11**
Verwenden Sie für die Korrektur die Bedienfelder auf der rechten Seite der Oberfläche.

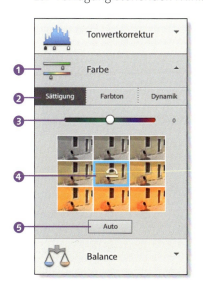

◄ **Abbildung 3.12**
Die Sättigungskorrekturoptionen im Bedienfeld FARBE

3 Schnellkorrektur und Assistenten kennenlernen

Vorschau

Nicht erschrecken, wenn sich das Foto bereits ändert, während Sie nur mit der Maus über die Vorschauminiaturen fahren. Das soll Ihnen lediglich die Möglichkeit geben, eine Art Vorschau der Einstellung zu sehen. Ziehen Sie die Maus wieder herunter, erscheint das Foto auch so wie vorher. Lediglich ein Mausklick weist die Korrektur zu.

Eine dieser neun Miniaturen verfügt über einen gebogenen Pfeil ❹. Das ist grundsätzlich die Ausgangsposition. Ist diese Miniatur in der Mitte, lässt sich mit Feldern weiter links oder oben eine Abschwächung (im konkreten Fall in Abbildung 3.12 die Reduktion der Sättigung) und mit rechts bzw. unterhalb befindlichen Miniaturen eine Verstärkung erreichen (mehr Sättigung). (Bei einigen Einstellungen (z. B. TONWERTKORREKTUR) ist dieses Feld ganz oben links. Das bedeutet: Hier kann nur verstärkt, nicht aber abgeschwächt werden).

Beachten Sie, dass es in vielen Bedienfeldgruppen weitere Register gibt (hier in der Gruppe FARBE ❶ sind das SÄTTIGUNG ❷, FARBTON und DYNAMIK).

Feineinstellungen vornehmen

Nun ist das mit den neun Miniaturen ja eine feine Sache. Allerdings ergeben sich dadurch im Vergleich zur aktuellen Einstellung (z. B. mittlere Miniatur im Bereich SÄTTIGUNG) nur acht Alternativen. Etwas wenig für eine optimale Korrektur, oder? Denn immerhin könnte ja Miniatur 6 noch zu schwach, Miniatur 7 aber bereits zu stark sein. Aus diesem Grund verfügen die Miniaturen über eine Art Feineinstellung. Klicken Sie das gewünschte Vorschaubildchen an, halten Sie die Maustaste gedrückt, und bewegen Sie die Maus nach links oder rechts. Cool, oder? Denn jetzt werden Zwischenwerte ❻ eingeblendet, die zur optimalen Einstellung beitragen. Beobachten Sie das Bild in der Mitte der Anwendung. Wenn Sie zufrieden sind, lassen Sie los.

Regler fährt mit

Ähnlich sensibel ließe sich die Korrektur mit Hilfe des Schiebereglers bedienen. Achten Sie einmal darauf, wie dieser sich synchron mitbewegt, wenn Sie Änderungen an den Miniaturen vornehmen.

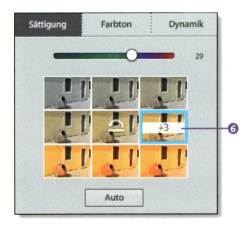

Abbildung 3.13 ▶
Die Feinjustierung wird bei gedrückter Maustaste vorgenommen (hier +3 in Feld 6).

Korrektur verwerfen

Um die zuletzt angewendete Korrekturoption zu widerrufen, muss lediglich Strg/cmd+Z betätigt werden. Die Alternative lautet: BEARBEITEN • RÜCKGÄNGIG: [AKTION]. Sollten Sie bereits mehrere Einstellungen vorgenommen haben, können diese allesamt mit einem Klick auf den gebogenen Pfeil ganz oben in der rechten Spalte verworfen werden.

Wiederherstellen

Bereits rückgängig gemachte Aktionen können mit Strg/cmd+Y oder BEARBEITEN • WIEDERHOLEN: [AKTION] wieder ins Leben gerufen werden.

▲ Abbildung 3.14
Mit Klick auf den Pfeil werden alle Aktionen des Bedienfelds verworfen.

Alle Einstellungen werden editiert

Aufgrund der QuickInfo ❼ dieses Steuerelements könnte man meinen, von der Rücksetzung wäre nur das aktuelle Bedienfeld betroffen. Das ist aber nicht der Fall. Tatsächlich werden alle Einstellungen verworfen.

3.3 Automatische Schnellkorrektur

Lassen Sie uns nun die erste wirkliche Korrektur vornehmen. Dabei soll ein Bild gedreht und anschließend von Photoshop Elements automatisch korrigiert werden. Das geht mit wenigen Mausklicks. Und hier ist die Anleitung dazu:

Schritt für Schritt
Fotos drehen und automatisch korrigieren

Die Schnellkorrektur bietet Ihnen eine automatische Korrekturfunktion, die INTELLIGENTE KORREKTUR, die in dieser Schritt-für-Schritt-Anleitung vorgestellt werden soll.

»Headset.tif«

1 Bild bereitstellen

Bevor es losgehen kann, müssen wir das Bild zunächst zur Verfügung stellen, also öffnen. Gehen Sie oben links auf ÖFFNEN, und entscheiden Sie sich für »Headset.tif« aus den Beispieldateien.

Abbildung 3.15 ▶
Ein Novum in Photoshop Elements 11: Zum Öffnen eines Fotos müssen Sie nicht mehr über das Menü gehen. Klicken Sie stattdessen einfach auf ÖFFNEN.

2 Foto drehen

Jetzt geht es darum, das Bild zu drehen. Hochformatig aufgenommene Bilder werden nach Import von der Digitalkamera mitunter querformatig angeboten. Dann muss eine manuelle Drehung um 90° erfolgen. Benutzen Sie dazu mehrfach den Button NACH LINKS DREHEN ❶. Alternativ ließe sich auch die kleine Dreieck-Schaltfläche ❷ betätigen und anschließend NACH RECHTS DREHEN ❸ auswählen. Aber mal ehrlich: Da kann man doch besser dreimal auf ❶ klicken, oder?

Abbildung 3.16 ▶
Drehen Sie die Bilder bei Bedarf in 90°-Schritten.

Abbildung 3.17 ▶
Irgendwie dreht sich alles.

3 Intelligente Korrektur anwenden

Die INTELLIGENTE KORREKTUR, die Sie ganz oben im Bedienfeldbereich finden, vereint prinzipiell alle folgenden Korrekturfunktionen – und zwar auf Basis dessen, was Photoshop Elements für korrekturwürdig erachtet. Dabei werden neben den hellen und dunklen Bildbereichen auch die Farbwerte ausbalanciert. Klicken Sie auf AUTO. Mit dem Schieber könnten Sie bei Bedarf noch etwas intensiver korrigieren. Für unser Beispielbild ist das aber nicht erforderlich.

◄ **Abbildung 3.18**
Ein Klick auf den Auto-Button erledigt die Korrektur von selbst.

Nachteile der intelligenten Korrektur

Natürlich ist es eine schöne Sache, sich die Korrekturarbeiten von der Anwendung abnehmen zu lassen. Bedenken Sie aber, dass Photoshop Elements dabei mathematisch und nicht mit realem Augenmaß an die Sache herangeht. Ab und zu sind die Berechnungen nicht zufriedenstellend. Verwenden Sie die Funktion deswegen nur für Bilder, die lediglich minimaler Korrekturen bedürfen.

4 Korrigiertes Foto speichern

Zuletzt sollten Sie das Ergebnis speichern. Gehen Sie dazu über Datei • Speichern unter, können Sie eine Kopie des Fotos anlegen. Legen Sie aber bitte unter Speichern in einen anderen Speicherort oder zumindest in Dateiname einen neuen Namen fest. Wie wäre es mit »Headset_fertig.tif«?

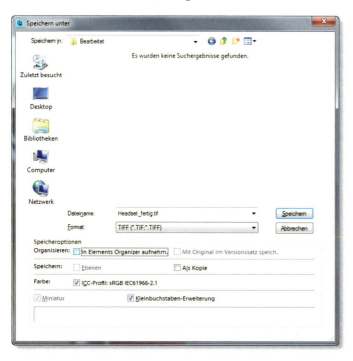

◄ **Abbildung 3.19**
Um das Ergebnis unabhängig vom Original zu sichern, sollte der Speichern unter-Dialog durchlaufen werden. Sollten Sie das missachten, schlägt die Anwendung eine Alternative vor.

Entscheiden Sie außerdem, ob Sie die nachbearbeitete Datei IN ELEMENTS ORGANIZER AUFNEHMEN wollen. Falls nicht, muss das Häkchen deaktiviert werden, ehe Sie auf SPEICHERN klicken. Bestätigen Sie die folgenden Dialoge noch mit OK. (Weitere Ausführungen zum Speichern finden Sie im folgenden Kapitel.)

3.4 Dunkle Fotos schnell aufhellen

Na, hat Ihnen der vorangegangene Workshop gefallen? Selbst machen ist doch viel schöner, als Theorie pauken, oder? Deswegen wollen wir auch diesmal wieder in die Praxis gehen. Allerdings ist das Thema so komplex, dass ein wenig Theorie im Vorfeld unumgänglich ist. Ich zeige Ihnen anschließend, wie Sie mit Hilfe der Schnellansicht ein viel zu dunkel geratenes Foto vor dem virtuellen Papierkorb retten können.

Tonwert und Kontrast korrigieren

Tiefen, Mitteltöne und Lichter

Die dunkelsten Töne des Bildes werden als Tiefen bezeichnet, während man bei den hellsten von Lichtern spricht. Dazwischen befinden sich die Mitteltöne.

Die **Tonwertkorrektur** passt den Gesamtkontrast eines Bildes an. Kontrast ist die Differenz zwischen dem hellsten und dem dunkelsten Punkt eines Bildes. Im Idealfall entsprechen die hellsten Punkte eines Bildes Weiß, während die dunkelsten Punkte schwarz sind. Sollten in dem zu korrigierenden Bild weder weiße noch schwarze Elemente vorhanden sein, werden diese erzeugt. Photoshop Elements verarbeitet dabei die hellsten Punkte zu Weiß und die dunkelsten zu Schwarz. Sie können sich vorstellen, dass dadurch auch Farbveränderungen nicht gänzlich ausgeschlossen werden können.

- **Tiefen aufhellen**: Mit Veränderung der TIEFEN erreichen Sie meist bessere Ergebnisse als mit den Auto-Korrekturfunktionen. Je mehr Sie den Wert erhöhen, desto heller werden die dunklen Bereiche des Bildes. Schwarze Pixel eines Bildes sind im Übrigen von dieser Maßnahme ausgenommen.
- **Lichter abdunkeln**: Über Justage der LICHTER verringern Sie die Helligkeit der hellsten Bildteile. Bei dieser Vorgehensweise werden reinweiße Bildteile von Veränderungen ausgeklammert. Nur jene Bereiche, die nicht weiß sind, werden dunkler dargestellt.

▶ **Mitteltöne**: Über die MITTELTÖNE manipulieren Sie nun jene Werte, die in der Mitte zwischen Schwarz und Weiß zu finden sind. Natürlich ist dies der größte Teil des Bildes. Entscheiden Sie, ob die Mitteltöne des Bildes insgesamt heller oder dunkler erscheinen sollen. Dabei ist es wichtig zu wissen, dass Schwarz und Weiß auch bei dieser Methode unangetastet bleiben. Je weiter ein Ton in Richtung Tiefen oder Lichter angeordnet ist, desto weniger ist er von der Veränderung betroffen.

Mitteltonregelung

Wenn Sie den Regler nach links verschieben, werden die mittleren Töne dunkler. Die Bewegung nach rechts bewirkt, dass die Mitteltöne heller werden.

Schritt für Schritt
Kontraste mit der Schnellkorrektur korrigieren

Genug Theorie! Jetzt gehen wir, wie eingangs versprochen, »in medias res«. Im Beispielfoto haben wir es mit einer hoffnungslos unterbelichteten Aufnahme zu tun. Der Betrachter ist hier geneigt zu sagen: »Das Bild ist reif für die Tonne!« und schenkt dieser Aufnahme keinerlei Beachtung mehr. Ein Fehler, wie sich gleich herausstellen wird.

»Schnellkorrektur.jpg«

◀ **Abbildung 3.20**
Da erkennt man ja gar nichts mehr. Weg damit! Oder?

1 Intelligente Korrektur anwenden

Versuchen Sie es zunächst mit INTELLIGENTE KORREKTUR. Öffnen Sie das Bedienfeld, und klicken Sie auf AUTO. Das sieht schon besser aus, oder? Aber im Ernst: Ist es das, was wir wollen? Verwerfen Sie die Korrektur, indem Sie auf den kleinen gebogenen Pfeil oben rechts klicken.

3 Schnellkorrektur und Assistenten kennenlernen

Abbildung 3.21 ▶
Eine Verbesserung ist es allemal. Uns ist das aber noch nicht gut genug.

2 Tiefen aufhellen

Öffnen Sie die TONWERTKORREKTUR, und überprüfen Sie, ob das erste Register TIEFEN aktiv ist. Falls nicht, klicken Sie darauf. Ziehen Sie den Regler ganz nach rechts, bis dieser einen Wert von 100 aufweist. Alternativ betätigen Sie die Miniatur 9 (Abbildung 3.22).

3 Mitteltöne korrigieren

Nun aktivieren Sie MITTELTÖNE und ziehen den Schieberegler vorsichtig nach rechts. Beobachten Sie die rechts daneben befindliche Ziffer, und stoppen Sie, wenn 6 erreicht ist. Das sorgt dafür, dass die Mitteltonbereiche (z. B. das Kopfsteinpflaster) sich etwas mehr differenzieren. Dadurch scheint etwas Kontrast ins Bild zurückzukommen.

▲ Abbildung 3.22
Das Bild wirkt stark aufgehellt.

▲ Abbildung 3.23
Auch wenn der Regler kaum verstellt wird, nimmt er doch sichtbar Einfluss auf die Korrektur.

4 Belichtung korrigieren

Zuletzt öffnen Sie das Bedienfeld BELICHTUNG. Hier müssen Sie bitte ganz vorsichtig vorgehen, da auch helle Bildbereiche erhellt werden. Geben Sie zu viel zu, entstehen unschöne weiße Flächen. Belassen Sie es daher bei maximal 0,8.

▲ Abbildung 3.24
Kaum zu glauben, dass da noch so viel herauszuholen war!

3.5 Farbe schnell korrigieren

Im Bereich Farbe stehen Ihnen ebenfalls drei Register zur Verfügung: SÄTTIGUNG, FARBTON und DYNAMIK:

- Mit einer Erhöhung der SÄTTIGUNG sorgen Sie für mehr Leuchtkraft der Farben. Schieben Sie den Regler dazu nach rechts. Wollen Sie den Farben Leuchtkraft entziehen, schieben Sie den Regler nach links. Stellen Sie den Schieber ganz nach links, um sämtliche Farben zu entziehen. Dabei wird das Bild in Graustufen wiedergegeben, obwohl es im RGB-Modus bleibt.
- Durch Änderung des FARBTON-Schiebers werden die Kanäle versetzt. Nähere Infos dazu finden Sie in Abschnitt »Farbton und Sättigung verändern« auf Seite 255.
- Der DYNAMIK-Regler erhöht ebenfalls die Sättigung, stärkt dabei jedoch weniger gesättigte Farben mehr als jene Farben, die bereits ausreichend gesättigt sind.

Farbinformationen erhalten

Grundsätzlich können Sie einem Bild die Farbe entziehen, indem Sie BILD • MODUS • GRAUSTUFEN einstellen. Der Vorteil: Die Dateigröße schrumpft beträchtlich. Der entscheidende Nachteil ist jedoch, dass dem Bild nun keine Farben mehr hinzugefügt werden können, ohne einen erneuten Moduswechsel in RGB vorzunehmen. Wenn dies jedoch beabsichtigt ist (z. B. um auf einem Graustufenbild farbige Schrift oder eine farbige Ebene aus einem anderen Bild zu platzieren), reduzieren Sie die Farbe bitte ausschließlich über den Regler SÄTTIGUNG.

Abbildung 3.25 ▶
Entziehen Sie dem Bild über Sättigung die Farbe, ohne den Modus wechseln zu müssen.

3.6 Balance beeinflussen

Als »Temperatur« eines Bildes wird ein zunehmender Rot- bzw. Blauanteil bezeichnet. Man spricht bei einer Erhöhung durch Rotzugabe von wärmeren Farbtemperaturen, während die Zugabe von Blau für kältere Temperaturen sorgt. Wärmere Farben werden im Bedienfeld Balance • Temperatur durch Verschiebung des Reglers nach rechts erreicht, während kältere Temperaturen links vom Regler zu finden sind.

Abbildung 3.26 ▶
Im rechten Bild ist die Farbstimmung schon merklich »abgekühlt«.

Wenn Sie den Regler im Bereich Farbtonung nach links schieben, erhöhen Sie damit den Grünanteil des Bildes. Die Farben wirken dann etwas kälter, wobei Sie hier (im Gegensatz zu Temperatur) eher eine Feineinstellung erreichen. Wärmere Farben erhalten Sie hingegen durch die Zugabe von Magenta. Sie müssen den Schieber in diesem Fall nach rechts ziehen.

Mit der FARBTONUNG lassen sich also noch Nuancen anpassen, nachdem Sie das Foto über den Schieber TEMPERATUR eingestellt haben. Zudem können Sie dadurch eventuell auftretenden Farbstichen sehr schön entgegenwirken.

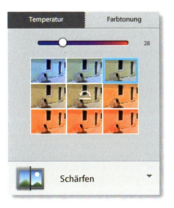

◂◂ **Abbildung 3.27**
Für eine kältere Farbstimmung ziehen Sie den Regler nach links.

◂ **Abbildung 3.28**
Der Grün-Magenta-Anteil eines Bildes wird im Register FARBTONUNG durchgeführt.

3.7 Bildschärfe korrigieren

Mit SCHÄRFEN können Sie (wie der Name schon sagt) nachträglich etwas an Schärfe in das Bild zurückholen. Innerhalb der Schnellkorrektur steht Ihnen dafür allerdings nur ein einzelner Schieberegler zur Verfügung. Ihn zu benutzen macht eigentlich nur dann Sinn, wenn der Korrekturbedarf minimal ist. Für umfangreichere Korrekturen wenden Sie besser den Filter UNSCHARF MASKIEREN an (die Vorgehensweise wird in auf Seite 321 noch genauer erläutert).

◂ **Abbildung 3.29**
Das Original (links) ist noch recht unscharf. Rechts wirken die Konturen klarer und die Flächen detaillierter.

3.8 Rote-Augen-Effekt entfernen

Nur Entfärbung
Mit Korrektur der roten Augen ist lediglich das Entfärben gemeint. Dabei wird die rote Farbe entfernt, und die Pupille stellt sich gräulich bis schwarz dar. Es ist nicht möglich, die Augen in einem Arbeitsgang gleich neu zu färben.

Eine weitere gängige Aufgabe bei der Bildnachbearbeitung ist das Entfernen des Rote-Augen-Effekts. Dieser entsteht durch Reflexion des Kamerablitzes. Die folgende Übung gibt Ihnen einen guten Einblick in die Rote-Augen-Korrektur mit dem Werkzeug aus der Werkzeugleiste und zeigt Ihnen, wie Sie Einfluss auf die Helligkeitsdarstellung der Augen nehmen können.

Schritt für Schritt
Rote Augen entfernen

»Rote_Augen_01.tif«

Grundsätzlich steht neben der manuellen Bearbeitungsmöglichkeit auch eine Auto-Korrekturfunktion bereit. Doch diese hat so ihre Tücken. Lassen Sie uns das einmal am Beispiel »Rote_Augen_01.tif« ergründen.

1 Werkzeug aktivieren
Aktivieren Sie nach Bereitstellung des Fotos bitte das Rote-Augen-entfernen-Werkzeug 👁 in der Toolbox, indem Sie es anklicken oder [Y] auf Ihrer Tastatur drücken.

2 Augen automatisch korrigieren
In der Optionsleiste (und des Fotos) finden Sie jetzt einen Button, der mit AUTO-KORREKTUR betitelt ist. Wenn Sie ihn anklicken, sucht Photoshop Elements selbstständig nach den roten Augen und korrigiert sie. Toll, oder?

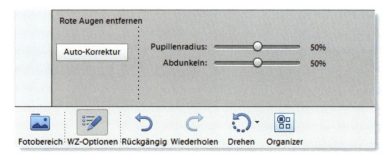

▲ Abbildung 3.30
Ein Klick reicht.

Rote-Augen-Effekt entfernen **3.8**

◤ **Abbildung 3.31**
Und schon sind die roten Augen Geschichte.

3 Korrektur widerrufen

Bei allem Komfort, den diese Methode bietet, müssen Sie dennoch eine bittere Pille schlucken. Sie haben nämlich keinen Einfluss darauf, wie hell oder dunkel die Korrektur ausfällt. Deshalb ist diese Vorgehensweise nur bedingt zu empfehlen (insbesondere, wenn Sie die Augen später noch nachfärben wollen; siehe Workshop »Die Augenfarbe ändern« auf Seite 264). Machen Sie den letzten Schritt also wieder rückgängig.

4 Darstellung anpassen

Für unsere Methode empfiehlt es sich, die Ansicht stark zu vergrößern, damit Sie die Pupillen gut sehen können. Aktivieren Sie dazu das Zoom-Werkzeug, und klicken Sie in Höhe der Augen (eventuell mehrfach) auf das Foto. Danach nehmen Sie, falls erforderlich, das Hand-Werkzeug und korrigieren den Bildausschnitt, indem Sie auf das Foto klicken und mit gedrückter Maustaste schieben. Zuletzt aktivieren Sie abermals das Rote-Augen-entfernen-Werkzeug.

◄ **Abbildung 3.32**
Zoomen Sie heran, um besser arbeiten zu können. (Hier ist die Ansicht VORHER UND NACHHER – HORIZONTAL gewählt worden.)

3 Schnellkorrektur und Assistenten kennenlernen

5 Verdunklungsbetrag ändern

Setzen Sie den Wert ABDUNKELN in der Steuerelementleiste auf 10% herab. Das bewirkt, dass die Augen nach der Korrektur nicht so stark abgedunkelt werden. Da es sich bei diesem Bedienelement um ein sogenanntes Hot-Text-Steuerelement handelt, das unmittelbar mit der Maus eingestellt werden kann, müssen Sie lediglich auf das Wort ABDUNKELN klicken, die Maustaste gedrückt halten und die Maus nach links schieben. Wenn 10% angezeigt werden, lassen Sie los. Cool, oder?

Abbildung 3.33 ▸
Streben Sie einen Wert von etwa 10% an.

6 Irisgröße verändern

Würden Sie die Einstellung so belassen, würde bei der anschließenden Korrektur nicht nur die Iris, sondern auch ein Bereich der Wimpern mit entfärbt. In Abbildung 3.34 sehen Sie stark vergrößert, was dabei passieren würde.

Abbildung 3.34 ▸
Nicht nur die Iris, sondern auch Teile der Wimpern werden mit entfärbt.

Aus diesem kühlen Grund müssen Sie jetzt noch die PUPILLENGRÖSSE einstellen. Streben Sie einen Wert von ca. 20% an, bevor Sie fortfahren.

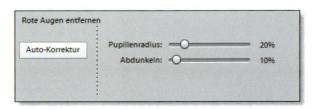

Abbildung 3.35 ▸
So ist die Optionsleiste korrekt eingestellt.

7 Augen entfärben

Denken Sie daran, dass sich in der VORHER-Ansicht keinerlei Änderungen vornehmen lassen. Sie müssen deshalb ausschließlich in der NACHHER-Ansicht arbeiten. Stellen Sie den Mauszeiger (er präsentiert sich jetzt in Form eines Fadenkreuzes) auf die NUR NACHHER- oder die VORHER UND NACHHER – HORIZONTAL-Ansicht, und klicken Sie auf eines der Augen. Die Folge: Es wird entfärbt, wobei es sich jedoch nicht so schwarz darstellt wie bei der AUTO-KORREKTUR. Außerdem ist die Entfärbung auf die Iris begrenzt. Wiederholen Sie diesen Vorgang auch beim anderen Auge.

▲ Abbildung 3.36
Jetzt ist die Entfärbung präzise.

8 Auszoomen

Setzen Sie einen Doppelklick auf das Hand-Werkzeug, damit Sie das Bild am Ende in Originalgröße begutachten können.

◀ Abbildung 3.37
Hier sehen Sie das Vorher-nachher-Ergebnis.

Der Rückgängig-Button

Der RÜCKGÄNGIG-Button unten rechts ermöglicht die schrittweise Rückkehr zur unbearbeiteten Datei. Falls das Ergebnis nicht Ihren Wünschen entspricht, klicken Sie auf ZURÜCK und wenden den Effekt erneut an. Natürlich geht das auch, Sie wissen es längst, mit [Strg]/[cmd]+[Z].

3.9 Mit dem Assistenten arbeiten

Sie haben gesehen, wie intuitiv sich Fotos in der Schnellkorrektur bearbeiten lassen. Allerdings hat man es hier immer gleich mit einer Fülle von Steuerelementen zu tun. Der Einsteiger ist schnell mit der Entscheidung überfordert, welches Bedienfeld nun das richtige ist oder an welchem Schieber das Bild einjustiert werden muss. Ein paar Hinweise und nur die Schieber, die benötigt werden – das wäre wirklich komfortabel! Okay, wie Sie wünschen …

Pop-Art-Effekt

Pop-Art ist eine recht eigenwillige Kunstrichtung (oft auch Anti-Kunst genannt), die Objekte mitunter recht drastisch verfremdet. Ursprünglich war das Anfertigen eines Pop-Art-Fotos etwas für den professionellen Bildbearbeiter. Mittlerweile dürfen sich aber auch Einsteiger an das Thema heranwagen. Denn mit ein wenig Unterstützung der Software geht so etwas in Windeseile und ohne großen Aufwand.

▲ **Abbildung 3.38**
Dieses Foto soll nun bearbeitet werden – und zwar ganz komfortabel mit Hilfe des Assistenten

Schritt für Schritt
Pop-Art mit dem Assistenten erzeugen

Öffnen Sie die Datei »Rahmen.tif« aus dem Beispielmaterial. Aus dieser Datei soll jetzt ein klassischer Pop-Art-Effekt erzeugt werden.

»Rahmen.tif«

1 Funktion wählen

Bevor es weitergehen kann, müssen Sie erst den Assistenzbereich öffnen. Das machen Sie, indem Sie oberhalb des Fotos auf Assistent 1 klicken. Scrollen Sie die Liste der Bedienfelder ganz herunter, und betätigen Sie Pop-Art 3 in der Rubrik Fotospiel 2.

Abbildung 3.39 ▶
In der rechten Spalte legen Sie fest, was erledigt werden soll.

Mit dem Assistenten arbeiten **3.9**

2 Bedienfeld kennenlernen

Dieses Beispiel verdeutlicht sehr gut, was der Assistent für Sie macht. Zunächst einmal stellt er nur die Funktionen bereit, die auch wirklich erforderlich sind. Zum anderen ist jedes Steuerelement weiterführend beschrieben (wenn auch für den Einsteiger nicht immer so ganz verständlich). Aber das Beste: Die einzelnen Schritte sind durchnummeriert.

3 Stil auswählen

Klicken Sie zunächst einmal abwechselnd auf jede der beiden Vorschauminiaturen, und beobachten Sie dabei, wie sich die unterhalb befindlichen Steuerelemente ändern. Logisch, oder? Denn jeder Stil verlangt seine eigene Vorgehensweise. Am Schluss sollten Sie die linke Miniatur auswählen (achten Sie auf den Radio-Button ❹).

4 Weitere Einstellungen vornehmen

Sie müssen jetzt nicht unbedingt jeden Schritt nachvollziehen. Lassen Sie einen aus, wird das Ergebnis natürlich ein anderes sein, als wenn Sie die Liste Schritt für Schritt abarbeiten. Ebenso ist es möglich, die Schritte in willkürlicher Reihenfolge auszuführen. Das würde jedoch zu einem abweichenden Ergebnis führen. Wir wollen uns vollkommen auf unseren Assistenten verlassen.

▲ **Abbildung 3.40**
Das Pop-Art-Bedienfeld

◀ **Abbildung 3.41**
So sollte Ihr Foto jetzt aussehen.

99

Klicken Sie deswegen zunächst auf BILDMODUS KONVERTIEREN ❺, danach auf FARBE HINZUFÜGEN ❻ und zuletzt auf BILD DUPLIZIEREN ❼.

5 Optional: Ergebnis korrigieren

Lassen Sie sich aber nach jedem Klick ein wenig Zeit, und warten Sie die Veränderungen im Bild ab, bevor Sie den nächsten Button anklicken. Wenn Sie zu schnell sind, werden Funktionen möglicherweise übersprungen. In diesem Fall klicken Sie auf ZURÜCK und beginnen von vorn.

Ebenen-Hinweis

Während des Speicherns werden Sie darauf hingewiesen, dass Dateien größer sind, wenn Ebenen mit aufgenommen werden. Bestätigen Sie das mit OK. Was es mit Ebenen auf sich hat, sehen wir uns in Kapitel 5, »Grundlegende Arbeitstechniken«, genauer an.

6 Bearbeitung abschließen

Zuletzt klicken Sie auf die Schaltfläche FERTIG. Damit werden die Änderungen an die Bilddatei übergeben, die Sie jetzt noch unter einem anderen Namen speichern sollten. Das Interessante ist, dass Sie jetzt im Assistenzbereich bleiben und weitere Effekte oder Korrekturoptionen anwenden können. Dazu müssten Sie dann nur erneut einen Eintrag auf der rechten Seite markieren. Für unser kleines Beispiel soll es das allerdings gewesen sein.

Lomo-Effekt

Lomografie bezeichnet einen Stil, der seine Herkunft einer sowjetischen Kleinbildkamera verdankt. Aufnahmen vom Kameratyp »Lomo Compact Automat« (LCA) zeichneten sich nicht nur durch heftige Kontraste, Unschärfen und dunkle Ränder aus, sondern förderten auch eine teils eigenwillige Farbgebung zutage. Alles Effekte also, die es prinzipiell zu vermeiden gilt. Nichtsdestotrotz entwickelte sich daraus eine besondere Stilrichtung, die sich heutzutage mit Photoshop Elements imitieren lässt.

Schritt für Schritt
Lomo-Effekt für Ihre Fotos

»Lomo.jpg«

Der zuvor beschriebene Lomo-Effekt lässt sich mit Hilfe des Assistenten mit nur wenigen Mausklicks realisieren. Hier lesen Sie, wie es geht:

1 Datei öffnen

Wenn Sie den Effekt auf das Beispielfoto »Lomo.jpg« anwenden, wird die Wirkungsweise besonders deutlich. Öffnen Sie das Foto zunächst.

2 Wirkungsweise betrachten

Wählen Sie den Eintrag LOMO-EFFEKT innerhalb des Bedienfeldbereichs FOTOEFFEKTE. Schauen Sie sich das rechts in der Spalte abgebildete Foto ❶ an, und zeigen Sie mit der Maus darauf. Ziehen Sie die Maus wieder herunter, und erleben Sie anhand eines Beispiels, wie sich der Lomo-Effekt auswirkt.

3 Übergreifende Bildverarbeitung

Den ersten Schritt der eigentlichen Bildmanipulation nehmen Sie jetzt vor, indem Sie auf LOMO-EFFEKT ❷ klicken. Dadurch werden die ersten typischen Farbeigenschaften auf das Bild übertragen.

▲ **Abbildung 3.42**
Beim Überfahren des Vorschaubildes sieht man die Wirkungsweise des Effekts im Vorher-nachher-Vergleich.

◀ **Abbildung 3.43**
Farben, Kontraste und Unschärfen sind jetzt bereits hinzugefügt worden.

4 Vignettieren

Jetzt fehlen eigentlich nur noch die Lomo-typischen dunklen Ecken (die sogenannte Vignettierung). Klicken Sie deswegen auf VIGNETTE ANWENDEN ❸. Wenn Sie den Effekt noch ein wenig übertreiben wollen (unser Beispielfoto kann das vertragen), dann klicken Sie noch ein zweites Mal auf die Schaltfläche – gefolgt von FERTIG. Das Endergebnis auf der Buch-DVD ist mit »Lomo_fertig.jpg« betitelt.

Abbildung 3.44 ▲
Links der ursprüngliche Zustand des Fotos, rechts das Resultat

---

Rauschen verstärken

Mit dem mittleren Schieberegler RAUSCHEN kann das Bildrauschen erhöht werden. Sie projizieren damit im Prinzip Störungen ins Bild, die mitunter einen zusätzlichen Effekt bieten.

»Orton.jpg«

Orton-Effekt

Der *Orton-Effekt* (benannt nach dem Fotografen Michael Orton) beschreibt eine Technik, bei der zwei Fotos übereinandergelegt und zu einem verschmolzen werden. Dadurch ergibt sich ein schönes, fast schon traumähnliches Bildresultat. Normalerweise benötigen Sie dazu ein scharfes, um ca. zwei Blendenstufen überbelichtetes sowie ein unscharfes, um eine Blendenstufe überbelichtetes Foto. Nicht so in Photoshop Elements. Hier reicht ein einziges Bild.

Schritt für Schritt
Orton-Effekt erzeugen

Dank des Assistenten ist der Effekt, der zu Zeiten der analogen Fotografie viel Arbeit bereitet hatte, jetzt in weniger als einer Minute erledigt. Das Ergebnis lohnt sich wirklich.

1 Effekt begutachten

Öffnen Sie die Datei »Orton.jpg« aus den Beispieldateien, und aktivieren Sie den Assistenten ORTON-EFFEKT aus der Rubrik FOTOEFFEKTE. Eine ungefähre Vorstellung von der Wirkungsweise erhalten Sie, wenn Sie die Miniatur in der rechten Spalte kurz mit der Maus überfahren und diese danach wieder wegnehmen.

3.9 Mit dem Assistenten arbeiten

▲ **Abbildung 3.45**
Der Orton-Effekt im Vorher-nachher-Vergleich

2 Effekt hinzufügen

Zuallererst muss der Effekt zugewiesen werden. Das erledigen Sie, indem Sie auf Orton-Effekt hinzufügen ❶ klicken. Das hat zur Folge, dass der Bildkontrast mächtig angehoben wird. (Mehrmaliges Betätigen würde den Effekt noch mehr verstärken.)

3 Weitere Einstellungen vornehmen

Ziehen Sie anschließend den Regler Weichzeichnung ❷ bis etwa zur Mitte. Wenn in der QuickInfo ein Wert von ca. »50« angezeigt wird, lassen Sie los. Bevor Sie auf Fertig klicken, ziehen Sie Helligkeit ❸ noch nach rechts, bis ein Wert von ca. »25« zu sehen ist. Dadurch wird das Foto heller.

▲ **Abbildung 3.46**
Die speziellen Steuerelemente des Orton-Effekts

▲ **Abbildung 3.47**
Mit wenigen Klicks realisiert: der Orton-Effekt

Neue Wege der Bildbearbeitung

Digitale Bildbearbeitung für Einsteiger bedeutet oft auch, Möglichkeiten zur Verfügung zu stellen, mit denen der Einsteiger ohne nennenswerten Aufwand verblüffende Resultate erzielen kann. Diese Strategie ist seinerzeit mit Photoshop Elements 9 in beeindruckendem Maße auf den Weg gebracht worden. Seitdem kann man bei der Bildbearbeitung ganz intuitiv vorgehen (auch ohne große Vorkenntnisse) und potenzielle Fehlerquellen galant umschiffen.

Wir werden den Weg des Assistenten auch im weiteren Verlauf dieses Buches immer wieder einschlagen und uns von der Software unter die Arme greifen lassen. Dennoch darf man von diesem Feature keine Wunder erwarten. Auch der beste Assistent wird nämlich niemals im Stande sein, Ihr kritisches Auge zu ersetzen. Erst recht kann er nicht Ihre Gedanken lesen. Und genau deswegen bleibt dieses Buch auch in dieser Version dem Motto treu, eigene Ideen kreativ umzusetzen. Nur das sorgt nämlich letztendlich dafür, dass Sie Photoshop Elements wirklich kennenlernen – und eben nicht nur »nachklicken«, was der Assistent Ihnen vorgibt.

Die Grundfunktionen des Fotoeditors

Lernen Sie den Standardeditor kennen

- Was muss ich über die Fotoeditor-Oberfläche wissen?
- Wie funktioniert der Startbildschirm?
- Wie arbeite ich mit den Bedienfeldern?
- Wie werden Dateien erstellt, geöffnet und gespeichert?
- Was ist das Rückgängig-Protokoll?

4 Die Grundfunktionen des Fotoeditors

Für viele Einsteiger sind Adobe-Anwendungen auf den ersten Blick ein »Buch mit sieben Siegeln«. Das vermag auch der Assistent zunächst nicht zu ändern. Irgendwie sieht hier alles ziemlich »adobisch« aus …

4.1 Photoshop Elements startklar machen

Begeben wir uns nun in das Herzstück von Photoshop Elements 11. Are you ready for take-off? Die Installation unter Windows sorgt dafür, dass bis Windows 7 ein Icon auf dem Desktop erzeugt wird. Unter Windows 8 wird es automatisch dem Startbildschirm hinzugefügt. Über einen Doppelklick starten Sie die Anwendung – das ist ja nichts Neues, gell?

Mac-User erleben diesen Komfort nicht. Sie müssen das Startsymbol manuell ins Dock ziehen. Und das geht so: Machen Sie den Programme-Ordner zugänglich (Macintosh HD • Programme), und öffnen Sie darin den Ordner Adobe Photoshop Elements 11. Ziehen Sie jetzt das Icon Adobe Photoshop Elements 11 ins Dock.

Abbildung 4.1 ▶
Dieses Symbol verbindet Sie mit Photoshop Elements.

Der Startbildschirm

Photoshop Elements gliedert sich in zwei separat voneinander agierende Bereiche; nämlich den Bearbeitungsbereich (Fotoedi-

4.2 Die Fotoeditor-Oberfläche

tor) und den Verwaltungsbereich (Organizer). Klicken Sie vorab oben rechts auf das kleine Zahnrad-Symbol ❸, lässt sich über ein Dropdown-Menü ❶ festlegen, ob künftig beim Programmstart weiterhin der Startbildschirm oder aber der Fotoeditor bzw. Organizer geöffnet werden soll. Bestätigen Sie die Änderung mit Fertig ❷.

◄ Abbildung 4.2
Nach einem Klick auf das Zahnrad-Symbol können Sie die Startoptionen festlegen.

◄ Abbildung 4.3
Klicken Sie auf Fotoeditor ❹, um in den Bearbeitungsbereich zu gelangen.

Sowohl im Fotoeditor als auch im Organizer finden Sie im Menü Hilfe den Eintrag Startbildschirm. Aus der geöffneten Anwendung heraus lässt dieser sich also jederzeit wieder hervorbringen. Der jeweilige Anwendungsbereich bleibt dabei geöffnet.

4.2 Die Fotoeditor-Oberfläche

Die Arbeitsoberfläche sieht auf beiden Plattformen (Mac und Windows) nahezu identisch aus.

▲ Abbildung 4.4
Per Hilfe-Menü gelangen Sie zum Startbildschirm.

107

4 Die Grundfunktionen des Fotoeditors

▲ **Abbildung 4.5**
Es gibt praktisch keine Unterschiede mehr zwischen Windows und der Mac-Oberfläche.

▲ **Abbildung 4.6**
Am Mac ist lediglich die Menüleiste vom Anwendungsfenster separiert.

Die Fotoeditor-Oberfläche 4.2

❶ Menüleiste
❷ Kopfleiste
❸ Werkzeugleiste (oder Toolbox)
❹ Optionsleiste oder Fotobereich (je nach gewählter Funktion ❺ oder ❻)
❺ Button zur Aktivierung des Fotobereichs (❹)
❻ Button zur Aktivierung der Optionsleiste bzw. der Werkzeugoptionen (❹)
❼ Bedienfeldbereich (oder Palettenbereich)
❽ Montagefläche oder Arbeitsbereich
❾ Fußleiste oder Aktionsleiste

Optionsleiste und Fotobereich

Mit Hilfe der beiden Schaltflächen FOTOBEREICH und WZ-OPTIONEN lässt sich festlegen, welcher der beiden Inhalte unten in der Software präsentiert werden soll:

▸ Klicken Sie auf WZ-OPTIONEN ❿, sehen Sie die Werkzeugmenüleiste (auch Optionsleiste oder Steuerelementleiste).
▸ Klicken Sie hingegen auf FOTOBEREICH ⓫, werden alle aktuell in Photoshop Elements geöffneten Fotos präsentiert. Weitere Hinweise dazu finden Sie in diesem Kapitel ab Seite 117.

Wann immer Sie ein Werkzeug auswählen, wird automatisch die Funktion WZ-OPTIONEN aktiv. Damit haben Sie ja im vorangegangenen Kapitel bereits Bekanntschaft gemacht. Außerdem hängt der Inhalt der Optionsleiste vom jeweils aktiven Werkzeug ab.

▲ **Abbildung 4.7**
Hier ist die Optionsleiste bei aktiviertem Freistellungswerkzeug zu sehen.

◂ **Abbildung 4.8**
Ist hingegen der Fotobereich aktiv, werden Miniaturen aller derzeit geöffneten Bilder des Fotoeditors präsentiert.

4 Die Grundfunktionen des Fotoeditors

Die Werkzeugleiste

Des einen Werkzeugleiste ❷ ist des anderen Toolbox. Welchen Namen Sie verwenden möchten, bleibt Ihnen selbst überlassen; die Funktionstüchtigkeit wird darunter gewiss nicht leiden. Im Expertenmodus ❶ stehen sämtliche Tools zur Verfügung, während SCHNELL und ASSISTENT nur ausgesuchte Tools offenbaren.

Abbildung 4.9 ▼
Die Bereitstellung aller Tools gibt es nur im Expertenmodus.

▲ **Abbildung 4.10**
Eine QuickInfo gibt Aufschluss.

Die Werkzeuge werden durch einen einfachen Mausklick ausgewählt – danach sind sie aktiv. Wenn Sie, anstatt zu klicken, den Zeiger nur für einen Moment auf dem betreffenden Werkzeug verweilen lassen, zeigt eine **QuickInfo** dessen Bezeichnung an. Beachten Sie auch die Buchstaben in Klammern ❹. Das sind sogenannte Shortcuts. Im Beispiel lässt sich das Schnellauswahl-Werkzeug aktivieren, indem Sie [A] auf der Tastatur betätigen.

Schauen Sie sich nun die Werkzeuge einmal etwas genauer an. Einige Schaltflächen zeichnen sich durch eine kleine Spitze in der oberen rechten Ecke aus. Dies ist Indiz dafür, dass es sich hierbei um eine Werkzeuggruppe handelt. Weitere, in engem Zusammenhang mit dem Tool stehende Werkzeuge lassen sich in diesem Fall in der Optionsleiste auswählen. Klicken Sie einmal eine solche Werkzeug-Schaltfläche an (hier: Auswahlrechteck). Schauen

Sie anschließend in der Optionsleiste nach. Dort machen Sie aus einem Rechteck eine Ellipse.

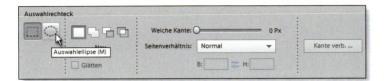

◄ **Abbildung 4.11**
Machen Sie das Rechteck zur Ellipse.

Eines darf dabei nicht unerwähnt bleiben. Wählen Sie anstelle des Rechtecks die Ellipse an, bleibt diese auch nach einem Werkzeugwechsel weiter aktiv. Das heißt: Wenn Sie das nächste Mal das Tool in der Werkzeugleiste anwählen, steht dieses noch immer auf Ellipse. Sie müssen es also in der Optionsleiste explizit wieder umschalten, sofern Sie nun ein Rechteck benötigen.

Gesperrte Symbole

Symbol-Buttons, die nicht zur Ausführung gebracht werden können, wie die Option GLÄTTEN in Abbildung 4.11, sind grau hinterlegt. Ihre Verfügbarkeit wird dynamisch durch das Programm hergestellt, sobald sie benutzt werden können.

4.3 Die Bedienfelder im Expertenmodus

Die Bedienfelder von Photoshop Elements sind sehr nützlich, da sie wichtige Funktionen mitbringen und diese leicht zugänglich präsentieren. Während die Inhalte der Bedienfelder in den Ansichten SCHNELL und ASSISTENT vorgegeben sind, können sie im Modus EXPERTE angepasst werden.

Der Bedienfeldbereich

Die rechte Seite des Fotoeditors (Modus: EXPERTE) nennt sich **Bedienfeldbereich**. Sollte er ausgeblendet sein, aktivieren Sie ihn durch Betätigen einer der Schaltflächen ❸. Im Beispiel wählen wir GRAFIKEN.

Das Bedienfeldmenü

Ganz oben rechts finden Sie einen Button mit vier horizontalen Linien ❷ (siehe Abbildung 4.13). Dabei handelt es sich um das sogenannte Bedienfeldmenü. Abhängig vom derzeit eingestellten Bedienfeld werden hier unterschiedliche Befehle angeboten. So ließe sich (um beim Beispiel GRAFIKEN zu bleiben) die Größe der dort gezeigten Miniaturen verändern.

Die wichtigsten Shortcuts

▶ A = Auswahl und Zauberstab
▶ V = Verschieben
▶ C = Freistellen
▶ T = Text

Mehrmaliges Drücken der betreffenden Shortcuts bewirkt, dass die Reihe der versteckten Werkzeuge eines Tools durchgeblättert wird.

4 Die Grundfunktionen des Fotoeditors

Abbildung 4.12 ▶
Die mitgelieferten Grafiken werden mit Klick auf GRAFIKEN sichtbar.

Abbildung 4.13 ▶▶
Würden Sie diese Einstellung wählen, würden die Miniaturen entsprechend verkleinert.

Weitere Bedienfelder einblenden

Aktive Funktionen

Ob Funktionen innerhalb des Bedienfeldmenüs derzeit aktiv sind, erkennen Sie daran, dass ein Häkchen vorangestellt ist (hier: GROSSE MINIATUREN). Nicht wählbare Befehle werden ausgegraut dargestellt (hier: ANWENDEN).

Betätigen Sie einmal die Schaltfläche MEHR ❶. Damit holen Sie eine beträchtliche Sammlung weiterer Bedienfelder auf die Oberfläche. Diese besteht aus mehreren sogenannten Registerkarten. Ganz oben befinden sich deren **Reiter**, mit denen die **Registerkarten** nach vorn gestellt werden können. Sie werden sehen, dass jede dieser Karten über eigene Inhalte verfügt. Stellen Sie eine der verdeckten Karten nach vorn, indem Sie auf die Bezeichnung klicken (hier: »Hist« ❸ für HISTOGRAMM ❹).

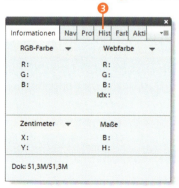
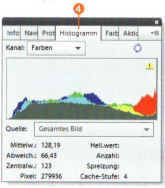

Abbildung 4.14 ▶
Was sich hinter den einzelnen Registern verbirgt, liegt derzeit noch im Dunkeln. Aber Sie werden die wichtigen Bereiche noch kennenlernen.

112

Alternativ zum Klick auf die Reiter könnten Sie auch auf die kleine Dreieck-Schaltfläche ❼ klicken. Dahinter verbirgt sich nämlich ein Menü, mit dessen Hilfe sich ebenfalls die gewünschte Registerkarte vorn platzieren lässt (hier: NAVIGATOR).

Bedienfelder individuell zusammenstellen

Die gesamte Registerkartengruppe (also das gesamte Bedienfeld) kann per Drag & Drop verschoben werden, nachdem es an der dunkelgrauen Kopfleiste ❻ angeklickt worden ist. Zudem können die gerade angesprochenen Registerkarten jederzeit in **eigenständige Bedienfelder** umgewandelt werden. Ziehen Sie dazu einfach das Register ❺ mit gedrückter Maustaste an eine freie Stelle der Arbeitsfläche, und lassen Sie es dort fallen (Drag & Drop).

Alternative: Fenster-Menü

Alternativ zur Schaltfläche ❼ lässt sich ein bestimmtes Bedienfeld auch mit Hilfe des Menüs FENSTER öffnen. Auch dort sind die zur Verfügung stehenden Inhalte gelistet.

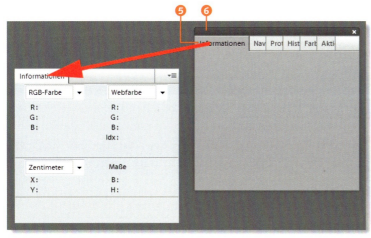

▲ Abbildung 4.15
Dieses Menü gestattet die direkte Anwahl des gewünschten Bedienfelds.

▲ Abbildung 4.16
Verwandeln Sie ein Register in ein Bedienfeld.

Das auf die zuvor beschriebene Weise herausgezogene Bedienfeld kann an ein anderes angedockt werden. Das hat den Vorteil, dass beide Bedienfelder sichtbar bleiben und demzufolge auch beide gemeinsam an einer der beiden Kopfleisten verschoben werden können. Um die Verbindung zu realisieren, ziehen Sie eines der Bedienfelder an dessen Kopfleiste an einen beliebigen Rand eines anderen Bedienfelds (oben, unten, links oder rechts). Sobald Sie einen blauen Balken sehen, lassen Sie los.

Preferences

Nachdem Sie Photoshop Elements geschlossen haben, wird die Stellung der Fenster und Bedienfelder gesichert. Beim nächsten Öffnen der Anwendung sind die Elemente der Arbeitsoberfläche wieder genau an der gleichen Stelle angeordnet wie zu dem Zeitpunkt, als Sie das Programm zuletzt verlassen haben.

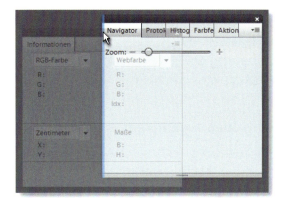

Abbildung 4.17 ▶
Hier wird gerade angedockt.

Wollen Sie die Bedienfelder wieder voneinander trennen? Dann müssen Sie auf einen einzelnen Reiter klicken und ihn herüberziehen. Das Ziehen an der Kopfleiste bewirkt ja lediglich, dass beide Bedienfelder gemeinsam verschoben werden.

Register sortieren

Was kann man nun machen, wenn man ein zuvor herausgelöstes Register nun doch wieder in die bestehende Bedienfeldgruppe integrieren möchte? Je nachdem, ob ein einzelnes oder mehrere Bedienfelder gleichzeitig integriert werden sollen, platzieren Sie zunächst einen Mausklick auf den Register oder der Kopfleiste, halten die Maustaste gedrückt und ziehen herüber zum bestehenden Bedienfeld. Lassen Sie los, wenn sich ein blaues Rechteck zeigt.

Abbildung 4.18 ▶
Eine Palette wird integriert.

Das hat ja gut geklappt. Schade nur, dass die soeben integrierte Palette nun ganz rechts zu finden ist. Aber auch das ist kein Problem, denn die Reiter können ebenfalls per Drag & Drop sortiert werden. Ziehen Sie also beispielsweise die Informationen wieder ganz nach links. Achten Sie jedoch darauf, dass Sie nicht so weit gehen. Ansonsten würde die Registerkarte nämlich wieder herausgelöst.

▲ Abbildung 4.19
Register sortieren? In Photoshop Elements ist das gar kein Problem.

Standardansicht wiederherstellen

Nun können Sie nach Herzenslust gestalten und sortieren. Wenn Ihnen aber ganz am Ende wider Erwarten doch in den Sinn kommen sollte, alles wieder auf die Ausgangsposition zurückzubefördern, könnten Sie das mit einem einzigen Mausklick auf BEDIENFELDER ZURÜCKSETZEN erledigen. Sie finden diese nützliche Funktion übrigens im Menü FENSTER.

▲ Abbildung 4.20
Wer »back to the roots« möchte, kann das jederzeit tun.

Das Navigator-Bedienfeld

Es soll nicht verschwiegen werden, dass die Anwendung im Standardeditor über ein Bedienfeld verfügt, das das Zoomen mit weit mehr Komfort unterstützt als mit dem Zoom-Werkzeug selbst. Es lässt sich nicht nur über die Schaltfläche unten rechts oder das Menü FENSTER, sondern auch mit F12 bereitstellen.

Es zeigt durch einen Auswahlrahmen an, welcher Bereich des Bildes gerade angezeigt wird. Dieser Bereich lässt sich prima verschieben. Wenn Sie den Mauszeiger über den Rahmen stellen, wird er zur Hand – der Rest ist Drag & Drop (natürlich nur, wenn das Bild bereits über 100% eingezoomt ist). Klicken Sie doppelt auf den in Prozent angegebenen Wert rechts neben dem Schieberegler, um den Zoomwert für das Bild über die Tastatur einzugeben. ⏎ führt dann das Zoomen aus. Die Plus- bzw. Minus-

▲ Abbildung 4.21
Der Navigator – das Leitsystem für Ihre Bilder

Buttons sorgen für schrittweise Größenveränderungen. Feiner sind die Abstufungen über den Schieberegler dazwischen.

4.4 Dateien öffnen, erstellen und schließen

Im vorangegangenen Kapitel hatten Sie ja bereits erste Speicheroptionen kennengelernt. Hier wollen wir noch einmal etwas genauer auf die damit verbundenen Möglichkeiten eingehen.

Dateien öffnen

Der Buchstabe O und die Zahl 0

Mit [Strg]/[cmd] und dem Buchstaben **O** erreichen Sie den ÖFFNEN-Dialog, während Sie bei Verwendung der Zahl **0** das aktive Bild auf seine maximal darstellbare Größe innerhalb des Anwendungsfensters bringen. Dass beide Tasten auch noch dicht beieinanderliegen, fördert zusätzlich die Verwechslungsgefahr.

Um Bilder im Fotoeditor von Photoshop Elements bearbeiten zu können, müssen sie logischerweise dort zunächst zur Verfügung gestellt werden. Dies geschieht entweder über die Weitergabe vom Organizer aus ([Strg]/[cmd]+[I]), durch einen Doppelklick auf die inhaltslose Arbeitsfläche des Fotoeditors, durch DATEI • ÖFFNEN oder mit Hilfe des Shortcuts [Strg]/[cmd]+[O]. Hier ist der Buchstabe **O** und nicht die Zahl 0 gemeint.

Die Datei wird nun im Fotoeditor bereitgestellt. Gleichzeitig öffnet sich unten in der Anwendung der Fotobereich. Was dort angezeigt wird, können Sie über ein Pulldown-Menü einstellen. Sie können festlegen, ob die derzeit im Fotoeditor befindlichen Dateien oder die des Organizers (unterster Eintrag) angezeigt werden sollen. Berücksichtigen Sie dabei bitte, dass in diesem Fall nur Fotos angezeigt werden, die zuvor im Organizer-Bestand markiert worden sind.

Abbildung 4.22 ▶
Sie können auch zuvor im Organizer markierte Dateien hier anzeigen lassen.

Zuletzt verwendete Dateien öffnen

Die Anwendung verfügt außerdem über eine Funktion, die sich ZULETZT BEARBEITETE DATEI ÖFFNEN nennt. Sie erreichen sie über das DATEI-Menü. Einfacher geht's über die kleine Dreieck-Schaltfläche ❷ neben ÖFFNEN. Hier listet Photoshop Elements die zuletzt verwendeten Dateien auf. Die Funktion ist besonders dann hilfreich, wenn Sie nicht mehr wissen, wo Sie ein kürzlich bearbeitetes Bild gespeichert haben. Holen Sie es über diese Option zurück in den Fotoeditor, ohne im Organizer nach ihm suchen zu müssen.

Mit einem Klick auf ÖFFNEN ❶ erreichen Sie übrigens den ÖFFNEN-Dialog, der auch über DATEI • ÖFFNEN zugänglich wird. Hier erhalten Sie Zugriff auf Ihre Festplatte. Möchten Sie hingegen ein Bild aus dem bereits in Photoshop Elements archivierten Bestand im Fotoeditor öffnen, klicken Sie in der Fußleiste auf ORGANIZER ❸.

▲ Abbildung 4.23
Stellen Sie eines der zuletzt geöffneten Fotos erneut zur Verfügung.

▲ Abbildung 4.24
Der direkte Wechsel zum Bildarchiv ist auch vom Fotoeditor aus gewährleistet.

Mehrere Dateien öffnen

Natürlich können Sie in Photoshop Elements gleich mehrere Dateien öffnen – Sie können jedoch immer nur an *einem* Bild arbeiten. Um ein Bild zur Bearbeitung nach vorn zu stellen, reicht ein Doppelklick auf die entsprechende Miniatur. Das jeweils aktive Bild wird im Fotobereich mit einem blauen Rahmen ❺ versehen.

Fotobereich ausblenden

Sollte Sie der Fotobereich einmal stören, lässt er sich durch erneuten Klick auf FOTOBEREICH ❻ unten links oder über den kleinen Pfeil ❹ schließen.

▲ Abbildung 4.25
Für jedes der geöffneten Bilder ist eine Miniatur vorhanden.

Alternativ dürfen Sie auch gerne eine der oben angeordneten Registerkarten ❼ (siehe Abbildung 4.26) verwenden, um das Foto zu schließen oder nach vorn zu stellen.

4 Die Grundfunktionen des Fotoeditors

Bilder schließen

Bereits geöffnete Bilder können Sie auch gleich wieder schließen. Das machen Sie aber über das Kontextmenü (Rechtsklick auf das Bild im Fotobereich).

Abbildung 4.26 ▶
Geöffnete Bilder können über das Kontextmenü der Miniatur geschlossen werden.

▲ **Abbildung 4.27**
Die LAYOUT-Schaltfläche offenbart zahlreiche Optionen.

Abbildung 4.28 ▶
Jetzt werden Ausschnitte aller Bilder gezeigt.

Aktuell sehen Sie also immer nur ein Foto groß dargestellt auf der Oberfläche des Fotoeditors. Was tun Sie aber, wenn Sie einmal mehrere Fotos nebeneinander oder auf der Arbeitsfläche verteilt betrachten wollen? Vielleicht möchten Sie auch gern einmal alle derzeit geöffneten Fotos gleichzeitig sehen. Dann gehen Sie unten einmal auf den Button LAYOUT ❽. Entscheiden Sie sich für den Eintrag, der Ihrem Darstellungswunsch entspricht (hier: GANZES RASTER).

Noch ein Tipp: Mit dem Zoom-Werkzeug lassen sich nun die einzelnen Fotos vergrößern oder verkleinern. Ein Mausklick auf ein

Foto vergrößert die Ansicht, während [Alt]+Klick die Größe verringert. Aktivieren Sie vorab ALLE FENSTER ❾ in der Optionsleiste, werden sämtliche Fotos gleichzeitig vergrößert oder verkleinert.

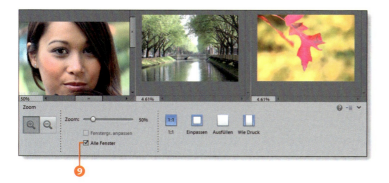

◀ Abbildung 4.29
Diese Checkbox bewirkt, dass alle Ausschnitte gleichzeitig größer oder kleiner gezoomt werden.

Dateien schließen

Nicht mehr benötigte Dateien können Sie über DATEI • SCHLIESSEN verschwinden lassen. Alternativ verwenden Sie eine Tastenkombination, nämlich [Strg]/[cmd]+[W]. Eine weitere Option ist, die kleine Kreuz-Schaltfläche auf dem Reiter des Fotos zu betätigen. Dumm nur, wenn Sie gerade jede Menge Fotos geöffnet haben. In diesem Fall sollten Sie sich für [Strg]/[cmd]+[Alt]+[W] oder für DATEI • ALLE SCHLIESSEN entscheiden. Sollten Sie zuvor Änderungen an einem oder mehreren Fotos vorgenommen haben, werden Sie gefragt, ob Sie diese Änderungen speichern wollen. Lesen Sie dazu bitte auch Abschnitt 4.5, »Dateien speichern«.

Eine neue Bilddatei erstellen

In Photoshop Elements können nicht nur bestehende Fotos bearbeitet werden. Wenn Sie mögen, können Sie auch mit einer ganz leeren Bilddatei beginnen (beispielsweise, wenn es Ihr Ziel ist, eine Collage zu erstellen). Mit Betätigung der Dreieck-Schaltfläche rechts neben ÖFFNEN, gefolgt von NEUE LEERE DATEI, erreichen Sie dieses Ziel. Alternativ gehen Sie über DATEI • NEU • LEERE DATEI oder verwenden den Shortcut [Strg]/[cmd]+[N]. Vergeben Sie im obersten Eingabefeld ❶ (siehe Abbildung 4.30) einen Namen (optional), und stellen Sie über VORGABE ❷ das gewünschte Maß ein. Hier werden vordefinierte Abmessungen aufgelistet. Sie können auch auf den Inhalt der Zwischenablage zugreifen.

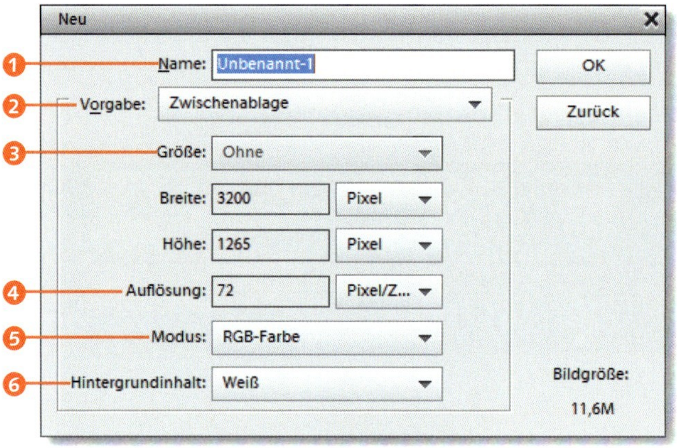

4 Die Grundfunktionen des Fotoeditors

Abbildung 4.30 ►
Legen Sie neben den Eigenschaften des neuen Bildes erstmalig auch die Einheit für dessen Auflösung fest.

Abbildung 4.31 ►
Pixel pro Zoll sind Standard – trotz aller europäischen Normen.

Zoll oder Zentimeter?

Bitte beachten Sie, dass Photoshop Elements die Auflösung in der Maßeinheit Pixel pro Zoll (Pixel/Zoll) angibt. Das ist zwar im europäischen Raum kein Standard, doch werden Zoll (= Inch) im Zusammenhang mit der Bildbearbeitung auch hierzulande zumeist als übliche Maßeinheit angesehen. Wenn Sie das nicht wollen, könnten Sie auf Pixel pro Zentimeter (Pixel/cm) umschalten. Allerdings weisen wir darauf hin, dass wir auch in diesem Buch weiterhin die allgegenwärtigen Pixel pro Zoll verwenden.

Die Grösse ❸ lässt sich über Breite und Höhe individuell festlegen, sofern Ihnen die Maße in der Combo-Box Vorgabe nicht zusagen. Bedenken Sie aber, dass Sie zunächst die Maßeinheiten korrigieren müssen. Stellen Sie dort, falls gewünscht, von Pixel auf Millimeter oder Zentimeter um, und legen Sie anschließend in den vorangestellten Eingabefeldern die Maße fest. Der Grund: Die Anwendung rechnet! Haben Sie damit gerechnet? Wenn Sie die Einheit ändern, werden die Werte ebenfalls korrigiert. Denken Sie daher bitte immer daran: zuerst die Maßeinheit, dann die Abmessungen!

Die Auflösung ❹ entscheidet darüber, wie viele Bildpunkte auf einer bestimmten Strecke angeordnet werden. Bei der Bemaßung Pixel/Zoll werden im Beispiel in Abbildung 4.31 72 Quadrate pro 2,54 cm (2,54 cm = 1 Zoll) erzeugt. Trotz DIN und Euro-Norm ist hier die Verwendung von Zoll immer noch aktuell.

Der Modus ❺ eines Bildes sagt etwas über seine Verwendung aus. Ein Bild für die Darstellung an Monitoren wird im RGB-Modus erzeugt, während für den professionellen Druck CMYK vorgesehen ist. Außerdem können Sie noch Graustufen und Bitmap wählen. Das sollte Sie zum gegenwärtigen Zeitpunkt aber nicht sonderlich berühren, da Sie ohnehin fast immer in RGB arbeiten werden. Was es mit RGB auf sich hat, wird in Abschnitt 5.2, »Farben«, behandelt.

Entscheiden Sie bei HINTERGRUNDINHALT ❻, welchen Inhalt die Hintergrundebene erhalten soll. Wenn Sie hier TRANSPARENT wählen, wird der Hintergrund kariert dargestellt. Dabei handelt es sich jedoch lediglich um eine Darstellungsoption, wie Sie im weiteren Verlauf noch sehen werden. Wo Karos sind, ist in Wirklichkeit gar nichts, könnte man sagen. Die Karos zeigen nur an, dass da nichts ist. Ob sich dazu gerade grau-weiße Karos besonders eignen, mag dahingestellt sein. Andererseits muss ja eine Stelle, an der »nichts« ist, auch irgendwie grafisch dargestellt werden.

4.5 Dateien speichern

Alle geöffneten und nachbearbeiteten Bilder müssen natürlich gespeichert werden, bevor die Änderungen dauerhaft wirksam werden können. Um die Datei auf dem Rechner zu sichern, wählen Sie DATEI • SPEICHERN UNTER. Das Dateiformat PHOTOSHOP (PSD) bietet sich hier ebenso an wie TIFF, obwohl beide Formate recht große Dateien erzeugen. Der Vorteil: Textebenen bleiben als Text editierbar, Masken und Vektoren werden erhalten. Dies alles ermöglicht eine komfortable Weiterverarbeitung des Bildes.

Organizer-Dateien speichern

Sollte das Foto, das Sie geöffnet und nachbearbeitet haben, auch im Organizer von Photoshop Elements gelistet sein, werden im SPEICHERN-Dialog automatisch zwei Funktionen angewählt – nämlich IN ELEMENTS ORGANIZER AUFNEHMEN und MIT ORIGINAL IM VERSIONSSATZ SPEICHERN. Die Checkboxen befinden sich beide in der Zeile ORGANISIEREN. Darüber hinaus wird dem Dateinamen automatisch der Zusatz »_bearbeitet« hinzugefügt. Klicken Sie jetzt auf SPEICHERN, wird das geänderte Foto nicht nur als Kopie angelegt (das Original bleibt dadurch erhalten), sondern diese Kopie wird zusammen mit dem Original in einen Versionssatz umgewandelt und im Organizer eingebettet.

Prinzipiell ist das auch sinnvoll. Möchten Sie die Kopie aber nicht in den Organizer aufnehmen, deaktivieren Sie diese Option. Dabei wird dann übrigens auch gleich MIT ORIGINAL IM VERSIONSSATZ SPEICHERN inaktiv. Wenn Sie jetzt auf SPEICHERN klicken, wird

---

Datei • Speichern

Würden Sie statt SPEICHERN UNTER einfach nur SPEICHERN im DATEI-Menü auswählen, hätte dies zunächst einmal die gleiche Auswirkung. Photoshop Elements »weiß« nämlich, dass noch keine Kopie existiert und bietet dann trotzdem den SPEICHERN UNTER-Dialog an. DATEI • SPEICHERN (bzw. Strg/cmd+S) bietet sich immer dann an, wenn ein bereits zuvor gesichertes Bild nachgespeichert werden soll.

4 Die Grundfunktionen des Fotoeditors

Ebenen-Warnung

Beim Speichern einer aus mehreren Ebenen bestehenden TIFF-Datei gibt die Anwendung jedes Mal einen Hinweis aus, dass die Dateigröße sich erhöht, wenn Sie Fotos mit mehreren Ebenen speichern. Gut zu wissen, aber man muss sich das nicht jedes Mal vergegenwärtigen. Wählen Sie vor dem Bestätigen der Dialogbox NICHT WIEDER ANZEIGEN an, dann bleibt der Hinweis künftig aus.

das nachbearbeitete Bild nicht ins Archiv von Photoshop Elements aufgenommen.

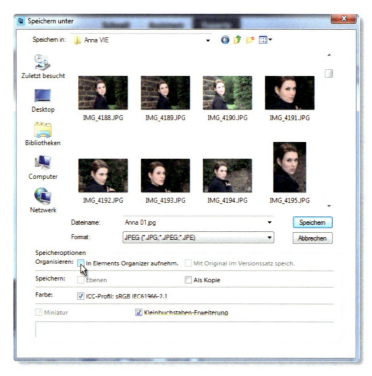

Abbildung 4.32 ▶
Wenn das Bild nicht integriert werden soll, müssen Sie die entsprechende Funktion manuell abwählen.

Übergreifende Aktionen

Anwendungsübergreifende Aktionen, wie z. B. VOREINSTELLUNGEN, SCHLIESSEN und SPEICHERN, werden nicht ins Protokoll aufgenommen und sind somit auch nicht widerrufbar.

4.6 Das Rückgängig-Protokoll

Bevor wir anfangen, erste Schritte mit Werkzeugen zu unternehmen, müssen Sie wissen, dass jeder Schritt, den Sie vornehmen, nachträglich noch zurückgenommen werden kann. Nicht auszudenken, wie schön sich so etwas ins tägliche Leben integrieren ließe, oder? Bei Photoshop Elements gehört dies hingegen zum Standard. Neben den RÜCKGÄNGIG- und WIEDERHOLEN-Buttons in der Fußleiste gibt es auch noch ein sogenanntes RÜCKGÄNGIG-PROTOKOLL, das Sie über das FENSTER-Menü, das MEHR-Menü unten links oder mit [F10] erreichen.

Was in Überwachungsstaaten eher tragisch ist, kommt hier als hervorragendes Hilfsmittel zum Einsatz: Jeder Ihrer Schritte wird akribisch protokolliert. Vergrößern Sie das Fenster vertikal etwas, indem Sie die untere Grifffläche herunterziehen. Das allein würde aber noch keinerlei Arbeitserleichterung bringen. Interessant wird das Ganze erst durch die Möglichkeit, Schritte in umgekehrter Reihenfolge ihrer Ausführung zurückzugehen. Markieren Sie einfach einen Listeneintrag, oder schieben Sie den Pfeil ❶ an der linken Seite nach oben. Von dort aus arbeiten Sie dann weiter, und die Schritte werden widerrufen.

Bei dieser Vorgehensweise ist allerdings ein Umstand besonders zu berücksichtigen. Einzelne Schritte aus der Protokollmitte lassen sich nicht entfernen, ohne unterhalb dieses Schrittes aufgeführte Aktionen ebenfalls zu löschen. Wenn ein Schritt markiert und mit einer neuen Aktion widerrufen wurde, sind auch alle nachfolgenden Schritte aufgehoben.

Schneller geht das Aufheben von Schritten übrigens mit dem Tastaturkürzel [Strg]/[cmd]+[Z]. Bei jedem Tastendruck wird in umgekehrter Reihenfolge seiner Anwendung ein Schritt gelöscht. Dabei wird der soeben rückgängig gemachte Schritt auf dem Foto aussagekräftig angezeigt ❷. Drücken Sie [Strg]/[cmd]+[Y], wird der zurückgenommene Schritt wiederhergestellt.

▲ **Abbildung 4.33**
Die Schritte lassen sich im Protokoll editieren.

◄ **Abbildung 4.34**
Photoshop Elements 11 zeigt an, welcher Schritt gerade zurückgenommen wird.

Grundlegende Arbeitstechniken

Der Einsatz von Werkzeugen, Auswahlen und Ebenen in der kreativen Bildbearbeitung

- ▸ Wie erstelle ich eine Auswahl?
- ▸ Was muss ich über Farben wissen?
- ▸ Wie werden die Malwerkzeuge eingesetzt?
- ▸ Wie arbeite ich effektiv mit Ebenen?
- ▸ Wie kann ich einen tristen Himmel austauschen?
- ▸ Wie lassen sich Fotos ineinander montieren?

5 Grundlegende Arbeitstechniken

In diesem Kapitel werden Sie grundlegende, aber äußerst effektive Anwendungsmethoden kennenlernen. Mit diesen werden Sie in der Lage sein, interessante Kompositionen zu erstellen. Darüber hinaus lernen Sie das grundsätzliche Handling von Werkzeugen, Auswahlen und Ebenen. Sie sollten auf gar keinen Fall darauf verzichten, sich mit diesen Techniken zu beschäftigen, denn Sie werden beim Arbeiten mit Photoshop Elements immer wieder darauf zurückgreifen können. Wenn Sie nach möglichst vielen Freiheiten in der Gestaltung streben, führt kein Weg an diesen Themen vorbei.

Deshalb soll es auch gleich losgehen, Sie wissen ja bereits, dass viele Funktionen innerhalb der Anwendung erst dann zur Verfügung stehen, wenn eine Bilddatei geöffnet ist. Sie sind aber nicht unbedingt auf Bildmaterial angewiesen, um gleich Gas geben zu können. Eigenkompositionen sind »in«.

5.1 Auswahlen erstellen

Mit Hilfe von Auswahlen lässt sich im Bild ein bestimmter Bereich selektieren, der dann isoliert von allen anderen bearbeitet werden kann. Das ist z. B. nützlich, wenn ein Bereich des Bildes zu dunkel geraten ist, der Rest des Bildes aber gut belichtet wurde. Mit einer Auswahl können Sie ausschließlich die dunklen Bereiche bearbeiten.

Auswahlwerkzeuge: Rechteck und Ellipse

Auswahlwerkzeuge dienen – wie der Name schon sagt – dazu, Bereiche eines Bildes auszuwählen. Die Elements-Software stellt zunächst einmal zwei grundlegende Auswahlwerkzeuge zur Verfügung: das **Auswahlrechteck** und die **Auswahlellipse**.

5.1 Auswahlen erstellen

Schritt für Schritt
Einen Auswahlbereich erstellen

In diesem kurzen Workshop soll eine ganz einfache Auswahl angelegt werden, damit Sie die prinzipielle Vorgehensweise kennenlernen.

1 Auswahlwerkzeug aktivieren
Erstellen Sie ein neues leeres Dokument (per [Strg]/[cmd]+[N]). Stellen Sie die VORGABE auf WEB ❶, und übernehmen Sie den MODUS RGB-FARBE ❷. Zuletzt bestätigen Sie mit OK.

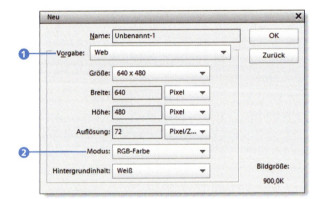

◄ Abbildung 5.1
Das sind die Einstellungen für die neue Datei.

Aktivieren Sie den Bereich EXPERTE, und drücken Sie [M] auf Ihrer Tastatur, um das zuoberst angezeigte Auswahlwerkzeug in der Werkzeugleiste zu aktivieren. Drücken Sie abermals [M], um zwischen beiden Werkzeugen zu wechseln. Zuletzt sollten Sie dafür sorgen, dass das Rechteck in der Werkzeugleiste aktiv ist.

▲ Abbildung 5.2
Aktivieren Sie das Auswahlrechteck.

2 Rahmen aufziehen
Im Anschluss daran stellen Sie den Mauszeiger auf Ihr Bild und ziehen mit gedrückter Maustaste einen Rahmen auf. Dabei wird das Maus-Symbol zum Kreuz. Sobald Sie loslassen, ist die Auswahl erzeugt, und der Auswahlrahmen wird mit einer blinkenden Strichlinie angezeigt.

3 Rahmen füllen
Drücken Sie jetzt [K], um das Füllwerkzeug im Bereich ZEICHNEN der Werkzeugleiste zu aktivieren, und klicken Sie damit in die

▲ Abbildung 5.3
Das Füllwerkzeug erreichen Sie über die Taste [K].

5 Grundlegende Arbeitstechniken

▲ **Abbildung 5.4**
Voilá, Ihre erste gefüllte Auswahl – hier bei noch aktiver Auswahlkante.

Auswahl. Die Auswahl wird gefüllt. Als Füllfarbe wird stets die Vordergrundfarbe eingesetzt, die in der Werkzeugleiste eingestellt ist. Wenn Sie also eine bestimmte Farbe wünschen, bestimmen Sie zuerst die Farbe und füllen erst danach die Auswahl. Wie das genau geht, erfahren Sie gleich in Abschnitt »Farben für eine Auswahl«.

4 Auswahl aufheben

Damit die Auswahlkante verschwindet, drücken Sie [Strg]/[cmd]+[D] oder im Menü für AUSWAHL • AUSWAHL AUFHEBEN.

Nicht geometrische Auswahlen

Auswahlrechteck und Auswahlellipse sind noch längst nicht alle Werkzeuge, mit denen man eine Auswahl erstellen kann. Es stehen Ihnen noch weitere Tools zur Verfügung, die es Ihnen erlauben, sich bei der Auswahl nicht nur auf geometrische Formen und harte Kanten zu beschränken. Welche das sind, lesen Sie in Kapitel 6, »Auswahlen und Freistellungen in der Praxis«.

Auswahlen aufziehen | Wenn Sie mit Auswahlrechteck und Auswahlellipse arbeiten, können Sie mit Hilfe der Tastatur bestimmen, wie die Auswahlrahmen aufgezogen werden:

- Wenn Sie beispielsweise, nachdem Sie mit dem Auswahlwerkzeug auf das Bild geklickt haben, [⇧] gedrückt halten, erzeugen Sie exakte **Kreise** bzw. exakte **Quadrate**.
- Die zusätzliche Verwendung von [Alt] erlaubt das Erzeugen der Auswahl aus der Mitte heraus.
- Das Ziehen ohne Tasten bewirkt, dass die Auswahl stets von einem Eckpunkt aus erstellt wird.

Probieren Sie die verschiedenen Techniken ruhig einmal aus. Was Ihnen nicht gefällt, können Sie ja mit Hilfe des RÜCKGÄNGIG-Buttons oder des Protokolls wieder editieren.

Farben für eine Auswahl

Wie Sie bereits erfahren haben, spielt die Farbe, die im unteren Bereich der Werkzeugleiste aktiviert ist, eine bedeutende Rolle. Hier stellt nämlich das oberhalb angeordnete Farbfeld die VORDERGRUNDFARBE ❶ dar, während das untere Feld die HINTERGRUNDFARBE ❹ bestimmt.

Über den Button STANDARDFARBEN FÜR VORDER- UND HINTERGRUND ❷ können Sie stets auf Schwarz und Weiß zurückschalten. Die gleiche Funktion erfüllt übrigens auch das Tastenkürzel [D].

Wenn Sie auf den kleinen 90°-Pfeil ❸ klicken, werden beide Farben (Vorder- und Hintergrund) miteinander vertauscht. Ver-

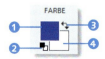

▲ **Abbildung 5.5**
Der Farbwähler im Fuß der Werkzeugleiste

wenden Sie für diese Funktion auch die Taste [X]. Wenn Sie diese mehrmals hintereinander drücken, sehen Sie, wie die Farbfelder permanent wechseln.

Um eine **Farbe zu verändern**, klicken Sie auf das zu verändernde Farbfeld der Werkzeugleiste. Es öffnet sich der Farbwähler. Treffen Sie nun durch Selektion des Spektralrahmens ❻ eine Vorauswahl der Farbe, indem Sie auf den gewünschten Ton klicken. Anschließend wählen Sie im großen Selektionsfeld ❺ ebenfalls durch Anklicken einen Farbton. Prinzipiell kann eine Farbe auch über die Eingabefelder RGB ❼ angegeben werden. Nach der Selektion klicken Sie auf OK.

RGB-Werte
Wenn Sie RGB-Werte festlegen, verwenden Sie für jeden Kanal **Rot**-, **Grün**- oder **Blauwerte** von 0 (Farbe ist nicht vorhanden) bis 255 (Farbe ist vollständig vorhanden). Auf diese Weise lassen sich 255³ Farben auswählen.

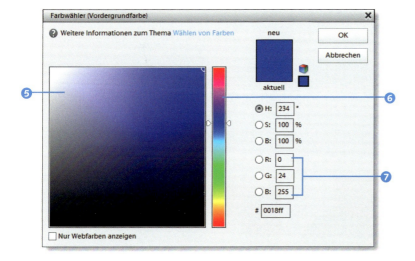

◄ **Abbildung 5.6**
Der Farbwähler präsentiert über 16,7 Millionen Kombinationen.

Weiterführende Hinweise zu den Farben finden Sie in Abschnitt 5.3, »Mit Buntstift und Pinsel arbeiten«.

Auswahlkombinationen

Die Optionsleiste unterhalb der Montagefläche bietet vielfältige Möglichkeiten im Zusammenhang mit der Auswahl. Stellen Sie hier vorab die gewünschten Optionen ein. Ganz links wird das gewählte Werkzeug symbolisiert. Daneben befinden sich vier Buttons, die ausschlaggebend für die Kombination der Auswahloptionen sind. Die folgenden Abbildungen verdeutlichen die möglichen Kombinationen mit Hilfe von Quadrat und Kreis, wobei das Quadrat jeweils die erste, der Kreis die zweite Auswahl darstellt.

5 Grundlegende Arbeitstechniken

Abbildung 5.7 ►
Die Optionsleiste bei aktiviertem Auswahlrechteck

- NEUE AUSWAHL ❶: Erzeugen Sie mit jedem Rahmen, den Sie aufziehen, eine neue Auswahl. Eine eventuell bereits vorhandene Auswahl wird aufgehoben.
- DER AUSWAHL HINZUFÜGEN ❷: Erzeugen Sie mehrere Auswahlbereiche innerhalb eines Bildes. Die Bereiche können getrennt voneinander oder aber überlappend angeordnet werden.
- VON AUSWAHL SUBTRAHIEREN ❸: Erzeugen Sie zunächst eine Auswahl durch NEUE AUSWAHL, und schalten Sie anschließend auf diese Option um, um Bereiche der vorhandenen Auswahl zu entfernen.
- SCHNITTMENGE MIT AUSWAHL BILDEN ❹: Erzeugen Sie zunächst eine Auswahl durch NEUE AUSWAHL, und schalten Sie anschließend auf diese Option um, um nur Bereiche auszuwählen, die in beiden Auswahlbereichen übereinanderliegen.

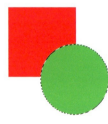

▲ **Abbildung 5.8**
Es wird immer nur eine Auswahl erzeugt.

▲ **Abbildung 5.9**
Mehrere Auswahlbereiche bilden eine Einheit.

▲ **Abbildung 5.10**
Die neue Auswahl wird von der alten subtrahiert.

▲ **Abbildung 5.11**
Nur die übereinanderliegenden Bereiche bleiben erhalten.

Weiche Auswahlkante erzeugen

Wenn Sie eine weich verlaufende Auswahl brauchen, stellen Sie vor dem Aufziehen einer Auswahl WEICHE KANTE in der Optionsleiste ein, indem Sie den Wert für die Anzahl der Pixel angeben, über die die Deckkraft nach außen hin verringert werden soll.

Auswahl glätten

Bei Auswahlellipsen kann zusätzlich noch die Funktion GLÄTTEN aktiviert werden. Sie sorgt dafür, dass die Farben zwischen Auswahlkante und Hintergrund miteinander verrechnet werden. Optisch ergibt sich so ein harmonischerer Übergang zwischen der Auswahl und dem Objekt, das sich hinter ihr befindet.

▲ **Abbildung 5.12**
Die Auswahl wird am Rand weicher.

Auswahlarten

Bisher war die Größe einer Auswahl ja mehr oder weniger dem Zufall überlassen. Um aber genauere Bereiche definieren zu können, wird die Auswahlliste MODUS zur Verfügung gestellt.

- NORMAL: Die Auswahl wird frei von Größe und Seitenverhältnis erzeugt.
- FESTES SEITENVERHÄLTNIS: Tragen Sie in die unten stehenden Eingabefelder das Verhältnis BREITE zu HÖHE ein. Die Auswahl kann nun lediglich unter Einhaltung der Proportionen erzeugt werden.
- FESTE GRÖSSE: Legen Sie über die Eingabefelder BREITE und HÖHE fest, wie groß die Auswahl werden soll. Danach reicht ein Klick auf das Bild, und die Auswahl wird mit diesen Maßen erzeugt.

▲ **Abbildung 5.13**
Legen Sie die Größe oder das Seitenverhältnis vorher fest.

Bei der Maßangabe für die FESTE GRÖSSE müssen nicht zwingend Pixelmaße (Px) angegeben werden. Es ist durchaus erlaubt, auch Größenordnungen wie Zentimeter oder Millimeter zu verwenden. In diesem Fall müssen Sie jedoch die korrekten **Abkürzungen** für die Maßeinheiten zusätzlich zum Wert eintragen. Lassen Sie die Einheiten weg, geht Photoshop Elements standardmäßig von Pixelmaßen aus.

◄ **Abbildung 5.14**
Verwenden Sie Maßeinheiten!

Auswahl aufheben

Über das Menü AUSWAHL • AUSWAHL AUFHEBEN oder durch [Strg]/[cmd]+[D] wird die Auswahl gelöscht.

Auswahl umkehren

Mitunter ist es übrigens einfacher, nicht den Bereich mit einem der Auswahlwerkzeuge aufzunehmen, den Sie bearbeiten wollen, sondern den Bereich, der eigentlich gar nicht aufgenommen bzw. bearbeitet werden soll. Auch das können Sie natürlich machen, denn über AUSWAHL • AUSWAHL UMKEHREN oder [Strg]/[cmd]+[⇧]+[I] lassen sich alle *nicht* ausgewählten Bereiche in ausgewählte umwandeln – und umgekehrt natürlich.

Lasso-Werkzeuge

Wenn Sie beim Wort »Lasso« assoziieren, dass sich damit für gewöhnlich etwas einfangen lässt, liegen Sie goldrichtig. In der Tat werden auch damit Auswahlbereiche selektiert – allerdings auf andere Art und Weise, als Sie es von den anderen Auswahl-Tools her kennen.

▲ **Abbildung 5.15**
Das Lasso ist in der Rubrik AUSWÄHLEN zu finden.

Abbildung 5.16 ▶
Hier sehen Sie die Optionsleiste des Lassos.

Das erste der drei Lasso-Tools heißt schlicht Lasso. Klicken Sie auf einen beliebigen Bereich der Arbeitsfläche, und ziehen Sie die Linie mit gedrückt gehaltener Maustaste. Sobald Sie die Taste loslassen, wird die Linie geschlossen. Das Werkzeug eignet sich besonders für nicht symmetrische Auswahlkanten, also Bereiche, die nicht so ohne Weiteres mit Rechtecken, Quadraten, Kreisen oder Ellipsen erzeugt werden können.

Mit dem Polygon-Lasso werden Geraden bzw. mehr oder weniger regelmäßige Objekte eingekreist und in eine Auswahl umgewandelt. Wenn Sie eine Richtungsänderung vornehmen möchten, setzen Sie durch Mausklick einen Eckpunkt. Das Ziel einer Polygon-Lasso-Auswahl ist stets der Ausgangspunkt. Kehren Sie zum ersten Punkt zurück. Wenn Sie an der richtigen Position angelangt sind, wird das Maus-Symbol um einen kleinen Kreis erweitert. Dies ist das Indiz dafür, dass der Kreis geschlossen werden kann. Klicken Sie ein weiteres Mal, und die Auswahl ist erzeugt.

Mit Hilfe des Werkzeugs Magnetisches Lasso sucht die Anwendung selbstständig nach kontrastierenden Kanten (z. B. dunklen Bereichen auf hellem Hintergrund). Um eine Auswahl mit dem Magnetischen Lasso zu starten, klicken Sie auf einen Grenzbereich und führen das Werkzeug langsam (ohne Maustaste) möglichst dicht an den Kanten entlang, bis Sie wieder am Ausgangspunkt angelangt sind. Klicken Sie dort erneut, oder führen Sie an einer anderen Stelle einen Doppelklick aus, um die Auswahl zu schließen.

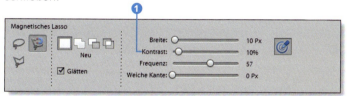

◄ Abbildung 5.17
Verändern Sie bei Bedarf den KONTRAST.

Bei diesem Lasso-Typ ist besonders die Optionsleiste erwähnenswert. Neben der zu berücksichtigenden Auswahlbreite, die als Fläche zum Vergleich herangezogen wird, kann hier auch ein KONTRAST ❶ eingegeben werden. Damit ist der Kontrast zwischen Kante und Hintergrund gemeint, der sogenannte Kantenkontrast. Falls Sie also einen Bereich eingrenzen möchten, der im Verhältnis zum Hintergrund keinen hohen Kontrast darstellt, kann dieser Wert verringert werden.

Zauberstab

Wenn der Hintergrund eine ebenmäßige Farbgebung aufweist, bietet sich der Zauberstab an. Er wird zugänglich, indem Sie zunächst das Schnellauswahl-Werkzeug in der Gruppe AUSWÄHLEN aktivieren und dann in der Optionsleiste auf das Zauberstab-Symbol klicken. (Alternativ betätigen Sie zweimal A.) Wenn Sie auf einen Farbbereich klicken, wandelt Photoshop Elements diesen Bereich in eine Auswahl um.

Wollen Sie mehrfarbige Bereiche oder unterschiedliche Nuancen einer Farbe mit Hilfe des Zauberstabs auswählen, müssen Sie auch mehrfach klicken, um die unterschiedlichen Farben und Nuancen aufnehmen zu können. Leider legt der Zauberstab aber in der Standardeinstellung nach jedem Klick eine neue Auswahl an (die vorhandene wird aufgehoben). Damit Sie aber im Bedarfs-

5 Grundlegende Arbeitstechniken

fall auch eine Mehrfachauswahl vornehmen können, lässt sich das Tool in der Optionsleiste über verschiedene Schaltflächen ❶ individuell einstellen.

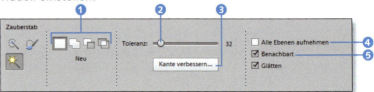

Abbildung 5.18 ▶
Die Zauberstab-Optionsleiste

Der Wert TOLERANZ ❷ gibt an, wie groß der farbliche Unterschied zwischen der aufgenommenen Objektfarbe und dem nicht aufzunehmenden Grenzbereich sein darf. Das heißt: Je höher der Wert ist, desto größer ist der Farbbereich der Aufnahme. Wählen Sie BENACHBART ❺ ab, wenn alle Pixel des Bildes, die dem gleichen Farbspektrum entsprechen, ausgewählt werden sollen. Möchten Sie hingegen, dass nur ein räumlich zusammengehörender Bereich selektiert werden darf, muss BENACHBART angewählt bleiben. ALLE EBENEN AUFNEHMEN ❹ schalten Sie dann ein, wenn Sie die Auswahl aus dem gesamten Bild und nicht nur aus der gerade aktiven Ebene erzeugen möchten. (Weitere Hinweise zum Thema Ebenen finden Sie auf Seite 142.)

▼ **Abbildung 5.19**
Bei aktivierter Checkbox BENACHBART (links) werden nur angrenzende Bildbereiche aufgenommen. Ist die Funktion inaktiv (rechts), werden ähnliche Farbwerte aus dem gesamten Bild aufgenommen.

Mit Hilfe des Buttons KANTE VERBESSERN ❸, der im Übrigen erst dann aktiv ist, wenn Sie bereits eine Auswahl erzeugt haben, können Sie auf weitere Schieberegler zugreifen, die das genauere Anpassen der Auswahlkante zulassen. Diese Funktionen sind vor allem dann sinnvoll, wenn die Trennung von Vorder- und Hintergrund ein unzureichendes Ergebnis liefert. (Einen Workshop dazu finden Sie auf Seite 189)

Auswahlpinsel

Dieses Werkzeug wird folgendermaßen angewendet: Pinseln Sie Ihre Auswahl mit gedrückter Maustaste auf das Bild auf. Wie dabei die Auswahl selbst beschaffen sein soll, regelt einmal mehr die Optionsleiste.

▲ **Abbildung 5.20**
Der Auswahlpinsel verbirgt sich zunächst hinter dem Schnellauswahl-Werkzeug.

In Feld PINSEL lässt sich die Werkzeugspitze wechseln. Öffnen Sie die Pulldown-Liste, indem Sie daraufklicken. Markieren Sie die gewünschte Spitze mit einem Mausklick. Die entsprechende Grafik zeigt an, wie die jeweilige Spitze zeichnen wird. Das aktive Tool wird zudem mit einer blauen Umrandung ❼ markiert. Die Liste der zur Verfügung stehenden Pinselspitzen ist viel größer, als es zunächst den Anschein hat. Falls gewünscht, fahren Sie mit dem kleinen Scrollbalken ❻ auf der rechten Seite weiter nach unten.

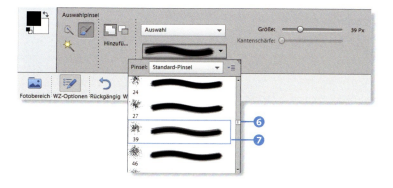
◀ **Abbildung 5.21**
Hier können Sie aus zahlreichen Pinselspitzen wählen.

Bei der Wahl der Spitze müssen Sie bedenken, ob eine weiche oder harte Spitze zum Einsatz kommen soll. Anhand der abgebildeten Umrisse im Flyout-Menü sehen Sie, wie ein Pinselstrich aussehen wird – und ob die Kanten mit dieser Spitze hart oder weich werden. Haben Sie die gewünschte Spitze gefunden, setzen Sie einen Doppelklick darauf (im Beispiel ❼), damit sich das Fenster wieder schließt. (Alternativ wenden Sie die Spitze direkt auf dem Bild an. Das sorgt ebenfalls für das Schließen der Palette.)

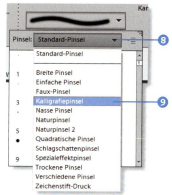

▲ **Abbildung 5.22**
Eine wirklich beeindruckende Pinselsammlung

Allerdings kann diese Palette noch viel mehr: Zunächst werden Ihnen nur Standardpinsel angeboten. Wenn Sie aber aus dem

5 Grundlegende Arbeitstechniken

reichhaltigen Sortiment andere Pinselspitzen einstellen möchten, öffnen Sie die Liste PINSEL ❽. Selektieren Sie dort den Satz, den Sie anzeigen lassen wollen (hier: KALLIGRAFIEPINSEL ❾).

Haben Sie die gewünschte Pinselspitze ausgesucht, geht es an die Feineinstellung mit Hilfe der weiteren Optionen: GRÖSSE gibt an, wie groß die Pinselspitze sein soll, mit der die Auswahl letztendlich gezeichnet werden soll. Wer nicht am Regler ziehen möchte, der darf sich die Hot-Text-Eigenschaft des Steuerelements zu Nutze machen und die Bezeichnung GRÖSSE anklicken. Wenn Sie während des Ziehens ⇧ gedrückt halten, werden die Werte zusätzlich noch in größeren Schritten verändert. Einfach schön, wenn alles um einen herum interaktiv ist, oder?

Abbildung 5.23 ▶
Benutzen Sie die Regler oder die Hot-Text-Funktionen.

Die KANTENSCHÄRFE legt fest, wie groß die Schärfe prozentual im Verhältnis zur Pinselgröße ist. Bei 100% Kantenschärfe wird ein absolut scharfer Pinselrand erzeugt. Je geringer die Kantenschärfe ist, desto größer werden die Übergänge zwischen dem maskierten und dem nicht maskierten Bereich.

Oberhalb der Pinselspitzen-Liste lässt sich zwischen AUSWAHL und MASKIEREN umschalten. Wenn Sie den Modus auf AUSWAHL stehen lassen, wird wie gewohnt ein Auswahlbereich erzeugt, der mit einer gestrichelten Linie angezeigt wird. Stellen Sie hingegen auf MASKIEREN um, kann mit dem Pinsel-Werkzeug ein **Maskenbereich** aufgezeichnet werden.

Wenn Sie jetzt mit dem Auswahlpinsel malen, wird der ausgewählte Bereich als rötliche Fläche dargestellt. Das ist manchmal einfacher, um zu erkennen, ob es noch Löcher in einer Auswahl gibt. Legen Sie hier Ihre Auswahl an, und schalten Sie anschließend auf MODUS • AUSWAHL um, wird der rötliche Bereich wieder mit einer Auswahlkante versehen.

Wenn Sie sich im Modus MASKIEREN befinden, ergänzt sich die Optionsleiste des Auswahlpinsels um zwei weitere Einträge: ÜBERLAGERUNG ❶ und ÜBERLAGERUNGSFARBE ❷.

Größenänderung über die Tastatur

Noch schneller gelingt die Größenänderung mit Hilfe der Raute-Taste. Sie müssen dann noch nicht einmal die Maus auf die Optionsleiste bewegen. Drücken Sie zum Verkleinern der Spitze # und zum Vergrößern ⇧+#.

▲ **Abbildung 5.24**
Wechseln Sie den Modus.

Auswahlen erstellen **5.1**

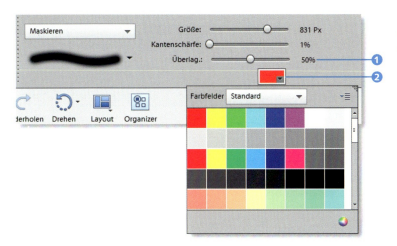

◄ **Abbildung 5.25**
Wer Rot nicht mag, wechselt die Farbe.

Bestimmen Sie mit ÜBERLAGERUNG (hier mit ÜBERLAG. abgekürzt) die Stärke der rötlichen Farbe, die als maskierter Bereich aufgetragen werden soll. Auf die eigentliche Auswahl hat diese Funktion keine Auswirkungen. Bei 100 % tragen Sie komplett deckende Farbe auf.

Mit der ÜBERLAGERUNGSFARBE wird letztendlich festgelegt, welche Farbe für den Maskierungsmodus verwendet wird. Klicken Sie auf das Farbfeld, und selektieren Sie, falls gewünscht, eine andere Farbe als das voreingestellte Rot. Die Farbe selbst hat ebenfalls keine Auswirkungen auf die Maskierung, sondern nur auf die Darstellung. Bei der Maskierung rötlicher Objekte ist eine andere Maskenfarbe als Rot mit Sicherheit besser geeignet.

Auswahl korrigieren

Wenn Sie einmal mehr ausgewählt haben, als in die Auswahl gehört, halten Sie [Alt] gedrückt. Jetzt lassen sich zu viel ausgewählte Bereiche einfach wegmalen. Lassen Sie die Taste los, wenn Sie der Auswahl wieder Bereiche hinzufügen möchten.

Schnellauswahl-Werkzeug

Das Schnellauswahl-Werkzeug wird prinzipiell genauso bedient wie der Auswahlpinsel. Im Gegensatz zum Auswahlpinsel liegt seine große Stärke aber in der Fähigkeit, die Kanten selbst aufzuspüren. Wenn Sie es also mit Objekten zu tun haben, die sich nur schwer vom Hintergrund abheben, ist das Schnellauswahl-Werkzeug allererste Wahl.

▲ **Abbildung 5.26**
Das Schnellauswahl-Werkzeug ist gewissermaßen der Repräsentant der gesamten Gruppe. Es steht (zumindest gemäß Werkseinstellungen) im Bereich AUSWÄHLEN vorn.

Verschieben-Werkzeug

Dieses Werkzeug erlaubt die Positionierung von Objekten mittels Drag & Drop und bietet zudem einige Ausrichten-Funktionen.

5 Grundlegende Arbeitstechniken

▲ **Abbildung 5.27**
Objekte bewegen Sie meist mit dem Verschieben-Werkzeug.

Auch bei der Arbeit mit Auswahlen ist Ihnen dieses Werkzeug behilflich. Einmal erstellt, können Sie die Auswahl auf dem Bild verschieben, bis sie an Ort und Stelle sitzt.

▲ **Abbildung 5.28**
Die Optionsleiste des Verschieben-Werkzeugs

Folgende Optionen sind an dieser Stelle für Sie besonders wichtig:

▶ EBENE AUTOMATISCH WÄHLEN: Wenn mehrere Bildobjekte auf verschiedenen Ebenen platziert sind, wird das Objekt ausgewählt, das mit Hilfe des Verschieben-Tools angeklickt wird. Ist das Steuerelement EBENE AUTOMATISCH WÄHLEN deaktiviert, können Sie die aktuell eingestellte Ebene nicht verlassen.

▶ BEGRENZUNGSRAHMEN EINBLENDEN: Um das aktive Objekt wird ein Rahmen mit Anfassern angezeigt, der ein komfortableres Handling gestattet.

▶ BEI ROLLOVER HERVORHEBEN: Hierbei handelt es sich um eine reine Anzeigeform. Wenn Sie sich mit dem Werkzeug auf einer Objektebene befinden, wird diese mit einer blauen Umrandung gekennzeichnet. Sie wissen dann: Wenn Sie jetzt einen Mausklick ausführen, wird genau diese Ebene ausgewählt. (Mehr zum Thema Ebenen erfahren Sie ab Seite 142.)

Alle weiteren Funktionen möchte ich noch einen Moment zurückstellen. Dazu ist es nämlich vorab wichtig, sich mit dem Thema Ebenen vertraut zu machen.

5.2 Farben

Das Thema Farben ist in der Bildbearbeitung einfach unerlässlich. Wenn Sie sich mit der Theorie, auf der dieses Thema fußt, nicht vertraut machen, werden Sie immer wieder an Grenzen stoßen. Klar, Sie können ausprobieren. Aber spätestens wenn es um die Bestimmung von Farben geht, wird es schwierig.

Bewegung mit den Pfeiltasten

Zur Feinabstimmung lässt sich der Auswahlrahmen auch mit den Pfeiltasten Ihrer Tastatur bewegen. Wollen Sie die Strecke erhöhen, die mit jedem Druck auf die Tasten zurückgelegt wird, halten Sie zusätzlich ⇧ gedrückt.

▲ **Abbildung 5.29**
Rechteck mit Begrenzungsrahmen

Farben am Bildschirm

Am Monitor kommt stets der RGB-Modus zum Einsatz. Das Bild setzt sich dort aus Anteilen von Rot, Grün und Blau zusammen. Jede einzelne dieser drei Grundfarben stellt einen **Farbkanal** dar. Nun kann wiederum jeder der drei Kanäle mit unterschiedlicher Intensität vorhanden sein. Bei einem Wert von 0 ist die jeweilige Farbe nicht vorhanden. Der Maximalwert eines Kanals beträgt 255, wobei in diesem Fall die Farbe voll vorhanden ist. Daraus ist abzuleiten, dass jeder Kanal in 256 unterschiedlichen Farbabstufungen dargestellt werden kann (255 plus »Farbe nicht vorhanden« = 256 Möglichkeiten). Somit stehen Ihnen 16.777.216 Farbkombinationen (256 × 256 × 256) zur Verfügung. Eine ganze Menge, oder?

Alle drei Grundfarben ergeben, wenn sie zusammen in voller Intensität vorliegen, reines **Weiß**. Ist keine der drei Farben vorhanden, liegt reines **Schwarz** vor. Um diese Tatsache zu verinnerlichen, kann man sich eine effektive Eselsbrücke bauen: Nennen wir die RGB-Farben einfach **Bildschirmfarben**, da dieses Farbsystem ja dort, wie wir bereits wissen, zum Einsatz kommt. Stellen Sie sich also einen ausgeschalteten Bildschirm vor – er ist schwarz. Erst wenn wir ihn einschalten, zeigt er Farben.

▲ **Abbildung 5.30**
Der additive Farbkreis

Farben ausdrucken

Aber was ist nun mit dem Druck? Hier wird nicht das additive, sondern das **subtraktive Farbsystem** benutzt, bei dem (von Schmuckfarben einmal abgesehen) Cyan, Magenta, Gelb (Yellow) und Schwarz (Key) zum Einsatz kommen. Das Farbsystem heißt deshalb auch **CMYK**.

Spätestens hier sind die Fähigkeiten von Elements ausgereizt. Wenn Sie sich mit diesem Bereich intensiver befassen möchten, werden Sie wohl auf den »großen Bruder« Photoshop CS6 umsatteln müssen.

Für Sie als Elements-User gibt es dennoch eine gute Nachricht zum Schluss: Sie müssen sich um Farbraumumwandlungen zum Druck keinerlei Gedanken machen. Das erledigt nämlich Ihr heimischer Drucker für Sie. Belassen Sie alle Bilder zum Druck in **RGB**. Das druckereigene Farbmanagement wandelt alles vorab in CMYK um.

5 Grundlegende Arbeitstechniken

5.3 Mit Buntstift und Pinsel arbeiten

Mit dem Buntstift und dem Pinsel (beide in der Kategorie ZEICHNEN zu finden) lassen sich Formen und Farben zu Papier bringen. Als Beispiel arbeiten wir zunächst mit dem Buntstift.

▲ **Abbildung 5.31**
Pinsel ❶ und Buntstift ❷ liegen in einem Fach in der Werkzeugleiste.

Mit dem Buntstift malen

Wählen Sie das Buntstift-Werkzeug in der Werkzeugleiste aus, oder drücken Sie [N] auf Ihrer Tastatur. Die vorgegebene Größe des Stiftes beträgt 1 Pixel. Das dürfte in manchen Situationen zu wenig sein. Stellen Sie daher eine andere GRÖSSE ❸ über die Optionsleiste ein, oder entscheiden Sie sich für eine der vorgegebenen Werkzeugspitzen im Flyout-Menü ❹ links neben GRÖSSE. Achten Sie darauf, dass ganz oben im Bedienfeld im Menü PINSEL die Standardpinsel eingestellt sind.

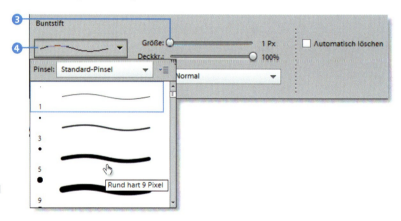

Abbildung 5.32 ▶
Zeigen Sie auf eine Spitze, um deren Attribute in einer QuickInfo sehen zu können (hier: harte Spitze mit 9 Pixel Durchmesser).

Die einfachste Form des Malens mit dem Buntstift ist natürlich die, mit einer Mausbewegung und gleichzeitig gedrückter Maustaste eine Form zu ziehen. Lassen Sie die Taste los, wenn die gewünschte Form erreicht ist.

[⇧] spielt beim Zeichnen eine bedeutende Rolle. Klicken Sie zunächst auf die Arbeitsfläche, halten Sie dann die Maustaste gedrückt, ohne jedoch eine Bewegung auszuführen. Nun halten Sie [⇧] gedrückt und bewegen die Maus. Damit erreichen Sie exakt horizontal oder vertikal angeordnete gerade Linien.

Halten Sie ⇧ während des gesamten Zeichenvorgangs gedrückt, und klicken Sie dann mehrmals kurz auf unterschiedliche Stellen der Arbeitsfläche, um Verbindungen zu erzeugen.

Wollen Sie die Kanten eines Strichs zu den Seiten hin weich auslaufen lassen, kommen Sie mit dem Buntstift allerdings nicht weiter. Hier sollten Sie den Pinsel zum Einsatz bringen. Abbildung 5.36 zeigt übrigens eine harte Buntstiftspitze sowie eine weiche Pinselspitze bei ansonsten gleicher Größe.

▲ **Abbildung 5.33**
Die Buntstift-Freiform

▲ **Abbildung 5.34**
Gerade Linien mit ⇧

▲ **Abbildung 5.35**
Linien lassen sich auch gerade miteinander verbinden.

▲ **Abbildung 5.36**
Weiche Spitzen stehen nur beim Pinsel zur Verfügung. Sie sorgen für verblassende Konturen.

Setzen Sie vor dem Zeichnen die DECKKRAFT über den Schieber in der Optionsleiste herunter, um mit verringerter Deckkraft malen zu können. Der Effekt ist, dass unterhalb befindliche Ebenen oder Objekte dadurch teilweise sichtbar bleiben.

▲ **Abbildung 5.37**
Zeichnen Sie mit verringerter Deckkraft.

Mit dem Pinsel malen

Der Pinsel funktioniert prinzipiell genauso wie der Buntstift, mit der bereits erwähnten Ausnahme, dass auch weiche Spitzen zur Verfügung stehen. Sein Tastenkürzel lautet B.

5.4 Ebenen

»Ebenen.tif«

Ebenen sind die Basis von Fotomontagen. Stellen Sie sich Ebenen als übereinanderliegende Folien vor. Dort, wo die Folien unbedruckt sind, ergeben sich Transparenzen, die freie Sicht auf die darunter befindliche Folie gewähren. So lassen sich natürlich interessante Bildkompositionen erzeugen.

Abbildung 5.38 ▶
Ebenen liegen wie Folien übereinander.

Im Ebenen-Bedienfeld ist für jede dieser Folien nun ein eigener Eintrag aufgelistet. Dabei entspricht die Reihenfolge der Einträge dem Zustand im Bild: Was im Bedienfeld ganz oben angezeigt wird, ist auch auf dem Bild zuoberst bzw. vorn. Die Datei dazu finden Sie unter dem Namen »Ebenen.tif« in den Beispieldateien.

Die jeweils blau markierte Ebene ❷ ist ausgewählt und kann somit bearbeitet werden. Wollen Sie eine andere Ebene bearbeiten, müssen Sie diese vorab markieren. Die kleinen **Augen-Symbole** ❸ vor der jeweiligen Ebene symbolisieren die Sichtbarkeit. Klicken Sie das Auge an, um die Ebene auszublenden – das Auge wird durchgestrichen. Ein erneuter Klick auf das durchgestrichene Auge lässt die Ebene wieder erscheinen. Achten Sie in diesem Zusammenhang darauf, dass die Ebene auch im Bild selbst unsichtbar wird, wenn sie im Ebenen-Bedienfeld deaktiviert wird.

Wussten Sie eigentlich, dass Sie in diesem Buch bereits selbst Ebenen erzeugt haben? Das ist zumindest dann der Fall, wenn Sie

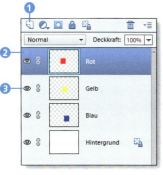

▲ Abbildung 5.39
Jede Ebene wird mit einer Vorschauminiatur angezeigt.

den Workshop »Pop-Art mit dem Assistenten erzeugen« auf Seite 98 gemacht haben. Schauen Sie sich einmal das Ergebnis, »Rahmen_fertig.tif«, im ERGEBNISSE-Ordner der Beispieldateien an. Bei Anwendung des Effekts sind neue Ebenen im Hintergrund produziert worden.

▲ **Abbildung 5.40**
Am Augen-Symbol ist zu erkennen, ob die Ebene unsichtbar (links) oder sichtbar ist (rechts).

◄ **Abbildung 5.41**
Jedes der vier Bildelemente ist eine eigenständige Ebene.

Neue Ebene erzeugen

Erzeugen Sie eine neue Ebene, indem Sie das Symbol NEUE EBENE ERSTELLEN ❶ markieren (siehe Abbildung 5.39) oder EBENE • NEU • EBENE wählen. Bestätigen Sie den Folgedialog mit OK. Vorab können Sie der neuen Ebene noch einen Namen geben (optional).

◄ **Abbildung 5.42**
Den MODUS belassen Sie in der Regel bei NORMAL.

Hintergrund und Ebene

Sie haben ja bereits erfahren, dass Ebenen wie übereinanderliegende Folien wirken, die in der Gesamtheit das Bild ergeben. Grundsätzlich muss aber unterschieden werden zwischen einer

5 Grundlegende Arbeitstechniken

▲ **Abbildung 5.43**
Das Schloss auf der rechten Seite repräsentiert die eingeschränkte Bearbeitungsmöglichkeit.

Ebene und dem *Hintergrund*. Hintergründe sind nicht so ohne Weiteres editierbar. Ist Ihnen das Schloss-Symbol ❶ vor dem kleinen Schachbrett an der rechten Seite des Hintergrunds schon aufgefallen? Es ist ein Indiz dafür, dass die Ebene nicht als solche bearbeitet werden kann.

Sie könnten nun z. B. das Pinsel-Werkzeug aktivieren und eine Farbe auftragen. Darüber hinaus lassen sich Inhalte löschen. An den Stellen, an denen Sie beispielsweise eine Auswahl entfernen (BEARBEITEN • LÖSCHEN), entsteht ein Loch – gefüllt mit der aktuell eingestellten Hintergrundfarbe. Doch wirklich nützlich ist das nicht, denken Sie nicht auch?

Nützlicher ist da schon die Umwandlung des Hintergrunds in eine Ebene. Dann nämlich stehen Ihnen alle Optionen der herkömmlichen Ebenenbearbeitung zur Verfügung. Oder noch besser: Sie arbeiten gleich mit mehreren Ebenen. Und da Sie jetzt schon viel zu lange mit blanker Theorie konfrontiert worden sind, möchte ich Ihnen für dieses Thema nun viel lieber wieder einen Workshop anbieten. Sie werden dabei eine Menge Neues lernen – versprochen.

Schritt für Schritt
Einen Himmel austauschen

Der Himmel auf dem Foto »Bateau.tif« muss komplett ausgetauscht werden, da er durch die ungünstige Lichtsituation komplett weiß geworden ist.

»Bateau.tif«

Abbildung 5.44 ▶
Der Himmel in diesem Bild ist weiß und soll deshalb ausgetauscht werden.

1 Hintergrund in eine Ebene umwandeln

Wandeln Sie den Hintergrund in eine Ebene um. Am schnellsten erreichen Sie das, indem Sie innerhalb des Ebenen-Bedienfelds irgendwo auf die Ebene doppelklicken (nur bitte nicht auf das Augen-Symbol). Alternativ stellen Sie im Menü EBENE • NEU • EBENE AUS HINTERGRUND ein. Im folgenden Dialog können Sie, falls gewünscht, einen sinnvolleren Namen als **Ebene 0** vergeben. Mit OK oder ⏎ wird der Hintergrund danach in eine Ebene umgewandelt.

Falsche ASA-Werte

Aufnahmen wie in unserem Workshop-Beispiel sind keine Seltenheit. Oft wird das Gegenlicht, das der Himmel produziert, bei einsetzender Dämmerung unterschätzt. Die Folge: Der relevante Bildinhalt (in diesem Falle alles unterhalb des Himmels) wird zu dunkel. Also muss man eine größere Blendenöffnung, eine längere Verschlusszeit, oder einen höheren ASA-Wert einstellen. Damit wird der untere Teil des Fotos dann korrekt belichtet. Der nun zu helle Himmel lässt sich mit Hilfe einer Montage in den Griff bekommen.

▲ Abbildung 5.45
Sinnvolle Ebenennamen helfen Ihnen, den Überblick in Ihrer Datei zu behalten.

Die Ebene ist im Ebenen-Bedienfeld blau hinterlegt und symbolisiert so, dass sie ausgewählt ist. Was erfreulich ist: Das Schloss ist verschwunden – und die Ebene ist somit editierbar.

2 Eine neue Ebene hinzufügen

Fügen Sie eine neue Ebene hinzu, indem Sie das kleine Blatt-Symbol in der Kopfleiste des Ebenen-Bedienfelds markieren. Es ist mit NEUE EBENE ERSTELLEN betitelt. Anschließend werden Sie sehen, dass nun nicht mehr die Ebene SEINE-UFER, sondern EBENE 1 markiert ist. Die kleinen Karos deuten auf Transparenzen hin, da die Ebene selbst noch über keinen Inhalt verfügt.

▲ Abbildung 5.46
Die umgewandelte Hintergrundebene

3 Ebene selektieren

Standardmäßig ist eine neu hinzugekommene Ebene markiert, was bedeutet, dass Sie nun mit ihr arbeiten können. Wenn Sie auf der unteren Ebene arbeiten wollen, klicken Sie diese im Bedienfeld an. Die blaue Markierung geht nun auf diese Ebene über. Genau das sollten Sie jetzt wieder mit der Seine-Ebene machen.

▲ Abbildung 5.47
Die neue Ebene wird automatisch mit EBENE 1 benannt.

4 Den Zauberstab einstellen

Drücken Sie jetzt A auf Ihrer Tastatur, um die Auswahlwerkzeuge zu aktivieren. Danach drücken Sie erneut so oft A, bis der Zau-

▲ **Abbildung 5.48**
Die untere Ebene soll markiert werden.

berstab aktiv ist. Alternativ wählen Sie ihn in der Optionsleiste aus ❶. Der Zauberstab wird dazu verwendet, Farbbereiche aus einem Bild aufzunehmen und in eine Auswahl umzuwandeln. Damit soll jetzt der triste Himmel entfernt werden. Kontrollieren Sie die Einstellungen in der Steuerelementleiste. Stellen Sie eine TOLERANZ ❷ von 32 ein, und aktivieren Sie, sofern dort nicht bereits Häkchen gesetzt sind, sowohl die Funktion BENACHBART ❸ als auch GLÄTTEN ❹.

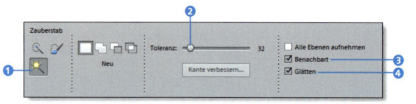

Abbildung 5.49 ▶
Zunächst wird das Werkzeug eingestellt.

▲ **Abbildung 5.50**
Um der Auswahl weitere Bereiche hinzuzufügen, müssen Sie die entsprechende Option des Zauberstabs aktivieren.

5 Optional: Zauberstab mehrfach benutzen

Klicken Sie jetzt mit dem Zauberstab auf die Fläche des Fotos, die den Himmel ausmacht. Damit ist bereits der gesamte Himmel aufgenommen, und Sie können zum nächsten Schritt weitergehen. An dieser Stelle sei noch erwähnt, was Sie tun müssen, wenn nicht alle Bereiche des Himmels aufgenommen werden. Das könnte nämlich ganz oben links der Fall sein. Dann nämlich sollten Sie noch auf den zweiten Button innerhalb der Optionsleiste klicken. Die dazugehörige QuickInfo zeigt DER AUSWAHL HINZUFÜGEN ❻, wenn Sie den Mauszeiger einen Moment darauf ruhen lassen. Dadurch ist gewährleistet, dass Sie den Zauberstab mehrfach benutzen können. Ist hingegen der erste Button NEUE AUSWAHL ❺ aktiv, werden Sie nach jedem Mausklick mit dem Zauberstab eine neue Auswahl generieren – die vorhandene wird dann nämlich verworfen. Klicken Sie zuletzt auf die Stelle, die noch nicht in die Auswahl integriert worden ist.

6 Ebeneninhalte mit dem Zauberstab entfernen

Jetzt müssen Sie nichts weiter tun, als die Taste [Entf]/[←] auf Ihrer Tastatur zu drücken (Alternative: BEARBEITEN • LÖSCHEN). Damit wird der gesamte Himmel entfernt – und zurück bleibt das nette Karo-Muster, das stets ein Indiz für Transparenzen ist, also für inhaltslose Ebenenbereiche.

Ebenen 5.4

▲ Abbildung 5.51
Der Himmel wurde entfernt – zurück bleibt ein Karo-Muster.

Transparenzansicht
Dieses unschöne Karo-Muster weist lediglich darauf hin, dass es sich um transparente Ebenenbereiche handelt, und dient lediglich zur Visualisierung dieser Gegebenheit. Sie müssen also nicht befürchten, dass die Karos später, beispielsweise im Druck, noch vorhanden sind und mit ausgegeben werden.

7 Auswahl aufheben

Na, gefällt Ihnen der neue Himmel? Sieht doch schick aus, oder? Nein, im Ernst: Natürlich müssen wir jetzt noch einen neuen Himmel erschaffen. Bevor wir das aber machen, müssen zunächst einmal diese lästigen Ameisenlinien weg, die unsere Auswahl repräsentieren. Dazu drücken Sie [Strg]/[cmd]+[D] oder entscheiden sich im Menü für AUSWAHL • AUSWAHL AUFHEBEN.

8 Farbe für den Himmel einstellen

Setzen Sie zunächst die Farben, die Photoshop Elements verwenden soll, auf den voreingestellten Standard. Das erreichen Sie, indem Sie [D] auf Ihrer Tastatur drücken. Dann nämlich ist Weiß als Hintergrundfarbe definiert. Denn die benötigen wir. Wählen Sie jetzt noch eine passende Vordergrundfarbe aus. Dazu klicken Sie in der Werkzeugleiste auf die obere der beiden Farbflächen im Bereich FARBE der Werkzeugleiste.

▲ Abbildung 5.52
Ein Klick auf die Farbfläche öffnet den Farbwähler.

Natürlich wäre ein strahlend blauer Himmel ganz nett. Der würde aber nicht zur allgemeinen Farbstimmung des Fotos passen. Geben Sie deshalb folgende Werte in die RGB-Eingabefelder ein: R = 90, G = 100, B = 155 ❶ (Abbildung 5.53), indem Sie in das erste Eingabefeld doppelklicken und jeweils nach einer Eingabe [↹] drücken, bevor Sie den nächsten Wert eingeben. Anschließend bestätigen Sie mit OK.

5 Grundlegende Arbeitstechniken

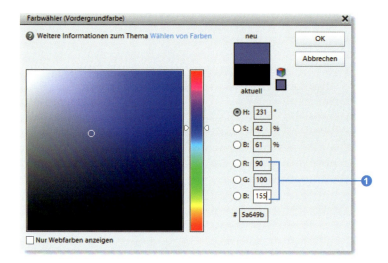

Abbildung 5.53 ▶
Das Blau für den Himmel soll nicht ganz so kräftig werden.

▲ **Abbildung 5.54**
Die oberste Ebene ist komplett mit der Vordergrundfarbe gefüllt worden. Sie verdeckt zudem das Foto.

9 Himmel-Ebene mit Farbe füllen

Widmen Sie sich jetzt noch einmal dem Ebenen-Bedienfeld, und aktivieren Sie die Transparenzebene (EBENE 1). Drücken Sie K, um das Füllwerkzeug zu aktivieren, und klicken Sie damit einmal auf das Bild. Verzagen Sie nicht, wenn jetzt alles einheitlich blau ist.

10 Wolken-Filter integrieren

Jetzt werden Sie Ihren ersten Filter zum Einsatz bringen. Ich sagte ja: Sie erfahren in diesem Workshop eine Menge Neues. Entscheiden Sie sich in der Menüleiste der Anwendung für FILTER • RENDERFILTER • WOLKEN.

Abbildung 5.55 ▶
Erst war gar kein Himmel da, jetzt gibt es nur noch Himmel.

11 Ebenen vertauschen

Aktivieren Sie das Verschieben-Werkzeug (per Klick auf V), und wählen Sie aus der Menüleiste EBENE • ANORDNEN • NACH HIN-

148

ten stellen. (Für Fans des Ebenen-Bedienfelds: Ziehen Sie mit gedrückter Maustaste die Ebene 1 im Ebenen-Bedienfeld »unter« die Bildebene. Im Anschluss an diesen Workshop wird diese Technik noch einmal genauer erklärt.)

◄ **Abbildung 5.56**
Die Himmel-Ebene wird hinter die Bildebene gestellt.

12 Optional: Filter erneut anwenden

Zurück zum Wolken-Filter: Es ist nämlich so, dass dessen Struktur nach einem Zufallsprinzip generiert wird.

Das sorgt dafür, dass eine Wolkenstruktur niemals der anderen gleicht. Das bedeutet aber auch: Wie der Himmel letztendlich aussehen soll, darauf haben Sie gar keinen Einfluss. Gefällt Ihnen die aktuelle Struktur nicht, können Sie den letzten Filter wiederholen, indem Sie die Tastenkombination [Strg]/[cmd]+[F] drücken. Dadurch wird dann ein anderes, vielleicht schöneres Muster erzeugt. Wiederholen Sie den Schritt so oft, bis Ihnen die Blau-Weiß-Anteile zusagen.

13 Optional: Ebene strecken

Eine weitere Möglichkeit, das Muster zu verändern, ist folgende: Ziehen Sie die Rahmen der Bildebene mit gedrückter Maustaste nach Wunsch in Form. (Dazu muss Begrenzungsrahmen einblenden bei gewähltem Verschieben-Werkzeug aktiv sein.) Vor allem das Verziehen in die Breite lohnt sich hier.

Sollte das Ebenen-Bedienfeld stören, deaktivieren Sie es kurz, indem Sie auf Ebenen in der Fußleiste der Anwendung klicken. Ein erneuter Klick darauf bringt sie später wieder zum Vorschein.

Wenn Sie mit dem Ergebnis zufrieden sind, bestätigen Sie mit [↵] oder Klick auf das grüne Häkchen unten rechts. Denken Sie bitte auch hier daran, dass Sie die Größe der Ansicht jederzeit ändern können, indem Sie [Strg]/[cmd]+[+] bzw. [Strg]/[cmd]+[-] drücken.

Weiter ziehen

Es ist übrigens durchaus statthaft, die Linie über die Begrenzung der Anwendung hinauszuziehen. Wenn Sie die Wolken noch etwas strecken wollen, dürfen Sie auch gern zusätzlich an der linken Seite ziehen. Irgendwann ist aber Schluss, und Sie kommen nicht weiter. Dann sollten Sie [Strg]/[cmd]+[-] betätigen. Dadurch wird das Bild kleiner, und es steht mehr Montagerahmen für die Ziehbewegung zur Verfügung.

▲ Abbildung 5.57
Durch das Verzerren der Himmel-Ebene wirken die Wolken noch realistischer.

14 Auf Hintergrundebene reduzieren

Im letzten Schritt ist das Foto horizontal gedehnt worden. Das bedeutet: Es sind jetzt Bildbereiche jenseits der Begrenzung vorhanden – sprich: nicht sichtbar. Zudem besteht das Bild noch aus mehreren Ebenen. Beides führt zu unnötigen Aufblähungen der Dateigröße. Deswegen ist es sinnvoll, Ergebnisse, die nicht mehr weiterbearbeitet werden müssen, vor dem Speichern auf die Hintergrundebene zu reduzieren. Klicken Sie dazu auf die Bedienfeldmenü-Schaltfläche ❶ des Ebenen-Bedienfelds, und entscheiden Sie sich für AUF HINTERGRUNDEBENE REDUZIEREN.

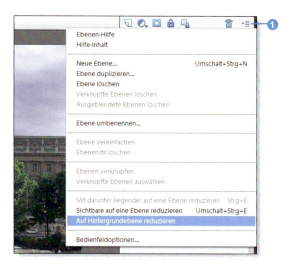

Abbildung 5.58 ▶
So sorgen Sie dafür, dass die Ebenen zu einem einheitlichen Hintergrund verschmelzen.

Das fertige Bild finden Sie zum Vergleich im Ordner ERGEBNISSE, Dateiname: »Bateau_fertig.tif«.

◄ Abbildung 5.59
Mit Photoshop Elements sorgen Sie für Ihr eigenes Wetter.

5.5 Weitere Ebenenoptionen

Nun hat das Ebenen-Bedienfeld noch weit mehr zu bieten. Und auch auf diese Funktionen sollten Sie natürlich nicht verzichten. Das Ebenen-Bedienfeld ist das Herzstück Ihrer Bildbearbeitungssoftware. Je routinierter Sie damit arbeiten, desto besser werden auch Ihre Bildergebnisse sein.

Ebenen verschieben

Wie Sie Ebenen verschieben können, haben Sie ja bereits im vorangegangenen Workshop erfahren. Dort kam das Verschieben-Werkzeug und der Button ANORDNEN in der Optionsleiste zum

Einsatz. Hierüber ist auch ein schrittweises Verschieben nach vorn oder hinten möglich.

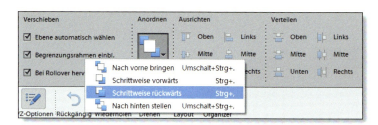

Abbildung 5.60 ▸
Durch einen Klick auf ANORDNEN in der Optionsleiste des Verschieben-Werkzeugs können Sie die Ebenenreihenfolge ändern.

Allerdings gibt es noch weitere, ebenfalls effektive Möglichkeiten. Zum Verschieben einer Ebene innerhalb des Ebenen-Bedienfelds wählen Sie diese zunächst an und ziehen sie dann mittels Drag & Drop an die gewünschte Stelle. Auf diese Weise lassen sich die unterschiedlichen »Folien« Ihres Bildes anordnen.

Mehrere Ebenen gleichzeitig verschieben Sie, indem Sie diese mit [Strg]/[cmd] markieren und dann mit gedrückter Maustaste verschieben. Ein horizontaler schwarzer Balken zeigt an, wo Sie eine Ebene fallen lassen können. Zudem können Sie die zu verschiebenden Ebenen zwischen zwei vorhandenen Ebenen – oberhalb der obersten oder unterhalb der untersten – anordnen. Letzteres gilt allerdings nur, sofern es sich bei der untersten Ebene nicht um einen gesperrten Hintergrund handelt. Wenn Sie Ebenen markieren, während Sie [⇧] gedrückt halten, werden im Übrigen alle dazwischenliegenden Ebenen mit ausgewählt.

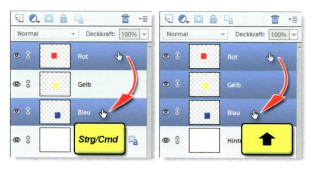

Abbildung 5.61 ▸
Mit [Strg]/[cmd] bzw. [⇧] können mehrere Ebenen gleichzeitig markiert werden.

Ebenen ausrichten und verteilen

Ich schulde Ihnen auch noch Erklärungen zu den Funktionen AUSRICHTEN und VERTEILEN in der Steuerelementleiste des Verschieben-Werkzeugs. Mit diesen haben Sie nämlich die Möglichkeit, ebenenübergreifend zu arbeiten:

- ANORDNEN: Markieren Sie ein Objekt, und ändern Sie die Reihenfolge innerhalb des Bildes. Funktionen, die aktuell nicht anwendbar sind, werden innerhalb der Liste ausgegraut angezeigt (beispielsweise wenn sich das Objekt bereits ganz vorn bzw. zuoberst befindet und somit nicht mehr höher bzw. weiter vorn angeordnet werden kann).
- AUSRICHTEN: Markieren Sie, während Sie ⌂ gedrückt halten, mehrere Objekte auf unterschiedlichen Ebenen, um diese in Abhängigkeit voneinander auszurichten. (Auch hier stehen die Steuerelemente nur dann zur Verfügung, wenn zuvor mindestens zwei Objekte selektiert worden sind.)

◂ **Abbildung 5.62**
Die Symbole vor den Bezeichnungen verdeutlichen, wie die Objekte zueinander ausgerichtet werden. Mit VERTIKALE MITTEN AUSRICHTEN werden beispielsweise die Ebenen mittig nebeneinander angeordnet.

- VERTEILEN: Hier können Sie mehrere Objekte gleichmäßig auf der Bildfläche verteilen. Das gewährleistet eine saubere Ausrichtung der Objekte zueinander. Auch diese Funktionen stehen nur dann zur Verfügung, wenn zuvor mindestens zwei Objekte auf unterschiedlichen Ebenen selektiert worden sind.

Ebenen verbinden

Ebenen lassen sich aber auch miteinander verbinden. Verbundene Ebenen werden immer gemeinsam verschoben, skaliert, gedreht usw., auch wenn nur eine der verknüpften Ebenen markiert wird. So kann beispielsweise das unbeabsichtigte Verschieben einer einzelnen Ebene unterbunden werden.

Und so verknüpfen Sie Ebenen miteinander: Zunächst wählen Sie eine oder mehrere Ebenen an. Danach klicken Sie auf das Verknüpfungssymbol einer weiteren Ebene (die ihrerseits nicht zwingend markiert sein muss!).

Dass Ebenen miteinander verknüpft sind, wird immer dann sichtbar, wenn eine der Ebenen innerhalb des Ebenen-Bedienfelds

▴ **Abbildung 5.63**
Mehrere Ebenen können miteinander verknüpft werden.

selektiert ist. In diesem Fall erscheint das Ketten-Symbol dieser und aller verknüpften Ebenen in Orange.

Ich vermute stark, dass jetzt doch noch eine Frage offengeblieben ist: »Und wie werde ich die Verknüpfung wieder los?« Ganz einfach: indem Sie eine der verketteten Ebenen anwählen und danach abermals auf das Ketten-Symbol klicken.

Ebenen löschen

Natürlich können Ebenen auch wieder gelöscht werden, wenn Sie sie nicht mehr benötigen. Ein Klick auf das Papierkorb-Symbol ❶ ruft einen Kontrolldialog auf, über den Sie das Löschen bestätigen müssen.

Hintergrund löschen

Übrigens: Auch Hintergründe lassen sich, wenn noch weitere Ebenen im Bild vorhanden sind, neuerdings auf die gleiche Weise löschen. Dies nur als Hinweis für Umsteiger von älteren Versionen. Dort mussten Sie den Hintergrund nämlich zunächst in eine Ebene umwandeln, ehe dieser entfernt werden konnte.

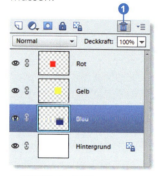

▲ **Abbildung 5.64**
Die markierte Ebene kann jetzt gelöscht werden.

▲ **Abbildung 5.65**
Elements fragt nach.

Aktivieren Sie das Häkchen NICHT MEHR ANZEIGEN, falls Sie eine derartige Nachfrage künftig nicht mehr wünschen. Es gibt aber noch eine andere Option: Wenn Sie den Kontrolldialog nur dieses eine Mal übergehen wollen, halten Sie [Alt] gedrückt, während Sie auf den Papierkorb klicken. Die Ebene wird dann ohne zusätzliche Abfrage entfernt. Sollten Sie versehentlich die falsche Ebene gelöscht haben, ist diese keineswegs verloren. Mit [Strg]/[cmd]+[Z] holen Sie sie wieder zurück.

Weitere Funktionen des Ebenen-Bedienfelds

Das Ebenen-Bedienfeld ist gespickt mit zahlreichen Funktionen, die Sie immer wieder benötigen werden.

2 Füll- und Einstellungsebenen

Hierüber haben Sie die Möglichkeit, weitere Spezialebenen hinzuzufügen, die meist in der Farb- oder Beleuchtungskorrektur zum Einsatz kommen. Weiterführende Hinweise zu diesem Thema finden Sie im Abschnitt »Einstellungsebenen zur Tonwertkorrektur verwenden«, auf Seite 315.

3 Ebenenmasken

Dieses Feature war lange Zeit ausschließlich Benutzern der Profi-Software Photoshop vorbehalten. Seit Version 9 jedoch sind die Ebenenmasken auch in Photoshop Elements angekommen. Mit ihnen können Sie wahre Wunderwerke in Sachen Bildkomposition vollbringen. Immerhin lassen sich wie mit einem Pinsel Bereiche einer Ebene abdecken und auch wieder freilegen. Mit Ebenenmasken werden wir in diesem Buch noch sehr häufig zu tun bekommen. Die Grundlagen werden in Abschnitt 5.7, »Montage mit Ebenenmasken«, vorgestellt.

4 Ebenen schützen

Auch ganze Ebenen können vor unbeabsichtigten Veränderungen geschützt werden. Markieren Sie zuvor die Zielebene, und klicken Sie dann auf das Schloss-Symbol Alle Pixel fixieren. Ein erneuter Klick auf das Symbol öffnet die Ebene wieder und macht sie somit auch wieder editierbar.

5 Transparente Pixel schützen

Schützen Sie transparente Bereiche Ihrer Ebene, indem Sie Transparente Pixel fixieren wählen. Damit lassen sich dann lediglich Bereiche innerhalb der Ebene bearbeiten, die über Objekte verfügen oder entsprechend gefüllt sind. Leere Pixel bleiben geschützt.

6 Ebenendeckkraft

Über den Deckkraft-Regler lässt sich die Sichtbarkeit der Ebene verringern. Dazu klicken Sie entweder doppelt in das Eingabefeld und geben den gewünschten Wert über die Tastatur ein, oder Sie markieren den kleinen Pfeil rechts davon, um den Schieber zu öffnen. Verstellen Sie diesen anschließend nach Wunsch. Noch einfacher funktioniert das über das **Hot-Text-Steuerelement**. Bei Reduktion der Deckkraft bleiben alle Ebeneninhalte komplett erhalten. Sie können also jederzeit die Deckkraft wieder heraufsetzen und müssen nicht befürchten, Inhalte der Ebene verloren zu haben.

▲ **Abbildung 5.66**
Auch die weiteren Buttons in der Kopfleiste des Ebenen-Bedienfelds bringen nützliche Funktionen mit.

Hot-Text-Steuerelemente

Der Deckkraft-Regler ist ein sogenanntes Hot-Text-Steuerelement. Zeigen Sie mit dem Mauszeiger auf das Wort Deckkraft im Ebenen-Bedienfeld, mutiert dieser zu einem Zeigefinger mit Doppelpfeil. Mit gedrückter Maustaste verschieben Sie das Zeigegerät nun nach links oder rechts, um den Wert zu verändern. Lassen Sie die Maustaste los, wenn der gewünschte Wert erreicht ist. Das hatten wir zwar schon, aber ich erwähne es gern noch einmal für diejenigen Leser, die das Buch nicht kontinuierlich durcharbeiten. Das ist ein Service, oder?

5 Grundlegende Arbeitstechniken

5.6 Montage mit Füllmethoden

Links neben der DECKKRAFT befindet sich ein Pulldown-Menü, das die Füllmethode für die aktuelle Ebene regelt ❻ (siehe Abbildung 5.66). Füllmethoden werden grundsätzlich dann verwendet, wenn sich übereinanderliegende Ebenen als Komposition ergänzen sollen. So lassen sich beispielsweise die Farben der oberen Ebene zur darunter befindlichen hinzurechnen. Das Resultat ist ein zwar verfremdetes, aber stimmungsvolles Bild.

Auch in Sachen Bildkorrektur wird die eine oder andere Füllmethode ein verbessertes Ergebnis bringen. Zunächst ist all dies noch ziemlich verwirrend, aber mit der Zeit werden Sie die Methoden immer besser kennenlernen. In den folgenden Workshops werden wiederholt solche Effekte eingesetzt. Leider kann nicht generell (vorab) gesagt werden, welche Methode sich für welches Bild eignet. Je nach Beschaffenheit der einzelnen Ebenen ergeben sich auch jeweils andere Kompositionen.

▲ **Abbildung 5.67**
Das FÜLLMETHODEN-Menü bietet Optionen ohne Ende.

Mehr zu den Füllmethoden

Sie finden ergänzende Informationen zu den Füllmethoden in unserem Zusatzangebot unter www.galileodesign.de/bonus-seite auf der Bonus-Seite zum Buch. Dort zeigen wir, was »technisch« gesehen bei der Anwendung gängiger Füllmethoden geschieht.

Schritt für Schritt
Eine Bildkomposition aus mehreren Ebenen gestalten

Wollen Sie die angesprochenen Techniken gleich einmal Realität werden lassen? Na, gut. Dann werden Sie jetzt zwei Fotos effektvoll miteinander verschmelzen. Dazu ist eine Ebenenmaske sowie die Änderung einer Füllmethode nötig. Außerdem wird noch ein Effekt eingesetzt. Und auf die eingangs erwähnten Auswahltechniken wollen wir ebenfalls nicht verzichten. Ach ja, und eine Freistellung gibt es auch noch. Auf geht's ...

»Komp_01.jpg« und »Komp_02.jpg«

Abbildung 5.68 ▶
Diese beiden Fotos sollen eine gemeinsame Komposition ergeben.

© Daniel Stricker – pixelio.de und Grace Winter – pixelio.de

Montage mit Füllmethoden 5.6

1 Ansicht optimieren

Schließen Sie alle geöffneten Fotos, und stellen Sie anschließend die beiden Beispieldateien bereit. Als Nächstes öffnen Sie das Layout-Menü im Fuß der Anwendung und stellen auf Ganze Spalte um.

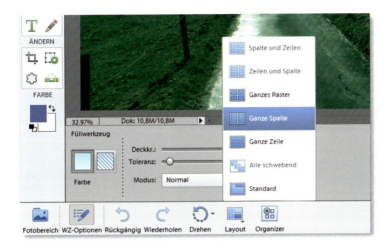

◄ Abbildung 5.69
So erreichen Sie, dass beide Fotos nebeneinander platziert werden.

2 Bilder verbinden

Aktivieren Sie das Verschieben-Werkzeug, und klicken Sie damit auf das Bild mit dem Skiläufer. Halten Sie die Maustaste gedrückt, und ziehen Sie dieses Foto auf das andere. Sobald Sie dort angekommen sind, lassen Sie die Maustaste wieder los. Das Foto »Komp_01.jpg« können Sie danach wieder schließen.

◄ Abbildung 5.70
Beide Fotos sind jetzt bereits miteinander verbunden.

157

5 Grundlegende Arbeitstechniken

▲ **Abbildung 5.71**
Für diesen Schritt wird eine weiche Kante von 30 Px benötigt.

3 Auswahl erzeugen

Aktivieren Sie das Auswahlrechteck. Bevor Sie es anwenden, legen Sie in der Optionsleiste eine WEICHE KANTE von 30 Px fest. Danach setzen Sie einen Mausklick auf das überlagernde Bild. Wählen Sie eine Position ziemlich weit oben links. Halten Sie die Maustaste gedrückt, ziehen Sie nach unten rechts, und lassen Sie anschließend los. Das erzeugt eine Auswahl, die sich innerhalb des überlagernden Fotos befindet.

Abbildung 5.72 ▶
Der Pfeil verdeutlicht die Bewegung der Maus.

4 Bildbereiche löschen

Die Auswahlkante ist erzeugt worden, um alle Bereiche jenseits zu entfernen. Allerdings erstreckt sich die Auswahl jetzt auf den Teil, der eigentlich erhalten bleiben soll. Deswegen müssen wir die Auswahl umkehren – also ausgewählte und nicht ausgewählte Bereiche miteinander vertauschen. Das machen Sie so: Drücken Sie [Strg]/[cmd]+[⇧]+[I], oder gehen Sie in das Menü AUSWAHL, und entscheiden Sie sich dort für AUSWAHL UMKEHREN.

Abbildung 5.73 ▶
Jetzt sind plötzlich zwei Auswahlkanten vorhanden – ein Indiz dafür, dass jetzt der Bildrand und eben nicht die Bildmitte ausgewählt ist.

5 Auswahlbereich entfernen

Das Entfernen des jetzt ausgewählten Bereichs ist gar kein Problem. Drücken Sie einfach [Entf] auf Ihrer Tastatur. Sollten Sie keine

Montage mit Füllmethoden **5.6**

Entfernen-Taste haben, das trifft ja nicht selten den Mac-User, dann entscheiden Sie sich für ←. Die Alternative: BEARBEITEN • LÖSCHEN. Heben Sie die Auswahl auf. Drücken Sie dazu Strg/cmd+D, oder wählen Sie AUSWAHL • AUSWAHL AUFHEBEN.

◄ **Abbildung 5.74**
Das obere Foto läuft an den Kanten weich aus.

6 Füllmethode ändern
Jetzt kommt das Entscheidende: Werfen Sie einen Blick auf das Ebenen-Bedienfeld. Sie sehen, dass die oberste Ebene aktiv ist. Das soll auch so bleiben. Setzen Sie jetzt einen Mausklick auf das Füllmethoden-Steuerelement (hier steht derzeit noch NORMAL), und selektieren Sie den Eintrag DUNKLERE FARBE.

7 Foto positionieren
Nun macht das noch nicht sonderlich viel her. Das obere Foto ist nämlich noch nicht am richtigen Platz. Deswegen aktivieren Sie jetzt wieder das Verschieben-Werkzeug (per Klick auf V) und ziehen das überlagernde Bild mit gedrückter Maustaste in die obere linke Ecke. Sorgen Sie dafür, dass es so aussieht, als käme der Skifahrer hinter dem Felsen hervor. Orientieren Sie sich an der folgenden Abbildung.

▲ **Abbildung 5.75**
Hier kommt eine Füllmethode zum Einsatz.

◄ **Abbildung 5.76**
Positionieren Sie den Skifahrer gleich neben dem Baum.

Füllmethode: Dunklere Farbe

Bei dieser Methode werden die Helligkeitsinformationen des unteren Bildes mit dem oberen verglichen. Die Farbe, die dunkler ist, setzt sich durch.

Freistellungstechnik

Die unterschiedlichen Möglichkeiten und verschiedenen Techniken, die sich hinter der Freistellung verbergen, werden wir in Kapitel 6, »Auswahlen und Freistellungen in der Praxis«, noch ausführlich behandeln.

8 Freistellungsrahmen aufziehen

Es ist an der Zeit, das Foto zu beschneiden. Wir wollen nämlich nur relevante Inhalte behalten. Suchen Sie das Freistellungswerkzeug (per Klick auf [C]) im Bereich Ändern aus, und klicken Sie damit ziemlich weit oben links auf Ihr Bild. Orientieren Sie sich an der Abbildung, und visieren Sie Punkt ❶ dazu an. Lassen Sie die Maustaste nicht los, sondern ziehen Sie diagonal über das Foto, bis Sie an Punkt ❷ angelangt sind. Dort dürfen Sie loslassen.

Abbildung 5.77 ▶
Unser Foto soll in etwa auf diesen Bereich begrenzt werden.

9 Optional: Freistellung korrigieren

Der soeben erzeugte Rahmen kann jetzt noch nach Belieben verschoben werden, wenn Sie dort hineinklicken und mit gedrückter Maustaste ziehen. An den kleinen quadratischen Ecken lässt sich der Rahmen zudem noch größer oder kleiner ziehen. Auch das erledigen Sie mit gedrückter Maustaste. Hier haben Sie also die Möglichkeit, den Bereich noch zu korrigieren, bevor Sie den Befehl endgültig übergeben.

10 Freistellung bestätigen

Wenn Ihr Ergebnis mit der zuvor gezeigten Eingrenzung in etwa übereinstimmt, drücken Sie entweder [↵] oder klicken auf das kleine grüne Häkchen, das sich am unteren rechten Rand des Rahmens befindet. Es nennt sich Aktuellen Vorgang bestätigen.

Abbildung 5.78 ▶
Mit dieser Aktion wird das Bild endgültig beschnitten.

5.6 Montage mit Füllmethoden

11 Ersten Effekt hinzufügen
Zuletzt soll noch ein schöner Effekt hinzugefügt werden. Dieser soll simulieren, dass der Skifahrer in Bewegung ist. Gehen Sie deshalb im Menü auf FILTER • STILISIERUNGSFILTER • WINDEFFEKT. Entscheiden Sie sich im Folgedialog für METHODE • WIND und RICHTUNG • RECHTS. Schließen Sie die Aktion mit Klick auf OK ab.

12 Optional: Filter erneut anwenden
Um den Effekt jetzt noch ein wenig zu verstärken, kann er, wenn Sie es wünschen, erneut angewendet werden. Allerdings wollen wir diesmal die Richtung ändern. Wählen Sie also abermals FILTER • STILISIERUNGSFILTER • WINDEFFEKT, und ändern Sie die Richtung, indem Sie LINKS aktivieren, bevor Sie mit OK bestätigen.

Aktuellen Vorgang abbrechen

Sie können den aktuellen Freistellungsvorgang jederzeit abbrechen (das Bild bleibt dann unverändert, und der Rahmen wird gelöscht), indem Sie das kleine Halt-Symbol neben dem Häkchen anklicken. Alternativ drücken Sie [Esc] auf Ihrer Tastatur.

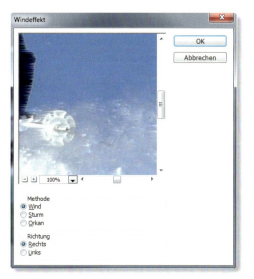

▲ Abbildung 5.79
Windeffekt hinzufügen

▲ Abbildung 5.80
So sieht das Ergebnis bis jetzt aus.

13 Optional: Füllmethode erneut ändern
Das Schöne bei der Verwendung von Füllmethoden ist die Tatsache, dass diese sich zu jeder Zeit ändern lassen. Sie dürfen also auch jetzt noch andere Methoden ausprobieren. Wie das geht, haben Sie ja bereits erfahren. Stellen Sie doch beispielsweise einmal HARTES LICHT ein. Auch ein schöner Effekt, oder? Entscheiden Sie selbst, was besser ist.

14 Optional: Bild erneut freistellen

Falls sich am rechten Bildrand noch grüne Bereiche des Hintergrunds zeigen, an denen die obere Ebene (das Blau) noch nicht überlagert, stellen Sie die Komposition am besten noch einmal frei. Dabei sollten die grünen Ränder an der rechten Seite komplett und die am Fuß das Bildes zumindest teilweise entfernt werden. Orientieren Sie sich am Ergebnisfoto, das Sie im Übrigen unter »Komp_fertig.tif« im Ergebnisse-Ordner ausfindig machen können.

Abbildung 5.81 ▶
Jetzt ist Schluss mit Ruhe und Erholung. Ab sofort ist Ski-Action angesagt.

5.7 Montage mit Ebenenmasken

Der vorangegangene Workshop war ein gutes Beispiel dafür, wie man zwei Fotos mit Hilfe der Füllmethoden ineinanderwirken lassen kann. Wir wollen jetzt aber noch einen Schritt weitergehen und die Ebenenmasken ins Spiel bringen. Wenn Sie sich mit dieser

Technik erst einmal auseinandergesetzt haben, sind Ihrer eigenen Kreativität keinerlei Grenzen mehr gesetzt.

Schritt für Schritt
Fotos mit Ebenenmasken kombinieren

Das erreichte Ziel des vorangegangenen Workshops ist diesmal nur ein Etappenziel. Denn jetzt bestimmen Sie selbst, welche Bereiche der oberen Ebene sichtbar bleiben und welche wie von Geisterhand verschwinden sollen.

»Lesen_01.jpg« und »Lesen_02.jpg«

1 Fotos anordnen
Öffnen Sie bitte beide Beispielbilder, und stellen Sie diese über das Layout-Menü nebeneinander (siehe Schritt 1 des vorangegangenen Workshops).

◄ **Abbildung 5.82**
Zwei hochformatige Fotos bilden den Grundstock für die nächste Montage.

2 Fotos zusammenfügen
Jetzt aktivieren Sie erneut das Verschieben-Werkzeug [V] und klicken auf das Foto des lesenden Mädchens. Halten Sie die Maustaste gedrückt, und ziehen Sie dieses Foto auf das andere. Bevor Sie jedoch die Maustaste loslassen, drücken Sie [⇧] und halten diese Taste fest. Lassen Sie zunächst die Maustaste und erst im Anschluss [⇧] los. Das sorgt dafür, dass das überlagernde Foto nicht willkürlich, sondern genau zentriert auf dem unteren angeordnet wird.

5 Grundlegende Arbeitstechniken

▲ **Abbildung 5.83**
Sorgen Sie dafür, dass dieser Bereich der unteren Ebene wieder sichtbar wird.

3 Ebene verschieben

Schließen Sie jetzt das Foto »Lesen_02.jpg«. Setzen Sie danach abermals einen Mausklick auf das zusammengesetzte Foto. Halten Sie zusätzlich ⌂ gedrückt, und schieben Sie die obere Ebene (das Bild des Mädchens) mit der Maus nach oben. Stoppen Sie, wenn der Leuchtturm des unteren Bildes frei zu erkennen ist. Lassen Sie erneut zunächst die Maustaste, danach die Taste Ihrer Tastatur los. Durch das Halten der Taste haben Sie bewirkt, dass die Ebene sich beim Hochschieben nicht gleichzeitig auch zur Seite bewegen kann. Das war in diesem Fall besonders wichtig, da beide Fotos die gleiche Breite haben.

4 Bild freistellen

Möglicherweise werden Sie jetzt den Umstand beklagen, dass das Gesicht der Leserin einfach abgeschnitten worden ist. Doch keine Sorge; das wird sogleich korrigiert. Dazu müssen Sie die Ansicht drastisch verkleinern. Sorgen Sie dafür, dass ausreichend viel Montagerahmen um das Foto entsteht, indem Sie mehrfach (ruhig drei- bis viermal) [Strg]/[cmd]+[-] drücken. Aktivieren Sie das Freistellungswerkzeug [C]. Setzen Sie es außerhalb des Fotos (also auf dem Montagerahmen) an, und ziehen Sie einmal quer über das Bild. Jetzt ist der gesamte Bildbereich ausgewählt.

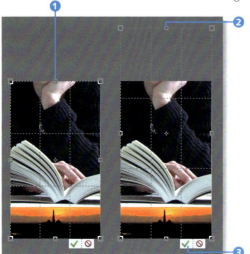

▲ **Abbildung 5.84**
So gewinnen Sie den verloren geglaubten Bildbereich zurück.

▲ **Abbildung 5.85**
Das Gesicht soll selbstverständlich erhalten bleiben.

164

Als Nächstes ziehen Sie den mittleren Anfasser in der oberen Reihe ❶ nach oben. Machen Sie das bitte mit Bedacht, denn Sie werden bald feststellen, dass der Freistellungsrahmen einzurasten scheint. Stoppen Sie an dieser Position ❷ (das sind die tatsächlichen Begrenzungen der obersten Ebene), und klicken Sie anschließend auf das Häkchen unten rechts ❸. Wenn das erledigt ist, betätigen Sie [Strg]/[cmd]+[0], um das Foto wieder größtmöglich darzustellen. (Weitere Infos zum Freistellen finden Sie im folgenden Kapitel.)

5 Ebenenmaske hinzufügen

Aktivieren Sie jetzt die oberste Ebene (EBENE 1), indem Sie diese mit einem Mausklick versehen, und klicken Sie anschließend auf das Symbol EBENENMASKE HINZUFÜGEN ❹ in der Fußleiste des Bedienfelds. Die Folge: Neben der Ebenenminiatur wird eine weiße Fläche ❺ angezeigt. Das ist die Ebenenmaske.

◀ **Abbildung 5.86**
Die Voraussetzungen für die Teilmaskierung einer Ebene sind somit erfüllt.

6 Pinsel aktivieren

Selektieren Sie jetzt den Pinsel ❻ innerhalb des Werkzeugleistenbereichs ZEICHNEN. Es ist das obere linke Werkzeug in der Gruppe. Alle anderen würden nicht zum gewünschten Ergebnis führen.

▲ **Abbildung 5.87**
Der Pinsel muss es sein!

7 Farben vertauschen

Achten Sie einmal auf die Steuerelemente für die Vorder- und Hintergrundfarbe innerhalb der Werkzeugleiste. Bei aktivierter Ebenenmaske werden diese Felder nämlich automatisch auf Schwarz und Weiß zurückgesetzt. Und jetzt kommt etwas sehr Wichtiges: Sie können mit Ihrem Pinsel über das Bild malen. Dabei werden Sie allerdings keine Farbe auftragen, wie vielleicht zu erwarten wäre. Vielmehr werden Sie, je nachdem, ob Schwarz oder Weiß

▲ **Abbildung 5.88**
Mit Erzeugung einer Ebenenmaske werden die Farben auf Standard (Schwarz und Weiß) zurückgesetzt. Schwarz soll jetzt vorne stehen.

5 Grundlegende Arbeitstechniken

im Vordergrund steht, Bildbereiche buchstäblich wegwischen (Schwarz) oder unsichtbare Bereiche mit Weiß wieder sichtbar machen. Beide Farben können Sie ganz schnell miteinander vertauschen, indem Sie [X] drücken. Aber das wissen Sie ja längst. Versuchen Sie es einmal, und lassen Sie am Schluss Schwarz als Vordergrundfarbe stehen.

8 Pinsel einstellen

Stellen Sie jetzt noch eine weiche Pinselspitze mit einer Größe von rund 200 Px ein. Das sorgt für fließende Übergänge. Übrigens können Sie das nicht nur in der Optionsleiste, sondern auch nach einem Rechtsklick auf das Foto festlegen. Das ist doch auch nicht schlecht, oder? Dann müssen Sie bei der Wahl einer anderen Spitze noch nicht mal in die Optionsleiste fahren, sondern können auf dem Foto bleiben.

Pinsel-Deckkraft verringern

Bedenken Sie auch die Möglichkeit, die Deckkraft des Pinsels über die Optionsleiste vorübergehend herabzusetzen. Dadurch erreichen Sie Teilmaskierungen.

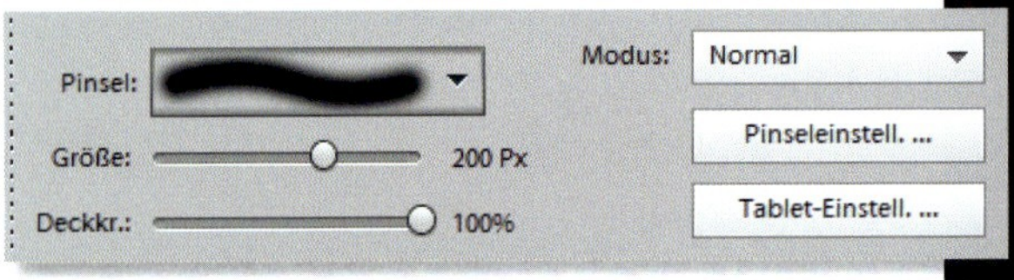

▲ **Abbildung 5.89**
Die Einstellung der Pinselspitze lässt sich, wie gewohnt, in der Optionsleiste vornehmen.

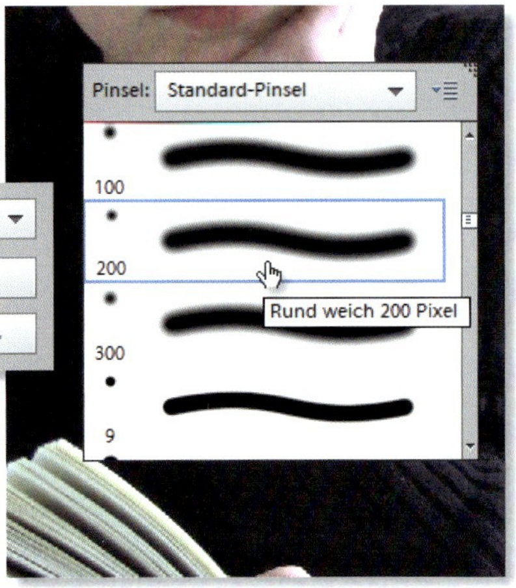

▲ **Abbildung 5.90**
Wer das lieber direkt auf dem Foto erledigt, klickt zunächst mit rechts darauf.

9 Ebene maskieren

Fahren Sie anschließend über die Bereiche, die Sie entfernen wollen (unterhalb des Buches). Sollten Sie versehentlich einmal etwas zu viel weggeputzt haben – kein Problem. Drücken Sie [X], um auf Weiß umzuschalten, und überwischen Sie die fehlerhafte Stelle. Danach drücken Sie abermals [X] und maskieren fröhlich weiter.

Montage mit Ebenenmasken **5.7**

▲ **Abbildung 5.91**
Die Bildbereiche unterhalb des Buches verschwinden mit jedem Pinselstrich etwas mehr.

◄ **Abbildung 5.92**
So einfach lassen sich Bereiche einer Ebene entfernen.

Und der Radiergummi?

In diesem Zusammenhang soll nicht verschwiegen werden, dass Sie das Entfernen von Ebenenbereichen auch mit dem Radiergummi erledigen könnten. Allerdings lassen sich ausradierte Bereiche nicht wieder hinzufügen. Deswegen sind Ebenenmasken so sinnvoll. Hier können Sie auch später noch nachkorrigieren, sollten Sie versehentlich einmal etwas zu viel entfernt haben.

Wann malen und wann maskieren?

Einen Pferdefuß gibt es bei der ganzen Sache noch: Sie müssen darauf achten, ob Sie sich gerade auf der Bildebene oder auf der Maske befinden. Werfen Sie noch einmal einen Blick auf das Ebenen-Bedienfeld. Nur wenn dort die rechte Miniatur ❶ (Abbildung 5.93) aktiv ist (sie ist mit einem kleinen blauen Rahmen versehen), können Sie auch tatsächlich mit dem Pinsel maskieren. Befinden Sie sich auf dem Foto ❷, tragen Sie Farbe auf das Bild auf. Darauf müssen Sie in Zukunft unbedingt achten!

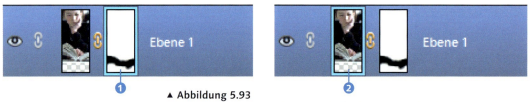

▲ **Abbildung 5.93**
Achten Sie immer darauf, ob gerade die Bildebene oder die Ebenenmaske aktiv ist (blauer Rahmen).

Was passiert beim Verschieben?

Wenn Sie eine maskierte Ebene verschieben, verhalten sich Bildebene und Ebenenmaske grundsätzlich synchron zueinander. Das bedeutet: Beides wird gleichermaßen verschoben. Wenn Sie das einmal nicht wollen, müssen Sie das kleine Ketten-Symbol ❸ zwischen den beiden Miniaturen deaktivieren. Danach entscheiden Sie per Mausklick, ob die Bildebene oder die Maskierung verschoben werden soll. Die eigentliche Verschiebung erledigen Sie dann per Drag & Drop auf dem Foto.

▼ **Abbildung 5.94**
Bei deaktivierter Verknüpfung lassen sich Bildebene und Ebenenmaske unabhängig voneinander bewegen.

5.8 Mit Text arbeiten

In Photoshop Elements sind Textwerkzeuge integriert, die Sie auf jeden Fall kennenlernen sollten. Diese erlauben nämlich unter anderem das Hinzufügen individuell gestalteter Richtungstexte.

Text auf Pfad

Im Prinzip funktionieren alle drei Werkzeuge identisch, so dass wir uns in diesem Workshop mit dem umfangreichsten, nämlich dem Text-auf-eigenem-Pfad-Werkzeug, beschäftigen. (Welche Besonderheiten das Text-auf-Form- und das Text-auf-Auswahl-Werkzeug haben, erfahren Sie im Anschluss an den folgenden Workshop.)

Schritt für Schritt
Text auf Pfad platzieren

Öffnen Sie die Beispieldatei »Pfad.jpg«, und aktivieren Sie anschließend das Text-auf-eigenem-Pfad-Werkzeug. Das hat zur Folge, dass Ihr Mauszeiger zu einer Art Zeichenfeder mutiert.

»Pfad.jpg«

1 Pfad zeichnen
Setzen Sie nun unten links in etwas Abstand zur Silhouette des Mädchens einen ersten Mausklick (etwa an Position ❹), und halten Sie die Maustaste gedrückt. Fahren Sie mit etwas Abstand den Rücken entlang, und stoppen Sie, wenn Sie etwa Punkt ❺ erreicht haben. Jetzt dürfen Sie loslassen. Lassen Sie sich viel Zeit mit dieser Aktion. Die Richtung (hier von unten nach oben) ist übrigens sehr wichtig, da in dieser Richtung später auch der Text verlaufen wird. Deshalb ist der Beginn am unteren Ende in diesem Fall zwingend erforderlich.

2 Optional: Pfad editieren
Möglicherweise gefällt Ihnen der Pfad noch nicht. In diesem Fall lässt er sich noch editieren, indem Sie in der Optionsleiste zunächst auf VERÄNDERN ❻ umstellen. Danach können Sie sich den kleinen quadratischen Anfassern (den sogenannten Pfadpunkten) auf dem Pfad nähern und diese mit gedrückter Maustaste verschieben. Dadurch kann der Pfad sehr viel besser an die Körperform angepasst werden. Alles in allem sollten Sie versuchen, mit so wenig Punkten wie möglich auszukommen. Umso sauberer wird später der Text angeordnet.

Dazu noch zwei Tipps: Während Sie [Alt] gedrückt halten, können vorhandene Punkte vom Pfad entfernt werden. Halten Sie hingegen [⇧] gedrückt, lassen sich nachträglich Punkte auf dem Pfad platzieren. Mit diesen Hilfsmitteln sollte die Ausgestaltung des Pfades kein Problem mehr sein. Wenn Sie fertig sind, bestätigen Sie mit dem grünen Häkchen oder mit [↵].

▲ **Abbildung 5.95**
Wenn der Pfad noch ein wenig holprig aussieht, macht das nichts.

◄ **Abbildung 5.96**
Schalten Sie um auf VERÄNDERN.

5 Grundlegende Arbeitstechniken

Abbildung 5.97 ▶
Kontrollieren Sie die Pfadpunkte. Falls erforderlich, schieben Sie diese noch zurecht.

Ausschnitt vergrößern

Die Lage der Pfadpunkte lässt sich bei vergrößerter Ansicht besser beurteilen. Da Sie sich derzeit aber in einem aktiven Vorgang befinden, lässt sich das Werkzeug nicht wechseln – und somit die Lupe nicht aktivieren. Sie können jedoch jederzeit mit [Strg]/[cmd]+[+] ein- und mit [Strg]/[cmd]+[-] auszoomen.

3 Optional: Pfad transformieren

Der gesamte Pfad kann übrigens auch nach der Bestätigung, falls erforderlich, noch editiert werden. Nach Betätigung BILD • FORM TRANSFORMIEREN wählen Sie einen der vier angebotenen Einträge, z. B. FORM FREI TRANSFORMIEREN oder drücken [Strg]/[cmd]+[T]. Jetzt lässt sich der Pfad nach Wunsch ziehen und sogar rotieren. Denken Sie bitte daran, den Vorgang am Ende erneut mit [↵] zu bestätigen.

4 Text hinzufügen

Stellen Sie jetzt die gewünschten Textparameter in der Optionsleiste ein. Für dieses Beispiel wählen wir eine VERDANA BOLD ❶ (alternativ geht auch ARIAL BOLD) mit einer Größe von 30 Pt ❷ in Rot ❸. Stellen Sie die Maustaste in die Mitte des Pfades, und schieben Sie die Maus leicht hin und her, bis der Mauszeiger aussieht wie die Einfügemarke eines Text-Editors (z. B. Microsoft Word). (Das Zeichenfeder-Symbol wird bei richtiger Positionierung nicht mehr angezeigt.) Klicken Sie den Pfad an, und tippen Sie den gewünschten Wortlaut ein (hier: MEDIENHAFEN).

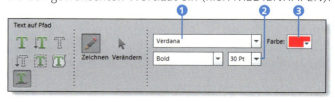

Abbildung 5.98 ▶
Mit diesen Textoptionen soll es nun mit der Beschriftung des Pfades weitergehen.

5 Text nachträglich editieren

Auch der Text kann jederzeit noch verändert werden. Wenn Sie beispielsweise mit dem Textwerkzeug daraufklicken, können Sie weiterschreiben. Setzen Sie einen Doppelklick auf den Text, wird das betreffende Wort markiert. Und mit einem beherzten Dreifach-Klick wählen Sie die gesamte Zeile aus.

Stil anpassen

Im Beispiel wurde der Text-Stil über das Effekte-Bedienfeld auf EINFACH AUSSEN angepasst (linke Schaltfläche in Zeile 3). Auf Seite 216 erfahren Sie, wie Sie dazu vorgehen müssen. Dort finden Sie auch einen weiteren interessanten Text-Workshop.

◄ **Abbildung 5.99**
Jetzt weiß der Betrachter, wo das Foto aufgenommen worden ist.

Pfad nachbearbeiten | Der Pfad lässt sich auch später noch problemlos nachbearbeiten. Wenn Sie nach Erzeugung des Textes feststellen, dass die Schrift doch nicht so verläuft, wie Sie das gerne hätten, aktivieren Sie VERÄNDERN in der Optionsleiste und fügen Punkte hinzu, entfernen oder verschieben sie. Die Taste [Strg]/[cmd] ist in diesem Zusammenhang ein kleines Wunderwerk. Wenn Sie diese gedrückt halten, lässt sich der gesamte Pfad inklusive Schrift auf dem Foto verschieben. Bei aktivierter Option ZEICHNEN (der Buntstift neben VERÄNDERN) und gleichzeitig gehaltener Taste [Strg]/[cmd] wird es noch besser. Verschieben Sie die Maus im rechten Winkel zum Pfad, wird der Text (je nach Ziehrichtung) oben oder unten am Pfad angeordnet. Wenn die Einfügemarke zur Texterzeugung auf dem Pfad blinkt und besagte Taste gehalten wird, können Sie auch den Anfangs- ❶ und Endpunkt ❷ verschieben. Damit kann also die Schrift entlang des Pfades verschoben werden ❶. Sollte der Text nicht angezeigt werden, liegt es meist daran, dass ihm zu wenig Platz auf dem Pfad zur Verfügung steht. Ziehen Sie in diesem Fall ❷ weiter nach hinten – wie gesagt, es funktioniert nur, während ⌷Strg⌷/⌷cmd⌷ gedrückt ist.

Abbildung 5.100 ▶
Verschieben Sie die Lettern auf dem Pfad.

Text auf Auswahl

Das Text-auf-Auswahl-Werkzeug funktioniert in Kombination mit einer Auswahl – und zwar ähnlich wie das Schnellauswahl-Werkzeug. Wenn sich also markante Farbunterschiede entlang der künftigen Textkante ausmachen lassen, kommen Sie mit diesem Werkzeug sicher gut zurecht. Nach Erzeugung der Auswahl kann die Auswahlkante mit Hilfe des Schiebereglers Versatz in der Optionsleiste angepasst werden. Gehen Sie nach links, um den Pfad mehr nach innen zu verlagern. Nach rechts hin nimmt er hingegen mehr Abstand zum Objekt ein. Nachdem Sie die Auswahl wie gewohnt bestätigt haben, reicht ein Klick auf die Auswahllinie, und Sie können mit der Texteingabe beginnen. Was das Editieren des Textes betrifft, beachten Sie bitte die vorangegangenen Hinweise.

Abbildung 5.101 ▶
Wenn Sie den Versatz-Regler nach rechts ziehen, wird der Abstand der Auswahl zum Objekt vergrößert.

▲ **Abbildung 5.102**
Jetzt wird die Auswahlkante zum Textpfad.

Text auf Form

Das Text-auf-Form-Werkzeug eignet sich immer dann, wenn Sie zur Textführung geometrische Grundobjekte heranziehen wollen. Hier ist jedoch darauf zu achten, dass Sie nach Aktivierung des Tools zunächst die Grundform in der Optionsleiste wählen müssen. Alles Weitere erfolgt wie bereits bei den beiden anderen Werkzeugen beschrieben.

◄ **Abbildung 5.103**
Mit dem ersten Steuerelement lässt sich die Form bestimmen.

Rahmen unsichtbar

Bitte bedenken Sie: Der Pfad (egal, ob Sie nun einen regulären Pfad oder eine Form benutzen) ist im fertigen Foto unsichtbar. Im Ausdruck (beispielsweise auf dem heimischen Drucker) ist die Form nicht zu sehen. Auch in der Ansicht am Computermonitor lässt sich das bereits realisieren. Aktivieren Sie dazu eine andere Ebene als die Textebene.

▲ **Abbildung 5.104**
Der Text auf einer Form ist auch eine Alternative. So lassen sich beispielsweise Bürogebäude oder Ähnliches beschriften.

Dateien mit Text weitergeben

Der Text bleibt im Übrigen editierbar. Das bedeutet: Sie können jederzeit mit dem Textwerkzeug daraufklicken und Änderungen oder Erweiterungen durchführen. Schauen Sie auch einmal auf das Ebenen-Bedienfeld. Dort bleibt der Text als eigenständige Ebene erhalten.

Ein Problem ergibt sich aber daraus: Wenn Sie das Foto als TIFF oder PSD weitergeben, muss die gewählte Schriftart beim Empfänger ebenfalls installiert sein. Andernfalls wird sie dort nicht korrekt angezeigt und muss durch eine andere ersetzt werden. Da sich das negativ auf die Gestaltung auswirken kann, ist zu empfehlen, das Foto vor der Weitergabe auf die Hintergrundebene zu reduzieren (Bedienfeldmenü-Schaltfläche des Ebenen-Bedienfelds). Dann ist der Text zwar nicht mehr editierbar, bleibt jedoch optisch so erhalten, wie Sie ihn vorgesehen haben. – Und noch ein Hinweis: Sollten Sie das Foto als JPEG abspeichern, müssen Sie sich darum keine Gedanken machen. JPEG unterstützt nämlich ohnehin keine Ebenen, und die Textebene wird automatisch auf das Foto reduziert.

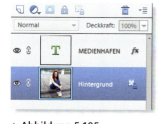

▲ **Abbildung 5.105**
Der Text bildet eine eigenständige Ebene.

Auswahlen und Freistellungen in der Praxis

Bildinhalte exakt herausstellen

- Wie werden Freistellungen in der Praxis realisiert?
- Wie trenne ich Motive von ungleichmäßigen Hintergründen?
- Wie werden Fotos auf Maß und nach Drittelregel beschnitten?
- Wie lassen sich Bildgröße und Arbeitsfläche verändern?
- Wie werden Fotos neu zusammengesetzt?

6 Auswahlen und Freistellungen in der Praxis

Eine grundlegende, aber äußerst effektive Methode, ansprechende Bildkompositionen zu erzeugen, ist der Einsatz von Auswahlen. Mit dieser Technik haben Sie im vorangegangenen Kapitel ja bereits einen tristen Himmel auswechseln können. Doch jetzt gehen wir noch einen Schritt weiter – denn nicht immer sind die Hintergründe so ebenmäßig und schnell einzukreisen.

6.1 Auswahl- und Freistelltechniken

In diesem Abschnitt werden Sie nun mit unterschiedlichen Techniken konfrontiert, die alle ihre Daseinsberechtigung haben. Den *einen* Königsweg gibt es nämlich leider nicht. Beginnen wir mit dem ursprünglichsten dieser Werkzeuge, dem Auswahlwerkzeug.

Mit Auswahl-Grundformen arbeiten

Wenn Sie noch nie mit Auswahlen gearbeitet haben, sollten Sie mit einer geometrischen Grundform beginnen (Weitere Hinweise zu Grundformen der Auswahl finden Sie in Abschnitt 5.1, »Auswahlen erstellen«.)

Schritt für Schritt
Ein eigenes Bild-Logo erstellen

»Lupe.tif«

Wenn sich weder der Auswahlpinsel noch der Zauberstab eignen, sollten Sie prüfen, ob Sie vielleicht mit einer der Grundformen (Rechteck oder Ellipse) zum Ziel kommen. Bei der Datei »Lupe.tif« ist das der Fall. Daraus soll ein Logo für Ihre eigenen Fotos kreiert werden.

1 Problem

Das größte Problem ist, dass der Hintergrund aufgrund der hellgrauen Schrift einfach zu ungleichmäßig ist, als dass Sie hier mit dem Zauberstab etwas ausrichten könnten. Auch das Magnetische Lasso würde nicht ohne Probleme zum gewünschten Ergebnis führen.

2 Auswahlkreis anlegen

Aktivieren Sie die Auswahlellipse. (Zur Erinnerung: Falls das Auswahlrechteck in der Toolbox gelistet wird, zweimal [M] drücken.) Stellen Sie das Kreuz etwa in die Mitte des Lupenbereichs, und führen Sie einen Mausklick aus, wobei Sie die Maustaste noch nicht loslassen. Machen Sie sich keine Sorgen, wenn Sie nicht genau die Mitte treffen. Das wird später noch korrigiert. Nun drücken Sie zusätzlich zur gehaltenen Maustaste noch [Alt]+[⇧] und ziehen anschließend den Auswahlkreis auf, indem Sie die Maus von der Mitte der Lupe wegbewegen. Versuchen Sie die Auswahl in etwa so groß zu ziehen, wie der Außendurchmesser der Lupe ist. Danach lassen Sie zunächst die Maustaste, anschließend [Alt]+[⇧] los.

▲ **Abbildung 6.1**
Der Kranz der Lupe soll jetzt vom Hintergrund getrennt werden.

◄ **Abbildung 6.2**
Erstellen Sie mit der Auswahlellipse zunächst eine grobe Auswahl.

3 Auswahl korrigieren

Es wäre wirklich verwunderlich, wenn Sie zufällig genau die Mitte getroffen hätten – wenn also die Auswahlkante genau mit den Umrissen der Lupe übereinstimmen würde. Aber das muss auch gar nicht sein. Denn derartige Ungenauigkeiten können Sie nachträglich noch angleichen. Wenn Sie die gesamte Auswahl verschieben wollen, können Sie das prima mit den Pfeiltasten Ihrer Tastatur machen.

4 Optional: Auswahl verkleinern

Vielleicht ist die Auswahl aber auch zu groß oder zu klein geraten. Dann müssen Sie den Durchmesser mit Hilfe des Menüs korrigieren. Sollte sie insgesamt zu groß sein, wählen Sie AUSWAHL • AUSWAHL VERÄNDERN • VERKLEINERN. Im Folgedialog legen Sie fest, um wie viele Pixel die Auswahl verändert werden soll, bevor Sie mit OK bestätigen. 1 Pixel reicht in vielen Fällen schon. Falls das dennoch nicht genug ist, wiederholen Sie den Vorgang einfach, bis die Auswahl passt.

Abbildung 6.3 ▶
Die Ausmaße der Auswahl werden um 1 Pixel verkleinert.

5 Optional: Auswahl vergrößern

Falls Ihre Auswahl zu klein ist, gehen Sie stattdessen über AUSWAHL • AUSWAHL VERÄNDERN • ERWEITERN. Belassen Sie es auch hier bei 1 Pixel. Wiederholen Sie den Vorgang, bis die Auswahl groß genug ist. Auch nach einer Skalierung der Auswahl lässt sich diese übrigens noch mit den Pfeiltasten verschieben.

6 Auswahl fein abstimmen

Es existiert aber noch eine weitere Problematik. Die Lupe selbst ist nämlich nicht genau kreisrund, wie Sie sicher schon festgestellt haben. Deshalb müssen Sie die Auswahl zunächst einmal links und rechts angleichen. Dass sie nun aber oben und unten etwas von der Lupe entfernt ist, wird im folgenden Schritt behoben.

Abbildung 6.4 ▶
An den Seiten sitzt die Auswahl perfekt, oben und unten ist sie jedoch zu groß.

7 Auswahl transformieren

Gehen Sie jetzt in das Menü Auswahl, und entscheiden Sie sich dort für Auswahl transformieren. Das hat zur Folge, dass die Auswahl von einem Rahmen umgeben wird. Die acht kleinen Quadrate sind Anfasser, die nun per Drag & Drop verschoben werden können. Wenn Sie genau arbeiten wollen, zoomen Sie mit [Strg]/[cmd]+[+] mehr ein und korrigieren den Bildausschnitt, indem Sie die Maus bei gedrückter Leertaste entsprechend verschieben.

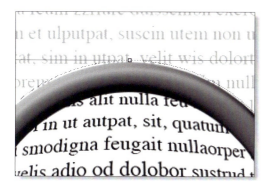

◀ Abbildung 6.5
Jetzt kann man die Umrandung viel besser sehen.

8 Auswahl optimieren

Danach schieben Sie den Anfasser so an die Umrandung heran, dass die Auswahl perfekt sitzt. Wiederholen Sie diese Aktion auch an der gegenüberliegenden Seite. Am Ende zoomen Sie wieder aus ([Strg]/[cmd]+[-]) und bestätigen mit [↵] oder dem grünen Häkchen unten rechts an der Auswahl.

◀ Abbildung 6.6
Alles klar. Der korrekte Sitz der Auswahl kann bestätigt werden.

9 Ebene entfernen

Wandeln Sie danach den Hintergrund in eine Ebene um, indem Sie EBENE • NEU • EBENE DURCH KOPIE einstellen. Da Sie den Hintergrund nun nicht mehr benötigen, schmeißen Sie ihn einfach in den Papierkorb. Dazu müssen Sie ihn nur dorthin ziehen.

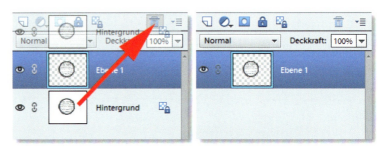

Abbildung 6.7 ▶
Der Hintergrund wird entfernt – zurück bleibt Ebene 1.

10 Optional: Auf Hintergrund reduzieren

Die grau-weiß karierte Fläche verdeutlicht, wie Sie ja wissen, dass es sich um eine Transparenz handelt. Über EBENE • AUF HINTERGRUNDEBENE REDUZIEREN könnten Sie nun für einen einfarbigen Hintergrund sorgen. (Falls Sie bislang noch keine Veränderungen an den Farbeinstellungen vorgenommen haben, ist der Hintergrund jetzt weiß.)

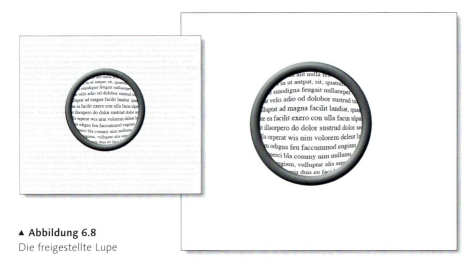

▲ **Abbildung 6.8**
Die freigestellte Lupe

11 Optional: Ebene speichern

Ich möchte Ihnen jedoch eine weitaus interessantere Möglichkeit vorstellen: Wenn Sie das Dokument nämlich so belassen und die

Datei nicht auf den Hintergrund reduzieren, können Sie den verbliebenen Inhalt auf jedes andere Foto ziehen. Dadurch, dass es sich hierbei um Transparenzen handelt, sehen Sie tatsächlich nur die Lupe – und keinerlei Ränder. So lässt sich ganz prima ein Logo erzeugen, dass Sie Ihren Bildern jederzeit per Drag & Drop hinzufügen können. Und wie das geht, haben Sie ja bereits erfahren.

12 Datei speichern

Allerdings: Speichern Sie das Dokument unbedingt als TIFF oder PSD ab, damit die Ebene erhalten bleibt! Eine Sicherung als JPEG würde diese aufheben und das Bilddokument auf den Hintergrund reduzieren.

◄ Abbildung 6.9
Die Lupe als Bild-Logo

Mit dem Schnellauswahl-Werkzeug arbeiten

In Sachen Schnelligkeit und Anwenderkomfort kann die Auswahlellipse nicht im Geringsten mit dem Schnellauswahl-Werkzeug mithalten. Bevor Sie dieses Tool allerdings einsetzen, muss eines klar gesagt werden: Das Schnellauswahl-Werkzeug ist nur dann wirklich gefahrlos anzuwenden, wenn die Unterschiede zwischen Objekt und Hintergrund gut zu erkennen sind. Wenn Sie beispielsweise zwei fast identische Blautöne voneinander trennen wollen oder sogar einen unruhigen Hintergrund haben, werden Sie mit dieser Methode eventuell nicht zum Ziel kommen. Doch dazu später mehr.

6 Auswahlen und Freistellungen in der Praxis

Schritt für Schritt
Eine Orange mit dem Schnellauswahl-Werkzeug freistellen

»Orange.tif«

Lassen Sie uns zunächst ein Beispiel aufgreifen, bei dem die Arbeit mit dem Schnellauswahl-Werkzeug klappen sollte. Die Feinheiten müssen Sie dann aber mit einem anderen Werkzeug erledigen: Für diese Übung benötigen Sie das Bild »Orange.tif«. Nach dem Öffnen wandeln Sie den Hintergrund in eine Ebene um (EBENE • NEU • EBENE AUS HINTERGRUND).

▲ **Abbildung 6.10**
Der Hintergrund muss in eine Ebene umgewandelt werden.

1 Schnellauswahl erzeugen
Aktivieren Sie das Schnellauswahl-Werkzeug, und stellen Sie eine Pinselgröße von ca. 30 Px ein.

Abbildung 6.11 ▶
Die Größe des Pinsels wird mit dem Schieberegler eingestellt.

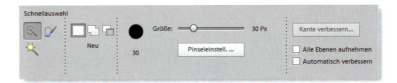

Danach stellen Sie das Werkzeug auf die Hintergrundfläche. Am besten fangen Sie oben links in der Ecke an. Setzen Sie außerhalb der Orange an, indem Sie einen Mausklick auf den Hintergrund setzen. Die Maustaste muss danach gedrückt bleiben! Jetzt fahren Sie ganz langsam (lassen Sie die Maustaste nicht los!) um die Orange herum, ohne diese jedoch zu berühren. Wenn Sie einmal eine Pause machen wollen, lassen Sie die Maustaste los.

Abbildung 6.12 ▶
Die Auswahl sieht schon recht gut aus.

Anschließend klicken Sie erneut in den Bereich, der bereits aufgenommen worden ist, halten die Maustaste weiterhin gedrückt und fahren weiter um die Frucht herum, bis der komplette Hintergrund aufgenommen worden ist. Vergessen Sie den Schatten nicht!

2 Ansicht vergrößern

Das sieht doch schon ganz gut aus, oder? Na ja, bei genauerem Hinsehen werden Sie feststellen, dass die Auswahl nicht ganz so perfekt ist, wie es auf den ersten Blick scheint. Schalten Sie doch einmal kurzzeitig auf das Zoom-Werkzeug [Z] um, und vergrößern Sie den Bereich um die rechte Kante. Sind da vielleicht einige »Ausreißer« auszumachen?

▲ **Abbildung 6.13**
Hier verläuft die Auswahl nicht exakt.

3 Auswahlpinsel einstellen

So etwas müssen Sie unbedingt manuell korrigieren. Schalten Sie um auf HINZUFÜGEN, wenn Sie dem bereits eingekreisten Bereich weitere Flächen hinzufügen wollen. Müssen bereits aufgenommene Bereiche wieder entfernt werden, gehen Sie hingegen auf SUBTRAHIEREN und bessern die Stellen mit kurzen Mausklicks aus. Dies ist in unserem Beispiel auch vonnöten.

◄ **Abbildung 6.14**
Sie müssen jetzt Bereiche der Auswahl entfernen.

Sie fragen sich jetzt sicher, warum Sie von der Auswahl abziehen müssen, obwohl doch ein Teil der Orange hinzugefügt werden muss? Bedenken Sie dabei bitte, dass Sie ja zuvor nicht die Orange, sondern den Hintergrund aufgenommen haben. Und von dem müssen Sie Bereiche abziehen, damit der Orange Teile hinzugefügt werden können.

4 Auswahl verbessern

Stellen Sie das Werkzeug nun auf die Orange, klicken Sie einmal darauf, und halten Sie die Maustaste gedrückt. Jetzt nähern Sie sich der Auswahlkante und versuchen so, die Auswahl im wahrsten Sinne des Wortes »zurückzudrängen«.

▲ **Abbildung 6.15**
Nähern Sie sich behutsam der Auswahlkante, um diese besser anzupassen.

6   Auswahlen und Freistellungen in der Praxis

5   Optional: Auswahl korrigieren

Das Problem dabei ist natürlich, dass die Kante jetzt nicht mehr selbstständig gefunden wird, sondern dass Sie sehr exakt arbeiten müssen. Sollte sich die Arbeit mit dem Schnellauswahl-Werkzeug schwierig gestalten (immerhin sucht das ja nach kontrastierenden Kanten), schalten Sie um auf den Auswahlpinsel im Modus Auswahl. Auch hier ist allerdings darauf zu achten, ob Hinzufügen oder Subtrahieren eingestellt ist.

Abbildung 6.16 ▶
Mit dem Auswahlpinsel geht es manchmal besser. Dieser folgt Ihren Bewegungen, ohne selbstständig nach Kanten zu suchen.

6   Hintergrund entfernen

Wenn alles erledigt ist, drücken Sie einfach [Entf] oder [Backspace] bzw. wählen aus dem Menü Bearbeiten • Löschen. Dadurch wird der Hintergrund komplett entfernt. Überall dort, wo Sie jetzt ein grau-weißes Schachbrettmuster sehen, handelt es sich in Wahrheit um Transparenzen, also um komplett inhaltslose Bildbereiche.

7   Auswahl aufheben

Zuletzt entscheiden Sie sich noch für Auswahl • Auswahl aufheben oder drücken [Strg]/[cmd]+[D], damit die Ameisenlinien auch wieder loswerden.

Abbildung 6.17 ▲
Mit Photoshop Elements lassen sich auch nicht geometrische Objekte perfekt freistellen.

Auswahl- und Freistelltechniken **6.1**

Komplexe Freistellungen

Die folgende Übung greift die grundsätzliche Vorgehensweise noch einmal auf. Aber diesmal gehen wir noch einen Schritt weiter. Wir wollen uns nämlich beim Kantenergebnis von Photoshop Elements unter die Arme greifen lassen.

Schritt für Schritt
Ein Porträt freistellen

Sie benötigen jetzt die Datei »Junge_mit_Kappe.tif«. Hier haben wir es mit einem strukturell sehr ungleichmäßigen Hintergrund zu tun. Wenn Sie die Kontur des Jungen mühevoll mit dem Auswahlpinsel nacharbeiten wollten, würde das wohl ewig dauern – und wäre am Ende wahrscheinlich nicht wirklich gut gelungen. Auch das »Umfahren« der Kontur mit dem Magnetischen Lasso wäre eine ziemliche Plackerei.

»Junge_mit_Kappe.tif«

◄ **Abbildung 6.18**
Nicht ganz einfach: In diesem Workshop stellen Sie den Jungen frei.

1 Werkzeug einstellen

Suchen Sie aus der Toolbox das Schnellauswahl-Werkzeug [A] aus, und wählen Sie eine GRÖSSE ❸ von etwa 40 Px. Zudem sollten Sie darauf achten, dass die Pinselspitze recht hart ist. Kontrollieren Sie, ob die HÄRTE ❺ (siehe Abbildung 6.20) auf 100 % steht. Sie können das einstellen, nachdem Sie das Pulldown-Menü PINSELEINSTELLUNGEN (hier: PINSELEINSTELL.) ❹ geöffnet haben.

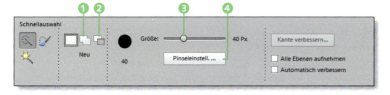

◄ **Abbildung 6.19**
Die Größe des Pinsels lässt sich direkt in der Optionsleiste einstellen.

Abbildung 6.20 ▶
Die weiteren Einstellungen müssen separat geöffnet werden.

2 Schnellauswahl treffen

Schalten Sie in der Optionsleiste auf DER AUSWAHL HINZUFÜGEN ❶ um, damit Sie die Auswahl in mehreren Ansätzen erzeugen können. Setzen Sie den Pinsel auf Gesicht und Kappe des Jungen, und wischen Sie darüber. Nehmen Sie auch die Kleidung mit auf. Falls erforderlich, können Sie zwischenzeitlich absetzen und einen erneuten Wisch folgen lassen.

3 Optional: Aufgenommene Bereiche entfernen

Sollten Sie dadurch Teile des Hintergrunds mit aufgenommen haben, reparieren Sie das, indem Sie kurzzeitig VON AUSWAHL SUBTRAHIEREN ❷ einschalten und die zu viel aufgenommenen Bereiche vorsichtig mit kurzen Mausklicks versehen. Danach müssen Sie dann aber wieder HINZUFÜGEN aktivieren. Alternativ dazu können Sie übrigens auch hier [Alt] gedrückt halten. Das schaltet (solange die Taste gedrückt ist) SUBTRAHIEREN ein. Wenn Sie loslassen, stellt sich automatisch wieder HINZUFÜGEN ein. Zum Schluss sollte die Person recht zufriedenstellend ausgewählt sein.

Abbildung 6.21 ▶
Die Auswahl ist schon recht zufriedenstellend.

Auswahl- und Freistelltechniken **6.1**

4 Schwierige Bereiche freistellen

An manchen Stellen, wie z.B. den Ohren, ist es sinnvoll, vorab die Werkzeugspitze zu verkleinern. Denken Sie daran, dass sich der Durchmesser mit ⌗ verkleinern bzw. mit ⇧+⌗ vergrößern lässt. Mit all diesen Funktionen sollten dann die Feinarbeiten prima gelingen. Zoomen Sie bei Bedarf an die schwierigen Stellen heran.

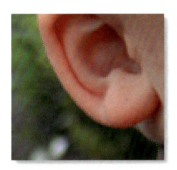

◀ **Abbildung 6.22**
Details sollten Sie in einer vergrößerten Ansicht bearbeiten.

5 Hintergrundfarbe einstellen

Jetzt müssen Sie sich für eine Hintergrundfarbe entscheiden, vor der Sie den jungen Mann platzieren wollen. Klicken Sie deshalb auf den Button HINTERGRUNDFARBE EINSTELLEN ❻ im Segment FARBE der Werkzeugleiste.

Vergeben Sie die gewünschte Farbe, indem Sie zunächst mit den Schiebereglern ❽ eine grobe Auswahl treffen und anschließend einmal in das große Farbfeld klicken ❼, bevor Sie mit OK bestätigen.

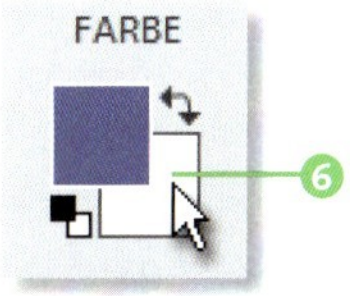

▲ **Abbildung 6.23**
Klicken Sie auf das Quadrat unten rechts.

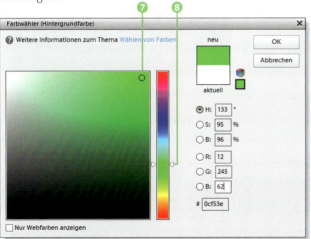

◀ **Abbildung 6.24**
Die Entscheidung fällt auf ein helles Grün.

6 Hintergrund entfernen

Sie könnten jetzt das Verschieben-Werkzeug [V] aktivieren und den ausgewählten Bereich auf ein anderes Bild ziehen. Wenn es Ihnen aber nur darum geht, den Hintergrund zu verändern, erreichen Sie das, indem Sie [Strg]/[cmd]+[⇧]+[I] drücken. Die Alternative wäre AUSWAHL • AUSWAHL UMKEHREN. Das vertauscht den ausgewählten Bereich mit dem nicht ausgewählten – also mit dem Hintergrund.

Jetzt drücken Sie schlicht [Entf]/[←], und der Hintergrund wird in die Zielfarbe konvertiert, die Sie zuvor festgelegt hatten. Heben Sie die Auswahl auf, indem Sie [Strg]/[cmd]+[D] drücken bzw. AUSWAHL • AUSWAHL AUFHEBEN wählen.

7 Kanten begutachten

Das ist ja schon ganz nett. Wenn Sie jedoch die Kante einmal etwas genauer betrachten, werden Sie feststellen, dass diese nicht wirklich sauber gelungen ist. Aktivieren Sie einmal das Zoom-Werkzeug [Z]. In der vergrößerten Ansicht fallen die unsauberen Kanten deutlich auf (siehe Abbildung 6.26).

▲ Abbildung 6.25
Hier scheint noch alles in Ordnung zu sein, aber …

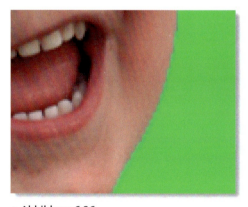

▲ Abbildung 6.26
… in der vergrößerten Ansicht fallen die unsauberen Kanten auf.

Deshalb ist es jetzt erforderlich, die Auswahl zu säubern und die Auswahlkanten zu verbessern. Und damit auch das ohne Probleme gelingt, gibt es einen weiteren Workshop dazu, der Ihnen Schritt für Schritt zeigt, wie das am besten klappt.

Auswahl- und Freistelltechniken **6.1**

Schritt für Schritt
Auswahlkanten verbessern

Als Grundlage für diesen Workshop benötigen Sie die Auswahlbereiche des vorangegangenen Workshops. Laden Sie deswegen bitte »Junge_Auswahl.tif«, und entscheiden Sie sich anschließend für Auswahl • Auswahl laden. Bestätigen Sie den folgenden Dialog mit OK. Die Auswahl ist im Vorfeld zusammen mit der TIFF-Datei gesichert worden (Auswahl • Auswahl speichern). Fahren Sie bitte anschließend mit dem im Folgenden beschriebenen Schritt »Kante verbessern« fort.

»Junge_Auswahl.tif«

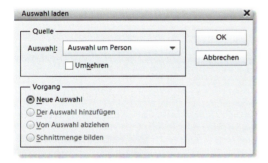

◄ **Abbildung 6.27**
Auswahlen lassen sich in einer Datei speichern und auch wieder laden.

1 Letzte Schritte rückgängig machen
Sollten Sie den vorangegangenen Workshop durchgeführt haben, müssen Sie lediglich noch die letzten Schritte ungeschehen machen. Dazu gibt es wieder einmal mehrere Möglichkeiten. Entweder Sie drücken mehrfach [Strg]/[cmd]+[Z], oder Sie öffnen das Protokoll (über das Menü Fenster oder den Button Mehr unten rechts) und editieren alle Schritte, die dem Schnellauswahl-Werkzeug gefolgt sind. Klicken Sie dazu einfach den obersten Eintrag ❶ an.

2 Kante verbessern
Vergrößern Sie die Ansicht so, dass Sie die Kontur gut einsehen können. Jetzt kommt ein Dialog ins Spiel, der das Anpassen einer Auswahlkante wirklich zum Erlebnis macht. Klicken Sie in der Optionsleiste auf Kante verbessern. (Nicht jedes Auswahlwerkzeug verfügt über einen entsprechenden Button. Sollte die Schaltfläche nicht angezeigt werden, wechseln Sie zuvor das Werkzeug. Wählen Sie z. B. das Schnellauswahl-Werkzeug.)

▲ **Abbildung 6.28**
Über das Protokoll gelangen Sie zum gewünschten Bearbeitungsstand der Datei.

6 Auswahlen und Freistellungen in der Praxis

Shortcuts beachten

Schauen Sie auf die Shortcuts am Ende der jeweiligen Zeile. Mit diesen lässt sich die jeweilige Ansicht auch umschalten, ohne dass die Liste geöffnet werden muss. Beispiel: Drücken Sie L, um die Auswahl vor transparentem Hintergrund sehen zu können.

3 Ansicht ändern

Schieben Sie den Dialog etwas zur Seite, so dass Sie das Foto gut einsehen können. Widmen Sie sich anschließend dem obersten Frame ANSICHTSMODUS. Öffnen Sie die Liste durch Klick auf die Miniatur ❶. AUF WEISS ist standardmäßig angewählt. Das bedeutet: Sie sehen den derzeit ausgewählten Bereich vor einem weißen Hintergrund. Für unser Beispiel wollen wir nun auf einen schwarzen Hintergrund gehen. Wissen Sie, wie das am schnellsten geht? Indem Sie kurzerhand B betätigen!

▲ Abbildung 6.29
Bei dieser Einstellung befindet sich der Auswahlbereich vor einem schwarzen Hintergrund.

▲ Abbildung 6.30
Innerhalb der Auswahl befindliche Bildbereiche werden vor schwarzem Hintergrund präsentiert.

Nur zur Darstellung

Bitte beachten Sie, dass Sie mit der Einstellung unter ANZEIGEN das Foto nicht verändern. Sie beeinflussen mit dieser Einstellung lediglich die Darstellung von ausgewählten und nicht ausgewählten Bildbereichen. Wenn Sie auf OK klicken, bleibt das Bild unverändert.

4 Auswahl erweitern

Kommen wir jetzt zur eigentlichen Optimierung der Auswahlkante. Ziehen Sie den Schieberegler KANTE VERSCHIEBEN ❹ so weit nach links, bis Sie bei etwa –25 % angelangt sind. Das sorgt dafür, dass die Auswahl insgesamt verkleinert wird. Darüber hinaus sollten Sie die Auswahlkante selbst jetzt noch etwas weicher gestalten. Ziehen Sie dazu den Regler WEICHE KANTE ❸ vorsichtig bis auf etwa 1,0 Px. Zuletzt stellen Sie ABRUNDEN ❷ noch auf 2, was zur Folge hat, dass die Treppchenbildung in der Auswahlkante etwas geglättet – sprich: begradigt – wird. Jetzt klicken Sie auf OK.

Auswahl- und Freistelltechniken **6.1**

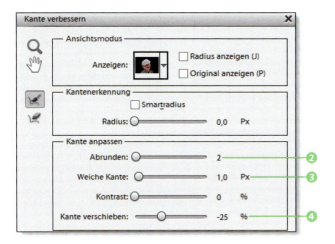

◂ **Abbildung 6.31**
Die Kante der Auswahl wird über diesen Dialog verbessert.

5 Hintergrund färben

Wie der Hintergrund eingefärbt wird, haben Sie ja bereits erfahren. Stellen Sie doch für diese Übung einmal ein kräftiges Rot ein. Mit [Strg]/[cmd]+[⇧]+[I] kehren Sie die Auswahl um, und mit [Entf] oder [←] eliminieren Sie den Originalhintergrund zugunsten der neu eingestellten Hintergrundfarbe.

▾ **Abbildung 6.32**
Im Vergleich zu Abbildung 6.26 fällt der Übergang an den Kanten hier wesentlich sanfter aus.

Weitere Kantenoptionen

Der Dialog KANTE VERBESSERN ist für die Version 11 von Photoshop Elements eindrucksvoll erweitert worden. Jetzt stehen hier nämlich die gleichen Steuerelemente zur Verfügung wie beim großen Bruder Photoshop. Dabei ist besonders erwähnenswert:

- **Smartradius**: Aktivieren Sie diese Checkbox, damit unterschiedlich harte Randbereiche aneinander angeglichen werden. Diese Funktion wird immer dann eingesetzt, wenn sich am Rand teiltransparente Bereiche ausmachen lassen. Mit RADIUS wird der Bereich festgelegt, in dem der Smartradius wirken soll. Das bedeutet: Geringe Werte führen zu scharfen, höhere Werte zu weicheren Übergängen.
- **Farben dekontaminieren**: Damit werden Farbsäume an den Rändern ausgeglichen. Je größer die STÄRKE, desto mehr wird der Farbsaum reduziert.
- **Ausgabe an**: Entscheiden Sie, ob die Auswahl beibehalten oder beispielsweise direkt eine Ebene mit Ebenenmaske erzeugt werden soll, wenn Sie mit OK bestätigen.

6.2 Freistellungen auf Maß

Bislang haben wir bestimmte Bereiche eines Bildes bearbeitet, während andere unangetastet blieben. Jetzt erfahren Sie, wie Sie die Größen einzelner oder mehrerer Bilder individuell anpassen können. Zwar ist der Assistent ebenfalls in der Lage, Fotos freizustellen, da wir im folgenden Workshop allerdings spezifische Abmessungen eingeben müssen, was der Assistent nicht unterstützt, werden wir das Freistellungswerkzeug einsetzen.

Schritt für Schritt
Gleiche Abmessungen für mehrere Bilder

Es kann (gerade für eine Diashow oder die Verwendung von Bildern auf einer Homepage) erforderlich sein, allen Bildern die gleiche Größe bzw. das gleiche Seitenverhältnis zu geben. Photoshop Elements unterstützt Sie auch dabei nach Kräften.

1 Freistellungsmaße für die Bilder festlegen

Öffnen Sie zunächst ein Bild, mit dem Sie die gewünschten Seitenmaße festlegen. Das muss keines der Bilder sein, die Sie später verwenden wollen, sondern dient lediglich als »Master«.

2 Werkzeug aktivieren

Aktivieren Sie das Freistellungswerkzeug im Bereich ÄNDERN der Werkzeugleiste, indem Sie [C] drücken.

3 Werkzeug einstellen

Achten Sie zunächst einmal darauf, dass in der Optionsleiste zunächst KEINE BESCHRÄNKUNG ❶ angegeben ist. (BENUTZERDEFINIERT wird angezeigt, sobald Sie einen Wert eingeben.) Geben Sie im Eingabefeld für die Breite (B:) ❷ der Optionsleiste das Maß ein. Wenn Sie Zentimeter verwenden wollen, können Sie die Maßeinheit weglassen. Für alle anderen Fälle gehört die Maßeinheit zwingend dazu, da Photoshop Elements ansonsten immer von Zentimetern ausgeht. Im Anschluss an diesen Workshop erhalten Sie weitere Informationen zu diesem Thema. Springen Sie mit [Tab] in das Feld für die Höhe (H:) ❸, und legen Sie auch dort den gewünschten Wert fest.

Auflösung ändern

Falls Sie die Auflösung ebenfalls ändern wollen, drücken Sie erneut [Tab] und geben die relevante Auflösung (AUFLÖS.) ❹ ein. Lesen Sie dazu aber unbedingt den Abschnitt »Datei vergrößern, Qualitätsverluste minimieren« auf Seite 382, denn hiermit verändern Sie die Bildqualität.

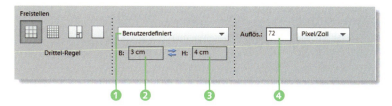

◀ Abbildung 6.33
Geben Sie Ihr eigenes Freistellungsmaß sowie bei Bedarf die Auflösung an.

4 Master freistellen

Stellen Sie anschließend den Cursor auf das Bild, und ziehen Sie wie gewohnt einen Rahmen auf. Alles, was sich innerhalb dieses Rahmens befindet, wird nun in der angegebenen Auflösung auf die vorgegebenen Maße gebracht. Der Rahmen lässt sich nun noch verschieben. Allerdings (und das konnten Sie ja bereits beim Aufziehen des Rahmens feststellen) lässt sich das Seitenverhältnis nicht beeinflussen. Gut so, denn schließlich ist es ja auch das Ziel, als Ergebnis ein Bild im angegebenen Seitenmaß zu erhalten. Nach Fertigstellung drücken Sie [↵] oder bestätigen mit dem Häkchen unterhalb des Freistellungsrahmens.

Gestrichelte Linien

Die horizontal und vertikal durchs Bild laufenden Linien (gestrichelt) können Sie zum gegenwärtigen Zeitpunkt noch außer Acht lassen. Was es damit auf sich hat, erfahren Sie im anschließenden Workshop.

6 Auswahlen und Freistellungen in der Praxis

Abbildung 6.34 ▶
Das Freistellungswerkzeug arbeitet nun mit dem vorgegebenen Seitenverhältnis.

5 Weitere Bilder freistellen

Stellen Sie nun, ohne Änderungen in der Optionsleiste vorzunehmen, alle gewünschten Bilder frei, indem Sie entsprechende Freistellungsrahmen aufziehen.

6 Freistellungsgröße löschen

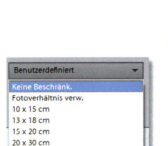

▲ **Abbildung 6.35**
Um wieder frei arbeiten zu können, stellen Sie Keine Beschränkung ein.

Nach Beendigung der Aktion müssen Sie aber daran denken, die Werte zu entfernen. Andernfalls könnten Sie nie wieder irgendwelche anderen Maße freistellen als die vorgegebenen. Selektieren Sie deswegen das Flyout-Menü (aktuell ist dort Benutzerdefiniert gelistet) in der Optionsleiste, und klicken Sie auf Keine Beschränkung. Die Einträge der darunter und daneben befindlichen Steuerelemente werden daraufhin gelöscht.

Individuelle Maßeinheiten

Tragen Sie in jedes Eingabefeld hinter dem Zahlenwert auch die zugehörige Maßeinheit ein. Dabei sind *mm* = Millimeter, *px* = Pixel und *pt* = Punkt möglich. Wenn Sie Ihrer Zahleneingabe keine Maßeinheit folgen lassen, geht Photoshop Elements automatisch von Zentimeter (cm) aus. Das bedeutet: Wenn Sie nur die Zahl fünf eingeben, wird der Wert als 5 cm interpretiert.

Wenn Sie es jedoch lieber hätten, dass beim Fehlen der Bemaßung eine andere Einheit vorausgesetzt wird, beispielsweise Millimeter, müssen Sie das in den Voreinstellungen ändern. Über Bearbeiten/Adobe Photoshop Elements Editor • Voreinstellungen • Einheiten & Lineale öffnen Sie das Pulldown-Menü Lineale und selektieren dort den Wert mm. Bestätigen Sie mit OK. Alle Werte, die Sie fortan ohne Maßeinheit eingeben, werden daraufhin in Millimeter umgesetzt.

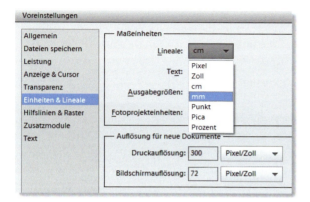

◀ **Abbildung 6.36**
Über die Voreinstellungen legen Sie Ihre bevorzugte Maßeinheit fest.

Fotoverhältnis verwenden

Im folgenden Workshop wollen wir ein Foto individuell anpassen. Bevor wir das jedoch machen, müssen wir uns ein wenig mit der Bildaufteilung beschäftigen. Fotos, in denen das Hauptobjekt in der Mitte ist, sind gestalterisch meist ziemlich langweilig. Deswegen ist man bemüht, relevante Inhalte auf eine gedachte Linie zwischen zwei Bilddritteln zu stellen. Viele Kameras unterstützen derartige Vorgehensweisen, indem sie entsprechende Hilfsoptionen zur Verfügung stellen. Die Linien werden dann während des Fotografierens im Sucher bzw. Monitor sichtbar.

◀ **Abbildung 6.37**
Bei diesem Foto ist die Bildaufteilung nicht nach der Drittelregel erfolgt.

6   Auswahlen und Freistellungen in der Praxis

Beabsichtigter Regelbruch

Diese Regel gilt ganz allgemein. Allerdings lässt sie sich aus gestalterischen Gründen auch gern mal durchbrechen. In diesem Fall sollte der Bruch allerdings motiviert sein. Wenn Sie beispielsweise zum Ausdruck bringen wollen, dass sich eine Person abwendet, dürfen Sie eine nach links schauende Person ruhig auf die linke Drittellinie setzen.

Nun ist auch die **Drittelregel** kein Dogma. Es gibt zahlreiche Motive, denen die uneingeschränkte Bildmitte gehören darf. Doch wäre es gerade bei der Beispielaufnahme aus Abbildung 6.37 durchaus denkbar, diese nach der Drittelregel anzuordnen. Bleibt die Frage: Auf welche Drittellinie gehört denn nun die Golferin? Ohne Zweifel auf die linke. Warum? Weil sie nach rechts schaut. So geben Sie ihr Raum in Blickrichtung. Das Ergebnis könnte also in etwa so aussehen, wie in Abbildung 6.38 dargestellt.

▲ **Abbildung 6.38**
Die Blickrichtung ist rechts. Deswegen sollte die Person links stehen.

Schritt für Schritt
Freistellen nach Drittelregel

»Golf.jpg«

Wie bereits erwähnt, steht die Golferin aus Abbildung 6.37 in der Mitte. Das soll geändert werden, indem wir diesmal den Assistenten einsetzen.

1 Freistellung aktivieren

Sie sollten aus diesem Grund oberhalb des Fotos Assistent wählen. Danach entscheiden Sie sich im Bedienfeld Retuschen für Foto freistellen ❶.

6.2 Freistellungen auf Maß

◀ **Abbildung 6.39**
Der Assistent für die Freistellung muss in der rechten Spalte aktiviert werden.

2 Ansicht optimieren
Bevor Sie weitermachen, müssen Sie eines unbedingt beachten: Möglicherweise sehen Sie jetzt nicht das gesamte Bild, sondern nur einen Ausschnitt. Deswegen drücken Sie in der NUR NACHHER-Ansicht einmal [Strg]/[cmd]+[0] (Zahl Null, nicht Buchstabe O). Dadurch wird das gesamte Foto auf seinem zur Verfügung stehenden Platz angezeigt.

3 Ausschnittrahmen einstellen
Als Nächstes sollten Sie sich auf ein Format festlegen (es sei denn, Sie wollen ein für Fotos ganz untypisches Maß verwenden und den Rahmen selbst in Form ziehen). Um ein Foto-Format festzulegen, klicken Sie auf das Pulldown-Menü FREISTELLUNGSRAHMEN ❷. Dort ist jetzt noch KEINE BESCHRÄNKUNG gelistet. Leider klappt die Liste nicht vollständig aus. Deswegen müssen Sie zunächst den Scrollbalken nach unten bewegen, um anschließend auf 20 x 30 CM klicken zu können. Dadurch erhalten Sie übrigens auch ein Foto im schicken Kleinbild-Format (Seitenverhältnis = 3:2).

▲ **Abbildung 6.40**
Entscheiden Sie sich für 20 x 30 cm.

4 Rahmen einstellen
Klicken Sie in den Rahmen hinein, und ziehen Sie ihn mit gedrückter Maustaste so weit nach rechts unten, bis die Ameisenlinien an den Bildrändern einrasten. Vergleichen Sie die Stellung des Rahmens mit Abbildung 6.41.

6 Auswahlen und Freistellungen in der Praxis

Abbildung 6.41 ▶
Der Rahmen erstreckt sich bis zur unteren rechten Ecke des Fotos.

5 Ausschnitt verändern

Die Ameisenlinien, die sich jetzt horizontal und vertikal durchs Bild ziehen, sollen Ihnen bei der Drittelung behilflich sein. Eine optimale Drittelung haben Sie erreicht, wenn die linke der beiden vertikalen Linien über der Golferin liegt. Außerdem sollte die obere der beiden Horizontalen den Kopf der Spielerin markieren. Das alles erreichen Sie, indem Sie den oberen linken Anfasser des Rahmens anklicken, die Maustaste gedrückt halten und ein wenig nach rechts sowie nach unten ziehen. Bringen Sie die Kreuzung der besagten Drittellinien auf dem Kopf der Sportlerin unter. Orientieren Sie sich an Abbildung 6.42. Falls erforderlich, schieben Sie den Rahmen zusätzlich noch ein wenig nach oben.

Abbildung 6.42 ▶
So sitzt das Kreuz richtig.

6 Bild freistellen

Im Beispiel benötigen wir keine weitere Korrektur. Zuletzt klicken Sie auf das grüne Häkchen unten rechts am Rahmen oder beenden die Freistellung mit ⏎.

◀ **Abbildung 6.43**
So wirkt die Bildaufteilung sehr viel interessanter als vorher (oben).

Direkt freistellen

Wer schon ein wenig Erfahrungen mit dem Freistellungswerkzeug gemacht hat, der benötigt natürlich keinen Assistenten mehr. Immerhin bietet auch das Freistellungswerkzeug der Toolbox Hilfen wie z. B. eine Drittelung an. Diese ist auch standardmäßig aktiviert ❶ (Abbildung 6.44). Mit ❷ ließe diese sich bei Bedarf

6 Auswahlen und Freistellungen in der Praxis

ausschalten. Im Gegensatz zum Assistenten müssen Sie den Freistellungsrahmen allerdings auf dem Bild per Drag & Drop selbst erzeugen.

Abbildung 6.44 ▶
Drittelhilfen gibt es seit Photoshop Elements 11 auch beim Freistellungswerkzeug.

6.3 Bildgröße und Arbeitsfläche ändern

Nun bleibt die Frage: »Wie kann ich die Bildgröße ändern, *ohne* etwas abzuschneiden?« Hier die Antwort:

Bildgröße ändern

Qualitätsverluste möglich

Auch hier sei noch einmal der Hinweis gestattet, dass ein Ändern der Auflösung negative Auswirkungen auf die Bildqualität haben kann. Hier sollten Sie also wissen, was Sie tun, bevor Sie etwas verändern. Mehr Infos dazu erhalten Sie im Abschnitt »Datei vergrößern, Qualitätsverluste minimieren« auf Seite 382.

Über BILD • SKALIEREN • BILDGRÖSSE können Sie alle erdenklichen Abmessungen und Auflösungen eingeben. Allerdings setzt eine Änderung der Bildgröße voraus, dass Sie im folgenden Dialogfeld die unterste Checkbox, BILD NEU BERECHNEN MIT ❻, aktiviert haben. Danach lassen sich dann neue Abmessungen über die Eingabefelder BREITE und HÖHE ❸ festlegen. Auch die AUFLÖSUNG (Pixel pro Zoll) lässt sich ändern. Benutzen Sie dazu das Eingabefeld ❹. Wenn Sie mögen, können Sie dabei das Bild sogar verzerren. Wenn Sie nämlich die Checkbox PROPORTIONEN BEIBEHALTEN ❺ deaktivieren, stehen Breite und Höhe nicht mehr in Abhängigkeit zueinander, und das Bild kann unproportional skaliert werden.

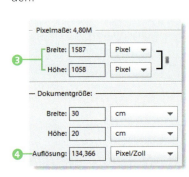

▲ **Abbildung 6.45**
Neue Bildgrößen lassen sich über diesen Dialog vergeben.

Bildgröße in Serie ändern

So weit, so gut – aber was machen Sie, wenn Sie mit Hunderten von Bildern aus dem Urlaub zurückkommen und diese alle in der Größe ändern wollen – beispielsweise, um die schönsten Fotos der vergangenen Tour im Web oder in einer Präsentation vorstellen zu können? Damit Sie für diese Aktion nicht Ihren kostbaren Resturlaub verpulvern müssen, sollten Sie folgendermaßen vorgehen:

Schritt für Schritt
Automatische Größenänderung mehrerer Fotos

Dieser kurze Workshop gibt Aufschluss darüber, was zu tun ist, wenn Sie mehrere Fotos auf dieselbe Größe skalieren wollen. Dabei spielt es keine Rolle, ob das Ergebnis größer oder kleiner werden soll. Achten Sie jedoch darauf, dass jede Neuberechnung mit Qualitätsverlusten einhergeht. Deshalb sollten zumindest starke Vergrößerungen eher vermieden werden.

1 Maße auslesen

Zunächst einmal müssen Sie eines der Bilder, die Sie skalieren wollen, im Fotoeditor von Photoshop Elements öffnen. Danach wählen Sie Bild • Skalieren • Bildgrösse. Lesen Sie hier das Maß ab, das Sie verändern wollen (entweder die Breite oder die Höhe). Im Beispiel entscheiden wir uns für die Breite. Wichtig ist auch, dass dieses Maß in Pixel ❼ vorliegt. Zuletzt ist die Auflösung noch relevant. Wenn Sie sich diese drei Werte gemerkt (oder besser noch aufgeschrieben) haben, können Sie diesen Dialog mit einem Klick auf Abbrechen verlassen.

▲ **Abbildung 6.46**
Der Dialog gibt Auskunft über Bildmaße und Auflösung.

2 Stapelverarbeitung vorbereiten

Im nächsten Schritt sollten Sie alle Fotos, deren Größe Sie ändern wollen, in einen separaten Ordner auf Ihrer Festplatte kopieren. Das machen Sie über die Zwischenablage des Betriebssystems. (Drücken Sie [Strg]/[cmd]+[C] zum Kopieren und [Strg]/[cmd]+[V] zum Einfügen in den neuen Ordner.) Wenn das erledigt ist, entscheiden Sie sich für das Menü Datei und wählen darin den Eintrag Mehrere Dateien verarbeiten. (Dieser Befehl steht nicht in der Assistent-Ansicht zur Verfügung. Kehren Sie also gegebenenfalls vorab in den Bereich EXPERTE zurück!) Im Dialog sollten Sie zunächst die Checkbox BILDER SKALIEREN ❺ im Bereich BILDGRÖSSE aktivieren.

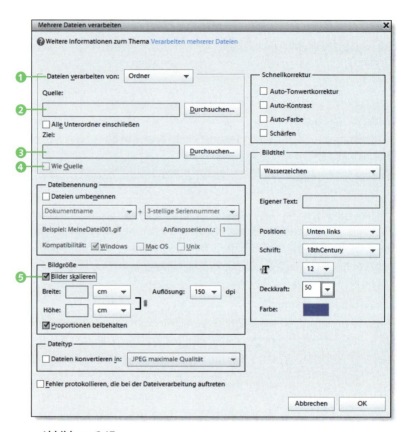

▲ Abbildung 6.47
Die Stapelverarbeitung bietet zahlreiche automatische Bearbeitungsmöglichkeiten an.

3 Abmessungen eintragen

Daraufhin stehen die unterhalb befindlichen Steuerelemente (BREITE, HÖHE und AUFLÖSUNG) zur Verfügung. Hier sollten Sie zunächst einmal die korrekte Maßeinheit wählen. Öffnen Sie deshalb die Liste ❻, und stellen Sie PIXEL ein. Da wir uns vorab für die Änderung der Breite entschieden hatten, bleibt das Eingabefeld HÖHE unangetastet. Tragen Sie deshalb im Feld BREITE das neue Maß ein. Schließlich wollen wir die Fotos ja nicht verzerren, was durch die Checkbox Proportionen beibehalten letztendlich auch erreicht wird. Nun fehlt noch die Auflösung, die Sie ja prinzipiell nicht verändern, sondern beim eingangs abgelesenen Maß belassen wollen.

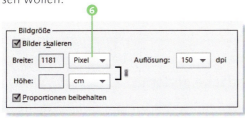

▲ Abbildung 6.48
Tragen Sie die neuen Maße ein.

4 Ordner wählen

Jetzt, wo Photoshop Elements weiß, was mit den Dateien passieren soll, müssen Sie nur noch festlegen, welche Fotos bearbeitet werden sollen. Das machen Sie ganz oben im Dialog, indem Sie unter Dateien verarbeiten von ❶ den Parameter Ordner angeben und anschließend auf den obersten der beiden Durchsuchen-Buttons klicken. Hier legen Sie den Quellordner ❷ fest, also den Ordner, der Ihre sämtlichen Bildkopien enthält.

Im Bereich Ziel ❸ können Sie nun über die zweite Durchsuchen-Schaltfläche einen Ordner angeben, in dem die verkleinerten Kopien angelegt werden sollen; oder Sie entscheiden sich für die Checkbox Wie Quelle ❹. In diesem Fall werden die Dateien des Quellordners ganz einfach mit den neuen, verkleinerten Dateien überschrieben, was Photoshop Elements auch noch einmal per Dialog bestätigt.

Das ist in den meisten Fällen auch die beste Wahl, da der Quellordner ja bereits mit Kopien und eben nicht mit den Originalen gefüllt ist. Und die großen Kopien werden ja gar nicht mehr gebraucht. Ein anschließender Klick auf OK leitet den Vorgang ein. Lehnen Sie sich entspannt zurück, und schauen Sie der Anwendung bei der Arbeit zu.

▲ Abbildung 6.49
Nach einem Klick auf OK geht es den Originalen an den Kragen.

Weitere Stapelverarbeitungen

Sicher ist Ihnen nicht entgangen, dass Sie Fotos über diesen Dialog auch umbenennen, in einen anderen Dateityp konvertieren, mit den Schnellkorrektur-Funktionen bearbeiten und sogar mit Bildtiteln versehen können. Die Vorgehensweise ist mit der vorangegangenen prinzipiell identisch. Geben Sie einfach Quelle und Ziel der Dateien an, und entscheiden Sie sich per Checkbox für die jeweilige Routine. Sobald diese Checkboxen aktiv sind, werden auch die jeweils zugehörigen Steuerelemente bedienbar.

Größe der Arbeitsfläche ändern

Beim Skalieren müssen Sie grundsätzlich unterscheiden, ob Sie die Bildgröße oder die Arbeitsfläche skalieren wollen. Bei der Änderung der Bildgröße wird das Bild größer oder kleiner. Bei der Änderung der Arbeitsfläche verändert sich die Größe der zur Verfügung stehenden Bildfläche, nicht aber die Größe des Bildes selbst. Kompliziert? Nein, eigentlich gar nicht. Wie wäre es mit einem kleinen Workshop dazu?

Schritt für Schritt
Eine selbst gemachte Postkarte

»Karte.jpg«

Photoshop Elements stellt richtig gute Möglichkeiten zur Verfügung, wenn es darum geht, Postkarten zu gestalten. In Kapitel 12, »Bilder drucken und präsentieren«, können Sie sich ausgiebig damit befassen. Hier geht es jedoch eher um die Erweiterung der Arbeitsfläche, weswegen wir jetzt einen anderen Weg gehen werden als den in Kapitel 12 beschriebenen. Unsere Karte soll von einem Rand umgeben sein, auf dem später ein Text abgebildet wird.

Abbildung 6.50 ▶
Leo soll einen Rahmen bekommen.

1 Arbeitsflächen-Dialog öffnen

Zunächst zur Arbeitsfläche. Diese muss erweitert werden, um einen Rahmen um das Bild herum erzeugen zu können. Bildbereiche zu entfernen kommt für uns nämlich nicht in Frage. Gehen Sie über Bild • Skalieren • Arbeitsfläche.

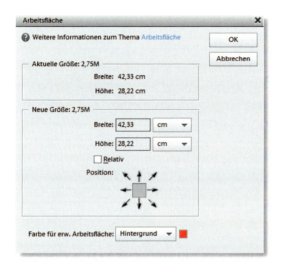

◄ **Abbildung 6.51**
Dieser Dialog hilft bei der Erweiterung der Arbeitsfläche weiter.

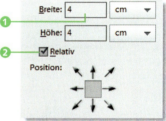

▲ **Abbildung 6.52**
Die Abmessungen für Breite und Höhe springen zunächst auf »0«. Tragen Sie in beiden Feldern »4« ein.

2 Relatives Maß angeben

Die aktuellen Maße der Datei werden unter Breite und Höhe angezeigt. Das Foto ist rund 42 x 28 cm groß. Unsere Aufgabe besteht nun darin, die Arbeitsfläche nach unten hin um 6 cm zu vergrößern, damit hier Text platziert werden kann. Alle anderen Seiten sollen um 2 cm erweitert werden. Diese Aufgabe wird in zwei Schritten erledigt. Zunächst sorgen Sie für eine Erweiterung um 2 cm zu allen vier Seiten. Nun wäre es möglich, auszurechnen, wie groß die Fläche sein muss, und den entsprechenden Wert in die Eingabefelder einzutippen. Noch einfacher ist aber diese Alternative: Aktivieren Sie den Radio-Button Relativ ❷, und legen Sie anschließend nur die Erweiterung fest – nämlich 4 cm horizontal und vertikal ❶.

3 Hintergrundfarbe einstellen

Bevor Sie jetzt auf OK klicken, sollten Sie noch die Farbe des Rahmens einstellen. Was hielten Sie davon, wenn wir eine Farbe aus dem Foto nähmen? Öffnen Sie das Pulldown-Menü Farbe für erw. Arbeitsfläche, das Sie ganz unten finden.

6 Auswahlen und Freistellungen in der Praxis

Abbildung 6.53 ▶
Die Optionen für die mögliche Farbvergabe

Hintergrundfarbe

Rechts neben diesem Steuerelement wird eine Farbfläche angezeigt (hier: rot ❶). Diese entspricht stets der aktuell eingestellten Hintergrundfarbe. Sie können diese per Farbwähler ändern, indem Sie auf die Fläche klicken.

Selektieren Sie ANDERE ❷, was zur Folge hat, dass der Farbwähler geöffnet wird. Hier könnten Sie jetzt die gewünschte Farbe einstellen. Wir werden jedoch, wie versprochen, eine Farbe aus dem Bild »herauspicken«. Verlassen Sie daher den Farbwähler mit der Maus, und stellen Sie den Mauszeiger auf das Foto. Achten Sie einmal darauf, wie der Mauszeiger dabei zur Pipette mutiert. Stellen Sie die Spitze der Pipette auf einen ziemlich hellen Bereich der Löwenmähne, und führen Sie dort einen Mausklick aus. Der Farbwähler nimmt diese Farbe dann auf.

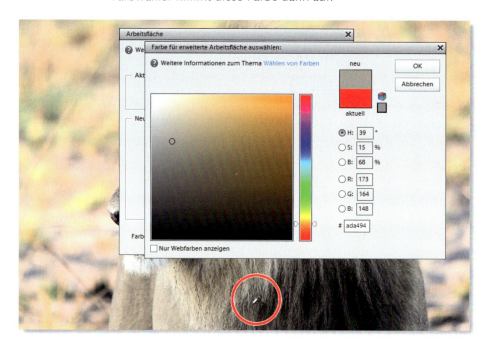

Abbildung 6.54 ▲
Ein Mausklick auf die Mähne sichert den Farbwert.

Jetzt brauchen Sie nichts weiter zu tun, als im Farbwähler und anschließend im Arbeitsflächen-Dialog auf OK zu klicken und das Ergebnis zu betrachten. Sollte nicht der gesamte Bereich eingeblendet werden, drücken Sie ⌃Strg/⌘cmd + 0.

Bildgröße und Arbeitsfläche ändern **6.3**

◀ **Abbildung 6.55**
Jetzt wird das gesamte Bild angezeigt, inklusive des soeben zugewiesenen Rahmens.

4 Ausdehnungsrichtung festlegen

Nun ist die Arbeitsfläche aber gleichmäßig nach oben und unten vergrößert worden (an jeder Seite um 2 cm). Also muss noch ein zweiter Schritt folgen, der die Fläche ganz unten noch einmal um weitere 4 cm erweitert. Öffnen Sie also noch einmal den Dialog (BILD • SKALIEREN • ARBEITSFLÄCHE). Erweitern Sie die HÖHE um die erforderlichen 4 cm. Noch nicht auf OK klicken!

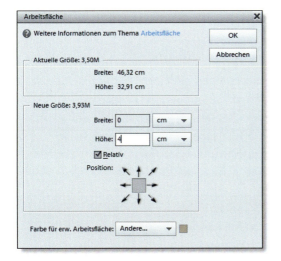

◀ **Abbildung 6.56**
Es müssen noch einmal 4 cm zugegeben werden.

5 Position festlegen

Würden Sie jetzt auf OK klicken, würden die obere und untere Seite um jeweils 2 cm erweitert. Aber das ist ja nicht das gewünschte Resultat. Deshalb müssen Sie sich erst noch um das

▲ **Abbildung 6.57**
Sie diesen Pfeil anklicken, kann nach oben hin keine Ausdehnung mehr erfolgen.

207

Steuerelement POSITION kümmern. Sie müssen der Anwendung also noch mitteilen, in welche Richtung die Ausdehnung erfolgen soll. Klicken Sie auf den mittleren Button der obersten Zeile. Dadurch, dass anschließend keine Pfeile mehr nach oben weisen, ist die mögliche Ausdehnungsrichtung definiert. Sie dürfen die Aktion jetzt mit OK abschließen.

Abbildung 6.58 ▶
Der Rahmen ist damit fertig.

6 Textwerkzeug einstellen

Aktivieren Sie das Textwerkzeug (per Klick auf [T]), und klicken Sie, falls nicht bereits selektiert, auf das erste Steuerelement in der Optionsleiste ❸. Suchen Sie anschließend über ❶ eine Schriftart aus, die Sie für geeignet halten (im Beispiel BOOKMAN OLD STYLE). Außerdem sollten Sie den SCHRIFTGRAD ❷ mit 60 Pt und die TEXTFARBE ❹ mit Schwarz festlegen. (Das Farbmenü schließt sich, wenn Sie die schwarze Fläche doppelklicken.) Sorgen Sie zudem dafür, dass der Text mittig ausgerichtet wird ❺.

Abbildung 6.59 ▶
Passen Sie diese Parameter noch an.

7 Text verfassen

Zuletzt setzen Sie einen Mausklick mitten unter das Foto (deswegen die vorherige mittige Ausrichtung ❺) und geben einen Text

Ihrer Wahl ein. Schließen Sie die Aktion mit einem Klick auf das grüne Häkchen ab. Die Alternative wäre [Strg]/[cmd]+[↵]. (Die Eingabetaste allein würde lediglich eine Zeilenschaltung hervorrufen.)

◀ **Abbildung 6.60**
Die Bestätigung erfolgt unterhalb des Textes.

8 Optional: Text ausrichten

Sollte der Text noch nicht die richtige Position haben, schalten Sie auf das Verschieben-Werkzeug um. Klicken Sie damit auf den Text, und ziehen Sie ihn mit gedrückter Maustaste an den richtigen Platz. Falls Sie die Begrenzungsrahmen ausschalten wollen, nehmen Sie das Häkchen vor BEGRENZUNGSRAHMEN EINBL. ❻ in der Optionsleiste weg.

▼ **Abbildung 6.61**
Der Text ist zugewiesen.

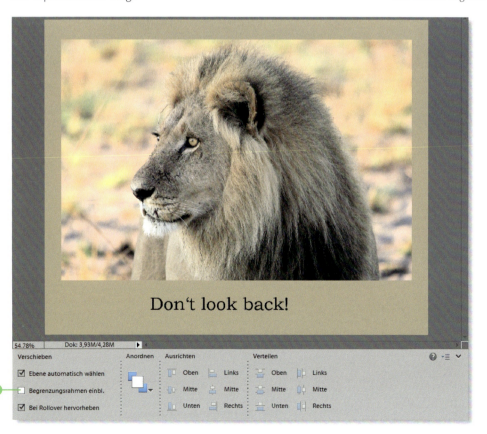

9 Texteffekt hinzufügen

Wie wäre es noch mit einem ansprechenden Texteffekt? Dazu tippen Sie zunächst unten auf die Schaltfläche Effekte ❸, schalten dann oben auf Stile ❶ um, und weisen zuletzt den Effekt Einfach – Relief ❷ mit einem Doppelklick zu. Das sieht doch gut aus, oder? Der Schrifteffekt lässt sich bei 100 % Größe am besten beurteilen. Dazu reicht ein Doppelklick auf das Zoom-Werkzeug in der Werkzeugleiste.

Abbildung 6.62 ▶
Fertig ist die Karte mit Texteffekt.

6.4 Fotos neu zusammensetzen

Sie haben ja bereits mehrfach mit dem Freistellungswerkzeug gearbeitet. Da ist Ihnen ja auch sicher schon das in der Werkzeugleiste rechts daneben befindliche Neu-zusammensetzen-Werkzeug aufgefallen.

Mit dem Assistenten zusammensetzen

Prinzipiell lassen sich mit der »Zusammensetzung« Bereiche kurzerhand aus dem Foto verdrängen. Das bietet sich besonders dann an, wenn Sie den einen oder anderen Zeitgenossen aus Ihren Fotos ausschließen wollen. Der folgende Workshop zeigt, wie es geht.

6.4 Fotos neu zusammensetzen

Schritt für Schritt
Eine Person durch Verschiebung der Arbeitsfläche entfernen

Werfen Sie doch einmal einen Blick auf das Beispielfoto. Stellen Sie sich vor, Sie sind der junge Mann links im Bild. Und stellen Sie sich darüber hinaus noch vor, Sie wären mit der Dame rechts im Bild viel lieber allein an diesem Traumstrand. Da hilft nur eines: Der Typ in der Mitte muss weg! Sie könnten das nun mit ihm ausdiskutieren oder (wesentlich unkomplizierter) Photoshop Elements bemühen.

»Zusammensetzen.jpg«

◀ Abbildung 6.63
Drei sind einer zu viel.

1 Assistenten öffnen
Entscheiden Sie sich oberhalb des Fotos für ASSISTENT. Im Bereich RETUSCHEN der rechten Spalte klicken Sie auf NEU ZUSAMMENSETZEN.

2 Pinsel einstellen
Wie üblich, finden Sie auch hier einige kurze Erklärungen zum Umgang mit dieser Routine. Achten Sie einmal auf die Steuerelemente weiter unten. Der Pinsel SCHÜTZEN ❶ (siehe Abbildung 6.65) ist automatisch aktiviert. Schalten Sie jetzt allerdings um auf den darunter befindlichen Pinsel LÖSCHEN ❷, und ziehen Sie anschließend den Schieberegler PINSELGRÖSSE ❹ so weit nach rechts, bis in der QuickInfo ❸ ein Wert um 50 angezeigt wird. Damit bestimmen Sie, wie groß der Pinseldurchmesser sein soll.

▲ Abbildung 6.64
Öffnen Sie die Retusche-Option NEU ZUSAMMENSETZEN.

6 Auswahlen und Freistellungen in der Praxis

Abbildung 6.65 ▶
Wir benötigen für diese Aufgabe nur den Löschpinsel.

3 Löschung markieren

Stellen Sie die Maus auf das Foto, und wischen Sie vorsichtig über den Herrn in der Mitte. Er wird mit teiltransparenter, roter Farbe überdeckt. Sorgen Sie dafür, dass die Person vollständig überpinselt wird, und gehen Sie sogar noch ein wenig über deren Silhouette hinaus.

Abbildung 6.66 ▶
Zu entfernende Bildelemente werden mit dem roten Löschpinsel übermalt.

Schutz-Radiergummi

Mit dem Schutz-Radiergummi ❺ entfernen Sie zum Schutz mit grüner Farbe markierte Elemente im Foto.

4 Optional: Auswahl korrigieren

Sollten Sie versehentlich zu viel übermalt haben, können Sie den Minus-Radiergummi ❻ aktivieren und damit bereits rot markierte Stellen im Foto wieder wegradieren. Ebenso wäre es möglich,

Elemente mit dem Schutzpinsel grün zu markieren, die auf gar keinen Fall angetastet werden dürfen. Das ist bei unserem Foto allerdings nicht erforderlich, da die Anwendung Personen in der Regel erkennt und diese ohnehin nicht löscht oder verzerrt – es sei denn, sie sind rot markiert (hihi).

5 Bild verziehen

Halten Sie nach dem in der Mitte des linken Bildrandes befindlichen Anfasser Ausschau. Klicken Sie ihn an, und ziehen Sie ihn mit gedrückter Maustaste so weit nach rechts, bis der unliebsame Zeitgenosse in der Bildmitte verschwunden ist. Wenn das der Fall ist, lassen Sie los und klicken auf das kleine Häkchen unten rechts. Sie wissen schon: aktuellen Vorgang bestätigen.

◄ **Abbildung 6.67**
Dieser Anfasser ...

◄ **Abbildung 6.68**
... muss nach rechts gezogen werden.

6 Optional: Foto wieder ausdehnen

Sie können jetzt durchaus mit der Transparenz auf der linken Seite leben und diesen Part am Schluss mit dem Freistellungswerkzeug abschneiden. Doch wir wollen die Originalgröße zurück. Ziehen Sie den Anfasser deswegen wieder an seine ursprüngliche Position zurück, und bestätigen Sie abermals mit dem Häkchen.

Abbildung 6.69 ▶
So, das wäre geschafft. Den Herrn in der Mitte sind wir los.

Bereichsreparatur-Pinsel

Mehr über dieses Werkzeug erfahren Sie im Abschnitt »Der Bereichsreparatur-Pinsel« auf Seite 348.

7 Schnittkante reparieren

Nun sieht die Stelle zwischen den verbliebenen Personen allerdings noch nicht so galant aus. Klicken Sie deswegen oben auf EXPERTE, und aktivieren Sie den Bereichsreparatur-Pinsel (per Klick auf J). Wischen Sie in kurzen Abständen Stück für Stück über diese Stelle, und beobachten Sie, wie der Makel ausgebessert wird. Vorsicht! Auch wenn Sie mit der Dame jetzt allein sind – kommen Sie ihr nicht zu nahe! Ansonsten würde das Werkzeug eventuell Teile der Hand oder des Armes mit retuschieren.

Abbildung 6.70 ▶
Jetzt sind die Rollen klar verteilt. Der Nebenbuhler ist eliminiert.

Beim Zusammensetzen strecken

Im letzten Workshop wurde die Arbeitsfläche zusammengeschoben, um Bildinhalte zu entfernen. Sie dürfen aber auch gerne den umgekehrten Weg gehen und ein Bild auseinanderziehen. Dazu ist es allerdings erforderlich, Bereiche, die erhalten bleiben sollen, zu markieren. Fahren Sie mit dem Schutzpinsel gründlich über die Personen, und ziehen Sie außerdem noch einige Kurven über das Gewässer. Das reicht.

◄ **Abbildung 6.71**
Hier soll ausschließlich der Bereich zwischen den Personen gestreckt werden. Deswegen müssen die anderen Bereiche geschützt werden.

◄ **Abbildung 6.72**
Hier sieht man, wo das Foto gezogen worden ist. (Schade, jetzt waren die beiden gerade zusammen.)

Bitte erwarten Sie keine Wunder von diesem Tool; zumindest dann nicht, wenn Sie riesengroße Strecken in einem einzelnen Arbeitsgang bewältigen wollen. Dann kommt es nicht selten zu regelmäßigen Strukturen, die den kleinen Trick auffliegen lassen. In der Regel ist der Korrekturbedarf jedoch gering. Und dann lässt sich das Ergebnis allemal sehen.

Bilder ausrichten und Verzerrungen korrigieren

Was tun, wenn die Geometrie des Bildes nicht stimmt?

- ▶ Wie werden Fotos gerade ausgerichtet?
- ▶ Wie wird die Perspektive korrigiert?
- ▶ Wie werden Panoramabilder erzeugt?
- ▶ Wie kann ich Teile eines Fotos aus dem Rahmen herausstehen lassen?
- ▶ Wie wird der Bilderstapel-Effekt erzeugt?

7 Bilder ausrichten und Verzerrungen korrigieren

Manchmal sind Fotos im wahrsten Sinne des Wortes richtig »schräg«. Das ist auch in Ordnung, wenn es dem Bild einen entsprechenden Ausdruck verleihen soll. Doch was ist, wenn die Perspektive nicht stimmt? Was das Auge in der freien Natur niemals als störend empfinden würde, sieht auf dem zweidimensionalen Foto leider schief aus, und das sollten Sie korrigieren. Umgekehrt kann es aber auch gut möglich sein, dass Sie ein Foto verzerren müssen, damit es realistisch aussieht. Beide Themen kommen in diesem Kapitel zur Sprache. Dabei darf die Out-of-Bounds-Technik natürlich nicht fehlen, ebenso wenig wie die »Bilderstapel«.

7.1 Bilder gerade ausrichten – Teil I

Praxis ist Trumpf! Also wollen wir gleich loslegen und dabei eine überaus interessante Funktion kennenlernen. Das horizontale oder vertikale Ausrichten eines Fotos ist wirklich ein Kinderspiel. Was Sie dazu benötigen? Einen Mausklick, eine Mausbewegung – und schon stimmt die Sache. Einfacher geht es wirklich nicht.

Das Gerade-ausrichten-Werkzeug

Photoshop Elements macht es Ihnen wirklich leicht, wenn es darum geht, schiefe Aufnahmen zu begradigen, denn die Software bietet eigens dafür das Gerade-ausrichten-Werkzeug .

Schritt für Schritt
Ein Bild gerade ausrichten

»Schloss.tif«

Für diesen Turbo-Workshop benötigen Sie die Datei »Schloss.tif« – ein nettes Häuschen, wäre es doch nur nicht so windschief.

Bilder gerade ausrichten – Teil I 7.1

◀ **Abbildung 7.1**
Das etwas windschiefe Ausgangsbild

1 Gerade-ausrichten-Werkzeug aktivieren
Was für ein Name: Gerade-ausrichten-Werkzeug. Sie aktivieren es durch P auf Ihrer Tastatur – oder natürlich durch Anwahl in der Werkzeugleiste.

2 Werkzeug einstellen
In der Optionsleiste stellen Sie die BEGRADIGEN-Optionen auf ZUSCHNEIDEN, UM HINTERGRUND ZU ENTFERNEN. Das ist der mittlere der beiden Buttons. Warum das die beste Einstellung ist? Das verrate ich Ihnen im Anschluss an diesen Workshop, okay?

◀ **Abbildung 7.2**
Die Optionsleiste des Geradeausrichten-Werkzeugs

3 Ausrichten
Nun haben Sie nichts weiter zu tun, als eine Linie entlang eines Bereichs zu ziehen, der auf jeden Fall horizontal ausgerichtet sein soll. Die Stufen, das Dach – eben alles, was im Bild eigentlich gerade sein sollte, würden sich dazu eignen. Ich habe mich für die Giebel links und rechts entschieden. So etwas sollte ja eigentlich immer ein Garant für Geraden sein. Klicken Sie im Bild auf Punkt ❶ (siehe Abbildung 7.3), und ziehen Sie mit gehaltener Maustaste bis ❷ herüber. Dort lassen Sie los.

7 Bilder ausrichten und Verzerrungen korrigieren

Abbildung 7.3 ▶
Die beiden Punkte markieren die neue Horizontale im Bild.

Das macht doch Spaß, oder? Nur schade, wenn man nicht noch mehr schiefe Fotos hat. Grund genug, die Kamera demnächst absichtlich schief zu halten!

Abbildung 7.4 ▶
Hier hängt höchstens noch der Haussegen schief.

Optionen des Gerade-ausrichten-Werkzeugs

Wie jedes Werkzeug müssen Sie auch das Gerade-ausrichten-Werkzeug vor seiner Anwendung in der Optionsleiste einstellen. Aber das wissen Sie ja längst. Je nachdem, welche Optionen Sie hier festlegen, differiert das Ergebnis aber ganz gewaltig:

▸ GRÖSSE DER ARBEITSFLÄCHE ANPASSEN: Photoshop Elements vergrößert beim Ausrichten auch die Arbeitsfläche. Dadurch wird kein Detail des Bildes entfernt.

◂ Abbildung 7.5
Bei GRÖSSE DER ARBEITSFLÄCHE ANPASSEN wird vom Original nichts abgeschnitten.

▸ ZUSCHNEIDEN, UM HINTERGRUND ZU ENTFERNEN: Nach dem Ausrichten des Bildes werden dessen Randbereiche teilweise abgeschnitten. Hintergrundbereiche werden komplett entfernt.

◂ Abbildung 7.6
Ein sauberes Bild, das jedoch an den Rändern abgeschnitten worden ist

▸ Auf Originalgrösse zuschneiden: Die Abmessungen des Bildes werden nicht verändert. Das Bild wird teilweise beschnitten. Darüber hinaus bleiben Hintergrundflächen erhalten. Hier entsteht gewissermaßen eine Mischung aus den beiden zuvor genannten Methoden.

▲ **Abbildung 7.7**
Ein Kompromiss aus beiden zuvor genannten Methoden – die Außenmaße bleiben erhalten, obwohl das Bild gerade ausgerichtet worden ist.

▸ Alle Ebenen drehen: Wenn das Bild aus mehreren Ebenen besteht, werden diese alle gedreht. Deaktivieren Sie die Checkbox, wenn Sie nur die aktive Ebene drehen und alle anderen im ursprünglichen Zustand belassen wollen.

Mit dem Assistenten begradigen

Nur der Vollständigkeit halber: Für derartige Vorhaben gibt es auch einen Assistenten. Wechseln Sie dazu in den Bearbeitungsbereich Assistent, und entscheiden Sie sich im Bereich Retuschen für Drehen und begradigen. Aktivieren Sie daraufhin das Gerade-ausrichten-Werkzeug ❶ rechts in der Spalte. Bevor Sie das Tool wie bereits beschrieben anwenden, können Sie noch festlegen, ob Sie dabei die Bildgrösse erhalten oder die Arbeitsfläche erhalten ❷ wollen. Ob es dafür eines Assistenten bedarf, ist allerdings fraglich.

▲ **Abbildung 7.8**
In der Assistenzumgebung ist die Vorgehensweise prinzipiell identisch.

7.2 Perspektive korrigieren

Sicher haben Sie schon selbst des Öfteren an Objekten hochgeschaut und beeindruckt festgestellt, was Bildhauerei und Architektur doch so alles hervorgebracht haben. Die Enttäuschung folgte dann aber auf dem Fuße, als die fertigen Fotos vor Ihnen lagen. Das war ja gar kein Vergleich mehr mit dem Original: Entweder gewann man den Eindruck, als kippe das pompöse Gebäude jeden Moment nach hinten, oder aber die Mauern wirkten verzerrt und irgendwie aneinandergestellt.

Wieder einmal dürfen wir bei solchen Gelegenheiten feststellen, wie unterschiedlich doch die Ansichtsweisen einer Kamera im Vergleich zum menschlichen Auge sind. Das Objektiv, so ausgereift es auch sein mag, sieht letztendlich doch nur zweidimensional; und das wenig befriedigende Ergebnis wird alsdann schonungslos präsentiert.

▲ **Abbildung 7.9**
Hier wurde mit wenig Abstand zum Objekt von unten nach oben fotografiert, und das Ganze bei leicht zur Seite versetzter Kameraposition. Die Folge: stürzende Linien.

Stürzende Linien korrigieren

Doch unsere widerborstige Kamera mit ihrer unqualifizierten Sichtweise hat die Rechnung ohne unseren ständigen Wegbegleiter, Photoshop Elements, gemacht. Die Technik, die Sie in derartigen Fällen anwenden sollten, nennt sich PERSPEKTIVISCHE VERZERRUNG, und damit werden wir Johann Gottfried von Herder wieder aufrecht stehend präsentieren. Öffnen Sie dazu die Bilddatei »Herder.tif«.

»Herder.tif«

Schritt für Schritt
Perspektive durch Verzerren korrigieren

Unser Ziel ist es, die Perspektive ins rechte Licht zu rücken und die stürzenden Kanten optisch auszugleichen.

1 Raster einblenden

Zur besseren Beurteilung des Bildes werden nun Raster benötigt, die Sie über ANSICHT • RASTER ein- und auch wieder ausschalten können. Die Rasterweite ist übrigens vorgegeben und beträgt

▲ **Abbildung 7.10**
Mit eingeblendetem Raster können Sie die Verzerrung besser beurteilen.

standardmäßig 2 cm. Im Abschnitt »Das Raster anpassen« auf Seite 228 erfahren Sie, wie die Rasterweite sowie die Farbe des Rasters geändert werden können.

2 Verzerren

Wählen Sie BILD • TRANSFORMIEREN • VERZERREN (nur im Arbeitsbereich EXPERTE verfügbar!), woraufhin ein Rahmen mit den bereits bekannten quadratischen Anfasserpunkten am Rand des Bildes eingeblendet wird. Ebenso tauchen am unteren rechten Ende die beiden Steuerelemente zum Bestätigen bzw. Abbrechen des Vorgangs auf. Wer sich nicht gerne des Menüs bedient, kann übrigens auch [Strg]/[cmd]+[T] betätigen, um die Verzerren-Funktion aufzurufen. Danach wird ein Rechtsklick auf das Foto erforderlich, gefolgt von VERZERREN.

3 Bild verzerren

Klicken Sie auf den Anfasser oben links ❶ (das kleine Quadrat in der oberen linken Bildecke), und ziehen Sie ihn noch weiter nach links in den Graubereich, der das eigentliche Foto umgibt. Orientieren Sie sich bei den Verzerrungen an den Fenstern und dem Gemäuer im Hintergrund. Versuchen Sie diese Kanten, die ja nun mal gerade sein müssen, mit den Rasterlinien ins Lot zu bringen. Bedenken Sie, dass Sie genau in das Quadrat klicken müssen, um die Ecke verziehen zu können. Wenn Sie danebenklicken, verschieben Sie lediglich das Bild.

Wiederholen Sie den Schritt nun mit dem Anfasser oben rechts ❸, und ziehen Sie diesen weiter nach rechts. Beachten Sie aber, dass sich bei einer einseitigen Verzerrung die gegenüberliegende Seite ebenfalls wieder etwas neigt. Gleichen Sie das durch wechselweises Verziehen aus, und bewegen Sie auch den unteren rechten Eckpunkt etwas. Der Sockel ist nämlich ebenfalls geringfügig schief.

Falls das Bild nun gestaucht erscheint, können Sie es am oberen mittleren Anfasser ❷ (also über dem Kopf der Statue) noch etwas nach oben schieben. Dadurch wird es auch vertikal wieder in Form gebracht. Dass der Kopf dadurch eventuell nicht mehr komplett im Bild zu sehen ist, sollte Sie zum gegenwärtigen Zeitpunkt nicht weiter stören. Das reparieren Sie später noch.

Hintergrund in Ebene umwandeln

In älteren Versionen von Photoshop Elements war es erforderlich, den Hintergrund zunächst in eine Ebene umzuwandeln (EBENE • NEU • EBENE AUS HINTERGRUND). Vergaßen Sie das, meldete sich die Anwendung mit einer Hinweistafel. Seit Photoshop Elements 8 wird Ihnen diese Arbeit abgenommen. Die Umwandlung wird automatisch durchgeführt, sobald Sie den VERZERREN-Befehl aktivieren.

Perspektive korrigieren 7.2

Verzerrung in eine Richtung

Um unbeabsichtigte Bewegungen in vertikaler Richtung zu verhindern, können Sie während des Ziehens ⇧ gedrückt halten.

◄ **Abbildung 7.11**
Ziehen Sie das Foto ganz einfach in Form.

4 **Optional: Ansichtsgröße verändern**

Nun ist es gut möglich, dass Ihnen die graue Fläche, die das Bild umgibt, gar nicht ausreicht, und Sie einen der Anfasser möglicherweise nicht mehr erreichen können. Sie müssten die Ansicht des Fotos also verkleinern, damit der Verzerrungsrahmen wieder komplett sichtbar wird. Das stellt Sie allerdings vor ein Problem: Während einer aktiven Freistellung können Sie nämlich das Werkzeug nicht wechseln. Also können Sie auch nicht auf das Zoom-Werkzeug zugreifen. Wenn Sie allerdings die Tastenkombinationen Strg/cmd+ + sowie Strg/cmd+ - benutzen, lässt sich die Ansichtsgröße auch während einer aktiven Freistellung jederzeit anpassen – zumindest stufenweise.

5 **Verzerrung abschließen**

Nach erfolgter Verzerrung bestätigen Sie mit dem überlagernden Häkchen unten rechts im Bild oder mit ↵. Schalten Sie das Raster über Ansicht • Raster wieder aus.

7 Bilder ausrichten und Verzerrungen korrigieren

6 Foto freistellen

Nun müssen Sie dafür sorgen, dass das komplette Foto wieder angezeigt wird. Wie das geht, haben Sie ja bereits im Workshop »Fotos mit Ebenenmasken kombinieren« auf Seite 163 erfahren. Gehen Sie also auch diesmal wieder so vor, dass Sie zunächst mit dem Freistellungswerkzeug C einen Freistellungsrahmen erzeugen, der über den gesamten sichtbaren Bereich des Fotos geht. Bevor Sie den Vorgang jedoch bestätigen, ziehen Sie die mittleren Anfasser 1 – 4 (diesmal bitte alle vier!) nacheinander so weit nach außen, bis der Rahmen spürbar einrastet. Zuletzt bestätigen Sie mit Klick auf das Häkchen 5.

▲ **Abbildung 7.12**
Der unsichtbare Bereich wird auch diesmal wieder mit Hilfe eines Freistellungsrahmens zurückgeholt.

▲ **Abbildung 7.13**
Das kann doch unmöglich schon das Endergebnis sein, oder?

Jetzt müssen Sie nur noch, wie bereits beschrieben, die unschönen Transparenzen entfernen. Das machen Sie ebenfalls mit dem Freistellungswerkzeug C – wie das geht, das wissen Sie ja nun längst.

Perspektive korrigieren **7.2**

◂ **Abbildung 7.14**
Im Vorher-nachher-Vergleich zeigt sich, wie groß der Unterschied zwischen den beiden Versionen des Bildes ist.

Transformationsoptionen

In der Optionsleiste gibt es verschiedene Einstellmöglichkeiten. Nach Aktivierung der Transformation ist standardmäßig das sogenannte Frei transformieren aktiv. Damit lassen sich die Fotos auch drehen ❻, skalieren ❼ oder neigen ❽. Gerade beim Drehen ist die Lage des Referenzpunkts interessant. Standard ist hier mittig ❾. Das Foto wird in diesem Fall um die Bildmitte gedreht. Würden Sie beispielsweise ❿ anwählen, käme es zu einer Drehung um die untere rechte Bildecke. Die Drehung selbst leiten Sie mit ⓫ derart ein, dass Sie die Maus bei gehaltener linker Taste im Kreis bewegen.

Befehle im Kontextmenü

Die Drehungs- und Transformationsoptionen stehen bei aktiviertem Transformationsrahmen auch im Kontextmenü zur Verfügung. Um das Menü zu erreichen, müssen Sie einen Rechtsklick auf das Foto ausführen.

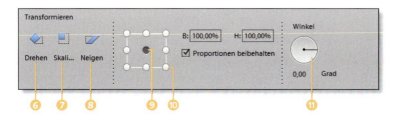

◂ **Abbildung 7.15**
In der Optionsleiste werden zahlreiche zusätzliche Optionen angeboten, solange der Transformieren-Befehl aktiv ist.

227

Im vorstehenden Beispiel wurde ein verzerrtes Bild durch eine erneute Verzerrung wieder in Form gebracht. Photoshop Elements bietet aber auch eine ganz eigene Funktion, die sich immer dann anbietet, wenn der Korrekturbedarf nicht ganz so extrem ist wie im vorgenannten Beispiel. Aufgerufen wird sie über FILTER • KAMERAVERZERRUNG KORRIGIEREN. Wo die Stärken und Schwächen dieser Funktion liegen, die übrigens auch über den Assistenten aufgerufen werden kann, erfahren Sie im Zusatzangebot auf der Bonus-Seite im Netz: *www.galileo-design.de/bonus-seite*.

Perspektivische Verzerrung

Sicher ist Ihnen der Menüeintrag PERSPEKTIVISCH VERZERREN aufgefallen, der sich ebenfalls hinter BILD • TRANSFORMIEREN (oder Rechtsklick auf das Foto) verbirgt. Bei der perspektivischen Verzerrung werden sogar beide Seiten gleichzeitig in einem einzigen Arbeitsgang verzerrt. Das ist zwar eine Arbeitserleichterung, jedoch nur dann geeignet, wenn beide Seiten zu gleichen Teilen gezogen werden müssen. In unserem Bild war das leider nicht der Fall; beide Seiten mussten unterschiedlich stark ausgeglichen werden.

Das Raster anpassen

Voreinstellungsparameter

Bedenken Sie, dass sämtliche Voreinstellungen grundsätzlich nicht in das Protokoll-Bedienfeld aufgenommen werden. Änderungen an den Voreinstellungen können nicht im herkömmlichen Sinne rückgängig gemacht werden. Ändern Sie die Einstellungen manuell, indem Sie die alten Parameter erneut anwenden.

Sie haben gesehen, wie hilfreich das Raster sein kann, das Sie über ANSICHT • RASTER erreichen. Falls Ihnen die vorgegebenen Werte nicht zusagen, können Sie diese in den Voreinstellungen ändern. (Voraussetzung dafür ist aber, dass kein Transformationsrahmen offen ist. Andernfalls können Sie nicht in das Menü gelangen.) Wählen Sie BEARBEITEN/ADOBE PHOTOSHOP ELEMENTS EDITOR • VOREINSTELLUNGEN • HILFSLINIEN & RASTER, und ändern Sie im Eingabefeld ABSTAND ❶ die Parameter entsprechend Ihren Wünschen. Das rechts daneben befindliche Farbfeld ❷ (standardmäßig grau) repräsentiert die Farbe des Rasters. Klicken Sie darauf, lässt sich die Farbe ändern.

Die Funktion RASTER ist eine übergreifende Funktion. Einmal eingeschaltet, taucht sie in jedem Bild auf, das Sie in Photoshop Elements öffnen. Darüber hinaus wirkt das Raster lediglich als Hilfsfunktion. Es besteht also keine Gefahr, dass es etwa beim Druck mit ausgegeben würde.

◀ **Abbildung 7.16**
Das Raster kann in den Voreinstellungen angepasst werden.

Hilfslinien

Wer es noch individueller mag, der kann auch sogenannte Hilfslinien verwenden. Dabei handelt es sich um schmale Linien, die sich ganz individuell positionieren lassen. Damit eine Positionierung allerdings überhaupt erst möglich wird, müssen Sie zunächst einmal die Lineale einschalten. Sie erreichen das über ANSICHT • LINEALE oder mit der Tastenkombination [Strg]/[cmd]+[⇧]+[R]. Danach klicken Sie ganz einfach auf eines der Lineale (entweder das horizontale oder das vertikale) und ziehen mit gedrückter Maustaste eine entsprechende Linie auf das Bild. Wenn Sie die gewünschte Position erreicht haben, lassen Sie die Maustaste los.

Bereits platzierte Hilfslinien können auch jederzeit neu positioniert werden. Dazu müssen Sie allerdings das Verschieben-Werkzeug aktiviert haben und die Hilfslinie mit gedrückter Maustaste entsprechend verziehen. Bedenken Sie dabei, dass Hilfslinien magnetisch sind. Sollten Sie sich also mit einem Objekt oder einer Auswahlkante in der Nähe einer Hilfslinie befinden, springt das Objekt an die Hilfslinie heran.

Nullpunkt verstellen

Benutzen Sie allerdings nicht den Schnittpunkt zwischen beiden Linealen, um eine Hilfslinie zu positionieren. Das ist nämlich nicht von Erfolg gekrönt. Klicken Sie auf diesen Punkt, und ziehen Sie anschließend mit gedrückter Maustaste auf das Bild, wird der Nullpunkt des Fotos entsprechend verändert. Dieser ist aber standardmäßig immer oben links, was die Skala der Lineale ebenfalls verrät.

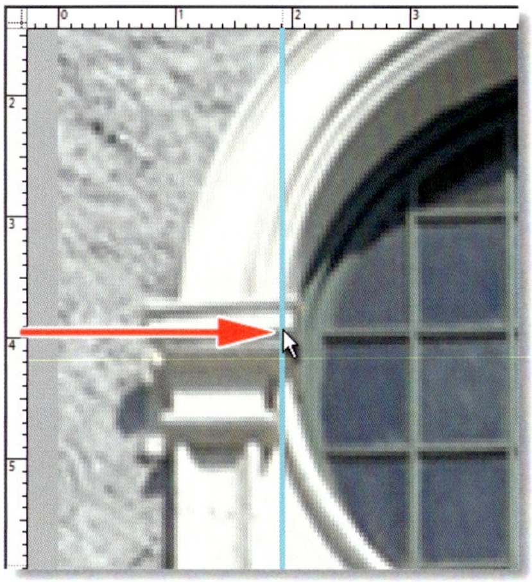

◀ **Abbildung 7.17**
Ziehen Sie ganz einfach eine Hilfslinie aus dem Lineal heraus.

Lineale entfernen

In den meisten Fällen dürften die Lineale um das Bild herum nicht stören. Wollen Sie diese dennoch wieder entfernen, entscheiden Sie sich noch einmal für ANSICHT • LINEALE.

Und was ist zu tun, wenn Sie die Hilfslinien nicht mehr benötigen? Dann ziehen Sie diese einfach mit gedrückter Maustaste (bei aktiviertem Verschieben-Werkzeug) aus dem Bild heraus. Sollten Sie zuvor jedoch mit einer ganzen Hilfslinien-Armada gearbeitet haben, könnte das ganz schön anstrengend werden. Für solche Fälle hat Photoshop Elements im Menü ANSICHT einen Befehl mit der Bezeichnung HILFSLINIEN LÖSCHEN integriert. Cool, oder?

7.3 Bilder gerade ausrichten – Teil II

In Photoshop Elements bietet sich noch eine weitere Möglichkeit an, Bilder auszurichten – und zwar ohne dass Sie selbst dabei allzu viel machen müssen. Die Anwendung kann selbstständig analysieren, wie ein Bild gedreht werden muss. Ich weiß schon, was Sie jetzt sagen werden: »Das hätte der Klaßen ja auch gleich zu Anfang des Kapitels schreiben können!« Recht haben Sie. Nur bleibt dabei der etwas bittere Beigeschmack, dass die Anwendung klare Konturen finden muss, die horizontal oder vertikal ausgerichtet werden können. Dass sich bei perspektivisch verzerrten Bildern zudem nicht immer der gewünschte Erfolg einstellt, versteht sich von selbst, oder? Das ist übrigens der einzige Grund, warum ich erst jetzt mit dieser Option herausrücke. Aber ansehen sollten Sie sie sich dennoch.

Schritt für Schritt
Bilder gerade ausrichten (und freistellen)

Vielleicht haben Sie sich ja schon einmal im Menü BILD • DREHEN umgeschaut. Dann werden Ihnen dort zwei Einträge aufgefallen sein, die auf den ersten Blick die ganze »Handarbeit« beim Drehen und Verzerren überflüssig zu machen scheinen. Gemeint sind die Funktionen BILD GERADE AUSRICHTEN sowie BILD GERADE AUSRICHTEN UND FREISTELLEN. Wenn Photoshop Elements so etwas auch ganz allein kann, warum muss ich denn ein Foto überhaupt manuell entzerren? Die Antwort darauf sollen die folgenden Schritte geben.

Bilder gerade ausrichten – Teil II 7.3

Öffnen Sie zunächst »Museum.tif«. Wenn Sie das Foto in Augenschein nehmen, werden Sie schnell feststellen, dass das gesamte Bild zunächst einmal etwas gegen den Uhrzeigersinn gedreht werden muss. Aber nicht nur das – auch die Kanten stürzen.

»Museum.tif«

◄ **Abbildung 7.18**
Typisch für Gebäudeaufnahmen: stürzende Linien, hier noch gepaart mit einer leichten Neigung.

1 Bild ausrichten

Entscheiden Sie sich im ersten Schritt für BILD • DREHEN • BILD GERADE AUSRICHTEN. Achten Sie auf die horizontalen Linien, wie z. B. die Dachkrone. Die Ausrichtung hat demnach also recht gut funktioniert. Leider wird das Foto jetzt aber von einem unschönen Rand umgeben, der die aktuelle Hintergrundfarbe repräsentiert. (Das kann bei Ihnen eine ganz andere Farbe sein als die hier abgebildete.)

◄ **Abbildung 7.19**
Das Bild ist gerade, hat jedoch einen unschönen Rand bekommen.

7 Bilder ausrichten und Verzerrungen korrigieren

2 Bild ausrichten und freistellen

So etwas wollen wir natürlich nicht haben. Deshalb müssen Sie jetzt entweder das Bild manuell freistellen oder [Strg]/[cmd]+[Z] drücken, um den letzten Schritt wieder rückgängig zu machen. Danach gehen Sie abermals in das Menü BILD und stellen diesmal DREHEN • BILD GERADE AUSRICHTEN UND FREISTELLEN ein.

Nanu – wo ist denn plötzlich der Himmel geblieben? Wie Sie sehen, kann Photoshop Elements durchaus einmal ein unbeabsichtigtes Ergebnis liefern. Der Himmel ist nämlich jetzt als einfarbiger Hintergrund interpretiert worden – und die Anwendung war der Meinung, das müsse weg. Und zu allem Überfluss sind die unschönen Farbflächen an den übrigen Rändern auch noch da. Keine adäquate Lösung also.

▼ **Abbildung 7.20**
Hier hat es Photoshop Elements etwas zu gut gemeint und auch gleich den Himmel beschnitten.

Das ist natürlich nicht hinnehmbar, weshalb Sie auch diesen Schritt wieder rückgängig machen sollten. Sie sehen, dass diese Methode schnell an ihre Grenzen stößt. Dennoch wollte ich sie Ihnen nicht vorenthalten. Und außerdem: Die Datei müsste ja zusätzlich noch verzerrt werden, weshalb Sie sich auch hier lieber für BILD • TRANSFORMIEREN • VERZERREN entscheiden sollten. Wie das geht, das wissen Sie ja längst. Um die Ergebnisse zu vergleichen, können Sie übrigens »Museum_fertig.tif« aus dem ERGEBNISSE-Ordner heranziehen.

◄ Abbildung 7.21
Wenn Sie das Bild manuell bearbeiten, erreichen Sie das gewünschte Ergebnis.

7.4 Photomerge: Panoramen erstellen

Ein weiteres interessantes Verfahren, bei dem mehrere Dateien gemeinsam verarbeitet werden, ist **Photomerge**. Mit diesen Funktionen werden Techniken realisiert, mit deren Hilfe Sie mehrere Bilder bzw. ganze Serien strukturell verändern und sogar miteinander verschmelzen können.

Beginnen wir mit den Panoramabildern. Zwar ist die Technik an sich nicht neu, aber die Engine, die im Hintergrund für das gewünschte Ergebnis sorgt, ist im Laufe der Jahre immer leistungsfähiger geworden. War es bis vor ein paar Jahren noch fast unmöglich, Fotos zu verbinden, die nicht akribisch vom Stativ gemacht worden sind, lassen sich heutzutage auch eilig »aus der Hand geschossene« Fotoserien zu eindrucksvollen Panoramen zusammenfügen.

Schritt für Schritt
Panoramabild einer Landschaft erstellen

In diesem Workshop werden wir ein Panorama montieren, dessen Einzelbilder ohne großen Aufwand aus der Hand fotografiert worden sind. Wenn Sie selbst einmal Panoramafotos schießen wollen,

7 Bilder ausrichten und Verzerrungen korrigieren

Ordner BEISPIELDATEIEN\
PANORAMAFOTOS

Hinweise zur Erstellung von Panoramafotos

- Für bestmögliche Ergebnisse fotografieren Sie immer vom Stativ!
- Verändern Sie nicht die Position der Kamera, während Sie die Bilder einfangen!
- Fotografieren Sie zügig! Die Lichtverhältnisse ändern sich sehr schnell. Schalten Sie automatische Belichtungsfunktionen aus!
- Lassen Sie die Bildbereiche 15 bis 40 % überlappen!
- Zoomen Sie niemals zwischen zwei Aufnahmen!
- Verwenden Sie keine Verzerrungslinsen!

können die nebenstehenden Regeln jedoch erheblich zur Verbesserung der Ergebnisse beitragen.

1 Dateien bereitstellen

Im Ordner PANORAMAFOTOS der Beispielfotos finden Sie sechs JPEG-Dateien, die ein Gesamtbild ergeben sollen. Die Fotos müssen übrigens nicht unbedingt in Photoshop Elements geöffnet werden.

2 Quelldateien hinzufügen

Wählen Sie ÜBERARBEITEN • PHOTOMERGE • PHOTOMERGE-PANORAMA (nur im Arbeitsbereich EXPERTE verfügbar!). Im folgenden Dialog widmen Sie sich zunächst dem mittleren Frame, QUELLDATEIEN. Hier haben Sie die Möglichkeit, den nächsten Schritt mit einem Klick auf GEÖFFNETE DATEIEN HINZUFÜGEN ❸ einzuleiten (sofern die Dateien im Fotoeditor geöffnet sind) oder auf DURCHSUCHEN ❷ zu klicken, zum Ordner PANORAMAFOTOS zu navigieren und dort die gewünschten Fotos zu markieren. In jedem Fall sollten am Ende links neben den Buttons die Dateinamen der sechs Bilder ❹ angezeigt werden.

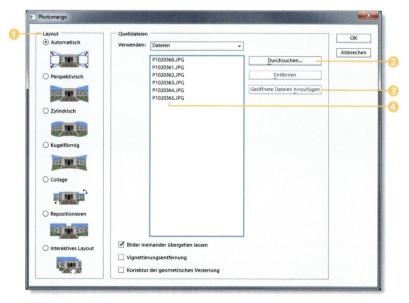

▲ Abbildung 7.22
Im Photomerge-Dialog bestimmen Sie, aus welchen Bildern sich Ihr Panorama zusammensetzen soll.

3 Layout auswählen

Nun können Sie bestimmen, wie die einzelnen Bilder angeordnet werden sollen. Schauen Sie sich dazu die Miniaturen im Bereich LAYOUT 1 einmal etwas genauer an. Sie erklären sehr gut, welches Ergebnis bei Anwahl des jeweiligen Radio-Buttons erreicht wird. In unserem Beispiel ist es in Ordnung, wenn Sie den obersten Button, AUTOMATISCH, angewählt lassen, bevor Sie auf OK klicken. Das sorgt beim vorliegenden Material für ein perspektivisches Ergebnis, wie Sie gleich sehen werden. (Im Anschluss an diesen Workshop erfahren Sie mehr zu den Layout-Funktionen.)

Geöffnete Dateien aussuchen

Wenn Sie neben den gewünschten Panoramafotos noch andere Dateien im Fotoeditor geöffnet hatten, können Sie trotzdem auf GEÖFFNETE DATEIEN HINZUFÜGEN klicken, müssen dann aber die nicht zugehörigen Bilder in der Liste markieren und über den Button ENTFERNEN deselektieren, bevor Sie weitermachen.

▲ Abbildung 7.23
Photoshop Elements rechnet eine Weile.

4 Bildfläche automatisch ausfüllen

Im nächsten Schritt versucht die Anwendung, fehlende Bildbereiche zu ergänzen. Deswegen erscheint ein entsprechender Dialog. Bevor Sie ihn mit JA beantworten, sollten Sie ihn an dessen Kopfleiste ein wenig zur Seite schieben, damit Sie sich das bisherige Resultat der Panorama-Erzeugung ansehen können.

◀ Abbildung 7.24
Am Rand tauchen jede Menge Transparenzen auf. Das ist die Folge einer nicht ordentlich ausgeführten Panoramafotografie. Es fehlen zu viele Bildinhalte.

5 Bild begutachten

Das Ergebnis ist revolutionär, oder? Dennoch sollten Sie das Foto ganz genau prüfen. Es ist nämlich möglich, dass der Anwendung vielleicht doch der eine oder andere Fehler unterlaufen ist. Schauen Sie bei unserem Beispiel einmal in die obere linke Ecke. (Ihr Resultat sieht möglicherweise anders aus und offenbart die Mängel an einer anderen Stelle.) Solche »Rechenfehler« können vorkommen.

▲ Abbildung 7.25
Photoshop Elements weiß glücklicherweise Rat.

Abbildung 7.26 ▶
Oben sind Bildpixel vorhanden, die nicht wirklich dorthin gehören.

Schwierig zu montierende Motive

Die großen Transparenzen, die von Photoshop Elements »künstlich« gefüllt werden mussten, sind die Folge einer schlecht geführten Kamera. Mit Hilfe eines Stativs wäre dieser Umstand vermeidbar gewesen. Dass sich dennoch ein solches Resultat erzeugen lässt, ist umso erfreulicher.

6 Bild ausrichten und freistellen

Lassen Sie uns nun die erforderlichen Reparaturschritte in die Wege leiten: Der Horizont ist nicht ganz gerade, und Sie wollen natürlich auch die fehlberechneten Bildstellen am Rand loswerden. Ich empfehle Ihnen dazu, das Ausrichten des Horizonts und das Freistellen nicht gleichzeitig vorzunehmen (das wäre ja mit dem Gerade-ausrichten-Werkzeug im Modus HINTERGRUND ENTFERNEN prinzipiell möglich). Verwenden Sie stattdessen lieber den Ausrichten-Modus GRÖSSE ANPASSEN, und stellen Sie das Foto anschließend mit Hilfe des Freistellungswerkzeugs frei. Beide Techniken kennen Sie ja bereits.

Das Freistellen bringt allerdings noch ein Problem mit sich. Da die Ränder des Bildes magnetisch sind, springt der Freistellungsrahmen ständig an den Bildrand heran. Das macht das ordentliche Positionieren des Rahmens fast unmöglich. Umgehen Sie das, indem Sie während des Verziehens [Strg]/[cmd] gedrückt halten. Dann kann der Rahmen nicht mehr an den Bildrand springen.

▼ **Abbildung 7.27**
Der Freistellungsrahmen soll die Bildfehler (z. B. oben links) ausgrenzen.

7.4 Photomerge: Panoramen erstellen

▲ Abbildung 7.28
Fertig ist das schicke Panorama.

7 Ebenen reduzieren
Im Ebenen-Bedienfeld wird ersichtlich, dass das Foto aus insgesamt sieben Ebenen besteht. Das sorgt für eine enorme Dateigröße. Deswegen ist zu empfehlen, das Bild nach Fertigstellung zu reduzieren (EBENE • AUF HINTERGRUNDEBENE REDUZIEREN). Um Ihnen dennoch die Möglichkeit zu geben, das Foto ebenenbasiert zu betrachten, wurde dieser Schritt bei der Datei »Panorama_fertig.psd« ausgelassen.

Maskierte Ebenen
Anhand der Beispieldatei lässt sich schön sehen, wie Photoshop Elements zunächst die einzelnen Ebenen maskiert hat. Erst am Schluss ist eine Ebene mit dem Panorama erzeugt worden. Sie liegt im Ebenen-Bedienfeld ganz oben.

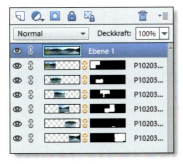

◄ Abbildung 7.29
Die Beispieldatei aus dem ERGEBNISSE-Ordner ist nicht auf den Hintergrund reduziert worden.

Layout-Einstellungen

Je nachdem, welches Layout Sie im Dialog einstellen, erhalten Sie unterschiedliche Resultate:
- AUTOMATISCH: Die Bilder werden von Photoshop Elements analysiert und je nachdem, welches Ergebnis das bessere ist, entweder zylindrisch oder perspektivisch angeordnet.
- PERSPEKTIVISCH: Die Einzelbilder werden perspektivisch gedreht und/oder geneigt. Standardmäßig wird ein mittleres Bild als Referenz herangezogen, und alle anderen werden dann auf Grundlage dieses Fotos entsprechend transformiert.
- ZYLINDRISCH: Hier werden die Bildinhalte zylindrisch aufgezogen, um möglichst alle Überlappungen zueinander in Deckung zu bringen. Für breite Panoramen wie unser Beispielbild ist

7 Bilder ausrichten und Verzerrungen korrigieren

diese Option die am besten geeignete. (Dies ist im vorangegangenen Workshop auch durch die Anwahl von Auto erreicht worden.)

▶ Kugelförmig: Das zusammengesetzte Foto wirkt, als sei es auf eine Kugel aufgebracht worden. Einzelne Fotos werden gewölbt. Der Einsatz dieser Option macht meist nur dann Sinn, wenn das Ausgangsmaterial aus zahlreichen Fotos in mehreren Reihen besteht.

▶ Collage: Die Einzelbilder werden nicht perspektivisch verzerrt, sondern lediglich aneinandergelegt. Einzelne Fotos werden nicht gewölbt.

▶ Repositionieren: Die Quellbilder werden weder gedreht noch geneigt, sondern lediglich an den überlappenden Stellen übereinandergelegt.

▶ Interaktives Layout: Hier lassen sich die Einzelbilder in einem Dialogfenster öffnen, in dem Sie die Fotos selbst nach Wunsch anordnen können.

7.5 Out-of-Bounds

Jetzt setzen wir noch eins drauf. Photoshop Elements ist nämlich mit einem Effekt ausgestattet, der seinesgleichen sucht – gemeint ist die Out-of-Bounds-Routine. Damit werden Ihre Fotos im wahrsten Sinne des Wortes jeden Rahmen sprengen.

▲ Abbildung 7.30
Um diesen Effekt zu erreichen, müssen Sie in der rechten Spalte des Assistenten ganz nach unten scrollen.

Schritt für Schritt
Bildelemente aus dem Rahmen laufen lassen

Das Beispielfoto soll in einen schönen Rahmen gepackt werden. Gleichzeitig wollen wir realisieren, dass der linke Flügel aus dem Bildrahmen hinausragt.

1 Out-of-Bounds starten

Für unser Vorhaben benötigen wir den Assistenten. Aktivieren Sie also den Arbeitsbereich Assistent, und entscheiden Sie sich in der Rubrik Fotospiel für Out-of-Bounds.

2 Rahmen einstellen

Zunächst einmal müssen Sie in der rechten Spalte auf RAHMEN HINZUFÜGEN klicken. Das hat zur Folge, dass in der Bildmitte ein Freistellungsrahmen erzeugt wird. Ziehen Sie diesen an den Eckanfassern in Form, bis die Position in etwa mit Abbildung 7.32 übereinstimmt.

»Bounds.jpg«

◀ Abbildung 7.31
Versuchen Sie den Rahmen in etwa so anzuordnen.

3 Perspektive hinzufügen

Klicken Sie jetzt, während Sie [Strg]/[cmd] gedrückt halten, auf den mittleren Anfasser der untersten Linie ❶. Sie müssen das Quadrat anklicken! (Der Kreis gestattet lediglich die Drehung des Rahmens). Halten Sie die Maustaste gedrückt, und schieben Sie das Quadrat ein wenig nach rechts. Das sorgt später für eine leichte Perspektivwirkung.

◀ Abbildung 7.32
Lassen Sie die Maustaste los, wenn der Rahmen etwas geneigt worden ist.

▲ Abbildung 7.33
Auch hier muss die Aktion mit einem Klick auf den Haken bestätigt werden.

4 Rahmenform bestätigen

Jetzt müssen Sie die Rahmenform bestätigen. Wie üblich machen Sie das, indem Sie das grüne Häkchen unten rechts am Rahmen anklicken. Der Vorgang kann unter Umständen einen Moment dauern. Kurze Zeit später jedoch wird der Bereich um das Foto herum in Weiß angezeigt. Das ist ein Indiz dafür, dass die Aktion abgeschlossen ist. Machen Sie jetzt bitte nicht den Fehler, noch einmal auf das Häkchen zu klicken.

5 Rahmen anpassen

Dass jetzt noch immer ein Freistellungsrahmen sowie die dazugehörigen Overlay-Steuerelemente (Häkchen und Halt-Symbol) angezeigt werden, hat einen einfachen Grund: Bislang ist nur der Bildausschnitt definiert worden. Jetzt bestimmen Sie, wie groß der Rahmen werden soll. Wenn Sie einen breiten Rahmen wünschen, sollten Sie die Eckanfasser noch ein wenig nach außen ziehen. Wenn Sie dabei [Alt] gedrückt halten, erweitern Sie die gegenüberliegende Seite gleich mit. Danach bestätigen Sie abermals mit dem Häkchen.

Abbildung 7.34 ▶
Langsam kann man erkennen, was es werden soll.

6 Schnellauswahl erzeugen

Scrollen Sie jetzt in der rechten Spalte der Anwendung so weit nach unten, bis Sie zum Auswahlwerkzeug gelangen. Klicken Sie auf den Button ❶. Dabei müssen Sie sich unbedingt davon überzeugen, dass die Schaltfläche wirklich eingedrückt dargestellt wird. Ist das nicht der Fall, muss der Mausklick eventuell wiederholt werden.

▲ **Abbildung 7.35**
Das Auswahlwerkzeug ist jetzt aktiv.

Stellen Sie in der Optionsleiste eine Größe von 25 bis 30 Px ein, und wischen Sie vorsichtig über den Bereich des linken Flügels. Dadurch wird eine Auswahl erzeugt. Gerne können Sie kurzzeitig absetzen und nach einem erneuten Mausklick weitere Bereiche aufnehmen. Sollten Sie zu viel aufgenommen haben, halten Sie [Alt] gedrückt und entfernen diesen Bereich durch nochmaliges

Wischen oder kurze Mausklicks. Hierbei ist dann die Spitze auf etwa 10 Px zu verkleinern. Wenn an den Flügelspitzen dennoch ein wenig vom Hintergrund mit in die Auswahl gelangt ist, macht das gar nichts. Das wird später korrigiert.

◀ **Abbildung 7.36**
Wichtig ist, dass vor allem die Teile des Flügels in die Auswahl aufgenommen werden, die sich jenseits des Rahmens befinden.

7 Effekt erstellen

Etwas weiter unten in der rechten Spalte der Anwendung ist die Taste OUT-OF-BOUNDS-EFFEKT ❷ zu finden. Klicken Sie darauf, und warten Sie, bis die Auswahlkante automatisch gelöscht worden ist. Fügen Sie noch einen mittelgroßen Schatten hinzu, indem Sie die Taste MITTEL ❹ anklicken.

8 Verlauf hinzufügen

Bevor Sie den Assistenten verlassen, sollten Sie noch einen HINTERGRUNDVERLAUF HINZUFÜGEN ❸. Nachdem Sie den gleichnamigen Button angeklickt haben, öffnet sich der Dialog NEUE EBENE. Hier ist in unserem Fall nichts Spannendes zu erledigen, weshalb gleich ein Klick auf OK erfolgen kann.

▲ **Abbildung 7.37**
Mit diesen Steuerelementen geht es weiter.

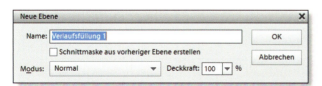

◀ **Abbildung 7.38**
Klicken Sie direkt auf OK.

Der erscheinende Dialog, VERLAUFSFÜLLUNG, ist wesentlich interessanter. In der obersten Zeile wird ein weißgrauer Verlauf angeboten. Da dieser nicht zum Bild passt, setzen Sie einen Mausklick mitten darauf ❶ (siehe Abbildung 7.39). Dadurch öffnet sich ein zweites Dialogfeld namens VERLÄUFE BEARBEITEN.

Die kleinen Quadrate im obersten Feld stellen bereits vordefinierte Verläufe dar. Suchen Sie per Mausklick einen aus, der Ihnen gefällt. Wie wäre es beispielsweise mit ORANGE, GELB, ORANGE ❷? Bestätigen Sie anschließend diesen und den darunter befindlichen Dialog mit OK.

▲ **Abbildung 7.39**
Ein Mausklick sorgt dafür, dass Sie einen anderen Verlauf bestimmen können.

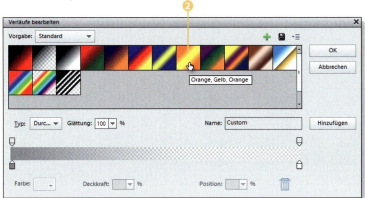

▲ **Abbildung 7.40**
Dieser Verlauf soll es sein.

9 Ebenenmaske markieren

Zuletzt klicken Sie ganz unten auf FERTIG und kehren wieder zur Bearbeitungsansicht EXPERTE zurück. Werfen Sie einen Blick auf das Ebenen-Bedienfeld.

Suchen Sie die Ebene, die den Flügel repräsentiert, der aus dem Rahmen hinausragt. Da die Ebene als Einzige mit einer schwarz-weißen Maskenminiatur versehen ist, lässt sich diese gut ausfindig machen. Sorgen Sie dafür, dass genau diese Maskenminiatur ❸ (nicht die Bildminiatur!) per Mausklick angewählt wird (sie wird dann blau umrahmt).

▲ **Abbildung 7.41**
Da hat sich ja ganz schön was getan.

▲ **Abbildung 7.42**
Erst wenn diese Miniatur umrahmt ist, dürfen Sie fortfahren.

10 Flügel ausbessern

Sicher ist der linke Flügel noch nicht so optimal gelungen. Zoomen Sie etwas auf die Problemstellen ein, aktivieren Sie den Pinsel, und entfernen Sie mit schwarzer Vordergrundfarbe die Bereiche, die dem Hintergrund zuzuordnen sind. Stellen, an denen etwas vom Flügel fehlt, lassen sich mit weißer Vordergrundfarbe wieder ins Bild hineinmalen. Zur Erinnerung: Zwischen Schwarz und Weiß können Sie mit X auf Ihrer Tastatur hin- und herspringen. Zudem lässt sich die Pinselspitze schnell mit # verkleinern sowie mit ⇧+# vergrößern.

▲ Abbildung 7.43
Jetzt geht es an die Feinarbeit.

▲ Abbildung 7.44
Das ist ein wünschenswertes Ergebnis.

◀ Abbildung 7.45
Na, wie gefällt es Ihnen?

Editierbarkeit eines Out-of-Bounds-Fotos

Noch ein wichtiger Hinweis zum Schluss: Da sämtliche Schritte automatisch in Form von Ebenen angelegt worden sind, lassen sich auch sämtliche Elemente des Fotos nachträglich noch bearbeiten. Markieren Sie beispielsweise die Ebene Rahmen, kann der Rahmen über Bild • Transformieren • Frei transformieren noch verkleinert oder vergrößert werden. Möchten Sie ihn umfärben, erledigen Sie das mit Bearbeiten • Ebene füllen. (Vergessen Sie nicht, im folgenden Dialog Transparente Bereiche schützen anzuwählen!) Ebenso haben Sie noch vollen Zugriff auf den Verlauf. Dazu klicken Sie doppelt auf die vordere Miniatur. Diese einmaligen Möglichkeiten offerieren sich ausschließlich dadurch, dass Photoshop Elements auch im Assistenzbereich ebenenbasiert arbeitet. Echt cool, oder?

▲ Abbildung 7.46
Ein Doppelklick auf die Ebenenminiatur bringt den Dialog Verlaufsfüllung zurück.

7.6 Bilderstapel erstellen

Abschließend möchte ich Ihnen noch eine Funktion vorstellen, deren tatsächliche Leistungsfähigkeit auf den ersten Blick gar nicht ersichtlich wird. Sie sorgt für verblüffende Effekte und bleibt auch für den Einsteiger absolut intuitiv bedienbar.

»Stapel.jpg«

Schritt für Schritt
Ein Foto in Teilbereiche zerlegen und mit Bilderrahmen versehen

Fotos mit einem dünnen weißen Bilderrahmen haben auch in der digitalen Welt nach wie vor ihren Reiz. Mit der Funktion BILDER-STAPEL gehen Sie allerdings noch einen Schritt weiter: Denn hier wird ein Foto in mehrere Bilder zerlegt, die dann attraktiv übereinandergelegt werden.

1 Foto öffnen

Nachdem Sie das Beispielfoto geöffnet haben, gehen Sie über den Arbeitsbereich ASSISTENT in die Rubrik FOTOSPIEL und entscheiden sich für den Eintrag BILDERSTAPEL. Wenn Sie mit der Maus über die oberste Miniatur in der rechten Spalte fahren, erhalten Sie eine Vorher-nachher-Skizze vom zu erwartenden Effekt.

▲ Abbildung 7.47
Gleich wird Nadine im wahrsten Sinne des Wortes in Einzelteile zerlegt.

Abbildung 7.48 ▶
Ein Vorschaubild in der rechten Spalte visualisiert den Effekt.

2 Effekt anwenden

Die Anwendung des eigentlichen Effekts ist so simpel, dass wir hier nicht weiter insistieren müssen. Für das Beispiel entscheiden Sie sich unter 1. für 4 BILDER. Benutzen Sie zudem die Rahmenbreite MITTEL. Ändern Sie unter 3. noch den Hintergrund auf FARBFLÄCHE.

Bestätigen Sie die folgende Abfrage mit OK, und wählen Sie eine bevorzugte Farbe aus dem Farbwähler. (Wie der funktioniert, haben Sie ja bereits im Abschnitt »Farben für eine Auswahl« auf Seite 128 in Erfahrung gebracht.) Ein Tipp: Sie können auch den Dialog mit dem Mauszeiger verlassen und auf eine bestimmte Stelle des Bildes klicken. Das hat dann zur Folge, dass die dort gültige Farbe den Hintergrund des Fotos zieren wird. Vielleicht wäre ein helles Blau (wie es in der Jeans zu finden ist) ganz okay, was meinen Sie?

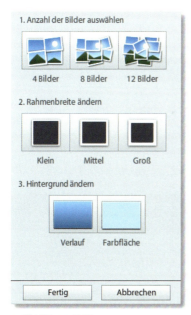

▲ Abbildung 7.49
Das gewünschte Resultat ist schnell »zusammengeklickt«.

▲ Abbildung 7.50
»Picken« Sie die gewünschte Hintergrundfarbe aus dem Bild heraus.

3 Aktion abschließen

Nachdem sie mit OK bestätigt haben, müssen Sie unten rechts in der Anwendung noch auf FERTIG klicken. Wer meint, damit wäre die Arbeit erledigt, der irrt gewaltig, denn jetzt geht es an die Ausgestaltung des Fotos. Besonders die Fläche um die Bildteile herum ist von Photoshop Elements leider etwas knapp bemessen worden.

7 Bilder ausrichten und Verzerrungen korrigieren

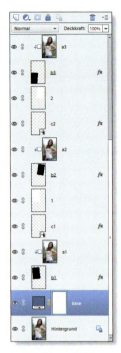

▲ **Abbildung 7.51**
Hier ist nur ein Teil der Ebenen sichtbar. Insgesamt gibt es 18.

Abbildung 7.52 ▶
Das oberste Checkbox in der Zeile muss aktiv sein.

Abbildung 7.53 ▶
Ordnen Sie die Bildausschnitte nach Ihren Wünschen neu an.

4 Ebenen-Bedienfeld ansehen

Begeben Sie sich bitte wieder in den Modus EXPERTE, und werfen Sie einen Blick auf das Ebenen-Bedienfeld. Hier hat sich nämlich mächtig was getan. Das Foto besteht jetzt aus 18 Ebenen. Sie müssen sogar scrollen, um die untersten sehen zu können. Darüber hinaus sind alle Ebenen bei Bedarf einzeln editierbar.

5 Fläche vergrößern

Lassen Sie sich zunächst das gesamte Foto anzeigen. Das machen Sie, wie Sie ja wissen, mit Hilfe eines Freistellungsrahmens. Im Herder-Workshop auf Seite 223 dieses Kapitels haben Sie diese Technik ja bereits angewendet. Diese Aktion ist zwar nicht unbedingt erforderlich, hilft aber bei der weiteren Gestaltung des Fotos.

6 Ausschnitte verschieben

Aktivieren Sie jetzt das Verschieben-Werkzeug (per Klick auf [V]), und sorgen Sie dafür, dass in der Optionsleiste EBENE AUTOMATISCH WÄHLEN aktiv ist. Dann müssen Sie die Ebene, die bearbeitet werden soll, nicht selbst im Ebenen-Bedienfeld suchen und aktivieren, sondern können dies Photoshop Elements überlassen.

Klicken Sie nun im Foto auf einen der vier Bildausschnitte (beispielsweise Nadines Gesicht), halten Sie die Maustaste gedrückt, und verschieben Sie den jeweiligen Rahmen nach Wunsch.

7 Foto erneut freistellen

Wenn Sie mögen, schneiden Sie das Foto doch am Schluss nach Wunsch zu. Dazu muss das Freistellungswerkzeug (per Klick auf C) in der Optionsleiste auf KEINE BESCHRÄNKUNG gestellt werden. Ein mögliches Endergebnis finden Sie im ERGEBNISSE-Ordner der beiliegenden DVD. Dabei handelt es sich um ein ebenenbasiertes PSD-Dokument.

▲ **Abbildung 7.54**
Aus eins mach vier – ein schöner Effekt.

Farben eindrucksvoll nachbearbeiten

Bilder farbig aufwerten oder verfremden

- Wie kann ich ein Bild farblich verfremden, und wie werden Farben verbessert?
- Wie können bestimmte Bildbereiche umgefärbt werden?
- Wie ändere ich die Augenfarbe im Porträt?
- Wie lässt sich ein Farbstich entfernen?
- Wie werden Schwarzweißbilder erstellt?

8 Farben eindrucksvoll nachbearbeiten

Photoshop Elements rückt korrekturbedürftigen Fotos mit zahlreichen Mitteln zu Leibe. Besonders in Sachen Farbkorrektur ist so einiges möglich. In diesem Kapitel lernen Sie grundlegende und erweiterte Techniken kennen.

8.1 Farbveränderungen im gesamten Bild

Korrektur und Veränderung von Farbe sind wichtige Bestandteile der digitalen Bildbearbeitung: Nicht immer kommen die Farben im fertigen Foto so zur Geltung, wie Sie es sich wünschen. Daher bietet Photoshop Elements zahlreiche Werkzeuge und Funktionen, um diesem Umstand Abhilfe zu schaffen.

Fotos farblich verfremden

»Kugel.jpg«

Wenn Sie ein Foto nicht korrigieren, sondern verfremden wollen, bietet sich FARBVARIATIONEN an. Hierbei können Sie im Gegensatz zur Korrektur richtig schön experimentieren.

Schritt für Schritt
Ein Bild mit den Farbvariationen verfremden

Lassen Sie uns einmal ein wenig experimentieren, was sich mit dem Beispielfoto so alles anstellen lässt.

1 Farbvariationen-Dialog öffnen
Wählen Sie im Arbeitsbereich EXPERTE aus, und entscheiden Sie sich für die FARBVARIATIONEN, die über das Menü ÜBERARBEITEN • FARBE ANPASSEN erreichbar sind. Idealerweise schieben Sie den Dialog etwas zur Seite, damit Sie das Foto gut sehen können.

▲ **Abbildung 8.1**
Die Ausgangsdatei soll farblich verändert werden.

Farbveränderungen im gesamten Bild **8.1**

Die beiden großen Bilder im oberen Bereich erlauben den direkten Vorher-nachher-Vergleich, noch bevor die Änderungen letztendlich an die Datei weitergegeben werden. Das heißt: Sie können zunächst in aller Ruhe ausprobieren. Natürlich sind beide Miniaturen derzeit noch identisch, da Sie ja noch keine Änderungen vorgenommen haben.

2 Bildbereich auswählen

Achten Sie einmal auf die Radio-Buttons im unteren linken Bereich des Fensters. Hier sollten Sie nämlich vor der nächsten Veränderung stets zuerst festlegen, ob Sie die Mitteltöne, Tiefen, Lichter oder sogar die Sättigung bearbeiten wollen. Aktivieren Sie, sofern er nicht bereits ausgewählt ist, den Radio-Button MITTELTÖNE ❶.

3 Mitteltöne verändern

Die Miniaturen rechts neben den Radio-Buttons präsentieren nicht nur eine kleine Vorauswahl dessen, was hier möglich ist, sondern fungieren obendrein noch als Schaltflächen. Per Mausklick auf eine der Miniaturen leiten Sie schrittweise die gewünschte Änderung ein. Wie stark die Veränderung je Mausklick werden soll, regeln Sie mit Hilfe des kleinen Schiebers STÄRKE ❷. (Stellen Sie das bitte *vor* dem Klick auf die Miniatur ein!)

Bildbereiche

Während mit TIEFEN die dunklen Farbbereiche eines Bildes gemeint sind, spiegeln die LICHTER die hellen Töne wider. MITTELTÖNE hingegen beinhalten den Bereich zwischen dunklen und hellen Farbinformationen, also eher die nicht besonders hellen und dunklen Bereiche.

Verwechseln Sie diese Tonwerte bitte nicht mit der SÄTTIGUNG, die nämlich die **Intensität** der Farbe (die Leuchtkraft) verändert.

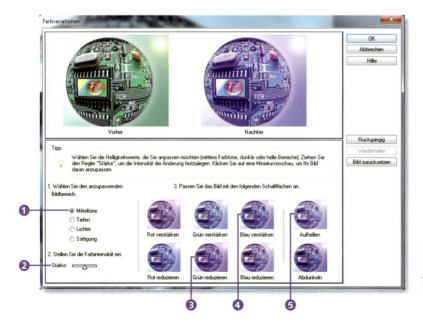

◀ **Abbildung 8.2**
Das Nachher-Bild sieht schon jetzt ganz anders aus als das Original.

8 Farben eindrucksvoll nachbearbeiten

Rückgängig und Bild zurücksetzen

Falls Sie mit den Veränderungen nicht zufrieden sind, verwenden Sie den Button BILD ZURÜCKSETZEN auf der rechten Seite. Danach werden alle Veränderungen widerrufen, die Sie vorgenommen haben. Entscheiden Sie sich für RÜCKGÄNGIG, falls Sie nur den letzten Mausklick verwerfen wollen. WIEDERHOLEN (nur verfügbar, wenn zuvor ein Schritt rückgängig gemacht worden ist) hebt den letzten RÜCKGÄNGIG-Schritt wieder auf.

Abbildung 8.3 ▶
So wird die Platine nicht ganz so bunt.

Je mehr Sie den Regler nach rechts stellen, desto drastischer fallen die Veränderungen aus. Diesen Schieber sollten Sie jetzt aber mittig stehen lassen und danach dreimal auf BLAU VERSTÄRKEN ❹ klicken – gefolgt von zweimaligem GRÜN REDUZIEREN ❸. Zuletzt klicken Sie ein- bis zweimal auf AUFHELLEN ❺, da das Bild ansonsten zu dunkel wird.

4 Sättigung verringern

Finden Sie nicht auch, dass das Ergebnis jetzt ein wenig zu »bunt« ausfällt? Aktivieren Sie deshalb den Radio-Button SÄTTIGUNG, ziehen Sie den Regler STÄRKE eine Stufe nach links, und klicken Sie anschließend einmal auf WENIGER SÄTTIGUNG. So ist es besser, oder? Bestätigen Sie mit OK.

▲ **Abbildung 8.4**
So wirkt das Bild auch ganz nett.

Farbveränderungen im gesamten Bild 8.1

Variationen widerrufen | Wenn Sie den FARBVARIATIONEN-Dialog mit OK verlassen haben und anschließend einen Schritt rückgängig machen (z. B. über ⌈Strg⌉/⌈cmd⌉+⌈Z⌉), werden alle Veränderungen, die Sie in den Variationen vorgenommen haben, mit diesem einen RÜCKGÄNGIG-Schritt widerrufen!

Mehrere Variationen

Falls Sie bereits einmal den FARBVARIATIONEN-Dialog mit OK verlassen haben, wird nach einer erneuten Aktivierung unter VORHER nicht mehr das Ursprungsbild, sondern der Zustand *nach* der ersten Variation angezeigt.

Fotos farblich korrigieren

Im folgenden Workshop werden Sie keine Verfremdung, sondern eine Korrektur durchführen. Das ginge zwar mit den Farbvariationen prinzipiell auch; doch da hat Photoshop Elements etwas viel Effektiveres in petto.

Schritt für Schritt
Farben mit dem Assistenten verbessern

Öffnen Sie das Beispielfoto, und begutachten Sie es. Schöne Aufnahme, nur leider etwas blass, oder? Die Farben wirken ziemlich ausgewaschen, und es mangelt an Leuchtkraft.

»Farbe.tif«

◄ Abbildung 8.5
Na ja, farbenfroh ist irgendwie anders.

1 Farbkorrektur einleiten

Wechseln Sie zum ASSISTENTEN. Im Bereich RETUSCHEN der rechten Spalte entscheiden Sie sich für FARBEN VERBESSERN. Wie Sie

253

8 Farben eindrucksvoll nachbearbeiten

das vom Assistenten her kennen, werden jetzt nur die Steuerelemente gelistet, die Sie zur Korrektur benötigen.

2 Farbton ändern

Stimmen Sie zu, wenn ich behaupte, dass das Foto ein wenig grünlastig ist? Dabei meine ich nicht so sehr den Hintergrund wie die Hautfarbe. Dem können Sie entgegenwirken, indem Sie den Regler FARBTON ❷ ein wenig nach links schieben. Damit verschieben Sie allerdings das gesamte Farbspektrum des Bildes, was Sie zu erhöhter Vorsicht verleiten sollte. So etwa bei −6 sollte Schluss sein (beachten Sie die QuickInfo ❶).

3 Sättigung erhöhen

Jetzt geht es der Tristesse an den Kragen. Ziehen Sie dazu den Regler SÄTTIGUNG ❸ nach rechts (das erhöht die Intensität, sprich: die Leuchtkraft der Farben). Sie dürfen hier weitaus mehr geben als beim Farbton. Gehen Sie auf 25 bis 30.

▲ Abbildung 8.6
Gehen Sie bitte mit Feingefühl an die Sache heran.

▲ Abbildung 8.7
Das Ziehen nach rechts bringt die Leuchtkraft der Farben zurück.

▲ Abbildung 8.8
Eine Verringerung der Helligkeit kräftigt das Foto.

4 Helligkeit reduzieren

Damit das Foto jetzt noch ein wenig mehr Zeichnung bekommt, ziehen Sie den Regler HELLIGKEIT ❹ nach links. Hier sollten Sie einen Wert von ca. −5 anstreben. Das Foto wird zwar dadurch ein wenig abgedunkelt, wirkt jedoch kontrastreicher.

Farbveränderungen im gesamten Bild 8.1

◂ **Abbildung 8.9**
Im direkten Vergleich wird klar: Diese Korrektur war bitter nötig.

Farbton und Sättigung verändern

Der Dialog FARBTON/SÄTTIGUNG ANPASSEN, der in der Arbeitsumgebung EXPERTE mit ÜBERARBEITEN • FARBE ANPASSEN oder [Strg]/[cmd]+[U] aufgerufen wird, erlaubt zunächst einmal die gleichen Veränderungen, die auch im soeben benutzten Assistenzbereich möglich gewesen sind. Die drei dort beschriebenen Regler sind auch hier zu finden.

Allerdings existieren hier noch weitere Möglichkeiten: Nehmen Sie ein beliebiges Foto, und lassen Sie sich den Dialog FARBTON/SÄTTIGUNG anzeigen. Bewegen Sie den Schieber FARBTON nach links und rechts. Beobachten Sie dabei, wie sich der untere Farbumfang ❷ gegenüber dem Standardspektralbereich ❶ verschiebt. Das gelingt mit *jedem* Farbfoto.

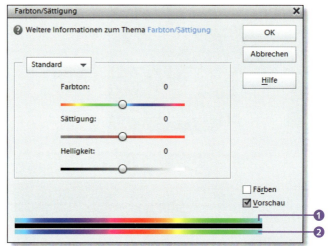

Abbildung 8.10 ▶
Der Dialog FARBTON/SÄTTIGUNG – eine wahre Fundgrube für Bildverfremdungen

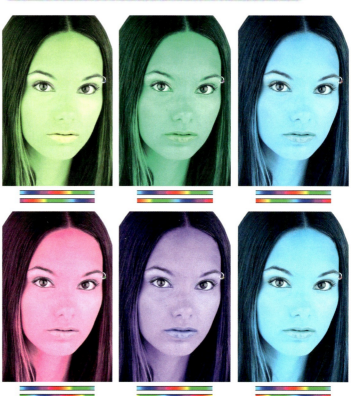

Abbildung 8.11 ▶
Farbtöne oben: 60, 120, 180; unten: −60, −120, −180

Farbveränderungen im gesamten Bild 8.1

Natürlich werden bei dieser Vorgehensweise alle Bildbereiche verändert – zumindest solange Sie STANDARD im Pulldown-Menü ❸ stehen lassen. Das kann zwar zu netten Ergebnissen führen, wird jedoch in den seltensten Fällen das sein, was Sie sich wünschen. Wollen Sie einzelne Farbbereiche separiert von den anderen beeinflussen, müssen Sie diese zuvor im erwähnten Pulldown-Menü auswählen. Selektieren Sie dort beispielsweise GELBTÖNE, wirken sich die anschließenden Veränderungen nur auf diesen Farbbereich aus.

Schwarz und Weiß

Bei dieser Art der Bildmanipulation werden gewöhnlich reinweiße und schwarze Pixel ausgegrenzt. Geringste Farbanteile bewirken jedoch gleich eine Änderung. An den Augen ist das besonders gut zu erkennen. Setzen Sie diese Technik also behutsam ein. Oft ist es ratsam, mit dem Schieberegler die Sättigung oder Helligkeit ebenfalls leicht zu korrigieren.

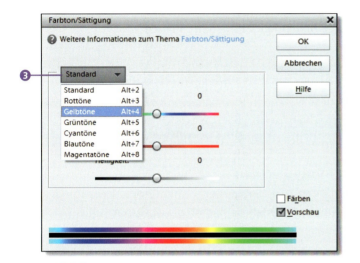

▲ **Abbildung 8.12**
Die Auswirkungen der Korrektur lassen sich vorab auf bestimmte Farbbereiche begrenzen.

Der Vollständigkeit halber sei noch erwähnt, dass Sie anstatt der direkten Zuweisung einer Farbveränderung auch sogenannte Einstellungsebenen verwenden könnten. Dafür betätigen Sie zunächst das kleine grau-weiße Kreisfeld ❹ im Ebenen-Bedienfeld und entscheiden sich anschließend für den gewünschten Eintrag (hier: FARBTON/SÄTTIGUNG).

Der Vorteil dieser Methode: Die Korrektur wird jetzt nicht mehr direkt an das Foto übergeben, sondern liegt in einer separaten Ebene darüber. Dadurch können Sie zu jeder Zeit auf Grundlage des Originals nachkorrigieren. (Mit dem Thema Einstellungsebenen beschäftigen wir uns intensiver im Abschnitt »Einstellungsebenen zur Tonwertkorrektur verwenden« auf Seite 315.)

▲ **Abbildung 8.13**
Die Arbeit mit Einstellungsebenen ist immer dann zu empfehlen, wenn zu erwarten ist, dass Sie später noch einmal nachkorrigieren müssen.

8 Farben eindrucksvoll nachbearbeiten

Farbstiche entfernen

Bei grellem Sonnenlicht oder Kunstlicht driften Ihre Fotos schnell ins Blaue ab. Hier ist ein gezieltes Entfernen der Farbstiche angesagt. Und das ist viel einfacher, als es auf den ersten Blick scheinen mag. Photoshop Elements hält nämlich eine leicht anzuwendende Funktion bereit, die meist wirklich überzeugende Resultate abliefert.

»Farbstich.tif«

Schritt für Schritt
Farbstich per Mausklick entfernen

Insbesondere verschneite Landschaften sind geradezu »anfällig« für Farbstiche, wie auch das Beispielfoto zeigt. Das Entfernen dieses Farbstichs ist jedoch eine Sache von wenigen Mausklicks. Auch in diesem Workshop gehen wir noch einen Schritt weiter und bringen das Foto zusätzlich noch zum Leuchten.

1 Farbstich-Dialog öffnen

Es gibt zwar einen Assistenten, der in den RETUSCHEN zu finden ist, doch der hat nicht mehr zu bieten als ÜBERARBEITEN • FARBE ANPASSEN • FARBSTICH ENTFERNEN in der Ansicht EXPERTE.

▲ Abbildung 8.14
Ein Bild mit leicht erkennbarem Blaustich

Abbildung 8.15 ▶
Der Dialog zum Entfernen des Farbstichs ist recht übersichtlich.

2 Farbstich entfernen (Weißabgleich)

Nun müssen Sie einen Farbbereich innerhalb des Bildes finden, den Sie als weiß interpretieren möchten. (Für alle Fotografen: Sie machen jetzt eigentlich nichts anderes als einen nachträglichen Weißabgleich.) Klicken Sie irgendwo in den Schnee. Nehmen Sie jedoch keine zu hellen oder zu dunklen Bereiche. Die Schatten sind komplett tabu. Klicken Sie mit der automatisch aktivierten Pipette darauf, und bestätigen Sie mit OK. Voilà, das Bild ist gerettet!

8.1 Farbveränderungen im gesamten Bild

3 Foto heller machen

Bei diesem Foto bietet es sich geradezu an, die Landschaft zu erhellen (obwohl Belichtung erst in Kapitel 9 an der Reihe ist). Duplizieren Sie den Hintergrund ([Strg]/[cmd]+[J] oder EBENE • NEU • EBENE DURCH KOPIE). Danach stellen Sie die Füllmethode ❶ von NORMAL auf NEGATIV MULTIPLIZIEREN. Verringern Sie zuletzt die DECKKRAFT ❷ auf etwa 60 %.

▲ Abbildung 8.17
So sollte das Ebenen-Bedienfeld am Ende aussehen.

▲ Abbildung 8.16
Die Füllmethode NEGATIV MULTIPLIZIEREN sorgt für eine kräftige Erhellung des Fotos.

Wie Sie sehen, haben wir mit einfachen Mitteln den Blaustich entfernt und ein realistisches Winterszenario erstellt.

Korrektur verwerfen

Sollten Sie versehentlich einen Farbstich ins Bild hineinprojiziert haben, klicken Sie auf ZURÜCK, und versuchen Sie es erneut.

▲ Abbildung 8.18
Zwei Welten treffen aufeinander.

Technisch gesehen haben Sie jetzt, wie bereits erwähnt wurde, einen Weißabgleich durchgeführt. Beim Mausklick mit der Pipette haben Sie der Anwendung mitgeteilt, dass der angeklickte Punkt weiß dargestellt werden soll. Entsprechend musste Photoshop Elements daraufhin lediglich die Werte für die vorhandenen Farbkanäle korrigieren.

8.2 Punktuelle Farbveränderungen

Die im letzten Workshop vorgenommene Korrektur hat sich auf das gesamte Foto ausgewirkt. Das ist auch in Ordnung so weit – zumindest wenn auch das gesamte Foto korrigiert werden soll. Oftmals ist das aber in der digitalen Bildbearbeitung nicht so. Was ist zu tun, wenn nur bestimmte Bereiche eines Fotos korrigiert werden müssen?

Schritt für Schritt
Einen Leuchtturm umfärben

»Leuchtturm.jpg«

Wir werden diesem schönen Leuchtturm jetzt eine neue Farbe verpassen. Dabei soll verhindert werden, dass sich auch der Rest des Fotos verändert.

Abbildung 8.19 ▶
Rot-weiß ist zwar typisch für einen Leuchtturm, doch das soll uns nicht daran hindern, ihm einen neuen Anstrich zu verpassen.

1 Ebene duplizieren
Sorgen Sie bitte dafür, dass Sie sich im Modus EXPERTE befinden, da der erste Schritt im Ebenen-Bedienfeld zu erfolgen hat. Dupli-

zieren Sie den Hintergrund. Dazu gibt es mehrere Möglichkeiten: Entweder Sie wählen EBENE • NEU • EBENE DURCH KOPIE, oder Sie drücken [Strg]/[cmd]+[J]. Die dritte Option: Klicken Sie auf die Hintergrundebene, und ziehen Sie diese mit gedrückter Maustaste auf die Schaltfläche NEUE EBENE ERSTELLEN. Dort angekommen, lassen Sie los.

◂ **Abbildung 8.20**
Auch Ziehen und Fallenlassen (links) ist eine Option. Am Ende sollte die Ebene zweimal vorhanden sein (rechts).

2 Farbton verändern

Als Nächstes muss die Farbe verändert werden. Wie Sie ja bereits wissen, geht das mit ÜBERARBEITEN • FARBE ANPASSEN • FARBTON/SÄTTIGUNG ANPASSEN. Stellen Sie das Pulldown-Menü von STANDARD auf ROTTÖNE ❶ um. Mit Hilfe des Reglers FARBTON ❷ legen Sie danach die gewünschte Zielfarbe fest. Dabei richten Sie Ihr Augenmerk bitte ausschließlich auf den Leuchtturm. Dass dabei Teile der Umgebung ebenfalls mit eingefärbt werden, soll hier vernachlässigt werden. Im Buchbeispiel ist der FARBTON-Regler übrigens ganz nach links gezogen worden (–180). Bestätigen Sie mit OK.

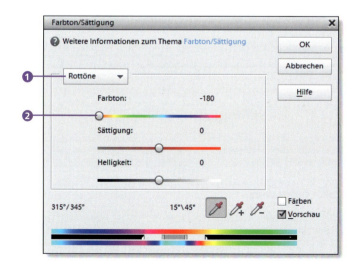

◂ **Abbildung 8.21**
Dass sich die Farbe auch in anderen Bereichen ändert, soll uns an dieser Stelle nicht weiter stören.

8 Farben eindrucksvoll nachbearbeiten

3 Ebenenmaske erzeugen

Die große Kunst ist es nun, Bereiche, die nicht mit eingefärbt werden sollen, wieder in den Originalzustand zurückzuversetzen. Dazu benötigen Sie eine Ebenenmaske. Klicken Sie daher auf das Symbol EBENENMASKE HINZUFÜGEN in der Kopfleiste des Ebenen-Bedienfelds ❶. Die Folge: Es wird eine Maskenminiatur ❷ hinzugefügt.

4 Maske invertieren

Schauen Sie sich die Ebenenmaskenminiatur genau an. Sie ist weiß. Das bedeutet: Alles auf der oberen Ebene ist sichtbar. Das können Sie umstellen. Drücken Sie dazu die Tastenkombination [Strg]/[cmd]+[I]. Jetzt ist die Maske schwarz, und das Bild befindet sich optisch wieder im Originalzustand.

Schwarze Maske erzeugen

Die Maske lässt sich zum Zeitpunkt der Erzeugung auch direkt mit schwarzer Farbe füllen. Um das zu erreichen, müssen Sie [Alt] gedrückt halten, während Sie auf das Symbol EBENENMASKE HINZUFÜGEN klicken.

▲ Abbildung 8.22
Ohne Ebenenmaske geht es nicht.

▲ Abbildung 8.23
Bei schwarzer Ebenenmaske ist die obere Ebene komplett unsichtbar.

5 Pinsel einstellen

Zuletzt müssen Sie noch dafür sorgen, dass Teile der obersten Ebene wieder freigelegt werden. Das machen Sie am besten mit einem weichen Pinsel und einer Größe von etwa 100 bis 120 Px.

Abbildung 8.24 ▶
Jetzt wird gepinselt.

6 Leuchtturm übermalen

Sorgen Sie dafür, dass Weiß als Vordergrundfarbe eingestellt ist. (Sollte dort Schwarz eingestellt sein, drücken Sie [X] auf Ihrer Tastatur.) Prüfen Sie, ob die Ebenenmaske aktiviert ist ❸, und malen

Sie jetzt von oben nach unten über den Leuchtturm. Achten Sie aber darauf, dass Sie die benachbarten Häuser nicht versehentlich mit erwischen. Sollte das passieren, stellen Sie wieder Schwarz als Vordergrundfarbe ein und pinseln damit erneut über die Häuser.

◀ **Abbildung 8.25**
Während des Pinselns setzt sich die gewünschte Farbe durch.

Am Ende dieses Workshops ist es sinnvoll, die obere Ebene aufzulösen. Das machen Sie, wie Sie ja bereits wissen, im Fenstermenü des Ebenen-Bedienfelds oder über das Ebenen-Menü (Auf Hintergrundebene reduzieren). Das Endergebnis finden Sie auch im Ergebnisse-Ordner. Hier sind allerdings zur besseren Anschauung die Ebenen erhalten geblieben.

▲ **Abbildung 8.26**
Das ist doch einmal ein poppiger Leuchtturm, oder?

8 Farben eindrucksvoll nachbearbeiten

Anspruchsvollere Farbveränderungen

Immer dann, wenn keine Farben mehr im Spiel sind (Schwarz, Weiß, Grau) ist eine reale Farbmanipulation prinzipiell unmöglich. Manchmal kommen Sie deshalb nicht umhin, mit einer Kombination aus manuell erzeugten Auswahlbereichen und Farbveränderungen zu arbeiten. Der folgende Workshop zeigt, welche grundsätzlichen Möglichkeiten es gibt. Diese Technik sollten Sie sich unbedingt zu Nutze machen, da sie sich für fast alle punktuellen Farbveränderungen verwenden lässt – ganz unabhängig davon, mit welchen Motiven Sie es zu tun haben.

Schritt für Schritt
Die Augenfarbe ändern

»Frau_mit_Schirm.tif«

Öffnen Sie doch einmal die Datei »Frau_mit_Schirm.tif«. Die Augenfarbe soll jetzt geändert werden. Möchten Sie sich auch einmal davon überzeugen, wie sich blaue Augen bei ihr machen würden?

© Miodrag Gajic – fotolia.de

Abbildung 8.27 ▶
Das Model in der Ausgangsdatei mit braunen Augen

1 Ausschnitt vergrößern
Aktivieren Sie zunächst die Lupe ⓩ, und klicken Sie mehrfach auf das rechte Auge. Es sollte gut und gerne mit 800 bis 1.200 % Vergrößerung dargestellt werden.

2 Ellipse-Werkzeug einstellen
Jetzt müssen die Augen mit Hilfe zweier Auswahlen eingegrenzt werden. Aktivieren Sie deshalb das Auswahlellipse-Werkzeug.

Geben Sie dem Tool eine harte Kante (genauer gesagt, eine Weiche Kante von 0 Px), und wählen Sie Seitenverhältnis: Normal. Schalten Sie außerdem bereits jetzt die Funktion Hinzufügen ein. Wenn Sie nämlich Neue Auswahl stehen ließen, würde die erste Auswahl beim Erzeugen der zweiten aufgehoben. Es wäre also nicht möglich, beide Augen einzugrenzen.

◄ Abbildung 8.28
Stellen Sie das Auswahlellipse-Werkzeug richtig ein.

3 Erste Auswahl erzeugen

Setzen Sie das kleine Kreuz, das jetzt das Ellipse-Werkzeug repräsentiert, genau auf die Mitte der Pupille. Führen Sie einen Mausklick aus, und halten Sie die Maustaste gedrückt. Jetzt drücken Sie zusätzlich noch [Alt] und [⇧] und halten auch diese beiden Tasten fest. Danach ziehen Sie die Maus vom Klickpunkt weg und lassen los, wenn Sie die Umrisse der Pupille erreicht haben. Danach dürfen Sie auch die Tastatur wieder freigeben.

Nützliche Tasten für Auswahlen

Mit [Alt] erreichen Sie, dass sich die Auswahl beim Aufziehen nach allen Seiten gleichmäßig ausdehnt. Sie wird also aus der Mitte heraus erzeugt. [⇧] bewirkt, dass Sie anstelle einer Ellipse einen geometrisch exakten Kreis erzeugen.

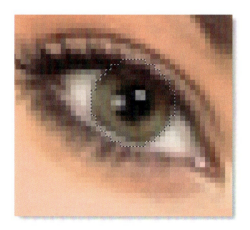

◄ Abbildung 8.29
So sollte Ihre Auswahl jetzt aussehen.

4 Optional: Auswahl korrigieren

Falls Sie die Auswahl im Umfang noch korrigieren müssen, entscheiden Sie sich für Auswahl • Auswahl verändern und im folgenden Untermenü entweder für Erweitern oder Verkleinern. In dem Dialog, der sich daraufhin öffnet, sollten Sie einen möglichst kleinen Wert angeben (1 Px), da der Korrekturbedarf ja sicher

8 Farben eindrucksvoll nachbearbeiten

nicht besonders groß sein wird. Diesen Befehl können Sie so oft wiederholen, bis der korrekte Durchmesser erreicht ist. Die Position der Auswahl verändern Sie über die Pfeiltasten Ihrer Tastatur.

5 Zweite Auswahl erzeugen

Halten Sie nun die Leertaste gedrückt (das aktiviert das Hand-Werkzeug), und schieben Sie den Bildausschnitt mit gedrückter Maustaste so weit herüber, bis das andere Auge sichtbar wird. Lassen Sie die Leertaste los, und ziehen Sie, wie zuvor beschrieben, die Auswahl für das zweite Auge auf. Hier müssen Sie allerdings recht genau arbeiten, da Sie diese zweite Auswahl nicht mehr separiert von der ersten verschieben können. Wenn Durchmesser oder Position noch nicht in Ordnung sind, drücken Sie [Strg]/[cmd]+[Z] (das macht den letzten Schritt rückgängig) und versuchen es erneut. Wenn Sie zufrieden sind, drücken Sie [Strg]/[cmd]+[-], um wieder etwas aus dem Bild herauszuzoomen.

Die Tasten reagieren nicht wie gewünscht?

Die Tastenkombination [⇧]+[Alt] bewirkt leider nicht nur, dass ein exakter Kreis aus seiner Mitte heraus erzeugt wird, sondern führt unter Umständen auch eine Umschaltung von der deutschen auf die amerikanische Tastaturbelegung durch. Wenn die Tastatur also nicht mehr auf Ihre Befehle reagiert, liegt es daran, dass jetzt die US-Shortcuts gültig sind. Drücken Sie abermals [⇧]+[Alt], um die Umschaltung aufzuheben.

Abbildung 8.30 ▶
Beide Augen wurden ausgewählt.

6 Auswahl verfeinern

Nun sind die Auswahlen längst noch nicht so exakt, wie sie eigentlich sein sollten. Gerade oben an den Lidern müsste noch etwas entfernt werden. Aktivieren Sie dazu am besten das Lasso (weder das Magnetische noch das Polygon-Lasso!), und grenzen Sie diesen Bereich mit gedrückter Maustaste aus. Dazu müssen Sie aber in der Optionsleiste vorher auf VON AUSWAHL SUBTRAHIEREN umschalten.

Kreisen Sie danach den Bereich ein, der ausgespart werden soll. (Zuvor können Sie übrigens mit [Strg]/[cmd]+[+] wieder auf die

Punktuelle Farbveränderungen **8.2**

Augen zoomen und die Position des Ausschnitts abermals mit dem Hand-Werkzeug korrigieren.) Wenn der Lasso-Kreis geschlossen ist, lassen Sie die Maustaste los. Wiederholen Sie den Vorgang gegebenenfalls, und verfeinern Sie auf die gleiche Weise auch die andere Auswahl.

▲ **Abbildung 8.31**
Das Tool muss auf SUBTRAHIEREN eingestellt werden.

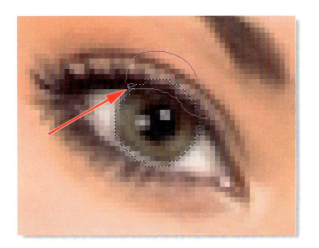

◄ **Abbildung 8.32**
Einige Bereiche in der Auswahl müssen wieder entfernt werden, hier ein Teil des Augenlids.

7 Weiche Auswahlkante erzeugen

Der nächste Schritt besteht darin, die Auswahlkante etwas »abzusoften«, damit der Übergang zwischen Korrekturbereich und Original nicht so hart wird. Rufen Sie deshalb den Menübefehl AUSWAHL • WEICHE AUSWAHLKANTE auf, und vergeben Sie einen RADIUS von 1 Px, bevor Sie den Dialog mit OK verlassen.

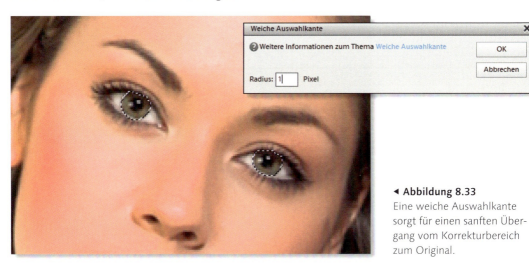

◄ **Abbildung 8.33**
Eine weiche Auswahlkante sorgt für einen sanften Übergang vom Korrekturbereich zum Original.

8 Farben eindrucksvoll nachbearbeiten

8 Neue Ebene erzeugen

Sie könnten gleich eine Veränderung des Farbtons vornehmen, da sich Änderungen jetzt nur auf den ausgewählten Bereich auswirken würden. Damit versperrten Sie sich aber die Möglichkeit, nach der Farbveränderung noch weitere Korrekturen anwenden zu können. Deshalb sollten Sie vorab eine neue Ebene erzeugen, die sich dann auch separat bearbeiten lässt. Drücken Sie dazu Strg/cmd+J, oder entscheiden Sie sich für EBENE • NEU • EBENE DURCH KOPIE.

Die Auswahl verschwindet, und im Ebenen-Bedienfeld wird oberhalb von HINTERGRUND jetzt EBENE 1 angezeigt. Diese Ebene enthält nur das, was sich zuvor innerhalb der Auswahl befunden hat. Falls erforderlich, vergrößern Sie die Miniaturen über die BEDIENFELDOPTIONEN im Bedienfeldmenü.

▲ **Abbildung 8.34**
Fast nicht zu erkennen: Auf EBENE 1 liegt die Auswahl der beiden Pupillen.

9 Farbton anpassen

Das bedeutet auch: Alle Veränderungen, die Sie jetzt auf EBENE 1 anwenden, werden auch nur dort wirksam, nicht aber auf dem Hintergrund. Na, dann mal los: Öffnen Sie den Dialog FARBTON/SÄTTIGUNG ANPASSEN (im Menü ÜBERARBEITEN • FARBE ANPASSEN), oder drücken Sie vergnügt Strg/cmd+U. Regeln Sie den FARBTON auf etwa –160, und bestätigen Sie mit OK.

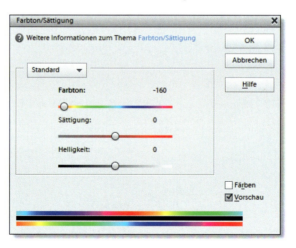

Abbildung 8.35 ▶
Hier legen Sie die neue Augenfarbe fest.

10 Optional: Deckkraft korrigieren

Die Farbe ist jetzt noch zu intensiv. Deshalb müssen Sie die Deckkraft von EBENE 1 etwas herabsetzen. Streben Sie einen Wert von ca. 60 % an. Hätten Sie zuvor keine separate Ebene erzeugt, wäre diese Art der Korrektur jetzt nicht mehr möglich gewesen. Das Endergebnis ist mit »Blaue_Augen_fertig.tif« betitelt.

▼ **Abbildung 8.36**
Von Braun zu Blau dank Photoshop Elements

Die Funktion »Farbe ersetzen«

Eine weitere interessante Funktion, die Veränderungen auf bestimmte Farbbereiche beschränkt, ist FARBE ERSETZEN. Hier werden die zu korrigierenden Bereiche des Bildes nicht mit einer Einstellungsebene, sondern über die Farbe selbst bestimmt.

Schritt für Schritt
Farben mit dem Smartpinsel ersetzen

Verwenden Sie die Datei »Kleidung.tif« als Grundlage. Gefällt Ihnen das rote Hemd? Falls ja, sind Sie mit dem Workshop bereits fertig. Glückwunsch! Das hat ja prima geklappt. Für alle anderen geht's jetzt erst richtig los. Das Hemd muss nämlich eine andere Farbe bekommen.

»Kleidung.tif«

1 Smartpinsel einsetzen
Für derartige Vorhaben gibt es sogenannte Smartpinsel. Dass diese aber schnell an Grenzen stoßen, können Sie selbst schnell herausfinden: Nachdem Sie das Werkzeug im Toolbox-Bereich VERBESSERN aktiviert haben, entscheiden Sie sich in der Options-

leiste für die Auswahlliste ❸. Im Pulldown-Menü VORGABEN ❶ gehen Sie auf FARBE ❷. Als eigentliche Farbe legen Sie BILD GELB-GRÜN EINFÄRBEN ❹ per Doppelklick fest (oder eine andere Farbe, die Ihnen zusagt).

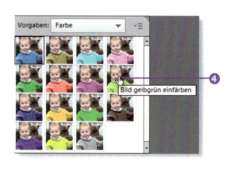

Abbildung 8.37 ▶
Der Smartpinsel wird für die Farbumwandlung eingestellt.

Abbildung 8.38 ▶▶
Das ist trendy – Herrenoberbekleidung im Lemon-Style.

2 Hemd färben

Malen Sie jetzt über das Hemd, und achten Sie darauf, dass weder der Hintergrund noch die Hände oder gar der Kopf in Mitleidenschaft gezogen werden. Um den Bereich innerhalb der linken Handfläche mit umzufärben, müssen Sie ganz dicht heranzoomen, den Pinsel verkleinern und dann auch diesen Bereich mit aufnehmen.

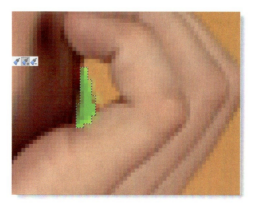

Abbildung 8.39 ▶
Die Details müssen sehr vorsichtig herausgearbeitet werden.

Das Problem ist nur, dass die Übergänge nicht besonders sauber sind. Das Ganze ist also eher etwas für den Hausgebrauch. Zusätzlich lässt sich bemängeln, dass sich die Farbe auf diese Art und Weise nicht frei wählen lässt. Machen Sie am besten sämtliche Schritte wieder rückgängig, und verwenden Sie das Verfahren aus dem nächsten Workshop.

◄ Abbildung 8.40
Der Smartpinsel arbeitet recht unsauber und eignet sich nur, wenn es ganz schnell gehen muss.

Schritt für Schritt
Die Farbe der Kleidung ersetzen

Sollten Sie den vorangegangenen Workshop durchgeführt haben, machen Sie alle Schritte rückgängig, bis Sie wieder an den Zustand gelangen, den das Bild direkt nach dem Öffnen hatte. Denn jetzt soll manuell umgefärbt werden – Sie werden sehen, dass Sie hier viel präziser als mit dem Smartpinsel arbeiten können.

»Kleidung.tif«

1 Ebene duplizieren
Zuallererst ist es sinnvoll, eine neue Ebene aus dem Hintergrund zu erstellen (EBENE • NEU • EBENE DURCH KOPIE). Falls im Anschluss an die Farbersetzung doch noch Korrekturen erforderlich werden, können Sie so immer wieder auf das Original zurückgreifen.

2 Dialog »Farbe ersetzen« auswählen

Öffnen Sie den Dialog FARBE ERSETZEN (ÜBERARBEITEN • FARBE ANPASSEN) in der Expertenansicht. Ein Fenster mit einer Fülle von Steuerelementen wartet auf Ihre Aktionen.

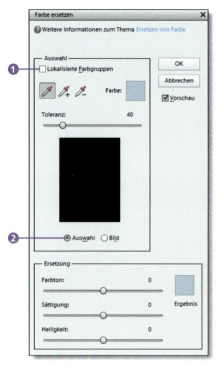

▲ Abbildung 8.41
Der FARBE ERSETZEN-Dialog

▲ Abbildung 8.42
Das rote Hemd des freundlichen Herrn soll ersetzt werden.

3 Optional: Lokalisierte Farbgruppen aktivieren

Wenn Sie die Funktion LOKALISIERTE FARBGRUPPEN ❶ aktivieren, bezieht Photoshop Elements nur die Farben in die Auswahl mit ein, die an die Aufnahmestelle angrenzen. So können Sie ähnliche Farben ausgrenzen, die an einer ganz anderen Stelle des Bildes auftauchen. Da dies aber im Beispielbild nicht der Fall ist, können Sie diese Checkbox vernachlässigen.

4 Bildansicht einstellen

In der Mitte des Dialogfensters befindet sich eine Maskenansicht (die schwarze Fläche). Falls hier eine farbige Miniatur des Bildes angezeigt wird, befinden Sie sich im BILD-Modus. Schalten Sie in diesem Fall unterhalb der Ansicht auf den Radio-Button AUSWAHL ❷ um.

5 Zu verändernde Farbe auswählen

Aktivieren Sie die linke Pipette ❹, und klicken Sie im Bild selbst auf die gewünschte Stelle, deren Farbe verändert werden soll – also auf das Hemd. Wie wäre es mit dem linken Unterarm? Als Folge des Klicks sollte sich die schwarze Vorschau des FARBE ERSETZEN-Dialogs mit weißen Pixeln füllen. Weiße Stellen zeigen dabei auch hier die ausgewählten Bereiche an.

6 Weitere Farbwerte hinzufügen

Die erste Pipette ❹ sollte stets nur einmal verwendet werden. Klicken Sie mit ihr auf eine andere Stelle, werden die zuerst ausgewählten Pixel womöglich wieder abgewählt. Schalten Sie deshalb jetzt um auf die mittlere Pipette ❺ (die mit dem Plus-Symbol). Damit ist es möglich, weitere Farben aufzunehmen, ohne bereits aufgenommene Farbbereiche zu verlieren. Klicken Sie auf verschiedene Stellen des Hemdes, wobei Sie helle und dunkle Bereiche gleichermaßen berücksichtigen sollten.

▲ **Abbildung 8.43**
Die Auswahl des Hemdes ist noch nicht perfekt.

7 Farbbereiche entfernen

Falls Sie einen Bereich in unmittelbarer Nähe ausgewählt haben, den Sie nicht einfangen wollten (z. B. Hintergrund), aktivieren Sie die Entfernen-Pipette ❸ und klicken erneut auf diesen Bereich. Wenn Teile des Gesichts aufgenommen worden sind, missachten Sie das ruhig. Darum kümmern wir uns später. Es ist übrigens nicht sonderlich tragisch, wenn noch nicht alle Stellen des Hemdes vollständig aufgenommen worden sind.

8 Toleranz einstellen

Verändern Sie die TOLERANZ ❻ über den Schieberegler. Leider kann man nicht genau sagen, ob Sie die Toleranz erhöhen oder verringern müssen. Dies hängt nämlich vom Zustand Ihrer eigenen Auswahl ab. Die Devise lautet: Je höher der Toleranzwert ist, desto mehr Pixel mit ähnlichem Farbwert werden aufgenommen. (Eine Auswahl wie in Abbildung 8.44 zu sehen wäre durchaus in Ordnung.)

▲ **Abbildung 8.44**
So sollte Ihre Auswahl in etwa aussehen.

8 Farben eindrucksvoll nachbearbeiten

9 Zielfarbe einstellen

Wenn Sie mit der Auswahl zufrieden sind, stellen Sie über den Schieberegler FARBTON ❶ einen Ockerton ein. Das ist etwas dezenter als Rot und passt darüber hinaus auch besser zum Hintergrund. Wenn Sie den Regler auf etwa +30 stellen, dürfte sich die Kleidung wunschgemäß verfärben. Auch jetzt dürfen Sie noch mit der Toleranz arbeiten. Schimmern noch rote Bereiche durch, erhöhen Sie die Toleranz. Sollte sich der Hintergrund bereits mitfärben, muss die Toleranz verringert werden.

Abbildung 8.45 ▶
Das sieht doch schon ganz gut aus.

10 Optional: Sättigung und Helligkeit verändern

Falls Sie jetzt generell noch Änderungen an der Leuchtkraft oder der Helligkeit des aufgenommenen Bereichs vornehmen wollen, können Sie das mit den beiden unteren Schiebereglern (SÄTTIGUNG und HELLIGKEIT) machen. Für dieses Beispiel sollte es allerdings nicht erforderlich sein. Bestätigen Sie mit OK.

11 Ebene maskieren

Grundsätzlich könnten Sie den Befehl FARBE ERSETZEN erneut zur Anwendung bringen. Das ist immer dann sinnvoll, wenn bestimmte Bereiche noch nicht eingefärbt worden sind. Hier ist es allerdings der Fall, dass das Gesicht in Mitleidenschaft gezogen worden ist. Dieser Bereich muss jetzt noch maskiert werden. Sie wissen ja: im Ebenen-Bedienfeld auf EBENENMASKE HINZUFÜGEN klicken und mit schwarzer Farbe über die Bereiche wischen, die fälschlicherweise mitgefärbt worden sind. Reduzieren Sie das Foto am Ende auf den Hintergrund (EBENE • AUF HINTERGRUNDEBENE REDUZIEREN).

▼ **Abbildung 8.46**
Ocker macht sich hier besser als Rot.

Hauttöne korrigieren

Mitunter werden Hauttöne im Foto wenig realistisch dargestellt. Die Kamerahersteller wollen diesem Problem mit immer ausgefeilteren Porträt-Modi entgegenwirken. Da diese aber nicht unproblematisch sind (Profis machen einen großen Bogen um derartige Einstellungen), sollten Sie lieber darauf verzichten. Einiges lässt sich nämlich auch in Photoshop Elements noch korrigieren.

Schritt für Schritt
Hauttöne korrigieren mit »Farbe für Hautton anpassen«

Eines direkt vorweg: Sollte die Haut reinweiß sein (z. B. hervorgerufen durch Direktblitz), können diese weißen Stellen bei der fol-

»Hautton.tif«

8 Farben eindrucksvoll nachbearbeiten

Abbildung 8.47 ▼
Der Teint wird bald frischer wirken.

genden Vorgehensweise nicht mehr mit Farbe versehen werden. Ein Hauch von Farbe muss vorab schon da sein.

1 Anpassen-Dialog öffnen
Sie haben jetzt wieder die Wahl, ob Sie den Assistenten oder das Menü ÜBERARBEITEN nutzen wollen. Beim Assistenten entscheiden Sie sich für HAUTTÖNE KORRIGIEREN im Bereich RETUSCHEN. Der klassische Weg im Arbeitsbereich EXPERTE ist jedoch ÜBERARBEITEN • FARBE ANPASSEN • FARBE FÜR HAUTTON ANPASSEN.

2 Farbe aufnehmen
Im Folgedialog finden sich drei Schieberegler (BRÄUNUNG, RÖTUNG und TEMPERATUR), mit denen sich der Teint »reparieren« lässt. Suchen Sie einen recht hellen (keinen weißen!) Bereich des Gesichts, und klicken Sie an dieser Stelle auf das Bild (z. B. die Wange). Damit dürfte bereits eine Farbveränderung im Bild sichtbar geworden sein.

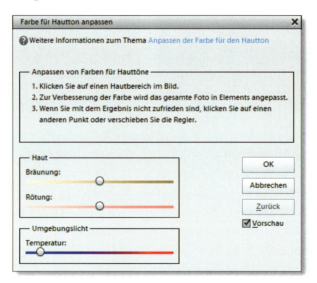

Abbildung 8.48 ▶
Unterschiedliche Regler für eine möglichst sanfte Korrektur der Hauttöne

3 Bräunung anheben
Verstärken Sie jetzt die BRÄUNUNG des Gesichts, indem Sie den gleichnamigen Regler nach rechts schieben. Ob hingegen die RÖTUNG angehoben werden sollte, ist fraglich und im Einzelfall zu entscheiden. Bei diesem Foto bringt das nicht allzu viel.

4 Temperatur verändern

Interessanter ist da schon die TEMPERATUR. Sie bewegt sich zwar mit, wenn Sie den Regler BRÄUNUNG verschieben, lässt sich aber anschließend noch isoliert nach rechts ziehen. Damit sorgen Sie im gesamten Bild für wärmere Farben und nicht nur bei den Hauttönen. Eine Verschiebung nach links würde die Farben hingegen abkühlen (Blau). Gehen Sie bei diesem Regler sehr vorsichtig zu Werke, da er von allen drei Reglern den größten Einfluss auf das gesamte Bild nimmt – also auch auf den Hintergrund.

▲ **Abbildung 8.49**
Gehen Sie bei der Korrektur vorsichtig vor.

5 Bilder vergleichen

Mitunter ist man geneigt, zu viel des Guten zu tun. Das liegt unter anderem daran, dass Sie jetzt das Original schon zu lange nicht mehr gesehen haben. Wenn Sie jedoch vorübergehend die VORSCHAU deaktivieren, werden Sie gewaltige Veränderungen feststellen, da Sie dann das Bild wieder in der Vorher-Ansicht präsentiert bekommen.

Also gilt auch bei der Hauttonanpassung: Weniger ist mehr; und der OK-Button wartet auf Ihren finalen Klick!

▲ **Abbildung 8.50**
Das waren mindestens fünf Stunden Solarium.

8 Farben eindrucksvoll nachbearbeiten

Betrachten Sie das Bild noch einmal etwas genauer. Natürlich ist Photoshop Elements nicht wirklich im Stande, das Gesicht separat zu bearbeiten. Sie sehen, dass auch die Haare eine Veränderung erfahren haben. Wenn Sie das nicht wollen, müssten Sie leider etwas mehr Arbeit in Kauf nehmen. Aber es macht Spaß, wie der folgende Workshop zeigt.

Schritt für Schritt
Hauttöne manuell korrigieren

»Hautton.tif«

Jetzt werden Sie erfahren, wie Sie ausschließlich den Teint bearbeiten können, ohne dass andere Bildbereiche auch nur im Geringsten verändert werden. Außerdem können Sie viel freier bestimmen, wie die Färbung aussehen soll.

1 Vorbereitungen treffen
Sie brauchen noch einmal das unbearbeitete Originalfoto »Hautton.tif«. Machen Sie deshalb eventuell die letzten Schritte (aus dem vorangegangenen Workshop) rückgängig. Erzeugen Sie danach eine neue Ebene mit [Strg]/[cmd]+[⇧]+[N] oder EBENE • NEU • EBENE, und klicken Sie in der Werkzeugleiste auf das Symbol für die Vordergrundfarbe. Im Folgedialog entscheiden Sie sich für die Farbe, die Sie dem Teint zuweisen wollen (im Beispiel: R = 225, G = 190, B = 160 ❶). Verlassen Sie den Dialog mit OK.

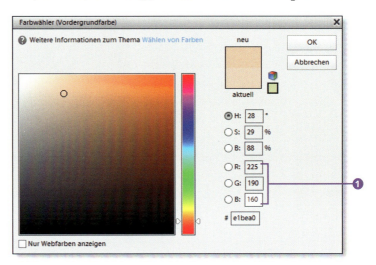

Abbildung 8.51 ▶
Die neue Hautfarbe ist angerührt.

2 Ebene färben

Aktivieren Sie den Pinsel [B], und suchen Sie eine weiche Spitze aus. Die Größe sollte etwa 40 Px bei 100% Deckkraft betragen. Malen Sie jetzt über alle Bereiche, die gefärbt werden sollen. Achten Sie aber darauf, dass Sie Haare, Augen, Wimpern und Mund nach Möglichkeit nicht zu sehr übermalen.

3 Optional: Färbung korrigieren

Sollte das dennoch passieren, machen Sie entweder den letzten Schritt rückgängig oder aktivieren den Radiergummi [E], mit dessen Hilfe Sie dann die übermalten Stellen wieder entfernen. Auch der Radiergummi sollte eine weiche Kante haben, wobei der Durchmesser idealerweise kleiner ist als der des Pinsels.

▲ **Abbildung 8.52**
Nicht erschrecken, so bleibt das Bild nicht ;-)

4 Farbauftrag verfeinern

Ändern Sie die Pinselgröße auf 10 bis 20 Px Durchmesser, und verfeinern Sie den Farbauftrag. Sie müssen so dicht wie möglich an Augen, Mund usw. herankommen, ohne diese Bereiche jedoch zu übermalen.

5 Füllmethode und Deckkraft ändern

Gefällt es Ihnen? Noch nicht? Na dann müssen wir noch einen Schritt weiter gehen. Wenn Sie jetzt nämlich die Füllmethode ❷ der oberen Ebene auf MULTIPLIZIEREN stellen und zudem noch die Ebenendeckkraft ❸ reduzieren (auf ca. 20%), dürften Sie schon eher zufrieden sein.

▲ **Abbildung 8.53**
Die Deckkraft muss herabgesetzt werden.

6 Optional: Hautfarbe erneut ändern

Wissen Sie, was das wirklich Gute an dieser Methode ist? Wenn Ihnen jetzt der Hautton noch nicht gefällt und Sie doch lieber eine andere Farbe zuweisen wollen, können Sie das auch jetzt noch machen. Dazu klicken Sie erneut auf das Symbol für die Vordergrundfarbe (in der Werkzeugleiste) und stellen den gewünschten Ton ein. Danach gehen Sie auf BEARBEITEN • EBENE FÜLLEN und stellen dort unter FÜLLEN MIT ❹ (siehe Abbildung 8.55) den Eintrag VORDERGRUNDFARBE ein. Achtung! Jetzt aktivieren Sie TRANSPARENTE BEREICHE SCHÜTZEN ❺, damit ausschließlich die Bereiche der oberen Ebene mit Farbe gefüllt werden, die auch zuvor von Ihnen gefärbt worden sind, und bestätigen mit OK.

▲ **Abbildung 8.54**
Erst durch eine verringerte Deckkraft der Ebene wirkt der Hautton natürlich.

8 Farben eindrucksvoll nachbearbeiten

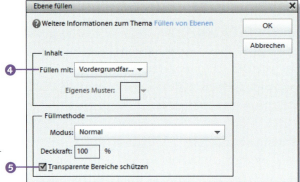

Abbildung 8.55 ▶
Der Hautton kann auch nachträglich verändert werden – ganz ohne Auswahlkante.

7 Optional: Maske noch einmal korrigieren

Beim »Finishing« des Fotos achten Sie auf Haare, Augen und Hintergrund. Hier hat sich nicht die geringste Veränderung ergeben. Und was außerdem wirklich von Nutzen ist: Selbst wenn Sie jetzt noch immer kleine Fehler in der Maskierung entdecken, können Sie diese noch mit Pinsel und Radiergummi korrigieren. Versuchen Sie es! Der Farbauftrag wird jetzt nämlich ebenfalls »multipliziert« und nicht, wie zuvor, als Vollton aufgetragen.

Abbildung 8.56 ▶
Vergleichen Sie das Ergebnis mit dem Original, um den neuen Hautton beurteilen zu können.

Sie finden das ebenenbasierte Resultat dieses Workshops, wie üblich, im Ordner ERGEBNISSE. Die Datei heißt »Hautton_fertig.tif«.

8.3 Schwarzweißbilder erstellen

Schwarzweißbilder haben ihren ganz eigenen Reiz: Sie schaffen eine einzigartige Bildwirkung. Allerdings sollte man sich bei der Entwicklung über eines im Klaren sein: Das wunderbare Gestaltungsmittel »Farbe« steht nicht mehr zur Verfügung. Das Foto muss also durch Kontraste überzeugen. Aber diese werden erzeugt, indem man, man höre und staune, die Farbkanäle derart bearbeitet, dass sich die Grundfarben möglichst voneinander unterscheiden. Schauen Sie sich nun an, wie das geht.

Bilder schnell entfärben

Im Menü ÜBERARBEITEN • FARBE ANPASSEN findet sich die Funktion FARBE ENTFERNEN. Hiermit weisen Sie allen Farbwerten schwarze, weiße oder graue Pixel zu. Klar, dass sich auf diese Art einem Farbbild schnell die Farbe entziehen lässt. Aber Vorsicht! Dabei müssen Sie eine Kleinigkeit beachten, wie der folgende Workshop zeigt.

Schwarzweiß oder Graustufen?

Im Allgemeinen spricht man ja bei einem Bild, das ohne Farben auskommen muss, von einer Schwarzweißaufnahme. Genau genommen ist es aber ein Graustufenbild, da neben Schwarz und Weiß ja auch graue Pixel enthalten sind. Echte Schwarzweißbilder bestehen tatsächlich nur aus schwarzen und weißen Pixeln (z. B. Strichzeichnungen).

Schritt für Schritt
Bilder schnell entfärben und konvertieren

In diesem Workshop lernen Sie, wie Sie die Funktion FARBE ENTFERNEN einsetzen und aus einem Farbbild ein echtes Graustufenbild machen.

»Markt.tif«

1 Bild entfärben
Nehmen Sie doch einmal die Datei »Markt.tif«. Entscheiden Sie sich für ÜBERARBEITEN • FARBE ANPASSEN • FARBE ENTFERNEN, oder drücken Sie [Strg]/[cmd]+[⇧]+[U].

Das Bild wird sofort in Schwarzweiß umgewandelt. Diese Funktion ist also sehr schnell, bietet allerdings auch keinerlei Möglichkeiten, auf die Art und Weise der Umwandlung Einfluss zu nehmen. Deshalb soll im folgenden Workshop eine andere Methode vorgestellt werden. Zuvor sollten Sie aber noch den Graustufenmodus kennenlernen.

8 Farben eindrucksvoll nachbearbeiten

Abbildung 8.57 ▶
Schwarzweißumwandlung auf die Schnelle

▲ **Abbildung 8.58**
Photoshop Elements warnt Sie vor der endgültigen Umwandlung des Bildes.

2 Optional: Modus kontrollieren

Gehen Sie danach doch einmal auf BILD • MODUS, und schauen Sie nach, wo das Häkchen angezeigt wird. Die Datei ist noch immer eine Farbdatei (RGB)! Das bedeutet, Sie könnten jetzt auch wieder Farbe auftragen, beispielsweise um eine einzelne Obstsorte oder vielleicht die Personen im Hintergrund wieder einzufärben. Bei einem Bild im Graustufenmodus wäre ein nachträglicher Farbauftrag nicht mehr möglich!

3 Optional: Farbinformationen verwerfen

Prinzipiell spricht auch nur ein Argument dagegen, die Datei in RGB zu belassen: der Speicherplatz. Ein RGB-Bild benötigt nämlich fast dreimal so viel Platz wie ein Graustufenbild. Wenn Sie also Festplattenkapazität erhalten wollen, können Sie eine Modusänderung vornehmen (BILD • MODUS • GRAUSTUFEN). Den Folgedialog können Sie mit OK bestätigen.

Option »In Schwarzweiß konvertieren«

Sie haben in Photoshop Elements die Möglichkeit, bei der Umwandlung in Schwarzweiß individuelle Entscheidungen zu treffen. Diese Funktion ist wirklich sehr interessant, da die Wirkungsweise des Schwarzweißbildes direkt beeinflusst wird.

8.3 Schwarzweißbilder erstellen

Schritt für Schritt
Bilder in Schwarzweiß konvertieren

Zunächst sollten Sie alle bisher am Beispielfoto vorgenommenen Schritte wieder rückgängig machen. Danach geht es an die Entfärbung per Dialog.

»Markt.tif«

1 Dialog öffnen

Die Zauberformel heißt nämlich ÜBERARBEITEN • IN SCHWARZWEISS KONVERTIEREN. Die rasant wachsende Gemeinde der Befürworter von Tastenkombinationen lässt es sich natürlich nicht nehmen, an dieser Stelle [Strg]/[cmd]+[Alt]+[B] zu drücken.

▼ **Abbildung 8.59**
Ein umfangreicher Dialog zur Schwarzweißumwandlung des Bildes

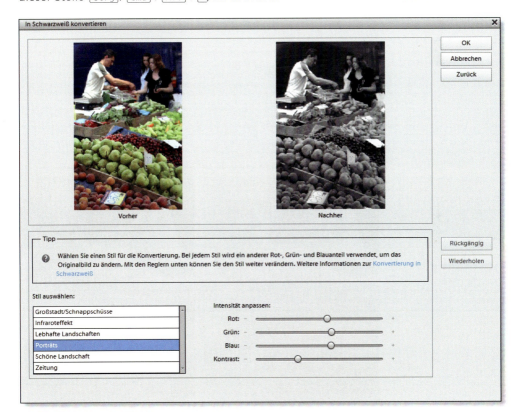

2 Stil und Intensität festlegen

Zunächst einmal sollten Sie in dem Bereich unten links festlegen, welcher STIL zu Ihrer Vorlage passt. Im konkreten Beispiel verwenden Sie beispielsweise LEBHAFTE LANDSCHAFTEN.

3 Kanäle bearbeiten

Legen Sie anschließend rechts daneben die Intensität über INTENSITÄT ANPASSEN fest. Hier bestimmen Sie, wie stark sich die Änderungen auf das Bild auswirken sollen. Auf den ersten Blick ist es vielleicht etwas befremdlich, dass ein Graustufenbild in den Kanälen ROT, GRÜN oder BLAU intensiviert werden soll. Aber immerhin bleiben die Farbkanäle auch bei dieser Methode erhalten (wie schon zuvor bei FARBE ENTFERNEN). Außerdem hat das den Vorteil, dass Sie über die Farbkanäle bestimmen können, wie sich das Schwarzweißfoto darstellen soll. Bei Porträts kann es je nach gewünschtem Ergebnis sinnvoll sein, den Rot-Kanal zu verändern, um so mehr oder weniger Zeichnung in das Gesicht zu bekommen. In Landschaftsaufnahmen bietet sich oftmals die Zugabe von Grün an, um Bildbereiche heller erscheinen zu lassen.

4 Kontrast erhöhen

Überaus interessant ist hier auch, dass Sie die Kontraste anheben können. Gehen Sie dabei jedoch gemäßigt vor, und schieben Sie auch den Kontrastregler nur leicht nach rechts, bevor Sie mit OK bestätigen.

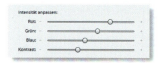

▲ **Abbildung 8.60**
Passen Sie die Entwicklung des Schwarzweißfotos mit Hilfe der Schieberegler an.

▲ **Abbildung 8.61**
Die Unterschiede nach einer Kontrastanhebung (rechts) im Vergleich zu FARBE ERSETZEN (links) sind unverkennbar.

Farbkurven anpassen

Mit der Bearbeitung der Kanäle ROT, GRÜN und BLAU haben Sie verschiedene Wirkungen innerhalb der Schwarzweißfotografie erzielen können. Damit allein ist es aber noch nicht getan. Denn nicht nur die Kanäle, auch die Tiefen- und Lichter-Korrekturen sind ausgesprochen gern gesehene Gestaltungsmittel.

Wenn Sie beispielsweise ein Foto mit einer der zuvor genannten Methoden in Schwarzweiß umwandeln, können Sie anschließend ÜBERARBEITEN • FARBE ANPASSEN • FARBKURVEN ANPASSEN wählen und auch hier einen Stil auswählen bzw. die rechts daneben befindlichen Regler verstellen. Gehen Sie hier aber bitte mit Bedacht vor, da bereits geringfügige Verschiebungen ein drastisches Ergebnis produzieren können. Mehr zur grundsätzlichen Vorgehensweise in Sachen Farbkurven finden Sie in Kapitel 9, »Beleuchtung und Schärfe korrigieren«.

▼ **Abbildung 8.62**
Bei der Schwarzweißtechnologie sind auch Veränderungen an den Tiefen und Lichtern interessant.

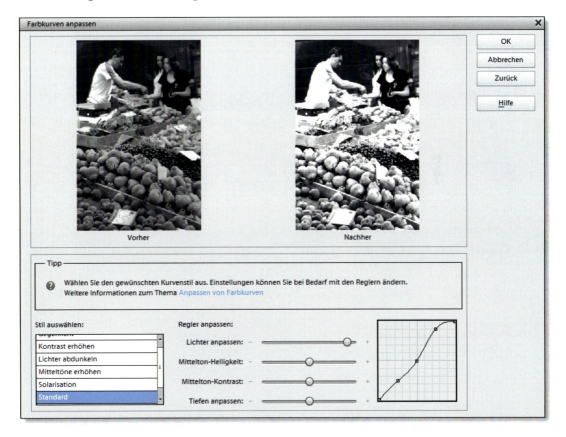

Zu guter Letzt: Graustufenmodus einstellen

Auch bei der zuletzt vorgestellten Methode, IN SCHWARZWEISS KONVERTIEREN, bleibt das Bild als RGB-Datei erhalten. Die Bezeichnung »konvertieren« ist also in diesem Zusammenhang nicht ganz glücklich gewählt. Sie müssen somit zusätzlich abwägen, ob Sie das Bild real in Graustufen konvertieren wollen. Das spart Platz, wie Sie ja bereits erfahren haben. Und bei späteren Montagen gibt es auch keine Probleme; denn auch nach einer »echten« Konvertierung ist es durchaus legitim, ein Graustufenbild per Drag & Drop auf ein RGB-Bild zu ziehen. Versuchen Sie das aber in umgekehrter Richtung, wird das herübergezogene Farbbild in Graustufen umgewandelt. Außerdem können Sie ein echtes Graustufenbild jederzeit wieder in RGB umwandeln (BILD • MODUS • RGB-FARBE) und dann wieder Farben ins Spiel bringen. Die Originalfarben bekommen Sie aber dadurch nicht mehr zurück.

Beleuchtung und Schärfe korrigieren

Tiefen/Lichter, Tonwerte & Co.

- ▶ Wie kann ich Bilder abdunkeln und aufhellen?
- ▶ Wie wird der Teint im Porträt abgedunkelt?
- ▶ Wie funktionieren Abwedeln und Nachbelichten?
- ▶ Wie werden Bilder geschärft?
- ▶ Wie werden Bilder korrekt weichgezeichnet?

9 Beleuchtung und Schärfe korrigieren

Mitunter macht Ihnen die Kamera einen gewaltigen Strich durch die Rechnung. Da werden Bilder zu dunkel oder zu hell; andere sind leicht verwackelt, wieder andere haben nicht die richtige Tiefenschärfe. Aufnahmen mit diesen Mängeln sind aber durchaus noch zu retten – wenn Sie die Tricks kennen, die auf beeindruckende Weise für Abhilfe sorgen.

9.1 Dunkle Bilder aufhellen

Was tun Sie, wenn ein Bild zu dunkel ist? »Es aufhellen!« Vollkommen richtig. Doch wie wird das am effektivsten geregelt?

»Helligkeit/Kontrast« vs. »Tiefen/Lichter«

Lassen Sie mit zwei verschiedenen Methoden an das Problem herangehen:
1. Helligkeit und Kontrast erhöhen
2. Mit Tiefen/Lichter aufhellen

Die Unterschiede der beiden Vorgehensweisen sind im Ergebnis recht deutlich erkennbar. Schauen wir uns nun die beiden Methoden einmal in der Praxis genauer an.

Schritt für Schritt
Helligkeit/Kontrast erhöhen

Zunächst wählen wir die Methode, die sich vom Namen her am ehesten anbietet, nämlich die Veränderung von Helligkeit und Kontrast.

1 Datei duplizieren

Da wir ja, wie bereits erwähnt wurde, zwei unterschiedliche Wege einschlagen wollen, benötigen wir auch zwei Fotos. Duplizieren Sie deshalb die Bilddatei, indem Sie sich im Menü für DATEI • DUPLIZIEREN entscheiden. Vergeben Sie im Folgedialog den Namen »Helligkeit«, bevor Sie mit OK bestätigen.

»Heller.jpg«

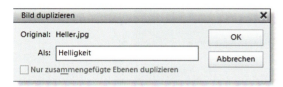

▲ **Abbildung 9.1**
Die Datei wird dupliziert.

2 Helligkeit anpassen

Gehen Sie ins Menü, und wählen Sie ÜBERARBEITEN • BELEUCHTUNG ANPASSEN • HELLIGKEIT/KONTRAST. Erhöhen Sie die HELLIGKEIT, indem Sie den Schieber weit nach rechts stellen. Was die Helligkeit in den Blättern betrifft, werden Sie sicher erst so ab 130 zufrieden sein. Senken Sie zudem den KONTRAST etwas ab, damit die besonders dunklen Bereiche der Blätter noch etwas aufgehellt werden. Wie wäre es mit einem Wert von −22? Klicken Sie auf den OK-Button.

▲ **Abbildung 9.2**
Der Korrekturbedarf ist nicht unerheblich.

3 Bilder vergleichen

Da das Ursprungsbild ja noch nicht bearbeitet ist, können Sie jetzt Original und Ergebnis gut miteinander vergleichen. Sind Sie zufrieden mit den Auswirkungen der Korrektur? Natürlich sind Sie das nicht. Lassen Sie uns daher schnell den zweiten Workshop machen.

9 Beleuchtung und Schärfe korrigieren

© Renate Klaßen

Abbildung 9.3 ▶
Oben: das Original. Unten: Eine unbefriedigende Korrektur! So sind die Blätter zwar einigermaßen hell, aber der Rheinturm versinkt im »weißen« Himmel.

Schritt für Schritt
Mit »Tiefen/Lichter« aufhellen

Lassen Sie die Datei »Helligkeit.jpg« aus dem vorherigen Workshop so, wie sie ist. Stellen Sie das Ursprungsfoto (»Heller.jpg«) nach vorn.

Nachteil der Tiefen/Lichter-Korrektur

Die Tiefen/Lichter-Korrektur hat leider auch einen entscheidenden Nachteil. Sie verfälscht nämlich die Farben. Achten Sie daher bei z. B. Porträtfotos besonders auf das Gesicht, und vergleichen Sie beide Ergebnisse miteinander. Entscheiden Sie also von Bild zu Bild, welche Methode geeigneter ist.

1 Tiefen/Lichter-Dialog öffnen

Gehen Sie noch einmal in das Menü ÜBERARBEITEN • BELEUCHTUNG ANPASSEN. Diesmal klicken Sie allerdings auf den Menüeintrag TIEFEN/LICHTER. Wer lieber mit Assistenz korrigiert, der wählt ASSISTENT • RETUSCHEN • AUFHELLEN UND ABDUNKELN.

Wenn Sie die erste Methode wählen, werden Sie sehen, dass Photoshop Elements allein durch das Öffnen des Dialogs bereits mit der Korrektur begonnen hat. Das liegt daran, dass der Wert TIEFEN AUFHELLEN (oberster Schieberegler) automatisch auf 35 % heraufgesetzt wird. Beim Gang über den Assistenten ist das nicht der Fall.

Dunkle Bilder aufhellen **9.1**

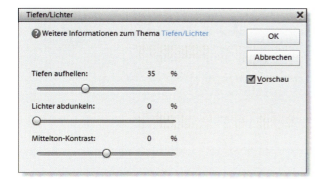

◀ **Abbildung 9.4**
Standardmäßig schlägt Photoshop Elements eine Aufhellung von 35 % vor.

2 Tiefen weiter anheben

Das reicht aber noch nicht, weshalb Sie TIEFEN AUFHELLEN bis auf einen Wert von etwa 60 % hochziehen sollten. Ziehen Sie zudem LICHTER ABDUNKELN auf einen Wert von ca. 8 %. Für diesen Workshop wollen wir es dabei belassen und bestätigen mit OK. Was die Schieberegler bewirken, wird im nächsten Workshop noch vertieft.

ERGEBNISSE »Helligkeit.tif«

▼ **Abbildung 9.5**
Links sehen Sie das Original. Das mittlere Foto (Workshop 1) ist zwar im Bereich des Baumes heller geworden, weist aber erhebliche Mängel in den hellen Bildbereichen auf. Das Foto rechts ist ausgewogen – die Struktur des Rheinturms hat nicht gelitten, und das Blau des Himmels ist ebenfalls noch vorhanden (Workshop 2).

3 Ergebnisse vergleichen

Vergleichen Sie beide Resultate noch einmal miteinander sowie mit dem Original. (Falls Sie den vorangegangenen Workshop nicht gemacht haben, öffnen Sie zusätzlich »Helligkeit.jpg« aus dem Ordner ERGEBNISSE.) Achten Sie besonders auf die Betonflächen des Turms, dort sind viele Details verloren gegangen, sowie auf den Himmel (das Blau ist nicht mehr vorhanden).

Was zeichnet nun dafür verantwortlich, dass beide Resultate so unterschiedliche Ergebnisse bringen? Nun, bei einer Erhöhung der

9 Beleuchtung und Schärfe korrigieren

Helligkeit werden alle Pixel eines Bildes gleichmäßig erhellt; also auch die, die eigentlich gar nicht zu dunkel sind. Das ist beim Dialog TIEFEN/LICHTER anders. Hier gilt: Je dunkler ein Pixel ist, desto mehr wird es bei der Korrektur erhellt. Je heller ein Bildpixel ist, desto weniger wird es dabei berücksichtigt – ein klarer Punkt also für die Tiefen/Lichter-Methode.

Deshalb sollte für Sie gelten: Verwenden Sie HELLIGKEIT/KONTRAST nur dann, wenn die Unterschiede zwischen hellen und dunklen Bildbereichen nicht allzu groß sind – wenn also der Korrekturbedarf eher gering ist. Dann (und nur dann) ist die HELLIGKEIT/KONTRAST-Korrektur anwendbar.

In der folgenden Schritt-für-Schritt-Anleitung wollen wir uns die Tiefen/Lichter-Methode noch einmal genauer ansehen.

Schritt für Schritt
Beleuchtung komplett korrigieren

»Aufhellen.tif«

Für die folgenden Schritte benötigen Sie die Datei »Aufhellen.tif«. Zweifellos handelt es sich hierbei um eine Aufnahme, die einiger Korrektur bedarf. Durch die Gegenlicht-Situation ist der relevante Bildinhalt viel zu dunkel geworden.

Abbildung 9.6 ▶
Da erkennt man ja gar nichts mehr.

1 Dunkle Bildbereiche aufhellen
Der erste Schritt lautet: ÜBERARBEITEN • BELEUCHTUNG ANPASSEN • TIEFEN/LICHTER. Der Regler TIEFEN AUFHELLEN steht wieder bei 35 %. Für unser Beispielfoto reicht das noch nicht aus, weshalb Sie auf ca. 50 % gehen sollten. Lassen Sie den Dialog noch geöffnet.

Dunkle Bilder aufhellen **9.1**

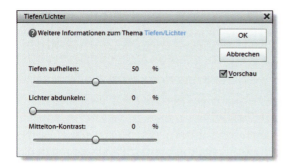

◀ **Abbildung 9.7**
Das Bild wird aufgehellt.

2 Optional: Helle Bildbereiche abdunkeln
Wenn Sie jetzt noch besonders helle Bildbereiche abdunkeln wollten, könnten Sie den Regler LICHTER ABDUNKELN nach rechts schieben. Dabei würden besonders helle Bildinformationen abgedunkelt. Weiß bleibt jedoch leider davon ausgenommen, weshalb sich der Himmel nicht korrigieren lässt.

3 Original und Korrektur vergleichen
Gestatten Sie sich während Ihrer Arbeit immer wieder einen Vorher-nachher-Vergleich, indem Sie die Checkbox VORSCHAU kurzzeitig deaktivieren.

4 Mittelton-Kontrast erhöhen
Mit Erhöhung des Schiebers MITTELTON-KONTRAST verändern Sie Pixel, die nicht eindeutig hell oder dunkel sind. Dieser Möglichkeit sollten Sie sich bedienen, wenn das Bild nach der Tiefen/Lichter-Veränderung flau oder in der Helligkeit insgesamt zu ebenmäßig wirkt, wie das hier der Fall ist. Ziehen Sie den untersten Schieberegler deshalb auf etwa –30%, bevor Sie den Dialog mit OK verlassen.

◀ **Abbildung 9.8**
Das Bild ist erheblich heller.

9 Beleuchtung und Schärfe korrigieren

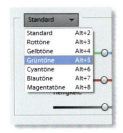

▲ **Abbildung 9.9**
Statt des gesamten Farbspektrums sollen zunächst nur die Grüntöne bearbeitet werden.

Abbildung 9.10 ▶
Bei der kanalweisen Korrektur lässt sich das Ergebnis besser steuern.

Abbildung 9.11 ▶
Das ist doch schöner als vorher, oder?

5 Farben anpassen

Das Foto ist nun zwar ausreichend hell, aber leider ein wenig farblos. Lassen Sie also eine Farbkorrektur folgen (ÜBERARBEITEN • FARBE ANPASSEN • FARBTON/SÄTTIGUNG ANPASSEN). Im Pulldown-Menü stellen Sie zunächst von STANDARD auf GRÜNTÖNE um.

Im Dialog FARBTON/SÄTTIGUNG können Sie viel einstellen. Ziehen Sie den Regler SÄTTIGUNG auf ca. +60. Danach gehen Sie auf ROTTÖNE und ziehen deren SÄTTIGUNG auf +20. Bestätigen Sie mit OK.

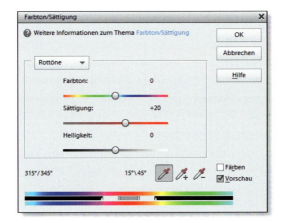

Mit Füllmethoden aufhellen und abdunkeln

TIEFEN/LICHTER ist eine wirklich feine Sache, oder? Aber es gibt noch eine zweite Methode, mit der Sie sogar noch schneller zum

Dunkle Bilder aufhellen 9.1

Ziel kommen. Voraussetzung ist hier allerdings, dass Sie es mit Fotos zu tun haben, die insgesamt zu dunkel (oder zu hell) sind.

Schritt für Schritt
Fotos schnell aufhellen

Werfen Sie einen Blick auf »Ebenen_aufhellen.jpg«. Die Aufnahme könnte eine generelle Aufhellung vertragen. Das werden Sie jetzt ruck, zuck mit der Füllmethoden-Technik realisieren.

»Ebenen_aufhellen.jpg«

1 Ebene duplizieren
Grundsätzlich benötigen Sie dazu zwei deckungsgleich übereinander angeordnete Ebenen. Die erste (Hintergrund) haben Sie ja bereits, wie das Ebenen-Bedienfeld verrät. Und eine Kopie dieses Hintergrunds erhalten Sie, indem Sie die Ebene HINTERGRUND auf das Symbol NEUE EBENE ERSTELLEN ziehen und dort fallen lassen (wobei EBENE • NEU • EBENE DURCH KOPIE oder [Strg]/[cmd]+[J] genauso gut funktionieren würde).

▲ Abbildung 9.12
Die Ebene ist kopiert worden.

2 Füllmethode ändern
Jetzt müssen Sie den MODUS der oberen Ebene ändern. Stellen Sie im Pulldown-Menü FÜLLMETHODE FÜR DIE EBENE EINSTELLEN ❶ von NORMAL auf NEGATIV MULTIPLIZIEREN um. (Diese Technik kennen Sie ja bereits aus dem vorangegangenen Kapitel.)

Kurz etwas zur Technik, die hinter der Füllmethode NEGATIV MULTIPLIZIEREN steckt: Die Farbinformationen der beiden überlagernden Ebenen (innerhalb der einzelnen Kanäle) werden jetzt miteinander verrechnet – und zwar so, dass im Resultat immer eine hellere Farbe herauskommt (im Gegensatz zu MULTIPLIZIEREN, das stets ein dunkleres Ergebnis zu Tage fördert). Schwarz und Weiß werden dabei aber nicht verändert. Deshalb ist die Methode auch für Bildkorrekturen interessant.

3 Optional: Korrektur fortsetzen
Nach einer derartigen Aktion gibt es nun drei Möglichkeiten:
▶ Sie sind mit dem Bild zufrieden. Dann ist Ihre Arbeit an dieser Stelle beendet.

9 Beleuchtung und Schärfe korrigieren

▸ Das Bild ist noch immer zu dunkel. In diesem Fall kopieren Sie die oberste Ebene noch einmal. Drücken Sie einfach [Strg]/[cmd]+[J], und das gegebenenfalls mehrfach. (Durch das erneute negative Multiplizieren wird das Bild abermals aufgehellt.) Die Füllmethode muss dabei nicht mehr geändert werden, denn Sie kopieren ja eine Ebene, die ihrerseits bereits auf NEGATIV MULTIPLIZIEREN eingestellt war.

▸ Das Bild ist jetzt zu hell. Dann heißt es für Sie: runter mit der Deckkraft der obersten Ebene. (Die Einstellung für die Deckkraft finden Sie rechts neben dem Pulldown-Menü für die Füllmethoden-Änderung.)

Zurück zum Beispiel: Das Bild ist noch immer zu dunkel. Sorgen Sie also für eine weitere Ebenenkopie, indem Sie [Strg]/[cmd]+[J] drücken. Reicht Ihnen das? Wahrscheinlich noch nicht. Wiederholen Sie den Vorgang also. Danach korrigieren Sie die Deckkraft der obersten Ebene noch etwas nach unten, bis Sie vollends zufrieden sind. Ich würde es bei etwa 50 % bewenden lassen.

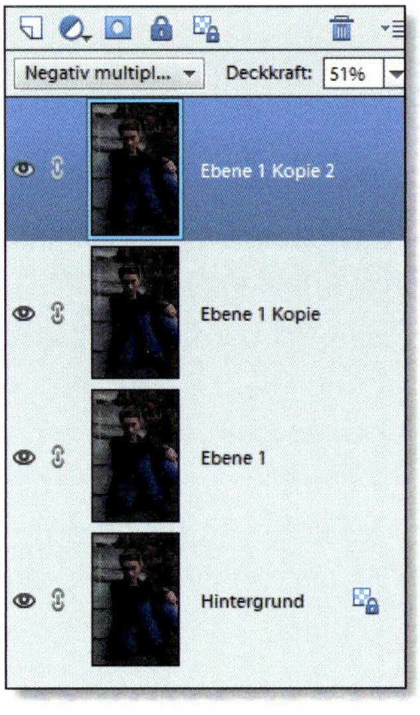

Abbildung 9.13 ▸
Mit jeder Kopie der Ebene wird die Wirkung der Füllmethode verstärkt.

4 Ebenen reduzieren

Eines sollten Sie aber noch erledigen, nämlich sämtliche Ebenen auf einen Hintergrund zu reduzieren. Das hat zwar keinen Einfluss auf die Ergebniskorrektur, aber Ihre Festplatte freut sich über derartige Aktionen. Die Dateigröße wächst nämlich mit jeder Ebene beträchtlich an, und fertig korrigierte Fotos mit zahllosen Ebenen sind nutzloser Ballast für Ihren Datenfundus. Wählen Sie deshalb aus dem Menü EBENE • AUF HINTERGRUNDEBENE REDUZIEREN. Alternativ können Sie auch die Bedienfeldmenü-Schaltfläche in der Kopfleiste des Ebenen-Bedienfelds anklicken und im Flyout-Menü den gleichen Eintrag aussuchen.

Zur besseren Ansicht sind die Ebenen allerdings im Ergebnisfoto »Ebenen_aufhellen_fertig.tif« erhalten geblieben.

◄ **Abbildung 9.14**
Kaum zu glauben, dass ein derart unterbelichtetes Foto noch zu retten ist, oder?

Tiefen/Lichter- oder Füllmethoden-Korrektur?

Haben Sie schon eine Helligkeitskorrekturmethode für sich entdeckt? Ich möchte Ihnen Folgendes empfehlen:
▸ Wenn Sie Licht und Schatten im Wesentlichen erhalten und nur das Licht insgesamt anheben wollen (so wie im letzten Workshop), dann werden Sie mit der Füllmethoden-Änderung bestens zurechtkommen.
▸ Haben Sie allerdings das Ziel, eine Szene möglichst ebenmäßig auszuleuchten, ist TIEFEN/LICHTER die allererste Wahl.

Machen Sie doch einmal die Schritte des letzten Workshops rückgängig, und versuchen Sie es mit TIEFEN/LICHTER. Das Ergebnis sehen Sie in der folgenden Abbildung.

▲ **Abbildung 9.15**
Das gleiche Foto nach einer Tiefen/Lichter-Korrektur

9.2 Kontraste bearbeiten mit Farbkurven

In diesem Abschnitt geht es um die Kontraste, also um die Spannbreite zwischen dem hellsten und dem dunkelsten Punkt eines Bildes.

Das Thema »Farbkurven einstellen« ist ja bereits im vorangegangenen Kapitel zur Sprache gekommen. Allerdings ging es dort um Schwarzweißfotografien. Jetzt werden Sie sich vielleicht fragen, was das Thema Farbkurven im Kapitel zur Beleuchtung macht. Nun, die Manipulation der Farbkurven bietet sich an, wenn es um Aufnahmen geht, die nicht gerade durch optimale Ausleuchtung glänzen. Immerhin haben Sie hier direkten Einfluss auf Tiefen, Mitteltöne und Lichter.

Schritt für Schritt
Kontraste verbessern

»Statue.tif«

Der Dialog erlaubt eine schnelle Korrektur in verschiedenen Helligkeitsbereichen. Eigentlich können Sie damit auch zu dunkle Fotos ruck, zuck aufhellen. In diesem Workshop bekommen Sie es jedoch mit einem zu hellen, fast schon flauen Foto zu tun.

Abbildung 9.16 ▶
Das Bild ist zu hell und wirkt durch mangelnden Kontrast ein wenig langweilig.

1 Stil auswählen
Öffnen Sie den Dialog FARBKURVEN, indem Sie ÜBERARBEITEN • FARBE ANPASSEN • FARBKURVEN ANPASSEN aktivieren. Danach wäh-

len Sie durch Auswahl des Stils ❶, in welche Richtung die Nachbearbeitung gehen soll. Da das Foto keine wirklich ansprechenden Kontraste aufweist, klicken Sie einmal auf den Eintrag KONTRAST ERHÖHEN ❷. Beachten Sie, dass sich dadurch sofort Änderungen in der NACHHER-Ansicht ❸ ergeben.

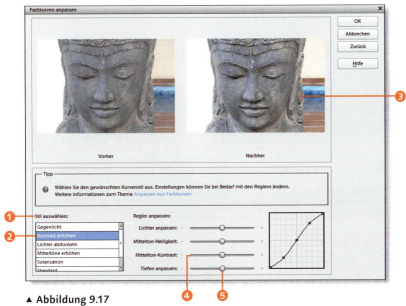

▲ **Abbildung 9.17**
Mit der Vorgabe KONTRAST ERHÖHEN wirkt das Bild bereits etwas besser.

2 Stil wählen

Bei näherer Betrachtung ist festzustellen, dass die Veränderung im Bild noch nicht ausreicht. Mit Hilfe des Stils greifen Sie nämlich lediglich auf eine Vorauswahl zu – die allerdings für unsere Statue noch etwas zu dezent ist. Deshalb sollten Sie den Regler MITTELTON-KONTRAST ❹ noch ein wenig nach rechts schieben. Da tut sich doch etwas, oder?

3 Tiefen einstellen

Aber Sie können noch mehr erreichen, und zwar indem Sie den Schieberegler TIEFEN ANPASSEN ❺ vorsichtig nach links ziehen. Die Änderungen werden sich übrigens auch auf das Diagramm auswirken, das sich rechts neben den Reglern befindet. Bevor Sie mit OK bestätigen, ziehen Sie LICHTER ANPASSEN noch ganz behutsam nach rechts.

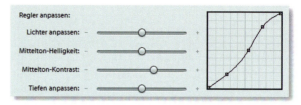

▲ **Abbildung 9.18**
Vergleichen Sie die Stellung Ihrer Schieber mit der Abbildung.

4 Optional: Mitteltöne einstellen

Abbildung 9.19 ▼
Die Kontrasterhöhung hat aus einem eher flauen Bild eine spannende Aufnahme gemacht.

Noch etwas zu den Reglern MITTELTON-HELLIGKEIT und MITTELTON-KONTRAST. Damit werden prinzipiell nur die Bereiche verändert, die weder besonders hell noch besonders dunkel sind: die Mitten eben. Und die lassen Sie hier besser unangetastet.

9.3 Helle Bilder abdunkeln

Jetzt wird es wirklich spannend! Zwar ist das Abdunkeln eines Bildes an sich nichts Besonderes, doch werden Sie im weiteren Verlauf dieses Abschnitts eine Möglichkeit kennenlernen, bei der Sie allein bestimmen können, wo eine Veränderung stattfinden soll und wo nicht. Hört sich das nicht gut an?

Mit Füllmethoden abdunkeln

Während Sie im letzten Abschnitt noch zu dunkle Bildbereiche mit Hilfe von NEGATIV MULTIPLIZIEREN aufgehellt haben, werden Sie nun ein Bild abdunkeln – und zwar mit der umgekehrten Methode.

Schritt für Schritt
Teint abdunkeln

»Abdunkeln.tif«

Was Sie für diesen Workshop benötigen, ist ein zu helles Bild. Sie haben gerade keines zur Hand? Macht nichts – greifen Sie einfach auf »Abdunkeln.tif« zurück.

1 Ebene kopieren
Kopieren Sie den Hintergrund, indem Sie Strg/cmd+J drücken. Wandeln Sie im Ebenen-Bedienfeld die Füllmethode von Normal in Multiplizieren um. Da tut sich doch schon was. Dennoch schlage ich vor, noch ein weiteres Mal Strg/cmd+J zu drücken, damit das Bild noch dunkler wird.

▲ **Abbildung 9.20**
Dieses Bild ist leider viel zu hell.

2 Deckkraft reduzieren
Reduzieren Sie die Deckkraft der obersten Ebene auf etwa 50 %. Dann kann man sicher von einem ansprechend abgedunkelten Teint sprechen. Das Resultat finden Sie unter dem Namen »Abdunkeln_fertig.tif« im Ergebnisse-Ordner.

▲ **Abbildung 9.21**
Allein durch einen Wechsel der Füllmethode der kopierten Ebenen wird das Bild im Handumdrehen dunkler.

◄ **Abbildung 9.23**
Das Bild im Vorher-nachher-Vergleich: Die Haut wirkt wesentlich realistischer.

▲ **Abbildung 9.22**
Durch die dritte Ebene wird das Foto fast schon zu dunkel.

Hilfsmittel zur Beleuchtungskorrektur: Masken

Bis hierhin ist das ja ganz nett. Aber durch die Multiplikation haben die Haare sehr gelitten, da sie jetzt eigentlich zu dunkel sind. Auch der Hintergrund sollte wieder in alter Helligkeit zur Verfügung stehen. Spätestens an dieser Stelle wird es interessant, Bereiche zu maskieren.

Schritt für Schritt
Teint abdunkeln, ohne die Haare zu verändern

Als Grundlage benötigen Sie »Abdunkeln.tif« mit den zwei im vorangegangenen Workshop multiplizierten Ebenen. Sollten Sie den Workshop nicht gemacht haben, benutzen Sie einfach »Abdunkeln_fertig.tif« aus dem Ergebnisse-Ordner.

1 Ebene erneut duplizieren

Alle Ebenen oberhalb des Hintergrunds sind mit der Füllmethode Multiplizieren versehen. Das bedeutet: Sie entfalten ihre Eigenschaft nur, wenn sich unterhalb eine Ebene befindet, mit der auch multipliziert werden kann (im Modus Normal).

Das Ziel dieses Schrittes ist aber, zwei deckungsgleiche Ebenen übereinanderzulegen, die einmal das Original und einmal die verdunkelte Kopie darstellen – ohne Multiplikation. Andernfalls würde nämlich das Maskieren nicht gelingen.

Markieren Sie deshalb die Ebene Hintergrund im Ebenen-Bedienfeld, und duplizieren Sie sie, indem Sie [Strg]/[cmd]+[J] drücken. Orientieren Sie sich an Abbildung 9.24.

▲ **Abbildung 9.24**
Die beiden oberen Ebenen haben die Füllmethode Multiplizieren, die neu hinzugefügte (Hintergrund Kopie) steht auf Normal und ist ausgewählt.

2 Ebenen verbinden

Klicken Sie danach auf das Auge-Symbol der Ebene Hintergrund. Achten Sie aber darauf, dass die Ebene selbst dabei nicht markiert wird. Hintergrund Kopie sollte weiter aktiv (d. h. schwarz hinterlegt) bleiben, da die folgende Operation ansonsten nicht gelingt.

Öffnen Sie das Bedienfeldmenü des Ebenen-Bedienfelds, und entscheiden Sie sich für Sichtbare auf eine Ebene reduzieren (Alternativ: [Strg]/[cmd]+[⇧]+[E]). Der Befehl ist nur dann anwendbar, wenn eine der noch sichtbaren Ebenen aktiv ist. Deshalb durfte zuvor Hintergrund nicht ausgewählt sein.

9.3 Helle Bilder abdunkeln

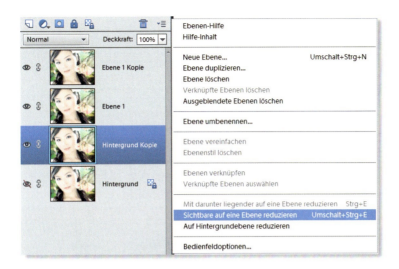

◀ **Abbildung 9.25**
Der Befehl verbirgt sich im Fenstermenü des Ebenen-Bedienfelds.

Schalten Sie jetzt die Sichtbarkeit der untersten Ebene (HINTERGRUND) über das Auge-Symbol wieder ein. Das Ebenen-Bedienfeld besteht jetzt aus zwei Ebenen. Unten befindet sich das Original und darüber der Zusammenschluss aller multiplizierten Ebenen – aber im Füllmodus NORMAL. Genau das ist die Vorarbeit, die Sie leisten mussten, um dieses Bild maskieren zu können.

◀ **Abbildung 9.26**
Das Dokument besteht aus zwei Ebenen, genauer gesagt aus einem Hintergrund und der Ebene HINTERGRUND KOPIE. Die unterste Ebene ist wieder eingeschaltet.

Miniaturgröße verändern

Sollten Ihnen die Miniaturen im Ebenen-Bedienfeld zu klein sein, können Sie diese vergrößern. Dazu klicken Sie oben rechts im Bedienfeld auf die Bedienfeldmenü-Schaltfläche und wählen BEDIENFELDOPTIONEN aus. Im oberen Bereich können Sie dann die Größe der Vorschaubildchen per Klick auf das entsprechende Symbol bestimmen, bevor Sie den Dialog mit OK verlassen.

3 Ebene maskieren
Seit Photoshop Elements 9 ist es genauso wie beim großen Bruder Photoshop möglich, Ebenenmasken zu erzeugen. Klicken Sie auf EBENENMASKE HINZUFÜGEN in der Kopfleiste des Ebenen-Bedienfelds.

▲ **Abbildung 9.27**
So einfach geht das Hinzufügen einer Maske in Photoshop Elements.

4 Maske umkehren
Es ist einfacher, diejenigen Bereiche nachzumalen, die dunkel dargestellt werden sollen. Wie Sie aber am Bild selbst erkennen können, ist derzeit alles dunkel. Deshalb wandeln Sie die Maske um, indem Sie [Strg]/[cmd]+[I] drücken. Dadurch wird die Maske

schwarz. Das bedeutet: Die oberste Ebene ist jetzt vollständig maskiert – also unsichtbar.

▲ **Abbildung 9.28**
Durch das Abdunkeln der Maskenminiatur ist die obere Ebene unsichtbar geworden.

▲ **Abbildung 9.29**
Die Maske lässt bisher noch keinen einzigen Bereich aus dem dunklen Bild durch.

5 Pinsel einstellen

Sie müssen aber jetzt keinesfalls befürchten, dass Ihre gesamte bisherige Arbeit umsonst gewesen wäre. Aktivieren Sie den Pinsel B, und stellen Sie eine weiche Spitze mit einer GRÖSSE von etwa 80 Px im Modus NORMAL bei 100 % DECKKRAFT ein.

Schwarze Ebenenmaske

Auch hier noch einmal der Hinweis: Wenn Sie Alt während des Klicks auf das Maskensymbol gedrückt halten, wird gleich eine schwarze Maske erzeugt. Das manuelle Umkehren der Maske ist dann nicht mehr nötig.

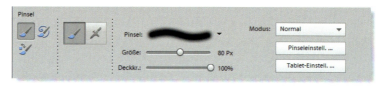

▲ **Abbildung 9.30**
Die benötigten Pinseleinstellungen

6 Obere Ebene freilegen

Drücken Sie D auf Ihrer Tastatur. Das macht Schwarz zur Vorder- und Weiß zur Hintergrundfarbe. Sie benötigen Weiß vorn. Falls erforderlich, betätigen Sie dazu X.

Jetzt malen Sie über das Gesicht der jungen Dame. Achten Sie darauf, dass Sie nicht die Haare erwischen. Sie sehen, dass die abgedunkelte Ebene dabei Stück für Stück zum Vorschein kommt – und zwar nur da, wo Sie mit weißer Farbe malen. Cool, oder?

▲ **Abbildung 9.31**
Mit dem weißen Pinsel legen Sie die gewünschten Stellen der Maske frei: Das dunkle Bild scheint durch.

7 Optional: Maske korrigieren

Wenn Sie versehentlich die Haare übermalen, machen Sie den letzten Schritt mit [Strg]/[cmd]+[Z] rückgängig und versuchen es erneut. Noch eleganter ist es aber, wenn Sie kurzzeitig auf Schwarz umschalten, indem Sie [X] drücken. Danach können Sie nämlich bereits freigelegte Bereiche wieder maskieren, also die fälschlicherweise sichtbar gewordenen Stellen wieder unsichtbar machen.

Wenn die Stelle korrigiert ist, drücken Sie abermals [X] und setzen die Demaskierung fort. Achten Sie stets auf die aktuelle Vordergrundfarbe. Weiß macht sichtbar, Schwarz macht unsichtbar!

Wenn Sie mögen, können Sie auch die Blumen im Vordergrund noch freilegen. Hintergrund und Haare lassen Sie aber unangetastet. Hätten Sie gedacht, dass sich aus diesem Bild noch so viel herausholen lässt?

▲ **Abbildung 9.32**
Mit [X] wechseln Sie schnell zwischen Schwarz und Weiß.

Vorher-nachher-Vergleich

Falls Sie die Datei im Vorher-nachher-Vergleich sehen wollen, reicht es, wenn Sie zwischenzeitlich das Auge der obersten Ebene deaktivieren.

▲ Abbildung 9.33
Vergleichen Sie das Ergebnis auch mit dem aus Abbildung 9.20. Welches gefällt Ihnen besser?

Nachvollziehen

Falls dieser Workshop nicht ganz so funktioniert hat, wie Sie es sich gewünscht haben (immerhin war das ja auch eine ganze Menge), öffnen Sie doch einmal »Abdunkeln_fertig.tif« aus dem Ordner Ergebnisse. In dieser Datei sind alle Ebenen erhalten geblieben. Sie können die Maskierung also auch hier noch einmal nachvollziehen.

Für alle, die es noch genauer wissen möchten: Sie können Bereiche auch **zum Teil nachdunkeln**. Dazu müssten Sie die betreffende Stelle also nicht ganz maskieren und auch nicht ganz freilegen. Vielleicht sagen Sie ja: »Ich möchte die Haare noch ein wenig abdunkeln, aber nicht so intensiv wie den Teint.« Auch dazu bieten sich wieder zwei Möglichkeiten an:

▸ die **Graumaskierung**: Sie schalten die Vordergrundfarbe auf Grau. Je heller das Grau ist, desto stärker ist die Wirkung, die beim Demaskieren erreicht wird. (Bitte denken Sie immer daran, dass dazu vorab die Ebenenmaskenminiatur aktiv sein muss!)

▸ die **Deckkraft-Maskierung**: Sie reduzieren die Deckkraft des Pinsels in der Optionsleiste und zeichnen wie bisher mit Schwarz oder Weiß weiter. Je geringer die Deckkraft ist, desto weniger reagiert der Pinsel. Je öfter Sie jetzt mit Weiß über eine maskierte Stelle malen, desto kräftiger wird die Abdunklung. Dieses Ergebnis haben Sie bei der Graumaskierung natürlich nicht.

9.4 Abwedeln und Nachbelichten

Mit Photoshop Elements ist es ganz leicht, die Lichtverhältnisse Ihrer Fotos auf einfache Art und Weise nachträglich zu beeinflussen. Pinsel spielen auch hier wieder eine wesentliche Rolle.

Schritt für Schritt
Fassade aufhellen

Ziel dieses Workshops ist es, helle und dunkle Bildbereiche gezielt nachzubearbeiten. Die Techniken werden gemeinhin mit **Abwedeln** und **Nachbelichten** bezeichnet.

Öffnen Sie die Datei »Licht.tif«, und begutachten Sie das Bild. Die Aufnahme ist zwar bei strahlendem Sonnenschein gemacht worden, aber dennoch versinkt die Fassade des Schlosses im Dunkeln. Viel Himmel bedeutet nämlich oft auch: viel Gegenlicht.

»Licht.tif«

Begriffe: Abwedeln und Nachbelichten

In der traditionellen Fotografie nennt man das Aufhellen von Bildbereichen **Abwedeln**. Dabei wird die auf das Bild treffende Belichtungsdauer reduziert; das Bild wird heller. Mit **Nachbelichten** bezeichnet man eine erhöhte Belichtungsdauer, die eine Abdunklung des Bildes zur Folge hat.

◄ Abbildung 9.34
Trotz strahlenden Sonnenscheins ist das Gebäude zu dunkel geraten.

1 Neue Ebene erstellen
Zunächst wird eine neue Ebene benötigt. In dieser soll aber der Modus verändert werden. Halten Sie also Alt/Wahl gedrückt, während Sie auf das Symbol NEUE EBENE ERSTELLEN (im Ebenen-Bedienfeld) klicken. Alternativ wählen Sie EBENE • NEU • EBENE.

2 Füllmethode ändern
Den Namen der Ebene können Sie getrost vernachlässigen. Ändern Sie aber den Inhalt des Flyout-Menüs MODUS von NORMAL auf INEINANDERKOPIEREN. Dies hat zur Folge, dass unterhalb des Flyout-Menüs ein weiteres Steuerelement anwählbar wird. Es trägt die kurze und knappe Bezeichnung MIT NEUTRALER FARBE FÜR MODUS »INEINANDERKOPIEREN« FÜLLEN (50 % GRAU). Setzen Sie ein Häkchen in das Kästchen, und bestätigen Sie mit OK.

Abbildung 9.35 ▶
Der Modus lässt sich schon beim Erstellen der neuen Ebene festlegen.

Die neue Ebene ist nun mit einem neutralen Grauton gefüllt, von dem seltsamerweise im Bild nichts zu sehen ist. Obwohl – so außergewöhnlich ist das gar nicht, denn die Modusänderung (Ineinanderkopieren) zeichnet dafür verantwortlich. Neutrales Grau bewirkt dabei nämlich keinerlei Veränderungen. Erst wenn Sie ein dunkleres oder helleres Grau auftragen, wird sich das auch auf das Bild auswirken. Aber der Reihe nach …

3 Werkzeug einstellen

Aktivieren Sie das Pinsel-Werkzeug (B), und stellen Sie eine weiche Spitze mit einem Durchmesser von etwa 150 Px ein. Den Modus belassen Sie bei Normal, wobei Sie aber die Deckkraft auf 15 % reduzieren sollten. Das sorgt dafür, dass der Pinsel nicht so heftig reagiert, wenn Sie das Bild damit übermalen.

Abbildung 9.36 ▶
Die benötigten Pinseleinstellungen

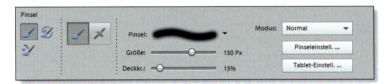

Stellen Sie die Standardfarben (Schwarz und Weiß) in der Werkzeugleiste ein. Dazu reicht ja, wie Sie wissen, ein Druck auf D Ihrer Tastatur. Die zweite wichtige Taste, auch das ist Ihnen bereits bekannt, ist X. Sofern Sie den vorangegangenen Workshop nicht gemacht haben: Drücken Sie die Taste mehrmals, und beobachten Sie dabei, wie Schwarz und Weiß im Farbwähler der Werkzeugleiste bei jedem Druck ausgetauscht werden.

4 Werkzeugtechnik

Beim Abwedeln werden Bildbereiche aufgehellt, während das Nachbelichten für Abdunklung sorgt. Mit der hier zum Einsatz kommenden Ebenentechnik hellen Sie auf, wenn Weiß in der Optionsleiste als Vordergrundfarbe eingestellt ist. Möchten Sie hingegen nachbelichten (also abdunkeln), stellen Sie über [X] einfach Schwarz nach vorn.

5 Abwedeln

Zeichnen Sie zunächst mit gedrückter Maustaste (während Weiß Vordergrundfarbe ist) über die Fassade des Schlosses. Wischen Sie so oft darüber, bis Ihnen die Helligkeit gefällt. Wischen Sie auch kurz (!) über den Rasen und die Bäume. Achten Sie aber darauf, dass Sie nicht den Himmel mit erwischen, da dieser ansonsten schnell weiß wird. Je öfter Sie über eine Stelle wischen, desto heller wird diese.

▲ **Abbildung 9.37**
Beim Abwedeln werden Bildbereiche aufgehellt.

6 Nachbelichten

Drücken Sie einmal [X]. Schwarz sollte jetzt zur Vordergrundfarbe geworden sein. Dunkeln Sie den Himmel etwas ab – aber vorsichtig, bitte. Tun Sie hier nicht zu viel. Wenn Ihnen für diese Arbeit eine sensibler reagierende Pinselspitze mehr liegt, reduzieren Sie deren DECKKRAFT vorab in der Optionsleiste.

Achten Sie auch einmal auf die Maskenminiatur im Ebenen-Bedienfeld. Hier werden die Bereiche des Himmels immer dunkler, während die Fläche entlang der Fassade immer heller wird.

Zum Schluss werden Sie sehen, dass sich die Lichtverhältnisse in Ihrem Bild vollkommen verändert haben. Einen Vorher-nachher-Vergleich erhalten Sie über das Auge-Symbol der obersten Ebene.

▲ **Abbildung 9.38**
Durch das Nachbelichten mit schwarzer Vordergrundfarbe werden Bildbereiche abgedunkelt.

▲ **Abbildung 9.39**
Im Vergleich fallen die Mängel des Originals besonders auf.

Was ist zu tun, wenn der Pinsel nicht mehr reagiert?

Bei sehr dunklen oder hellen Bildbereichen werden Sie möglicherweise an einen Punkt kommen, an dem Sie noch mehr aufhellen oder abdunkeln müssen, aber keine Veränderung mehr im Bild eintritt. Woran liegt das?

Schauen Sie sich doch einmal die dazugehörende Maske im Ebenen-Bedienfeld an. Hier tragen Sie bei einer Aufhellung Weiß auf. Aber wenn die Fläche erst einmal zu 100% mit Weiß gefüllt ist, geht nichts mehr. Wenn Sie aber dennoch weiter aufhellen wollen, bleibt Ihnen nur der bereits bekannte Weg: Sie müssen die oberste Ebene duplizieren ([Strg]/[cmd]+[J]). Danach wird die Änderung aber wesentlich zu stark sein. Das wiederum gleichen Sie aus, indem Sie die Deckkraft der neu hinzugewonnenen Ebene entsprechend reduzieren.

Danach kommt noch etwas ganz Wichtiges: Bevor Sie weiterarbeiten, sollten Sie vorab sämtliche Ebenen miteinander verschmelzen. Andernfalls wären die Änderungen, die Sie ab jetzt vornehmen, erheblich zu schwach. Sie müssten dann mit der Deckkraft der Pinselspitze variieren – und das kann ja nun wirklich niemand von Ihnen verlangen.

Verbinden Sie die Ebenen, indem Sie Auf Hintergrundebene reduzieren aus dem Fenstermenü des Ebenen-Bedienfelds wählen. Danach müssen Sie erneut eine Ebene mit der Füllmethode Ineinanderkopieren erzeugen (siehe Schritt 2, »Füllmethode ändern«).

Die Werkzeuge Abwedler und Nachbelichter

Der Vollständigkeit halber sei erwähnt, dass die Toolbox über entsprechende Werkzeuge verfügt, mit denen Bilder nachbelichtet oder abgewedelt werden können. Sie finden sowohl den Abwedler als auch den Nachbelichter zusammen mit dem Schwamm in einem Tool-Set in der Werkzeugleiste. Dazu müssen Sie jedoch vor deren Benutzung in der Optionsleiste einstellen, ob Tiefen, Mitteltöne oder Lichter bearbeitet werden sollen. Übrigens können auch diese Werkzeuge auf einer neutralgrauen (ineinanderkopierten) Ebene eingesetzt werden.

▲ Abbildung 9.40
Wenn Sie die Ebene duplizieren, wird der Effekt wesentlich verstärkt.

Auf der Ebene arbeiten

Die Werkzeuge Abwedler und Nachbelichter können direkt auf dem Bild in Anwendung gebracht werden. Allerdings arbeiten Sie dann destruktiv. Das bedeutet: Sie verändern das Original und zerstören somit auch dessen Bildpixel. Arbeiten Sie hingegen auf einer ineinanderkopierten Ebene, »wirkt« diese auf das Original, das seinerseits unangetastet bleibt.

9.4 Tonwerte korrigieren

◄ Abbildung 9.41
Werkzeuge zum Nachbelichten und Abwedeln

9.5 Tonwerte korrigieren

Zu helle oder zu dunkle Bilder erstrecken sich meist nicht über den gesamten zur Verfügung stehenden Tonwertbereich.

Arbeiten mit der Tonwertkorrektur

Tonwertbereich? Was ist denn das nun schon wieder? Das schauen Sie sich am besten einmal anhand eines Diagramms an. Ach, was sage ich. Lassen Sie uns doch gleich einen Workshop dazu ansehen. Auch wenn dieser eher theoretischer Natur ist.

»Tonwert.tif«

Schritt für Schritt
Grauschleier entfernen

Die Früchte im Bild »Tonwert.tif« wirken etwas flau. Das liegt daran, dass sich das Bild nicht über das gesamte eigentlich zur Verfügung stehende Tonwert-Spektrum ausdehnt (bei 8-Bit-Bildern reicht dieses Spektrum von 0 bis 255).

▲ Abbildung 9.42
Das Bild wirkt flau, weil weder reines Weiß noch reines Schwarz vorhanden sind.

▲ Abbildung 9.43
Im Assistenten sind zahlreiche Infos zum Thema Tonwertkorrektur vermerkt.

311

9 Beleuchtung und Schärfe korrigieren

1 Tonwertkurve interpretieren

Das wird verständlicher, wenn Sie sich dazu eine Grafik ansehen. Gehen Sie dazu in den Bereich Assistent, und entscheiden Sie sich für Retuschen • Tonwertkorrektur. Wenden Sie in diesem Bedienfeld Neue Tonwertkorrekturebene an, und bestätigen Sie den folgenden Dialog mit OK.

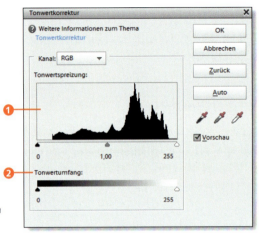

Abbildung 9.44 ▶
Das Histogramm zeigt, warum das Bild flau wirkt.

Schauen Sie einmal auf den unteren Bereich. Da sehen Sie, dass der Tonwertumfang ❷ von 0 bis 255 geht. Das bedeutet: Das Bild kann 256 verschiedene Abstufungen haben – und das pro Kanal. Das macht bei drei Kanälen (Rot, Grün und Blau) 256^3, also knapp 16,8 Millionen mögliche Farbabstufungen. Das haben Sie ja auch bereits in Kapitel 5, »Grundlegende Arbeitstechniken«, erfahren.

Achten Sie jetzt auf das oberhalb angeordnete Histogramm ❶. Ganz links finden Sie die dunklen Tonwerte. Je weiter Sie nach rechts gehen, desto heller werden die Tonwerte. Ganz rechts ist also Weiß. Die jeweilige Höhe innerhalb des Diagramms sagt nun etwas darüber aus, wie oft der jeweilige Tonwert im Bild vorhanden ist. Daraus ist Folgendes abzuleiten: Es sind keine wirklich dunklen und auch keine wirklich hellen Tonwerte im Bild, da sich das Histogramm nicht über die komplette ihm zur Verfügung stehende Breite erstreckt. Es fehlen demnach Tiefen und Höhen.

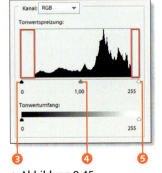

▲ **Abbildung 9.45**
Die rot markierten Bereiche zeigen, wo Tonwerte fehlen.

2 Tonwerte verändern

Gleich unterhalb des Histogramms finden sich drei Schieberegler. Mit dem linken ❸ können Sie nun die Tiefen verändern, mit dem rechten ❺ die Lichter, und der graue Regler in der Mitte ❹ spiegelt die Mitteltöne wider.

Um ein ansprechendes Ergebnis zu erhalten, sollten Sie nun die Schieber ❸ und ❺ zur Mitte hin bewegen, und zwar bis zu der Position, an der ein Anstieg der Histogrammkurve zu verzeichnen ist. Das müsste der Fall sein, wenn unterhalb des schwarzen Schiebers ein Wert von etwa 27 gelistet wird, während unterhalb des weißen Schiebereglers 240 ausgewiesen wird.

Für den letzten Schliff sorgen Sie, indem Sie die Mitteltöne etwas in Richtung Dunkel verschieben. Bewegen Sie dazu den grauen Schieber etwas nach rechts. Wenn Sie einen Wert um 0,85 erreichen, sollte aber Schluss sein. Danach bestätigen Sie mit OK.

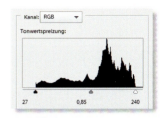

▲ **Abbildung 9.46**
Ziehen Sie die beiden äußeren Regler nach innen (bis an den Rand der Histogrammkurve) und den mittleren ein wenig nach rechts.

3 Korrektur beenden

Bestätigen Sie den Dialog mit OK, und beenden Sie die Tonwertkorrektur in der rechten Spalte mit Klick auf FERTIG. Kehren Sie zurück zur Ansicht EXPERTE, und werfen Sie einen Blick auf das Ebenen-Bedienfeld.

Nanu, da ist ja eine zweite Ebene erzeugt worden! Das ist eine sogenannte Einstellungsebene. Was es damit auf sich hat, erfahren Sie im Abschnitt »Einstellungsebenen zur Tonwertkorrektur verwenden« auf Seite 315. Die Datei finden Sie übrigens im ERGEBNISSE-Ordner unter »Tonwert_fertig.psd«.

▲ **Abbildung 9.47**
Die oberste Ebene ist vom Assistenten erzeugt worden.

◀ **Abbildung 9.48**
In dieser Montage ist der direkte Vergleich ganz offensichtlich (unten = vorher, oben = nachher).

Direkte Tonwertkorrektur

Nun gibt es eine Möglichkeit, die Tonwerte direkt zu beeinflussen – ohne Zuhilfenahme einer Einstellungsebene. Ich möchte allerdings nicht versäumen, Ihnen mitzuteilen, warum das die schlechtere Korrekturmethode ist.

Schritt für Schritt
Tonwerte auf der Original-Ebene anpassen

Wir werden die gleiche Korrektur anwenden wie im Workshop zuvor – allerdings werden wir keine Einstellungsebene erzeugen lassen.

1 Tonwertkorrektur anwenden
Öffnen Sie noch einmal »Tonwert.tif«, und entscheiden Sie sich anschließend für [Strg]/[cmd]+[L]. Wer noch immer keine Tastenkombinationen mag, nimmt ÜBERARBEITEN • BELEUCHTUNG ANPASSEN • TONWERTKORREKTUR. Wiederholen Sie die Schritte des letzten Workshops (Tiefen = 27/Mitteltöne = 0,85/Lichter = 240). Klicken Sie auf OK.

2 Dialog erneut öffnen
Wiederholen Sie den ersten Teil des vorangegangenen Schrittes, indem Sie die Tonwertkorrektur abermals öffnen. Diesmal nehmen Sie aber keine Einstellungen vor.

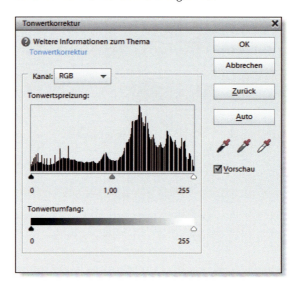

Abbildung 9.49 ▶
Was sind das denn für schreckliche Lücken im Tonwerthistogramm?

3 Histogramm interpretieren

Was sehen Sie? Weiße Stellen im Tonwerthistogramm. Brechen Sie den Dialog ab. Öffnen Sie stattdessen »Tonwert_fertig.psd« aus dem ERGEBNISSE-Ordner. Setzen Sie einen Doppelklick auf die Ebenenminiatur der obersten Ebene, und schauen Sie sich das Histogramm an, das im folgenden Bedienfeld erscheint.

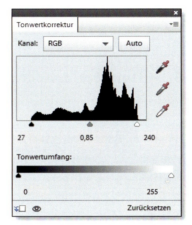

◄◄ Abbildung 9.50
Öffnen Sie das Histogramm mit Hilfe der Ebenenminiatur.

◄ Abbildung 9.51
Hier gibt es keine Lücken.

Jetzt wissen Sie, was im vorangegangenen Workshop passiert ist: Bei der Direktmethode sind Lücken entstanden. Das bedeutet: Es sind Bildpixel zerstört worden. Zunächst einmal ist das nicht ganz so schlimm, wie es sich anhört. Aber wenn Sie die Tonwertkorrektur noch einmal nachkorrigieren wollten (weil Sie beispielsweise feststellen, dass Sie zuvor doch noch nicht optimal korrigiert haben), würden Sie das auf Grundlage des bereits zerstörten Originals machen.

Einstellungsebenen zur Tonwertkorrektur verwenden

Bei einer Tonwertkorrektur mit Hilfe von Einstellungsebenen werden keine Bildpixel zerstört. Die Einstellungsebene liegt über dem Original, die dort getroffenen Einstellungen wirken sich nicht auf die Original-Ebene aus und werden nicht direkt an das Foto übergeben. Die Folge: Eine neuerliche Korrektur basiert auf Grundlage des Originals – nicht auf Grundlage der Korrektur.

Tonwerte mit Pipetten korrigieren

Wenn Sie ein Bild haben, das über eindeutige schwarze und weiße Bildbereiche verfügt, können Sie die Tonwertspreizung auch von Photoshop Elements ausführen lassen. Wie das funktioniert, zeigt der Workshop »Tonwerte mit Pipetten korrigieren« auf der Bonus-Seite zum Buch unter *www.galileo-design.de*.

▲ **Abbildung 9.52**
Die Korrekturebene lässt sich maskieren. Sie können also vollkommen frei bestimmen, wo die Tonwertkorrektur wirken soll und wo nicht. Das ist grenzenlose Freiheit für jeden Bildbearbeiter.

Das allein ist aber noch nicht spektakulär genug. Richtig interessant wird es nämlich erst dann, wenn Sie noch einmal auf die Tonwertkorrekturebene schauen. Diese verfügt nämlich über eine Maskenminiatur. Und wissen Sie, was für ein Segen das ist? Sie sind damit in der Lage, die Korrektur zu maskieren! Das heißt: Sollte es Stellen im Foto geben, an denen die Korrektur nicht wirken soll, aktivieren Sie die Maskenminiatur, stellen Schwarz als Vordergrundfarbe ein und malen kurzerhand über die Bereiche, die nicht korrigiert werden sollen. Ist das nicht genial?

Schnittmasken erstellen

In diesem Abschnitt ist das Bedienfeld TONWERTKORREKTUR von ausschlaggebender Bedeutung. Sollten Sie es bereits geschlossen haben, erreichen Sie es jederzeit wieder über besagten Doppelklick auf die Miniatur der obersten Ebene oder über FENSTER • KORREKTUREN. Außerdem öffnet es sich automatisch, sobald Sie eine Einstellungsebene erzeugen. Wie das geht, schauen wir uns jetzt an.

Schritt für Schritt
Tonwerte auf einzelne Ebenen anwenden

»Schnittmaske.tif«

Ziel dieses Workshops ist es, Korrekturen auf einzelne Ebenen wirken zu lassen. Damit lässt sich die Bearbeitung auf bestimmte Bildbereiche begrenzen, ohne dass dafür eine Maske angelegt werden muss.

1 Bild ansehen

Grundsätzlich sollten alle Bildbereiche, die separat bearbeitet werden sollen, auf eine eigene Ebene gebracht werden. Dazu benutzen Sie die verschiedenen Auswahlwerkzeuge (allen voran das Schnellauswahl-Werkzeug) und erzeugen anschließend eine neue Ebene aus der vorhandenen Auswahl (EBENE • NEU • EBENE DURCH KOPIE). Aber das ist ja schon ein alter Hut. Außerdem haben wir es hier mit einem Foto zu tun, das bereits über Ebenen verfügt – so dass Sie sich gleich in die Arbeit stürzen können. Öffnen Sie daher die Datei »Schnittmaske.tif«.

9.5 Tonwerte korrigieren

▲ **Abbildung 9.54**
Im Hintergrund das gesamte Foto. Himmel und Berge liegen jeweils noch einmal auf übergeordneten Ebenen.

▲ **Abbildung 9.53**
Um dieses Foto geht es. Es besteht aus drei Ebenen.

2 Tonwertkorrektur-Ebene erstellen

Erzeugen Sie eine Tonwertkorrektur-Ebene. Diesmal gehen Sie dazu nicht über den Assistenten, sondern machen das per Klick auf das blau-weiße Kreis-Symbol (NEUE FÜLL- ODER EINSTELLUNGS-EBENE ERSTELLEN) in der Kopfleiste des Ebenen-Bedienfelds. In der Liste selektieren Sie TONWERTKORREKTUR.

3 Mitteltöne einstellen

Achten Sie nur auf den Himmel. Der könnte nach meinem Geschmack ein wenig dunkler werden. Was meinen Sie? Ziehen Sie dazu die MITTELTÖNE auf ca. 0,75.

▲ **Abbildung 9.55**
So erstellen Sie eine Tonwertkorrektur-Einstellungsebene, ohne zum Assistenten wechseln zu müssen.

4 Ebene verziehen

Zu dumm nur, dass die Berge davon ebenfalls in Mitleidenschaft gezogen worden sind. Das können Sie aber ändern, indem Sie die Tonwertkorrektur-Ebene kurzerhand unter die Ebene BERGE ziehen. Schalten Sie das Auge-Symbol kurz aus und wieder ein, werden Sie feststellen, dass die Ebene sich jetzt nicht mehr auf die Berge auswirkt. Der Grund: Die Ebene liegt oberhalb der Tonwert-Ebene. Und diese Ebenen wirken sich stets nur auf darunterliegende Ebenen aus.

9 Beleuchtung und Schärfe korrigieren

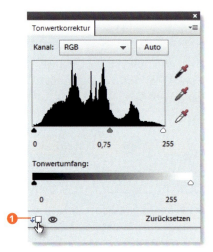

▲ **Abbildung 9.56**
Dadurch wird der Himmel dunkler und somit präsenter.

▲ **Abbildung 9.57**
Durch temporäre Deaktivierung der Korrekturebene wird im Bild deutlich, auf welche Ebenen sich die Einstellung auswirkt.

5 Schnittmaske erzeugen

Okay, damit sind wir dem Ziel bereits ein Stück näher. Aber die Einstellung wirkt sich leider nicht nur auf den Himmel, sondern auch auf den Hintergrund (also den See und das Gestein) aus. Das ist ja auch nachvollziehbar, hatten wir doch festgestellt, dass alle unterhalb der Einstellungsebene befindlichen Ebenen von der Korrektur betroffen sind. Das können Sie umgehen, indem Sie auf die kleine Schaltfläche ❶ im Tonwertkorrektur-Bedienfeld klicken.

Schnittmaske auflösen

Ein erneuter Klick auf diese Schaltfläche sorgt dafür, dass die Schnittmaske wieder aufgelöst wird.

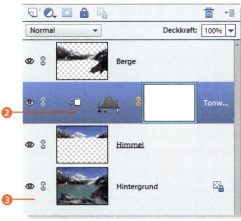

Abbildung 9.58 ▶
Die Schnittmaske sorgt dafür, dass nur noch die unmittelbar darunter befindliche Ebene korrigiert wird.

9.5 Tonwerte korrigieren

Sie erreichen dadurch, dass die Ebene innerhalb des Ebenen-Bedienfelds eingerückt wird. Das kleine vorangestellte Symbol ❷ zeigt: Diese Einstellungsebene wirkt ab sofort nur noch auf die unmittelbar darunter befindliche Ebene – also auf den Himmel –, nicht aber auf den Hintergrund. Man spricht in diesem Fall von einer **Schnittmaske**.

6 Neue Einstellungsebene erzeugen

Nun können Sie sich vorstellen, dass es ein Leichtes ist, den See und das Gestein im Vordergrund unabhängig vom Rest des Bildes zu bearbeiten. Wir gehen hier noch einen Schritt weiter und werden statt einer Tonwertkorrektur nun eine Farbkorrektur vornehmen.

Damit Photoshop Elements sie direkt über dem Hintergrund anordnen kann, muss dieser im Ebenen-Bedienfeld zunächst aktiviert werden ❸. Danach gehen Sie wieder auf das blau-weiße Symbol ❹ in der Kopfleiste und wählen FARBTON/SÄTTIGUNG aus. Im Dialog aktivieren Sie CYANTÖNE und ziehen die SÄTTIGUNG auf ca. +25 hoch.

Schnittmaske alternativ erzeugen

Eine Alternative zum Klick auf die Schaltfläche unten links: Klicken Sie im Ebenen-Bedienfeld auf den Begrenzungssteg zwischen Einstellungsebene und darunter befindlicher Bildebene, während Sie [Alt] gedrückt halten. Die richtige Position ist gefunden, wenn der Mauszeiger zu zwei in sich verschlungenen Kreisen wird.

▲ Abbildung 9.59
Jetzt ist die Sättigung der untersten Ebene an der Reihe.

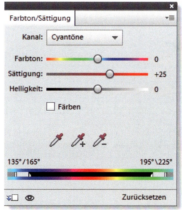

▲ Abbildung 9.60
Die Sättigung der Cyantöne wird erhöht.

7 Berge korrigieren

Wer am Ende auch noch die Berge korrigieren möchte, muss die gleichnamige Ebene zunächst anwählen und dann eine Einstellungsebene TONWERTKORREKTUR hinzufügen. Achten Sie darauf,

Einstellungsebenen korrigieren

Zur Erinnerung: Wenn Sie eine der hier angeordneten Einstellungsebenen erneut korrigieren wollen, klicken Sie auf die entsprechende Miniatur (bei geschlossenem Korrekturen-Bedienfeld ist ein Doppelklick vonnöten). Die Änderungen sind dann nicht-destruktiv, zerstören also die Pixel der Bildebene nicht.

dass jetzt aus dieser erst wieder eine Schnittmaske erzeugt werden muss, da sich diese ansonsten wieder auf alle Ebenen auswirken würde. Zur Korrektur eignet sich allenfalls eine Verstellung der Mitteltöne auf ca. 0,90 bis 0,95.

Abbildung 9.61 ▶
Die fertige Datei im Ebenen-Bedienfeld.

Deckkraft der Einstellungsebene

Und noch eine coole Sache möchte ich Ihnen verraten: Sollte Ihnen die Korrektur irgendwann zu stark sein, reduzieren Sie einfach die Deckkraft der Einstellungsebene. Das funktioniert, wie bei jeder herkömmlichen Ebene auch. Und wenn Sie Ihnen zu schwach ist, duplizieren Sie die Einstellungsebene und passen danach die Deckkraft des Duplikats an. Das nennt sich: Bildbearbeitung ohne Grenzen!

▲ **Abbildung 9.62**
Das Resultat mit sämtlichen Ebenen (auch den Einstellungsebenen) finden Sie unter »Schnittmaske_fertig.tif«.

9.6 Bilder scharfzeichnen

Mittlerweile verfügt jede halbwegs gescheite Kamera über einen Autofokus. Unscharfe Bilder gehören deshalb schon seit Langem der Vergangenheit an – sollte man meinen. Leider sieht die Realität anders aus. Gerade in nicht ausreichend beleuchteten Umgebungen, wenn die Blende länger geöffnet geblieben ist, kommt es schnell zu »Verwacklern«. Wenn die Unschärfe nicht zu gewaltig ist, kann Photoshop Elements das aber prima reparieren.

Unscharf maskieren

Auch in Sachen Scharfzeichnung gibt es mehrere Möglichkeiten, ans Ziel zu gelangen. Die beste ist nach wie vor UNSCHARF MASKIEREN. Wenn man zum ersten Mal auf diesen Begriff stößt, drängt sich die Vermutung auf, dass durch den Einsatz dieser Methode erst eine Unschärfe erzeugt würde. Das ist jedoch nicht der Fall. Der Begriff sagt vielmehr aus, dass Sie unscharfe Bereiche mit einer Maske versehen – also die Unschärfe teilweise »abdecken«. So passt es, oder?

»Unscharf.tif«

Schritt für Schritt
Bilder schärfen

Schauen Sie sich die Beispieldatei »Unscharf.tif« an. Das ist ein typisches Unschärfe-Motiv. Stundenlang liegt der Knabe regungslos in der Sonne, und just, als der Auslöser gedrückt wird, schickt er sich an, seinen Platz zu wechseln. Na klar! Aber das kriegen wir wieder hin.

Assistent nicht zufriedenstellend

Photoshop Elements stellt mit SCHÄRFEN im Segment RETUSCHEN zwar einen intuitiven, aber leider nicht besonders akkuraten Scharfzeichner zur Verfügung. Mit diesem lässt sich lediglich die Intensität der Schärfung einstellen. Das ist meist nicht gut genug.

◄ **Abbildung 9.63**
Besonders in der Mitte ist das Tier unscharf.

9   Beleuchtung und Schärfe korrigieren

▲ **Abbildung 9.64**
Dieser Dialog lässt mehr Möglichkeiten zu als der Assistent.

Ausschnitt zur besseren Beurteilung

Die Wahl des Bildausschnitts soll Ihnen die Möglichkeit geben, nahe an zu schärfende Stellen heranzuzoomen. Bei der anschließenden Schärfung wird natürlich das gesamte Bild berücksichtigt – nicht nur der gewählte Ausschnitt.

1   Schärfe-Dialog öffnen

Der Dialog, den Sie für diesen Workshop benötigen, ist im ÜBERARBEITEN-Menü zu finden, und zwar unter ÜBERARBEITEN • UNSCHARF MASKIEREN.

2   Miniaturvorschau bewegen und skalieren

Der angezeigte Ausschnitt im oberen Bereich dieses Fensters lässt sich verschieben und skalieren. Stellen Sie den Mauszeiger auf das Vorschaubild, und schieben Sie es mit gedrückter Maustaste in die gewünschte Richtung. Mit den unterhalb befindlichen Buttons + und – kann die Vorschau zudem skaliert werden.

Ein Tipp: Schärfungen sollten Sie grundsätzlich bei 100%-Darstellung beurteilen. Dies gilt übrigens nicht nur für die Voransicht im Dialog, sondern auch für das Foto selbst.

◀ **Abbildung 9.65**
Bei 100% lässt sich die Unschärfe am besten beurteilen.

3   Stärke festlegen

Die Anwendung gibt Ihnen jetzt drei Werte vor, die mit Schiebereglern beeinflusst werden können. Dabei hat aber nicht etwa eine Berechnung stattgefunden, wie man vielleicht annehmen könnte. Vielmehr handelt es sich um Standardwerte. Wenn Sie den Befehl zum zweiten Mal anwenden, werden die Einstellungen der ersten Schärfung erneut angeboten.

Zunächst sollten Sie die STÄRKE der Schärfung bestimmen. Dieser Wert stellt die Intensität dar, um die das gesamte Bild letztendlich geschärft dargestellt wird. Je höher der Wert ist, desto schärfer kontrastiert das Ergebnis. Hier gehen Sie auf etwa 130 %.

4   Radius einstellen

Der zweite Schieberegler definiert jenen Bereich, der zur Bildung der Schärfe herangezogen werden soll. Je größer der Wert ist, desto härter ist die eigentliche Schärfung. Im Beispielbild sollte der RADIUS etwa 2,0 Px betragen.

5 Schwellenwert einstellen

Vereinfacht gesagt, bestimmen Sie mit diesem Steuerelement, was überhaupt eine Kante ist! Sind die Unterschiede zwischen angrenzenden Pixeln im Bild sehr gering, wird dies nicht als Kante interpretiert und somit auch nicht geschärft. Das bedeutet: Je höher der Wert ist, desto weniger Kontrastbildung findet letztendlich statt.

Wenn Sie den SCHWELLENWERT erhöhen, bleiben glatte Flächen, an denen eine Unschärfe nicht sonderlich ins Gewicht fällt, weiterhin glatt. Das trägt natürlich dazu bei, dass das Bild zum Schluss nicht zu hart wirkt. Heben Sie deshalb den SCHWELLENWERT um 10 bis 12 Stufen an, und bestätigen Sie mit OK.

Prinzip der Schärfung

Prinzipiell kommen Unschärfen an Kanten und Übergängen zum Tragen – weniger auf glatten Flächen. Nun kann Photoshop Elements natürlich nicht selbstständig erkennen, an welchen Stellen ein Bild unscharf ist. Deshalb sucht die Anwendung nach Bereichen, in denen starke Farbunterschiede vorhanden sind. An diesen Stellen wird eine Kante bzw. ein Übergang festgestellt. Und genau dieser Bereich wird dann stärker kontrastiert.

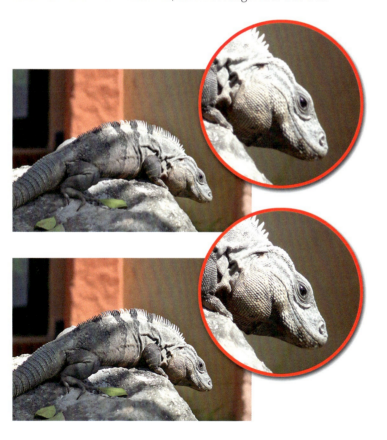

◄ Abbildung 9.66
Der Vorher-nachher-Vergleich zeigt die Unterschiede.

9 Beleuchtung und Schärfe korrigieren

Schärfe einstellen

Abbildung 9.67 ▼
Dieser Dialog erlaubt weitreichende Einstellmöglichkeiten in Sachen Schärfe.

Das Fenster SCHÄRFE EINSTELLEN finden Sie ebenfalls im Menü ÜBERARBEITEN. Hier haben Sie noch umfangreichere Möglichkeiten als beim Dialogfeld UNSCHARF MASKIEREN – müssen aber leider dabei auf den SCHWELLENWERT-Regler verzichten.

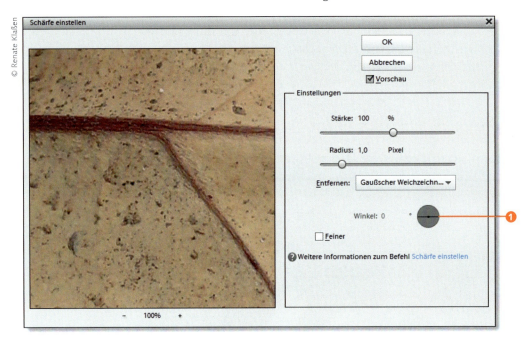

Was bei der Veränderung von STÄRKE und RADIUS passiert, haben Sie bereits im vorangegangenen Workshop in Erfahrung bringen können. Aber in diesem Fenster gesellen sich noch drei weitere Steuerelemente hinzu:

▶ ENTFERNEN: Hiermit legen Sie die Methode fest, mit der das Bild bearbeitet werden soll. Wenn Sie GAUSSSCHER WEICHZEICHNER stehen lassen, wird der gleiche Algorithmus verwendet, der auch bei UNSCHARF MASKIEREN zur Anwendung kommt. VERWACKELN gestattet eine recht detaillierte Scharfzeichnung; das Ergebnis wird von der Struktur her feiner. Sollte die Kamera beim Fotografieren bewegt worden sein, bietet sich möglicherweise auch BEWEGUNGSUNSCHÄRFE an. Dieser Algorithmus eignet sich besonders bei starken Unschärfen, die durch Verwacklung beim Fotografieren oder starke Bewegung des abgelichteten Objekts hervorgerufen wurden.

- WINKEL: Dieses Steuerelement steht nur dann zur Verfügung, wenn unter ENTFERNEN die BEWEGUNGSUNSCHÄRFE gewählt worden ist. Sie können damit bestimmen, in welcher Richtung die Bewegungsunschärfe ausgeglichen werden soll. Tragen Sie den gewünschten Wert in das Eingabefeld ein, oder bewegen Sie die schwarze Linie ❶ des Rädchens mit der Maus.
- FEINER: Aktivieren Sie diese Checkbox, um eine präzisere Scharfzeichnung zu erreichen. Das Ergebnis wird im Detail besser sein.

9.7 Bilder weichzeichnen

Nun können aber auch gerade unscharfe Elemente im Foto für interessante Effekte sorgen. Durch das Zusammenspiel von weichen und scharfen Elementen eines Bildes können Sie wirklich tolle Stimmungen erzeugen.

Schärfentiefe verändern

Die Veränderung der Schärfentiefe ist ein ganz besonderes Gestaltungsmittel der Fotografie. Bei hoher Schärfentiefe sind Vorder- und Hintergrund scharf. Um das Motiv jedoch besser vom Hintergrund abzuheben, verringert man die Schärfentiefe (z. B. durch Verwendung einer großen Blendenöffnung = geringer Blendenwert und/oder durch Vergrößerung des Abstands zwischen Motiv und Hintergrund). Dabei bleibt das Motiv scharf, während der Hintergrund in Unschärfe versinkt.

So viel zur Theorie. Wenn die geringe Schärfentiefe aber nicht gleich bei der Aufnahme gelingt, müssen Sie die Unschärfe später am Rechner erzeugen. Und wie das geht, erfahren Sie im folgenden Workshop.

Schritt für Schritt
Einen unscharfen Hintergrund erzeugen

Bevor Sie loslegen, noch ein Hinweis zu diesem Workshop: Es wird wieder einmal eine Maske erforderlich sein. Da dieses Thema

»Weichzeichner.tif«

9 Beleuchtung und Schärfe korrigieren

▲ **Abbildung 9.68**
Der Mann soll mittels Weichzeichnung vom Hintergrund freigestellt werden.

jedoch bereits mehrfach aufgegriffen worden ist, werde ich mich beim Erzeugen der Maske auf eine Kurzanleitung beschränken. Wenn Sie dieses Buch chronologisch durchgearbeitet haben, wird Ihnen das auch gar nichts ausmachen, da Sie ja mittlerweile schon Masken-Profi sind.

1 Ebene duplizieren

Öffnen Sie zunächst die Datei »Weichzeichner.tif«. Der freundliche Herr steht direkt vor einer Wand, was natürlich schon beim Fotografieren zu erheblichen Problemen in Sachen Unschärfe zwischen Objekt und Hintergrund führt. Damit dieser Mangel in Photoshop Elements ausgeglichen werden kann, benötigen Sie wieder ein deckungsgleiches Duplikat des Hintergrunds. Drücken Sie deshalb [Strg]/[cmd]+[J].

2 Tiefenschärfe erzeugen

Öffnen Sie das Menü FILTER • WEICHZEICHNUNGSFILTER, und entscheiden Sie sich in der Liste für GAUSSSCHER WEICHZEICHNER. Stellen Sie den Radius auf 3,0 bis 3,5 Px, indem Sie den Schieberegler entsprechend verstellen und mit OK bestätigen.

Abbildung 9.69 ▶
Die kopierte Ebene wird extrem weichgezeichnet.

Betrachten Sie die Veränderungen auch im Bild, wobei Sie ausschließlich auf den Hintergrund achten sollten. Dass der Herr mehr und mehr verschwimmt, spielt keine Rolle. Übrigens ist der Grad der Weichzeichnung noch nicht für alle Zeiten verbindlich. Sie können nachträglich noch Änderungen vornehmen, wie der anschließende Mini-Workshop zeigen wird.

3 Maske erzeugen

Jetzt geht es an die Erzeugung der Maske. Aber das kennen Sie ja schon. Sie erreichen das mit einem Klick auf EBENENMASKE HINZUFÜGEN ❶ in der Kopfleiste des Ebenen-Bedienfelds. Es sollte jetzt genauso aussehen, wie in Abbildung 9.70 gezeigt.

4 Ebene maskieren

Aktivieren Sie zunächst den Pinsel [B], und stellen Sie eine weiche Spitze mit einem Durchmesser von etwa 30 bis 40 Px im Modus NORMAL bei 100 % DECKKRAFT ein. Stellen Sie die Standardfarben für Vorder- und Hintergrund auf Schwarz und Weiß [D], und sorgen Sie dafür, dass Schwarz als Vordergrundfarbe ausgewählt ist [X].

Zeichnen Sie zuerst die Kontur der Person nach. Das gelingt übrigens ganz hervorragend, wenn Sie zuvor die Sichtbarkeit der Hintergrundebene deaktivieren. Dann tauchen nämlich überall dort, wo Bildbereiche entfernt werden, Transparenzen auf. Wenn Sie in den Hintergrund geraten sind, drücken Sie [X] und malen noch einmal über diese Stelle (drücken Sie danach wieder [X]).

▲ **Abbildung 9.70**
So sollte Ihr Ebenen-Bedienfeld jetzt aussehen.

◂◂ **Abbildung 9.71**
Die Kontur ist auch in der Maskenminiatur zu erkennen.

◂ **Abbildung 9.72**
So sehen Sie besser, was noch entfernt werden muss.

5 Maske komplettieren

Wenn die Ränder sauber ausgearbeitet sind, aktivieren Sie eine etwas größere, harte Pinselspitze und entfernen damit alles mit Ausnahme des Hintergrunds. Die Person soll also am Ende komplett verschwunden sein.

9 Beleuchtung und Schärfe korrigieren

▲ **Abbildung 9.73**
Am Ende bleibt nur noch der Hintergrund übrig.

Zuletzt schalten Sie die unterste Ebene wieder ein. Gestatten Sie sich einen Vorher-nachher-Vergleich, indem Sie die Farbfüllungsebene mit Hilfe des Auge-Symbols kurzzeitig deaktivieren.

Abbildung 9.74 ▶
Im Vorher-nachher-Vergleich können Sie gut sehen, wie der verschwommene Hintergrund wirkt.

Schritt für Schritt
Weichzeichnung des Hintergrunds ändern

Ergebnisse
»Weichzeichner_fertig.tif«

Falls Sie diesen Workshop einmal ausprobieren wollen, ohne den vorangegangenen nachgebaut zu haben, greifen Sie jetzt auf die Datei »Weichzeichner_fertig.tif« zu. Wenn Sie mit der Weichzeichnung aus dem soeben erzeugten Ergebnis zufrieden sind, können Sie das Bild über das Fenstermenü Auf Hintergrundebene reduzieren und abspeichern. Möchten Sie jedoch noch Änderungen vornehmen, sollten Sie so vorgehen, wie ich es im Folgenden beschreibe.

1 Optional: Weichzeichnung erhöhen
Schalten Sie die Ebene Hintergrund über das Auge-Symbol ein. Jetzt müssen Sie beurteilen, ob Ihnen die Weichzeichnung zu gering oder zu kräftig ist. Wenn Sie den Hintergrund noch stärker weichzeichnen wollen, wenden Sie den Gaußschen Weichzeichner erneut auf die aktive (oberste) Ebene an (Filter • Weichzeich-

nungsfilter • Gaussscher Weichzeichner). Beachten Sie dabei aber, dass auch die Kanten erneut weichgezeichnet werden und somit der Übergang zwischen Vorder- und Hintergrund ebenfalls etwas an Schärfe verliert.

2   Optional: Weichzeichnung verringern

Sollten Sie zu viel des Guten getan haben und die Weichzeichnung als zu stark empfinden, reduzieren Sie die Deckkraft der obersten Ebene einfach über das Ebenen-Bedienfeld. Das bringt dann Stück für Stück die Schärfe des Hintergrunds wieder zum Vorschein.

Weichzeichnung mit dem Assistenten

Bleiben wir noch ein wenig beim Thema Tiefenunschärfe. Denn mit Photoshop Elements 11 halten neue Funktionen Einzug, die Sie unbedingt kennenlernen sollten.

▲ **Abbildung 9.75**
Um die neuerliche Weichzeichnung etwas zu reduzieren, kann die Deckkraft angepasst werden.

Schritt für Schritt
Tiefenunschärfe mit dem Assistenten erzeugen

Schauen Sie sich die Datei »Tiefenunschärfe.jpg« an. Na, was sagen Sie? Der Hintergrund ist, verglichen mit unserer Videofilmerin, zwar unscharf, doch immer noch sehr präsent. Dadurch lenkt er vom eigentlichen Geschehen ab.

»Tiefenunschärfe.jpg«

◄ **Abbildung 9.76**
Der Hintergrund ist zwar unscharf, aber da geht noch mehr.

9 Beleuchtung und Schärfe korrigieren

Feldtiefe

Der Begriff *Feldtiefe* leitet sich vom englischen *depth of field* ab. Damit ist die Tiefenunschärfe gemeint.

1 Assistenten öffnen

Öffnen Sie den Arbeitsbereich ASSISTENT, und entscheiden Sie sich im Abschnitt FOTOEFFEKTE für FELDTIEFE. Hier werden Ihnen zwei Optionen angeboten, nämlich EINFACH und BENUTZERDEFINIERT (siehe Abbildung 9.77). Entscheiden Sie sich für letztere Option, da diese sehr viel flexiblere Bearbeitungsmöglichkeiten offenbart.

2 Werkzeug aktivieren

Jetzt müssen Sie zunächst eine Auswahl des Bereichs erzeugen, der von der Weichzeichnung ausgenommen werden soll. Drücken Sie deswegen zunächst auf die Schaltfläche SCHNELLAUSWAHL-WERKZEUG in der rechten Spalte.

▲ Abbildung 9.77
Entscheiden Sie sich für die untere der beiden Methoden.

▲ Abbildung 9.78
Das Schnellauswahl-Werkzeug muss manuell angewählt werden.

3 Auswahl erzeugen

Fahren Sie mit dem Werkzeug über das Motiv, das scharf bleiben soll, in diesem Fall also die Filmerin, und erzeugen Sie eine Auswahl von ihr. Lassen Sie sich Zeit damit, doch seien Sie bitte auch nicht zu akribisch. Später wird die Kante ohnehin noch optimiert. Sollten Sie versehentlich etwas zu viel mit aufgenommen haben (Teile des Hintergrunds), halten Sie [Alt] gedrückt und wischen abermals über den zu viel aufgenommenen Bereich. So lassen sich Teile der Auswahl wieder entfernen. Falls Sie näher herangehen wollen, betätigen Sie [Strg]/[cmd]+[+]. Der vergrößerte Bildausschnitt lässt sich ja, wie Sie wissen, mit der Maus verschieben, während Sie die Leertaste gedrückt halten. Herauszoomen können Sie über [Strg]/[cmd]+[−].

◀ Abbildung 9.79
Bei Erstellung der Auswahl sollten Sie genau hinsehen.

4 Kante verbessern

Wenn die Auswahl fertig ist, gehen Sie auf die Schaltfläche Kante verbessern unten in der Optionsleiste. Legen Sie eine Weiche Kante von allenfalls 0,2 Px an, was für einen minimalen Schärfeübergang zwischen ausgewähltem und nicht ausgewähltem Bereich sorgt. Wenn Sie mehr machen, fällt das im Foto später als unrealistischer Rand auf. Generell ist auch zu empfehlen, den Regler Rundheit ein wenig nach links zu setzen. Stoppen Sie bei etwa −10 %, und schließen Sie den Dialog mit OK.

5 Weichzeichner einstellen

Am Schluss betätigen Sie Weichzeichner hinzufügen in der rechten Spalte. Darunter wartet noch ein Schieberegler. Ziehen Sie diesen nach rechts, wird die Weichzeichnung noch stärker. Benutzen Sie ihn ruhig. Denn selbst eine zu starke Weichzeichnung lässt sich später noch problemlos korrigieren. Ziehen Sie so weit nach rechts, bis die QuickInfo einen Wert von 3 bis 4 präsentiert. Danach dürfen Sie auf Fertig klicken.

9 Beleuchtung und Schärfe korrigieren

Rundheit

Mit dem unteren Schieberegler könnten Sie die Auswahl ein wenig vom Objekt wegbewegen (also vergrößern). Dazu müssen Sie nach rechts ziehen. Bewegen Sie den Slider hingegen nach links, wird die Auswahl enger.

▲ **Abbildung 9.80**
Damit ist die Auswahl fertig.

▲ **Abbildung 9.81**
Die Weichzeichnung wird noch verstärkt.

6 Assistenzbereich verlassen

Nun könnten Sie zurecht bemängeln, dass sich unschöne Artefakte entlang der Person gebildet haben (siehe Abbildung 9.83). Stimmt! Die müssen noch weg. Gehen Sie daher nach einem Klick auf FERTIG zurück in den Bearbeitungsbereich EXPERTE, und werfen Sie einen Blick auf das Ebenen-Bedienfeld.

Warum besteht unser Foto plötzlich aus drei Ebenen? Nun, die unterste repräsentiert das Original-Foto mit scharfem Hintergrund, während die mittlere Ebene (HINTERGRUND KOPIE) die weichgezeichnete Variante darstellt. Allerdings ist dort alles weichgezeichnet, auch unsere Filmerin Anna. Die oberste Ebene zeigt sie – und zwar maskiert vom Hintergrund. Schalten Sie doch einmal die beiden darunter befindlichen Ebenen aus. Dann sehen Sie genau, was gemeint ist.

▲ **Abbildung 9.82**
Bevor Sie weiterarbeiten, schauen Sie sich die Ebenen-Palette an.

Abbildung 9.83 ▶
Der Übergang ist alles andere als zufriedenstellend.

Abbildung 9.84 ▶▶
Jetzt wissen Sie auch, woher diese unschönen Übergänge kommen.

7 Maske optimieren

Schalten Sie alle Ebenen wieder ein, und aktivieren Sie die Maskenminiatur der obersten Ebene. Nehmen Sie einen Pinsel (per

9.7 Bilder weichzeichnen

Klick auf B) mit weicher Spitze und einem Durchmesser von ca. 40 Px im Modus NORMAL bei 100 % DECKKRAFT. Sorgen Sie dafür, dass Schwarz als Vordergrundfarbe eingestellt ist, und überfahren Sie damit die Ränder. Achten Sie darauf, dass Sie Anna dabei nicht zu nahe kommen, da sie ja nicht weichgezeichnet werden soll. Sollte es dennoch passieren, drücken Sie X und übermalen die Stelle noch einmal. Danach betätigen Sie abermals X und maskieren weiter.

8 Weichzeichnung verringern

Nun haben wir eingangs ein wenig zu viel des Guten gemacht, als es um die Stärke der Weichzeichnung ging. Diese wollen wir jetzt zurücknehmen. Aktivieren Sie dazu die mittlere Ebene (HINTERGRUND KOPIE), und stellen Sie deren DECKKRAFT auf 60 bis 65 %. Das sollte reichen. Sie sehen, das Foto lässt sich auch nach Erzeugung der Unschärfe noch individuell bearbeiten.

Noch ein Tipp

An einigen Stellen, wie z. B. dem Übergang zwischen Gesicht und Jacke, müssen Sie den Pinseldurchmesser verkleinern (per Klick auf #). (Das Vergrößern der Spitze geht übrigens mit ⇧+#.)

▼ **Abbildung 9.85**
Die Schärfentiefe hat drastisch abgenommen, der Hintergrund ist wesentlich weicher geworden.

Schritt für Schritt
Einfache Weichzeichnung mit dem Assistenten

Die vorangegangene Auswahl war ja sehr umständlich. Personen von einer Weichzeichnung auszuschließen, ist immer so eine Sache. Deswegen war es auch sinnvoll, den benutzerdefinierten

»Feldtiefe.jpg«

Feldtiefen-Assistenten zu benutzen. Sollten Sie es jedoch einmal mit großen Flächen zu tun haben, wie z. B. einer Fassade, dann reicht auch der einfache Assistent.

1 Assistenten aktivieren

Öffnen Sie das Foto aus den Beispieldateien. Wählen Sie abermals Assistent, und klicken Sie auf Feldtiefe im Bereich Fotoeffekte. Diesmal aktivieren Sie Einfach.

2 Foto weichzeichnen

Zunächst einmal sind Sie gezwungen, den Weichzeichner zu aktivieren. Sie sehen, bei der einfachen Methode wird eine andere Reihenfolge gewählt. Betätigen Sie den Button Weichzeichner hinzufügen ❶.

Abbildung 9.86 ▶
Das Beispielfoto verträgt eine »einfache« Feldtiefe.

Abbildung 9.87 ▶▶
Beim einfachen Assistenten erfolgt zuerst die Weichzeichnung.

3 Fokusbereich festlegen

Jetzt müssen Sie eigentlich nichts weiter tun, als Fokusbereich hinzufügen ❷ zu aktivieren und mit gedrückter Maustaste Linien an den Stellen aufzuziehen, an denen die Weichzeichnung außen vor bleiben soll.

Beginnen Sie dabei immer von der Schärfe aus in Richtung Unschärfe. So könnten Sie die ersten beiden Linien beispielsweise vertikal über den Mühlenturm ziehen; einmal von der Mitte aus nach oben und ein weiteres Mal von der Mitte aus nach unten. Weitere Linie erfolgen entlang der Mauer – und zwar ganz hinten beginnend. Bedenken Sie dabei: Sie können so viele Linien ziehen, wie Sie wollen. Der Schärfebereich wird dabei immer größer.

4 Weichzeichnung abschließen
Mit dem einzigen Schieberegler innerhalb des Assistenten lässt sich die Weichzeichnung leider nur erhöhen, nicht aber absenken. Da wir aber sowieso schon eine mehr als ausreichende Weichzeichnung haben, klicken Sie auf FERTIG.

5 Foto nachbearbeiten
Wechseln Sie zuletzt wieder in den Arbeitsbereich EXPERTE, und schauen Sie sich das Foto an. Auch hier wäre es nun wieder möglich, die Maske der obersten Ebene zu bearbeiten (siehe vorangegangenen Workshop) oder die Deckkraft der mittleren Ebene zu reduzieren. Im Beispiel ist eine Verringerung auf etwa 50 % empfehlenswert.

Bedenken Sie bitte noch eines: Das Ergebnis muss nicht wirklich realistisch werden. Vielmehr können Sie allein bestimmen, wie die Schärfeverlagerung in Erscheinung treten soll – wenn Sie das denn wollen. Das ginge beim Fotografieren nicht so ohne Weiteres.

▼ **Abbildung 9.88**
Mit Photoshop Elements bestimmen *Sie* allein, was scharf sein soll und was nicht.

Tilt-Shift
Ein weiteres neuartiges Weichzeichnungsverfahren gilt es ebenfalls noch zu erkunden. Da sein Einsatzbereich jedoch stark eingeschränkt ist (leider lässt sich der Schärfeverlauf nur in eine Richtung ziehen), ist auch dessen Verwendbarkeit auf wenige

9 Beleuchtung und Schärfe korrigieren

Tilt-Shift
Diese Bildbearbeitungsvariante ist nach einer Objektivart benannt, mit der es möglich ist, die Schärfeebene eines Objekts durch Bewegung einzelner Objektivlinsen zu verlagern (sogenannte Tilt-Shift-Objektive).

Motive wie z. B. ebenmäßige Städte- oder Landschaftsaufnahmen beschränkt.

Schritt für Schritt
Einen Schärfeverlauf erzeugen

Um es gleich vorwegzunehmen: An diesem Werkzeug ist sicher noch eine Menge zu optimieren. Der Effekt ist seinerzeit beim großen Bruder Photoshop CS6 neu aufgeschlagen und hat dort weit mehr Einstellmöglichkeiten. Hier müssen wir leider mit der abgespeckten Variante arbeiten.

1 Foto analysieren

Das Beispielfoto ist in optische Bildebenen gegliedert. Es besteht aus einem Hintergrund (Himmel und Berge), dem Hauptmotiv (Skyline) und einem Vordergrund (Häuser und Bäume). Dadurch ist es prima geeignet, mit dem neuen Effekt bearbeitet zu werden. Wir wollen erreichen, dass die Skyline scharf abgebildet wird und der Rest in Unschärfe liegt. Das Augenmerk soll der Skyline gelten.

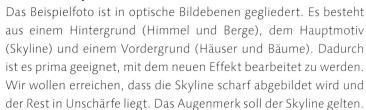
»Tilt-Shift.jpg«

Abbildung 9.89 ▶
Das Bild ist klar strukturiert und eignet sich deshalb prima für die Anwendung des Tilt-Shift-Effekts.

2 Ansicht optimieren

Also ran ans Werk: Wechseln Sie zum Assistenten, und klicken Sie im Bereich FOTOEFFEKTE auf TILT-SHIFT. Sorgen Sie dafür, dass Sie das gesamte Foto sehen. Am besten, Sie schließen die Optionsleiste (sie wird nicht benötigt) und betätigen [Strg]/[cmd]+[0]. Damit wird das Foto komplett und größtmöglich dargestellt.

3 Weichzeichnung hinzufügen

Betätigen Sie TILT-SHIFT HINZUFÜGEN. Das sieht schon gut aus, oder? Da uns das aber noch nicht präzise genug ist, sollten Sie die Maus in Höhe des oberen Drittels der Skyline ansetzen ❶ und die entstehende Linie mit gedrückter Maustaste nach unten ziehen. Lassen Sie los, wenn Sie sich gerade in den Baumwipfeln befinden ❷.

▲ Abbildung 9.90
Bestimmen Sie den Schärfeverlauf.

4 Effekt verfeinern

Mit Klick auf EFFEKT VERFEINERN erreichen Sie drei Schieberegler, die dazu beitragen, den Effekt bei Bedarf zu optimieren. Empfehlung: Ziehen Sie WEICHZ. auf etwa 8 hoch (Sie wissen ja: lieber etwas zu viel als zu wenig), und ziehen Sie die SÄTTIGUNG auf ca. –40 nach links. Es wird Zeit für den Button FERTIG.

5 Foto optimieren

Kehren Sie zurück zum Arbeitsbereich EXPERTE, und reduzieren Sie die DECKKRAFT der mittleren Ebene (HINTERGRUND KOPIE) auf ca. 65 %. Bestimmt sind an den Spitzen der höchsten Gebäude noch Unschärfen auszumachen, oder? Wenn ja, aktivieren Sie die Maskenminiatur der obersten Ebene und wischen mit weißer Vordergrundfarbe über die obersten Etagen. Auch im unteren Bereich der Skyline kann noch einiges überpinselt (in diesem Fall geschärft) werden.

▲ Abbildung 9.91
Zuletzt wird die Sättigung im weichgezeichneten Bereich ein wenig abgesenkt. Das legt den Fokus noch mehr auf die Skyline.

9 Beleuchtung und Schärfe korrigieren

▲ **Abbildung 9.92**
Die oberste Ebene kann noch ein wenig Maskenarbeit vertragen.

▲ **Abbildung 9.93**
Jetzt liegt der Fokus auf den hohen Gebäuden der mittleren Bildebene.

Bewegungsunschärfe

Ein weiteres, nicht zu unterschätzendes Gestaltungsmittel ist die Bewegungsunschärfe. Jetzt geht es aber nicht darum, die Bewegungsunschärfe aus einem Bild herauszubekommen, sondern darum, diese bewusst zu erzeugen.

»Zug.tif«

Schritt für Schritt
Einen stehenden Zug zum Fahren bringen

Die Datei »Zug.tif« zeigt eine Bahn der Metro Parisienne, die gerade in eine Station eingefahren ist. Es wäre aber sicher auch ganz interessant gewesen, einmal einen mit voller Geschwindigkeit durchfahrenden Zug zu fotografieren, oder?

▲ **Abbildung 9.94**
Diesen Zug wollen Sie in Fahrt bringen.

1 Ebene duplizieren
Der erste Schritt lautet einmal mehr: Ebene duplizieren. Machen Sie das, indem Sie [Strg]/[cmd]+[J] drücken oder EBENE • NEU • EBENE DURCH KOPIE wählen.

2 Filter anwenden
Gehen Sie auf FILTER • WEICHZEICHNUNGSFILTER • BEWEGUNGSUNSCHÄRFE. Ziehen Sie zunächst den Regler DISTANZ so weit nach

338

rechts, bis etwa 80 Px angezeigt werden. Dieser Wert stellt das Ausmaß der Verzerrung dar. Je höher der Wert ist, desto größer ist die Verzerrung. Danach können Sie über WINKEL noch eine Verzerrungsrichtung eingeben, die natürlich mit dem Zug mitlaufen soll. Wenn Sie es ganz genau machen wollen, stellen Sie dieses Steuerelement auf 1° und bestätigen mit OK.

3 Maske erstellen
Erzeugen Sie abermals eine Ebenenmaske auf der obersten Ebene. Halten Sie diesmal aber bitte [Alt] gedrückt, damit gleich eine unsichtbare (schwarze) Maske hergestellt wird. Das erspart das anschließende Umwandeln über [Strg]/[cmd]+[I].

▲ **Abbildung 9.95**
Der Dialog BEWEGUNGS-UNSCHÄRFE

4 Ebene demaskieren
Stellen Sie Weiß als Vordergrundfarbe ein, und aktivieren Sie den Pinsel. Verwenden Sie eine weiche, 35 Px große Spitze im Modus NORMAL bei DECKKRAFT 100%. Malen Sie jetzt vorsichtig entlang des Zugdachs, und versuchen Sie dabei, so wenig wie möglich von der Beleuchtung mit einzubeziehen. Überpinseln Sie den gesamten Zug bis zu den Gleisen. Die Gleise übermalen Sie aber nicht.

▲ **Abbildung 9.96**
Die unscharfe obere Ebene ist zunächst nicht mehr sichtbar.

◀ **Abbildung 9.97**
Langsam kommt Bewegung ins Spiel.

5 Werkzeug einstellen
Nun sieht der Übergang zwischen erstem und zweitem Waggon noch nicht wirklich gut aus. Aktivieren Sie deshalb den Wischfinger. Sie erreichen ihn, indem Sie zunächst das Weichzeichner-Werkzeug im Toolbox-Bereich VERBESSERN aktivieren und dann das untere Tool in der Optionsleiste anwählen oder mehrmals die Taste [R] drücken. Wählen Sie eine 80 Px große weiche Spitze. Setzen Sie den MODUS auf NORMAL und die STÄRKE auf 30%.

9 Beleuchtung und Schärfe korrigieren

Abbildung 9.98 ▶
Stellen Sie den Wischfinger so ein, wie es hier zu sehen ist.

Mit dem Wischfinger können Sie im wahrsten Sinne des Wortes Pixel verwischen. Malen Sie bei gedrückter Maustaste über die zu reparierende Stelle. Ziehen Sie dabei von links nach rechts und von rechts nach links, bis der Übergang zwischen den Waggons fließend ist.

▲ **Abbildung 9.99**
Der Zug rast nun durch den Bahnhof.

Die Werkzeuge Weichzeichner und Scharfzeichner

Bestimmt haben Sie längst die Werkzeuge Weichzeichner und Scharfzeichner entdeckt, die sich mit dem Wischfinger in einer Gruppe der Toolbox befinden. Während der Weichzeichner noch recht gute Ergebnisse zu Tage fördert, führt der Scharfzeichner in vielen Fällen zu recht harten Effekten – selbst dann, wenn Sie dessen Stärke in der Optionsleiste verringern. Keine Frage: Für gering korrekturbedürftige Stellen, die »mal eben« mit einem Wisch gemacht sind, eignen sich beide Tools. Wenn es aber um größere Veränderungen geht, sollten Sie stets auf die Ebenenmethode zurückgreifen. Hier sind die Angleichungsmöglichkeiten nämlich wesentlich vielfältiger.

Retusche – nicht nur für Profis

Klonen, retuschieren und korrigieren

▶ Wie retuschiere ich mit dem Kopierstempel und den Reparatur-Pinseln?
▶ Wie gelingt eine komplette Porträt-Retusche?
▶ Wie werden Zähne wieder richtig weiß?

10 Retusche – nicht nur für Profis

Was lange Zeit ausschließlich DTP-Profis vorbehalten schien, ist durchaus auch mit Photoshop Elements realisierbar: Kopier- und Korrekturfunktionen, mit denen Ihre Fotos zu wahren »Eyecatchern« werden. Jetzt gelingt sogar jede Porträt-Retusche im Handumdrehen – dem Assistenten sei Dank. Holen Sie aus Ihren Fotos das Maximum heraus. Die wichtigsten Werkzeuge in diesem Kapitel werden die Reparatur-Pinsel und der Kopierstempel sein.

10.1 Der Kopierstempel

Beim Kopierstempel gibt es zwei grundsätzliche Verwendungsarten. Der Kopierstempel dient

- dem **Retuschieren**: Beim Retuschieren werden Bildbereiche überdeckt, die Ihnen nicht so sehr zusagen.
- dem **Klonen**: Beim Klonen duplizieren Sie Bildbereiche, die Sie dann an anderer Stelle erneut integrieren können.

Beides funktioniert im Übrigen auch bildübergreifend. Das bedeutet: Es ist möglich, Elemente eines Bildes auf ein anderes zu projizieren. In den meisten Fällen werden Sie aber geneigt sein, auf *einem* Bild zu arbeiten.

▲ **Abbildung 10.1**
Der Kopierstempel ist im Toolboxbereich VERBESSERN zu finden.

Funktionsweise des Kopierstempels

Die Bezeichnung *Kopierstempel* (zu aktivieren über [S]) trifft recht genau seine Arbeitsweise. Denn das Werkzeug wird wie ein herkömmlicher Stempel bedient. Ein Druck auf das Stempelkissen – ein erneuter Druck auf das Papier –, fertig ist die exakte Kopie. Genauso läuft das auch in Photoshop Elements ab.

10.1 Der Kopierstempel

◀ **Abbildung 10.2**
Auch der Kopierstempel verfügt über eigene Werkzeugoptionen.

Die Schaltfläche KOPIERÜBERLAGERUNG (hier: KOP.ÜBERLAG. ❶) ist eine Funktionssammlung, die auf die Wirkungsweise des Stempels selbst keinen Einfluss hat – wohl aber auf die Anzeige während des Kopierens. Durch ÜBERLAGERUNG ANZEIGEN beispielsweise wird ein teiltransparentes Bild (Overlay) des zu klonenden Bereichs angezeigt.

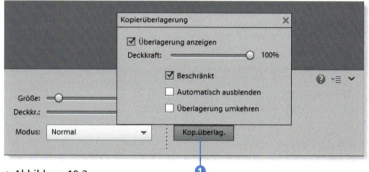

▲ **Abbildung 10.3**
Öffnen Sie die Kopierüberlagerung.

Die Funktion ist standardmäßig aktiviert. Wenn Sie von der Funktion keinen Gebrauch machen wollen, muss ÜBERLAGERUNG ANZEIGEN also manuell deaktiviert werden. Allerdings können Sie mit dieser Funktion besser beurteilen, welche Stelle Sie gerade reproduzieren.

In Sachen Overlay lassen sich aber noch weitere Funktionen hinzuschalten. Wenn Sie AUTOMATISCH AUSBLENDEN anwählen, wird das Overlay während des Stempelns stets kurz ausgeblendet. Das ist im Moment der Reproduktion auch wesentlich angenehmer.

Die Anwahl der Checkbox ÜBERLAGERUNG UMKEHREN hat zur Folge, dass die Farbkanäle umgekehrt werden – sich also so darstellen wie bei einem Foto-Negativ. Wählen Sie BESCHRÄNKT an, wirken sich die Overlay-Einstellungen nur auf den aktuell gewählten Pinsel aus.

Überlagerung temporär an- und ausschalten

Oft ist die Anzeige der Überlagerung hilfreich, bei bestimmten Arbeiten kann sie aber auch als störend empfunden werden. Deshalb sollten Sie Folgendes im Gedächtnis behalten: Sie können ÜBERLAGERUNG ANZEIGEN inaktiv lassen, und wann immer Sie das Overlay sehen wollen Alt+◊ gedrückt halten. Sobald Sie die Tasten wieder loslassen, verschwindet auch das Überlagerungsbild.

Abbildung 10.4 ▶
Die zu stempelnde Stelle präsentiert ein teiltransparentes Overlay.

Bildbereiche klonen

Was es genau mit der Overlay-Funktion ÜBERLAGERUNG ANZEIGEN auf sich hat, können Sie im folgenden Workshop gleich einmal selbst ausprobieren.

Schritt für Schritt
Einen Schmetterling klonen

»Repro.tif«

▲ **Abbildung 10.5**
So allein soll der Schmetterling nicht bleiben.

Schmetterlinge abzulichten gehört sicher zu den anspruchsvollsten Herausforderungen eines ambitionierten Fotografen. Und wenn man schon einmal das Glück hat, den Falter scharf und zudem noch komplett im Bild zu haben, dann könnte man doch eigentlich auch gleich dessen Einsamkeit beenden, oder? Benutzen Sie für dieses eigenwillige Vorhaben die Datei »Repro.tif«.

1 Kopierstempel aktivieren
Der erste Schritt besteht wieder einmal darin, das richtige Werkzeug auszusuchen. Aktivieren Sie daher den Kopierstempel [S]. Achten Sie darauf, dass Sie nicht versehentlich den Musterstempel erwischen, der sich in der Optionsleiste rechts neben dem Kopierstempel befindet.

2 Kopierstempel einstellen
Jetzt stellen Sie den Stempel in der Optionsleiste ein. Wählen Sie eine weiche Spitze mit einer GRÖSSE von etwa 80 Px. Die weiche

Spitze sorgt dafür, dass die Übergänge zwischen Originalbild und geklontem Bereich fließend werden. Der MODUS des Stempels bleibt auf NORMAL, und die DECKKRAFT soll 100 % betragen.

3 Ausrichten-Funktion aktivieren

Aktivieren Sie, falls sie nicht bereits angehakt ist, die Funktion AUSGERICHTET. Dann nämlich »wandert« der Kopierstempel während der Reproduktion mit. Bei jedem Mausklick werden neue Pixelansammlungen aufgenommen. Ist die Funktion inaktiv, werden die Pixel stets von der gleichen Stelle aufgenommen. Das ist zum Reproduzieren größerer Bereiche jedoch ungeeignet. Ob ALLE EBENEN AUFNEHMEN markiert ist, spielt hier keine Rolle, da das Foto ohnehin nur aus einem Hintergrund besteht.

Musterstempel
Der Musterstempel trägt ein über die Optionsleiste wählbares Muster auf. Im Pulldown-Menü AUSWAHLLISTE FÜR MUSTER (rechts neben DECKKRAFT) können Sie sich das Muster aussuchen, das übertragen werden soll. Bei Anwendung dieses Tools entfällt die vorherige Aufnahme einer Struktur mit Hilfe der Alt-Taste.

◄ **Abbildung 10.6**
Diese Kopierstempel-Optionen sollten Sie einstellen.

4 Overlay einschalten

Zum Schluss aktivieren Sie noch ÜBERLAGERUNG ANZEIGEN, indem Sie auf KOP.ÜBERLAG. klicken und die gleichnamige Checkbox des Pulldown-Menüs einschalten.

5 Pixel aufnehmen

Zuerst müssen Sie (sinngemäß) den Stempel in das Kissen drücken. Das machen Sie hier, indem Sie Alt gedrückt halten und an eine Stelle klicken, die Sie reproduzieren wollen. Ich empfehle, von oben anzufangen und die obere linke Ecke des Falters zu verwenden. Wenn Sie die Maus über diese Stelle gesetzt haben, markieren Sie diese mit einem Mausklick.

Alle Ebenen aufnehmen
Die Funktion ALLE EBENEN AUFNEHMEN ist dann interessant, wenn Sie mit mehreren Bildebenen arbeiten. Sie können dadurch entscheiden, ob Sie Pixel aus allen übereinander angeordneten Ebenen aufnehmen wollen oder nur aus der gerade aktiven Ebene. Letzteres erreichen Sie, indem Sie das Häkchen entfernen.

6 Pixel reproduzieren

Jetzt können Sie die Alt-Taste wieder loslassen. Fahren Sie mit der Maus weiter nach links und etwas nach oben. Orientieren Sie sich dabei an Abbildung 10.8. Durch die Overlay-Funktion sehen Sie jetzt ganz genau, wo die Reproduktion am besten angeordnet werden kann. Setzen Sie einen weiteren Mausklick an (ohne Alt!). Die aufgenommene Stelle wird nun genau dorthin kopiert.

Abbildung 10.7 ▶
Kopieren Sie zunächst die obere linke Ecke des Flügels.

Abbildung 10.8 ▶
Durch die Overlay-Funktion sehen Sie, wohin Sie den Schmetterling kopieren sollten.

Auf den Untergrund achten

Bedenken Sie, dass eine derartige Manipulation nicht mit jedem Foto gelingt. Voraussetzung ist nämlich, dass Sie einen möglichst gleichmäßigen Untergrund haben (wie das bei dem Stein der Fall ist). Wenn im Hintergrund prägnante Muster auszumachen sind (z. B. ein Zaun, Tiere, Pflanzen), funktioniert es nicht – es sei denn, Sie erwischen beim Stempeln wirklich nur das Objekt selbst. Dann ist allerdings außerordentliche Filigranarbeit angesagt.

Damit ist aber natürlich noch nicht der gesamte Falter kopiert, denn das teiltransparente Bild dient ja lediglich der Orientierung. Die einzige Stelle, die bislang wirklich kopiert worden ist, ist die Flügelspitze. Setzen Sie unterhalb der neu hinzugewonnenen Stelle weitere kurze Mausklicks an – und Sie werden sehen, dass langsam der zweite Falter entsteht. Wenn das Overlay stört, schalten Sie es wieder aus. Sie wissen ja jetzt, wo Sie weiterstempeln müssen.

Abbildung 10.9 ▶
Klick für Klick entsteht nun eine 1:1-Kopie des Schmetterlings.

Achten Sie während des Stempelns auch einmal auf den Aufnahmebereich (also die Position des Originalfalters). Dort ist nämlich bei jedem Mausklick ein Fadenkreuz zu sehen, das sich entsprechend Ihren Mausbewegungen über der Originalstelle mitbewegt. Das ist so, weil Sie zuvor die AUSGERICHTET-Funktion aktiviert haben. Hätten Sie das Häkchen entfernt, wäre die Aufnahme der Pixel jetzt immer von der oberen linken Ecke genommen worden.

7 Maustaste gedrückt halten

Wenn Sie es sich zutrauen, können Sie den Schmetterling auch »in einem Rutsch« kopieren. Das machen Sie, indem Sie die Maustaste gedrückt halten und vorsichtig hin- und hermalen. So »pinseln« Sie quasi das Objekt auf das Foto.

▼ **Abbildung 10.10**
Aus eins mach zwei.

Mit Ebenen klonen

Bei schwierigen Kopien empfiehlt es sich, den Klon auf eine separate Ebene zu setzen. Sie können das Duplikat dann wesentlich besser angleichen. Dazu gehen Sie folgendermaßen vor:

- Nehmen Sie zunächst die Pixel auf, die Sie reproduzieren wollen (mit der [Alt]-Taste).
- Erzeugen Sie danach eine neue Ebene ([Strg]/[cmd]+[⇧]+[N]) oder EBENE • NEU • EBENE).
- Im Anschluss daran wird der Klon isoliert vom Hintergrund auf die neue Ebene reproduziert (das geht ganz automatisch).
- Wenn Sie mit dem Kopieren fertig sind, können Sie die Kanten und Übergänge noch mit einem weichen Radiergummi bearbeiten – und wenn Sie wollen, können Sie das gesamte Objekt nach Wunsch verschieben [V].

10.2 Retusche

Damit sind Sie also im Stande, Bereiche eines Bildes zu verdoppeln. Im zweiten Teil dieses Kapitels beschäftigen wir uns aber damit, **Bildelemente verschwinden** zu lassen. Möglicherweise wollen Sie ein Straßenschild, das das ansonsten harmonische Gesamtbild stört, aus Ihrem Bild verbannen. Vielleicht haben Sie ja auch ein nettes Familienfoto, auf dem sich Onkel Eberhard ohne Aufforderung ins Bild gedrängt hat. Dann können Sie dem Onkel nicht nur mit dem Kopierstempel, sondern auch mit den Reparatur-Werkzeugen die rote Karte zeigen. Für derartige Vorhaben sind die Werkzeuge zuständig, die sich in der Toolbox direkt oberhalb des Kopierstempels befinden.

Abbildung 10.11 ►
Photoshop Elements wartet mit zwei Reparatur-Pinseln auf.

Der Reparatur-Pinsel

Wenn Sie die Taste J drücken, aktivieren Sie einen der Pinsel, die zur Reparatur bereitgestellt werden. Der **Reparatur-Pinsel** selbst funktioniert genauso wie der Kopierstempel, sorgt aber im Gegensatz zum Kopierstempel für besser strukturierte Übergänge im geklonten Bereich. Außerdem entfaltet er seine wahren Stärken bei großen Reparaturstellen, während der Bereichsreparatur-Pinsel eher kleinere Korrekturen erledigt.

Sie müssen auch hier zunächst Pixel aufnehmen, indem Sie Alt gedrückt halten, und diese Pixel dann auf die zu flickende Stelle setzen. Auch der Reparatur-Pinsel verfügt über ein kleines Menü, mit dessen Hilfe Sie die Overlay-Funktion aktivieren und anpassen können.

Der Bereichsreparatur-Pinsel

Dieses kleine Tool ist wirklich ein Highlight. Es lässt sich viel intuitiver bedienen als der Reparatur-Pinsel – und sorgt in der Tat für verblüffende Ergebnisse, wie die folgenden Workshops beweisen.

▲ **Abbildung 10.12**
Der Bereichsreparatur-Pinsel

Retusche **10.2**

Schritt für Schritt
Störende Bildelemente verschwinden lassen

»Retusche.tif« zeigt die Detailaufnahme eines Bootsstegs. Leider machen sowohl die Grashalme als auch Reflexionen des Gewässers das Bild etwas unruhig – und das ist dem Gesamteindruck des Fotos nicht unbedingt zuträglich.

»Retusche.tif«

1 Pinsel einstellen
Aktivieren Sie den Bereichsreparatur-Pinsel [J], und stellen Sie die Größe der Spitze auf 20 Px. Die voreingestellte harte Spitze ist vollkommen in Ordnung; sie bringt generell bessere Ergebnisse als eine weiche. Beim Typ schalten Sie um auf den Radio-Button Näherungswert, da Photoshop Elements dann intuitiv entscheidet, wie die Pixel im Verhältnis zum Rand der Flickstelle ersetzt werden müssen.

Ein weiterer Unterschied zum Bereichsreparatur-Pinsel und Kopierstempel: Sie müssen vorher keine Pixel aufnehmen, sondern können gleich mit gedrückter Maustaste über die zu reparierende Stelle »malen«.

▲ **Abbildung 10.13**
Unser Ausgangsbild

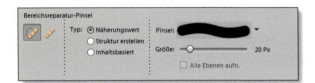
◀ **Abbildung 10.14**
Nehmen Sie diese Einstellungen vor.

2 Stellen retuschieren
Nehmen Sie sich jetzt sämtliche Stellen (einzeln!) vor, die im Bild einen Störfaktor darstellen, und übermalen Sie diese Elemente. Lassen Sie aber die Sonnenreflexionen außen vor. Die sollen natürlich erhalten bleiben. Wenn Sie wollen, können Sie vorher etwas einzoomen. Kleine Stellen, die vom Durchmesser des Pinsels vollkommen umschlossen werden, reparieren Sie mit einem einzelnen Mausklick, größere Stellen, indem Sie darüberwischen.

3 Optional: Retusche verbessern
Nun kann es aber vorkommen, dass einzelne Retusche-Stellen sich einmal nicht so reparieren lassen, wie Sie sich das wünschen. Anstelle der beabsichtigten glatten Korrektur entsteht ein meist

▲ **Abbildung 10.15**
Malen Sie über die zu retuschierenden Stellen.

349

unscharfer Mischmasch aus vorher und nachher. In diesem Fall überwischen Sie die Stelle einfach noch einmal (etwas großflächiger) oder machen den Schritt rückgängig und versuchen es erneut.

4 Probleme beim Retuschieren

Seien Sie bitte vorsichtig, wenn Sie sich Bereichen nähern, die nicht retuschiert werden dürfen, wie z. B. dem Tau. Hier dürfen Sie nicht zu dicht herankommen. Falls erforderlich, zoomen Sie noch weiter heran und verkleinern die Werkzeugspitze. Und wenn gar nichts mehr hilft, können Sie immer noch auf den Reparatur-Pinsel zurückgreifen. Sie wissen ja: Dieser funktioniert wie der Kopierstempel (mit einer Aufnahme- und Reproduktionsstelle).

Abbildung 10.16 ▶
Zoomen Sie bei schwierigen Stellen ruhig etwas heran, um die Auswirkungen besser beurteilen zu können.

Am Schluss sollte das Foto so aussehen wie »Retusche_fertig.tif« im ERGEBNISSE-Ordner.

▲ **Abbildung 10.17**
Das Wasser ist spiegelglatt und störende Elemente wie von Zauberhand verschwunden.

Inhaltsbasierte Retusche

Nicht immer gelingen Retuschen mit dem Bereichsreparatur-Pinsel so einfach wie im vorangegangenen Workshop. Gerade wenn Sie größere Bereiche mit unregelmäßigen Hintergründen retuschieren wollen, versagt das Werkzeug in der Einstellung NÄHERUNGSWERT. Glücklicherweise gibt es für den Bereichsreparatur-Pinsel in Photoshop Elements den Radio-Button INHALTSBASIERT. Und der hat es wirklich in sich, wie der folgende Workshop beweist.

Schritt für Schritt
Komplexe Strukturen retuschieren

Schauen Sie sich das Foto in Ruhe an. Na klar. Was zuallererst ins Auge fällt, ist eine wunderschöne Landschaft. Zu dumm nur, dass die Fotografin nicht gewartet hat, bis die beiden Strandspaziergänger vorbeigezogen sind.

Pinselgrößen per Tastatur ändern

Um Pinselgrößen während der Arbeit zu verändern, drücken Sie einfach die Tasten [#] und [⇧]+[#]. Dann verändern sich die Durchmesser in Schritten von jeweils 10 Pixel bis zu einer Größe von 100 Pixel. Ab 100 Pixel wird die Größenänderung in 25er-Schritten vorgenommen und ab 200 Pixel in 50er-Schritten. Bei einer Spitzengröße ab 300 Pixel werden nur noch 100er-Schritte eingestellt. Bei 2.500 Pixel ist dann Schluss.

»Sensitiv.tif«

◀ **Abbildung 10.18**
Wir wollen den Strand für uns allein haben.

1 Näherungswert anwenden

Entscheiden Sie sich für einen Bereichsreparatur-Pinsel mit einer Größe von etwa 45 Px. Lassen Sie zunächst den Radio-Button NÄHERUNGSWERT aktiv. Das funktioniert zwar nicht so gut, wird aber auf eindrucksvolle Weise demonstrieren, was mit »inhaltsbasiert« gemeint ist.

Setzen Sie den Pinsel am vorderen Spaziergänger an, halten Sie anschließend die Maustaste gedrückt, und überfahren Sie den kompletten Bereich. Vergessen Sie auch den Schatten nicht! Sie müssen darauf achten, dass wirklich der komplette Bereich übermalt ist. Danach lassen Sie die Maustaste los.

Abbildung 10.19 ▶
Das Ergebnis ist wenig überzeugend.

2 Inhaltsbasiert entfernen

Zugegeben, der Wanderer ist zwar entfernt worden, aber man sieht, dass hier retuschiert worden ist – wenig überzeugend. Machen Sie den Schritt deswegen wieder rückgängig ([Strg]/[cmd]+[Z]). Schalten Sie danach um auf INHALTSBASIERT und versuchen Sie es erneut. Das sieht doch schon wesentlich besser aus, oder?

Abbildung 10.20 ▶
Photoshop Elements hat die Stelle recht eindrucksvoll ersetzt.

3 Weitere Retuschen

Nehmen Sie sich jetzt noch den zweiten Spaziergänger vor. Jede Stelle, die Sie retuschieren wollen, sollte in einem Wisch übermalt werden. Und bitte die Schatten nicht vergessen. Was meinen Sie? Darf die Möwe bleiben? Na klar darf sie das.

Sollten einige Bereiche unter der Retusche gelitten haben, können Sie hier mit dem Kopierstempel noch ein wenig aushelfen. Wie der funktioniert, haben Sie ja bereits selbst ausprobiert.

Porträts korrigieren **10.2**

▲ **Abbildung 10.21**
Weg sind sie. Der Strand gehört uns.

10.3 Porträts korrigieren

Bei keiner Art der Bildbearbeitung muss man so aufpassen wie bei der Porträt-Retusche. Wie schnell hat man einen Effekt überzogen oder falsch angewendet. Die Folge: Das Ergebnis wirkt unnatürlich. Deswegen ist äußerste Vorsicht geboten.

Porträt-Retusche mit dem Assistenten

Mit Photoshop Elements ist diese Sorge unbegründet. Es wartet nämlich mit einem ausgesprochen cleveren Assistenten auf, der Sie durch eine komplette Retusche begleitet.

Schritt für Schritt
Porträt-Retusche mit dem Assistenten

Öffnen Sie die Datei »Porträt.jpg«. Anhand dieser Datei soll gezeigt werden, wie Sie auch mit dem Assistenten eine gelungene Retusche durchführen können.

»Porträt.jpg«

1 Hintergrundfarbe einstellen
Ganz wichtig ist zunächst die Wahl der Hintergrundfarbe. Diese muss unbedingt auf Weiß stehen D. Warum das so wichtig ist, wird gleich verraten.

▲ **Abbildung 10.22**
Es ist wichtig, dass Weiß als Hintergrundfarbe definiert ist.

353

10   Retusche – nicht nur für Profis

2 Assistenten öffnen

Öffnen Sie den Assistenzbereich, und aktivieren Sie PERFEKTES PORTRAIT aus der Rubrik RETUSCHEN.

▲ Abbildung 10.23
Dieser Assistent hat wirklich etwas drauf.

3 Weichzeichnung einstellen

Der erste Schritt besteht darin, die Haut ein wenig weichzuzeichnen. Dadurch werden Poren und kleinste Unreinheiten verdeckt; die Haut wird glatter. Nachdem Sie auf SELEKTIVER WEICHZEICHNER 1 gedrückt haben, öffnet sich der gleichnamige Dialog.

Klicken Sie darin auf die Vorschauminiatur, und schieben Sie sich diese so zurecht, dass sich eine größere Hautpartie erkennen lässt. Der angebotene RADIUS von 1,5 ist etwas hoch. Gehen Sie auf etwa 1,2 zurück. Auch der SCHWELLENWERT kann auf ca.

25 abgesenkt werden. Einen direkten Vorher-nachher-Vergleich erhalten Sie, wenn Sie noch einmal auf die Vorschauminiatur klicken und die Maustaste kurz gedrückt halten. Wenn Sie zufrieden sind, bestätigen Sie mit OK.

▲ **Abbildung 10.24**
Zuallererst wird die Haut weichgezeichnet.

4 Weichzeichnung maskieren

Dummerweise ist bei der vorangegangenen Option das gesamte Foto weichgezeichnet worden. Das kann so natürlich nicht bleiben. Deswegen klicken Sie jetzt auf ORIGINAL EINBLENDEN ❷ (das macht die Weichzeichnung unsichtbar).

Danach aktivieren Sie den WEICHZEICHNERPINSEL ❸ in der rechten Spalte. Sie können jetzt über all die Bereiche malen, die weichgezeichnet werden sollen. Zoomen Sie, falls erforderlich, mit Hilfe des Schiegereglers rechts oberhalb des Fotos stark auf das Gesicht ein. Denken Sie daran, dass sich die Größe der Pinselspitze nicht nur unten in der Optionsleiste, sondern auch mit # bzw. ⇧+# jederzeit vergrößern bzw. verkleinern lässt.

Maskierung und Demaskierung

Mitunter ist es schwierig, einzelne Bereiche von der Weichzeichnung auszuschließen. Die Augenbrauen sind fast nicht auszusparen. Hier empfiehlt es sich, die Spitze vorab zu verkleinern. Fahren Sie erst danach zwischen Augen und Augenbrauen entlang.

10 Retusche – nicht nur für Profis

Abbildung 10.25 ▶
Jetzt wirkt die Weichzeichnung nur noch auf die Haut. (Hier ist die bildrechte Gesichtshälfte bereits bearbeitet worden.)

5 Kontrast erhöhen

Klicken Sie anschließend auf die Schaltfläche KONTRAST ERHÖHEN ❹ (siehe Abbildung 10.23), grenzen sich die Konturen stärker voneinander ab. Diese Funktion können Sie wiederholt anwenden, wobei Sie die Funktion im Beispielfoto nur einmal verwenden sollten.

6 Hautstellen retuschieren

Im nächsten großen Abschnitt geht es darum, kleine, aber feine Ausbesserungen am Foto vorzunehmen. Scrollen Sie dazu in der rechten Spalte nach unten. Danach aktivieren Sie unter Punkt 5 zunächst die BEREICHSREPARATUR ❺.

Stellen Sie die Spitze dieses Werkzeugs ein. Es empfiehlt sich eine Größe von etwa 20 Px. Danach übermalen Sie größere Stellen mit gedrückter Maustaste. Kleinere Bereiche wie Pickel klicken Sie hingegen nur kurz an.

▲ **Abbildung 10.26**
Es ist an der Zeit, punktuelle Ausbesserungen vorzunehmen.

7 Augen aufhellen

Da unser Model keine roten Augen hat, dürfen Sie das nächste Werkzeug überspringen. Aktivieren Sie stattdessen das dritte Tool (AUGEN AUFHELLEN ❻). Dieses entspricht dem bereits bekannten Abwedler. Bevor Sie es anwenden, werfen Sie einen Blick auf die Optionsleiste.

Porträts korrigieren 10.3

Eine BELICHTUNG von 50 % ist vielleicht etwas zu stark. Das würde nämlich bedeuten, dass das Werkzeug sofort extrem reagiert. Setzen Sie die Belichtung daher auf 25 % herunter. Eine GRÖSSE von ca. 65 Px ist hingegen in Ordnung. Wischen Sie jetzt zweimal hintereinander mit gedrückter Maustaste über jedes Auge. Das linke Auge kann vielleicht sogar noch einen dritten Wisch vertragen, da es etwas dunkler ist.

Weniger ist mehr
Bitte machen Sie hier nicht zu viel. Muttermale und dergleichen sollten nicht retuschiert werden! Denken Sie immer daran: Es geht nicht darum, eine Cyber-Figur zu erschaffen. Mit zu großem Perfektionismus würden Sie das Gesicht nur entfremden.

◀ Abbildung 10.27
Das Aufhellen der Augen macht eine Menge aus.

8 Wimpern und Augenbrauen abdunkeln

Während der Abwedler für Erhellung sorgt, kann mit dem Nachbelichter abgedunkelt werden. Klicken Sie daher auf den vierten Button, AUGENBRAUEN ABDUNKELN ❼, und wischen Sie mit einer 30 Px großen Pinselspitze über die Wimpern. Ein einzelner Wisch pro Stelle sollte genügen. Wenn Sie mit dem Werkzeug noch nicht so versiert sind, kann es hilfreich sein, die BELICHTUNG vorab herunterzusetzen. Dann reagiert das Tool nicht so stark. Zuletzt verkleinern Sie das Werkzeug auf etwa 15 Px bei einer BELICHTUNG von ca. 30 % und fahren einmal kurz über jede Augenbraue.

▲ Abbildung 10.28
Das Nachbelichten lässt Wimpern und Augenbrauen dunkler und somit kräftiger erscheinen.

9 Optional: Glanz hinzufügen

Auch das unterste Werkzeug muss nicht eingesetzt werden, da die Zähne hier nicht sichtbar sind (dazu gibt es weiter unten noch einen separaten Workshop). Klicken Sie stattdessen auf GLANZ HINZUFÜGEN ❽. Damit gelangen Sie in den Filterbereich der Anwendung (auch zu erreichen über FILTER • FILTERGALERIE). Beim

Hinzufügen von Glanz handelt es sich prinzipiell um den Verzerrungsfilter WEICHES LICHT. Damit dieses Licht hier weiß erstrahlen kann und nicht in einer anderen Farbe daherkommt, war es wie eingangs betont so ausgesprochen wichtig, die Hintergrundfarbe zu definieren.

Das Foto lässt sich mit und ohne diesen Effekt betrachten, indem Sie kurzzeitig das Augen-Symbol ❶ deaktivieren. Zudem lässt sich die Wirkungsweise des Effekts noch mit Hilfe der darüber befindlichen Steuerelemente einstellen. Entscheiden Sie selbst, ob dieser Effekt für Sie in Frage kommt. Wenn ja, bestätigen Sie am Schluss mit OK, wenn nicht, klicken Sie auf ABBRECHEN. Ich würde den Effekt hier lieber weglassen.

Abbildung 10.29 ▼
Um die Natürlichkeit des Gesichts zu erhalten, sollte dieser Effekt nicht angewendet werden.

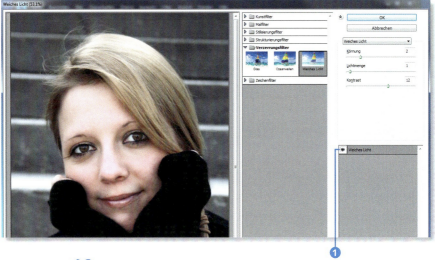

10 Optional: Schlanker machen

Auch die darunter befindliche Taste SCHLANKER MACHEN ist im konkreten Fall nicht erforderlich. Dennoch kurz etwas zu ihrer Wirkungsweise: Bei Anwendung dieser Funktion wird das Foto horizontal ein wenig gestaucht. Dadurch sollen Gesicht und Körper etwas schlanker aussehen. Im vorliegenden Beispiel ist das jedoch zu vernachlässigen.

11 Auswirkungen begutachten

Am Ende klicken Sie auf FERTIG und wechseln wieder in den Bearbeitungsmodus EXPERTE. Wenn Sie das Foto jetzt noch einmal im ursprünglichen Zustand sehen wollen, müssen alle Ebenen mit

▲ **Abbildung 10.30**
Mit einem Klick sind alle hinzugefügten Ebenen deaktiviert.

Ausnahme des Hintergrunds deaktiviert werden. Dazu ein kleiner Trick: Klicken Sie, während Sie [Alt] gedrückt halten, das Augen-Symbol der untersten Ebene (Hintergrund). Das hat zur Folge, dass alle anderen Ebenen ausgeblendet werden. Genauso lassen sich die Ebenen im Übrigen auch schnell wieder einschalten.

▼ **Abbildung 10.31**
Der Vorher-nachher-Vergleich

Zähne weißen

Ab und an müssen auch Zähne nachbearbeitet werden. Zwar bietet Photoshop Elements für derartige Vorhaben Einstellmöglichkeiten innerhalb des **Smartpinsel-Werkzeugs**, allerdings ist dieses Tool nicht individuell genug, um hier zum gewünschten Ergebnis zu verhelfen.

»Zähne.tif«

Probieren Sie es ruhig aus. Nehmen Sie sich hierfür »Zähne.tif« vor. Aktivieren Sie den Smartpinsel [F], und wählen Sie unter ❶ (siehe Abbildung 10.32) bei den Vorgaben die Einstellung Portrait aus. Danach klicken Sie auf die Miniatur Zähne bleichen ❷.

Jetzt müssen Sie mit gedrückter Maustaste über die Zähne des freundlichen Herrn fahren, bis sich eine Auswahl gebildet hat. Die Weißung übernimmt die Anwendung von selbst.

10 Retusche – nicht nur für Profis

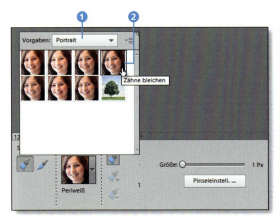

▲ Abbildung 10.32
Photoshop Elements verfügt über Werkzeuge für die Zahnkosmetik.

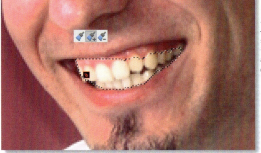

▲ Abbildung 10.33
Das Ergebnis könnte besser sein.

Der Detail-Smartpinsel ist keine Alternative!

Wenn Sie es mit dem Detail-Smartpinsel versuchen, wird das ebenfalls erfolglos sein. Dieser lässt sich zwar punktuell besser anwenden, gestattet aber aufgrund der unterschiedlichen Gelbfärbungen im Beispielfoto nicht genug Freiheiten. Und bei genauer Betrachtung entfärbt er ebenfalls das Zahnfleisch mit.

»Zähne.tif«

▲ Abbildung 10.34
Der Schwamm wird in der Toolbox aktiviert.

Aber wirklich beeindruckend ist das Resultat nicht, oder? Nicht nur, dass die bildrechten Eck- und Backenzähne immer noch gelb sind; die Schneidezähne wirken jetzt einen Tick zu weiß. Noch schlimmer: Ein Teil des Zahnfleischs ist mit in die Auswahl geraten. Hier soll definitiv keine Umfärbung bzw. Entfärbung stattfinden.

Deshalb ist die Anwendung dieses Tools nicht zu empfehlen. Machen Sie die letzten Schritte am besten wieder rückgängig, und befolgen Sie die Anweisungen des folgenden Workshops.

Schritt für Schritt
Zähne wieder weiß machen

Wir wissen natürlich nicht, ob der freundliche junge Herr Raucher ist. Das spielt auch keine Rolle – wir machen ihn kurzerhand zum Nichtraucher: per Zahnkosmetik à la Photoshop Elements am Objekt »Zähne.tif«.

1 Werkzeug einstellen

Zoomen Sie zunächst in den Bereich der Zähne. Danach aktivieren Sie den Schwamm. Er befindet sich in einer Gruppe mit Abwedler und Nachbelichter und ist im Segment VERBESSERN zu finden. Stellen Sie die GRÖSSE auf 8 Px und den FLUSS auf etwa 35 %. Letzteres sorgt auch hier dafür, dass das Werkzeug nicht so empfindlich reagiert. Die wichtigste Einstellung ist aber SÄTTIGUNG VERRINGERN im Pulldown-Menü MODUS.

◄ **Abbildung 10.35**
So sollten Sie das Werkzeug einstellen.

2   Zähne entfärben

Jetzt können Sie mit dem Schwamm die Sättigung herausnehmen. Dazu sollten Sie mit kreisförmigen Bewegungen über die Zähne gehen – wie beim Polieren eben. Achten Sie dabei aber auf zwei Dinge: Zum einen sollten Sie versuchen, nicht allzu sehr über das Zahnfleisch zu wischen, zum anderen dürfen die Zähne selbst nicht zu sehr entfärbt werden. Das sieht dann ebenfalls nicht mehr natürlich aus. Reinweiße Zähne gibt es nicht – außer vielleicht in Hollywood.

3   Optional: Mit einer Auswahl arbeiten

Sie dürfen die Ansätze des Zahnfleischs durchaus minimal mit entfärben. Falls Sie jedoch an eine Stelle gelangen, die sich als schwierig erweist (z. B. in den Mundwinkeln), verkleinern Sie kurzzeitig die Spitze oder legen vorab eine Auswahl an. Dabei werden Sie allerdings mit dem Magnetischen Lasso nicht sehr erfolgreich sein. Zahnfleisch und Zähne lassen sich einfach über kontrastierende Kanten nicht gut trennen. Verwenden Sie stattdessen lieber das Lasso oder das Polygon-Lasso.

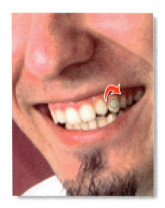

▲ **Abbildung 10.36**
Ein bisschen wie beim Zahnarzt: Mit dem Schwamm polieren Sie die Zähne sauber.

▼ **Abbildung 10.37**
Die Zähne im Vorher-nachher-Vergleich

Camera-Raw-Dateien bearbeiten

Ihr virtuelles Fotolabor

- Was ist Camera Raw? Wie funktioniert es?
- Wie passe ich Beleuchtung und Farbe an?
- Was muss ich bei der Druckvorbereitung beachten?
- Wie können mehrere Fotos gleichzeitig bearbeitet werden?
- Wie lassen sich andere Formate (z. B. TIFF oder JPEG) in Camera Raw bearbeiten?

11 Camera-Raw-Dateien bearbeiten

Camera Raw gestattet Ihnen, direkt Einfluss auf das Bildergebnis zu nehmen – wie in einer Dunkelkammer. Und das geschieht, noch bevor Kompressoren die Datei »kleinrechnen«, mit Bildern, die unverfälscht von der Kamera kommen. Und das Schönste ist: Das Ganze können Sie ohne jegliche Qualitätsverluste bewerkstelligen.

11.1 Bevor Sie mit Camera Raw arbeiten

In der professionellen Fotografie ist Camera Raw längst ein unverzichtbarer Standard geworden. Bei diesem Verfahren werden die *Rohdaten* (engl. *raw,* dt. *roh*) des aufgenommenen Bildes gespeichert. Die Daten sind in diesem Zustand noch nicht komprimiert worden (wie z. B. TIFF oder JPEG).

Das herausragende Merkmal ist: Sie können beim Öffnen der Datei direkten Einfluss auf die Entwicklung nehmen – ohne Qualitätsverlust. Das liegt daran, dass die Einstellungen separat zur Datei gespeichert, aber nicht direkt und unwiderruflich auf das Bild angewendet werden. Das kann man sich so vorstellen wie bei den Einstellungsebenen. Das eigentliche Bild bleibt unverändert (so, wie es die Kamera eingefangen hat). Durch Veränderung der Bildeinstellungen verändern Sie lediglich die Darstellung des Fotos, nicht jedoch das Original – daher die Verlustfreiheit bei der Einstellung.

Unterschiedliche Raw-Formate

Es gibt leider kein allgemeingültiges Raw-Format. Vielmehr verwendet jeder Kamerahersteller seine eigenen Verfahren. Deshalb werden Sie (je nach Kameratyp) auch auf unterschiedliche Dateiendungen stoßen. Da kursieren z. B. CRW, JPE, NEF, RAF oder CR2, um nur einige zu nennen. Trotz dieses Umstands lassen sich heutzutage die meisten Formate mit Photoshop Elements bearbeiten. Wenn Sie nicht genau wissen, ob Ihr Format unterstützt wird, einfach ausprobieren!

Raw-Fotos öffnen

Nehmen Sie beispielhaft ein auf Ihrem Rechner befindliches Raw-Foto. Wenn Sie gerade keines zur Hand haben, benutzen Sie die Beispieldatei »DSCF0513.RAF«.

»DSCF0513.RAF«

Besonders bequem zum Öffnen eines Raw-Fotos ist der Rechtsklick in einem Bildarchiv, gefolgt von ÖFFNEN MIT. Wenn Sie Glück haben, ist Photoshop Elements jetzt schon im Kontextmenü gelistet. Wenn nicht, haben Sie folgende Möglichkeiten:

1. Klicken Sie mit rechts auf das Foto, und entscheiden Sie sich im Kontextmenü für ÖFFNEN MIT. Im Kontextmenü ist ein entsprechender Eintrag (ADOBE PHOTOSHOP ELEMENTS 11) gelistet, der nun angewählt werden muss.
2. Ziehen Sie die Bilddatei einfach in den Fotoeditor von Photoshop Elements. Wenn Sie die Datei dort fallen lassen, öffnet sich (sofern es sich um ein Raw-Foto handelt) automatisch die Camera-Raw-Arbeitsumgebung.
3. Wählen Sie aus dem Fotoeditor heraus DATEI • ÖFFNEN, und selektieren Sie das Raw-Foto.

▲ **Abbildung 11.1**
Im Beispiele-Ordner finden Sie diese Datei.

◀ **Abbildung 11.2**
Auch der Weg über das Kontextmenü führt zum Camera-Raw-Dialog.

Der DNG Converter

Der Software-Hersteller Adobe, aus dessen Schmiede auch Photoshop Elements stammt, stellt ein offenes Archivformat zur Verfügung, in das sich Rohdaten-Fotos konvertieren lassen. Der Vorteil begründet sich gleich mehrfach:

- Zum einen können bestimmte Rohdaten-Formate auch nur von bestimmten Programmen gelesen und dargestellt werden.
- Zum anderen verspricht Adobe mit dem DNG Converter Archivierungssicherheit für die Zukunft. Es ist also nicht uninteressant, seinen Raw-Fundus zusätzlich auch als DNG zu sichern.

Weitere Informationen erhalten Sie unter *http://www.adobe.com/de/products/dng/*. Hier ist auch der Download des DNG Converters möglich.

Wenn Sie Photoshop Elements im Einsatz haben, müssen Sie den DNG Converter nicht unbedingt installieren. Trotzdem gibt es die Möglichkeit, ein Foto im Raw-Dialog zu bearbeiten und anschließend als DNG, also im Prinzip als »digitales Negativ«, zu speichern. Dafür ist die Anwendung bereits ausgelegt. Der folgende Workshop zeigt, wie das geht.

Andere Formate im Raw-Dialog bearbeiten

Noch etwas Interessantes zum Schluss: Der Camera-Raw-Dialog hat ja so einiges zu bieten. Allzu schnell gewöhnt man sich an diese tolle Arbeitsumgebung. Zu schade nur, dass man nicht alle Fotos in dieser Umgebung bearbeiten kann. – Oder doch? – Ja, das geht.

Begeben Sie sich dazu in den Fotoeditor, und wählen Sie auf einem Windows-Rechner DATEI • ÖFFNEN ALS. Im folgenden Dialogfenster müssen Sie nun nichts weiter tun, als das gewünschte Foto per Mausklick zu selektieren und die Liste ÖFFNEN ALS auszuklappen. Hier muss die Zeile CAMERA RAW ausgewählt werden. Zuletzt klicken Sie noch auf die Schaltfläche ÖFFNEN.

Mac-User müssen ein wenig anders vorgehen. Klicken Sie zunächst oben links auf ÖFFNEN. Danach selektieren Sie das gewünschte Foto (beispielsweise ein JPEG). Bevor Sie nun jedoch auf ÖFFNEN klicken, schalten Sie im Pulldown-Menü FORMAT noch um auf CAMERA RAW. Wär' doch gelacht, wenn's am Mac nicht auch ginge!

11.2 Erste Schritte mit Camera Raw

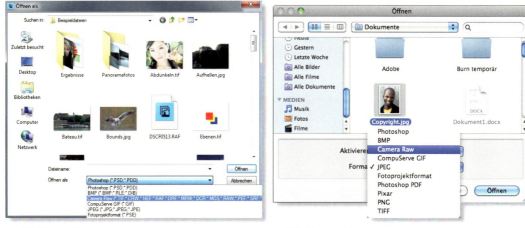

▲ **Abbildung 11.3**
Mit dieser Liste bestimmen Sie, in welchem Format das Foto weiterverarbeitet werden soll.

▲ **Abbildung 11.4**
Am Mac müssen Sie es anders machen.

11.2 Erste Schritte mit Camera Raw

Falls Sie selbst nicht im Besitz einer Raw-fähigen Kamera sind oder noch keine eigenen Raw-Dateien erzeugt haben, können Sie den folgenden Workshop dennoch bearbeiten. Benutzen Sie in diesem Fall die beiliegende Beispieldatei.

Schritt für Schritt
Farbtemperatur korrigieren und das Bild als Digital-Negativ speichern

Im ersten Workshop soll lediglich die Weißbalance angeglichen werden. Außerdem erfahren Sie, wie Sie das Raw-Bild anschließend als DNG (digitales Negativ) speichern können.

»DSCF0513.RAF«

1 Raw-Datei öffnen

Gewissermaßen nehmen Sie beim Öffnen der Datei »DSCF0513.RAF« die eigentliche Filmentwicklung vor und haben so ungeahnte Möglichkeiten in Bezug auf die Qualität des Bildes. Öffnen Sie die Beispieldatei (z. B. über DATEI • ÖFFNEN). Das Foto wird daraufhin automatisch in der Raw-Umgebung geöffnet.

11 Camera-Raw-Dateien bearbeiten

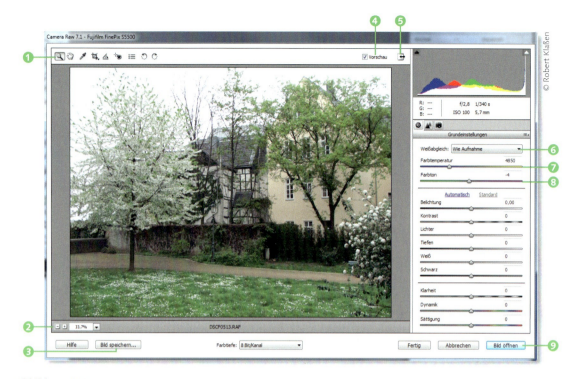

Abbildung 11.5 ▲
Die Raw-Umgebung – ein kleines, aber feines »Fotolabor«

2 Bild skalieren

Die Ansicht der Datei können Sie verändern, indem Sie die Steuerelemente + und − unterhalb des Bildes nutzen ❷. Ein Doppelklick auf die Lupe ❶ zeigt die Datei stets in 100 % ihrer Größe an. Danach werden Sie nur noch einen Ausschnitt des Bildes sehen – ein Indiz dafür, wie großformatig Raw-Bilder tatsächlich sind.

3 Vorschauaktivierung prüfen

Achten Sie zudem darauf, dass VORSCHAU ❹ aktiviert ist, damit Sie die Auswirkungen Ihrer weiteren Arbeiten direkt im Bild sehen können. Sie können das Häkchen von Zeit zu Zeit kurz deaktivieren, um sich einen Vorher-nachher-Vergleich zu genehmigen. Gleich daneben finden Sie übrigens einen Button ❺, mit dessen Hilfe Sie den Vollbildmodus einschalten können.

4 Weißabgleich einstellen

Prinzipiell lässt sich ein Weißabgleich in Camera Raw so durchführen, wie Sie das bereits zuvor gemacht haben. Dazu aktivieren Sie die Pipette oben links in der Toolbox des Raw-Dialogs und klicken auf eine weiße oder neutral graue Fläche.

In diesem Workshop wollen wir jedoch einen anderen, einfacheren Weg beschreiben: Zunächst einmal ist auf der rechten Seite des Fensters das Flyout-Menü WEISSABGLEICH 6 erwähnenswert. Stellen Sie hier von WIE AUFNAHME um auf TAGESLICHT. Das sorgt dafür, dass die Farben insgesamt etwas erwärmt werden. Betrachten Sie dieses Steuerelement gewissermaßen als Voreinstellung in Sachen Farbtemperatur.

▲ **Abbildung 11.6**
Photoshop Elements bietet einige vordefinierte Beleuchtungssituationen an.

5 Temperatur verändern

Aber irgendwie könnten die Farben noch etwas wärmer sein, finden Sie nicht auch? Regeln Sie deshalb den Schieber FARBTEMPERATUR 7 etwas nach rechts. Zwar wird dadurch die Einstellung TAGESLICHT wieder verworfen (die Steuerelemente reagieren in Abhängigkeit voneinander), aber Sie können für eine weitere Verbesserung der Farbstimmung sorgen. Die Werte sind hier übrigens in Kelvin angegeben. Gehen Sie auf etwa 6.000. Grundsätzlich werden die Farben nach rechts hin wärmer, während sie nach links hin kühler werden.

6 Farbton verändern

Der Regler FARBTON 8 kann wie eine Feinabstimmung der Weißbalance genutzt werden. Gehen Sie nach rechts, um mehr Magenta ins Spiel zu bringen. Nach links wird das Bild mit mehr Grün versetzt. Setzen Sie den Schieber auf etwa +15.

7 Datei speichern

Ihr nächster Schritt sollte sein, die Einstellungen zu speichern, die Sie gerade am Bild vorgenommen haben. Normalerweise würden Sie das mit dem Button FERTIG unten rechts machen. Damit würde das Bild wieder geschlossen, und die getroffenen Veränderungen würden parallel dazu mit der Bilddatei gespeichert.

8 XMP-Datei ansehen

Schauen Sie einmal am Speicherort der Rohdaten-Datei nach. Dort liegt nun eine weitere Datei, die denselben Namen trägt wie das Foto, jedoch mit der Dateiendung ».xmp«. Dabei handelt es sich um die Einstellungen, die Sie soeben am Foto vorgenommen haben. Würden Sie diese Datei in den Papierkorb befördern und das Raw-Foto anschließend erneut öffnen, stellte es sich genauso

Einstellungen verwerfen

Um bereits angewendete Einstellungen zu widerrufen, halten Sie [Alt] gedrückt. Der Button ABBRECHEN wird zur ZURÜCKSETZEN-Schaltfläche. Wenn Sie darauf klicken, bevor Sie [Alt] wieder loslassen, werden alle vorgenommenen Änderungen verworfen.

Bild oder Kopie öffnen

Wenn Sie auf BILD ÖFFNEN 9 klicken, wird ebenfalls eine XMP-Datei erzeugt. Zudem wird das Foto zur Weiterverarbeitung an den Fotoeditor übergeben. Allerdings lässt sich das eingestellte Raw-Foto auch an den Fotoeditor leiten, ohne dass ein XMP geschrieben wird. Halten Sie dazu [Alt] gedrückt. Der Button BILD ÖFFNEN mutiert dann zu KOPIE ÖFFNEN.

11 Camera-Raw-Dateien bearbeiten

▲ **Abbildung 11.7**
Die Raw-Datei ist um eine Einstellungsdatei (XMP) erweitert worden.

dar wie vor der Korrektur. Das erneute Öffnen des Bildes bei vorhandener XMP-Datei hätte zur Folge, dass es auch mit den zuvor getätigten Einstellungen angezeigt würde.

9 DNG speichern

In diesem Workshop wollen wir noch einen Schritt weiter gehen und die Datei im Format DIGITAL-NEGATIV (Dateiendung ».dng«) abspeichern. Entscheiden Sie sich daher für den Button BILD SPEICHERN ❸ unten links (siehe Abbildung 11.5), und bestimmen Sie danach, in welchem Ordner das Negativ abgelegt werden soll. Wenn Sie wollen, dass es den gleichen Speicherort wie das Raw-Original bekommt, müssen Sie hier nichts ändern.

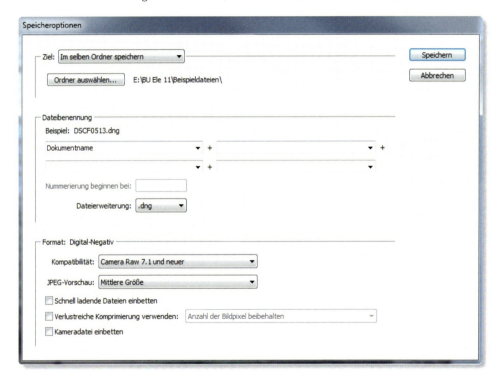

Abbildung 11.8 ▲
Die Datei wird als digitales Negativ gespeichert.

10 Datei benennen

Nun haben Sie die Möglichkeit, einen Namen zu vergeben. Das machen Sie über das erste Pulldown-Menü im Frame DATEIBENENNUNG. Wenn Sie die Liste allerdings öffnen, werden Sie feststellen, dass lediglich Dokumentname, Seriennummer, Folgebuchstaben oder das Datum festgelegt werden können.

Nein, nicht ganz. Sie können das Feld (in dem standardmäßig DOKUMENTNAME steht) per Mausklick komplett markieren und dann anstelle des angegebenen Titels Ihre bevorzugte Bezeichnung eingeben. Es empfiehlt sich, wenn Sie noch eine fortlaufende Nummer vergeben wollen, dem Namen einen Unterstrich folgen zu lassen. Das ist aber optional, sieht lediglich in der Kombination mit einer Nummer übersichtlicher aus. Wählen Sie im Feld rechts daneben, so Sie mögen, beispielsweise DREISTELLIGE SERIENNUMMER, wird dem Dateinamen standardmäßig »001« angehängt.

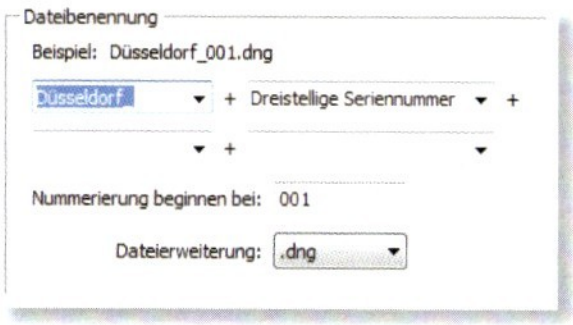

▲ **Abbildung 11.9**
Entscheiden Sie, wie das Dokument benannt werden soll.

11 Format festlegen

Treffen Sie jetzt im untersten Frame noch Entscheidungen in Bezug auf das Format für das digitale Negativ. Prinzipiell müssen Sie hier nichts verändern. Allerdings gibt der Converter Ihnen hier die Möglichkeit, ältere Camera-Raw-Versionen zu selektieren. KAMERADATEI EINBETTEN sorgt dafür, dass die Ursprungsdatei (Raw) mit in die DNG-Datei eingebettet wird.

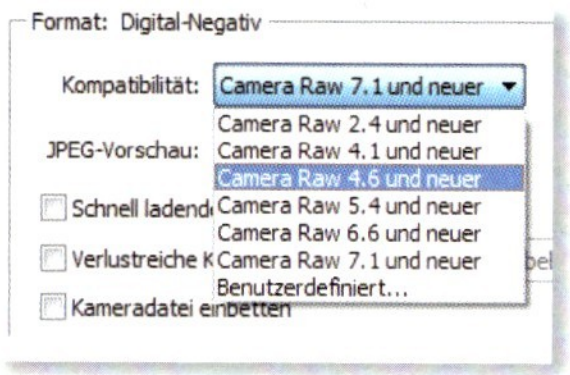

▲ **Abbildung 11.10**
Änderungen an der Kompatibilität

12 JPEG-Vorschau erzeugen

Damit Sie auch in anderen Anwendungen sehen, um welches Bild es sich handelt, sollten Sie eine JPEG-Vorschau integrieren. Das hat keinen Einfluss auf die Qualität der eigentlichen Datei, sondern liefert lediglich eine Datei zur Ansicht mit. Stellen Sie hier OHNE ein, wird keine Vorschau abgespeichert.

Das fertige Dokument finden Sie im Ordner ERGEBNISSE unter dem Namen »Raw_01_fertig.dng«.

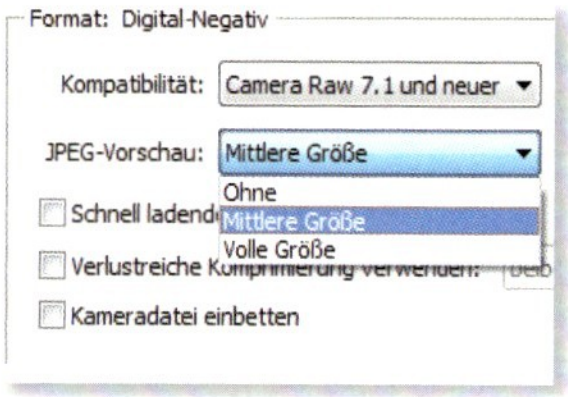

13 Optional: Bild öffnen

Wenn Sie anstelle von BILD SPEICHERN ❸ jedoch auf BILD ÖFFNEN ❾ klicken (siehe Abbildung 11.5), wird das Bild, wie gewohnt, im Editor zur Verfügung gestellt. Bedenken Sie aber, dass bereits jetzt die vollzogenen Änderungen wirksam werden. Jetzt könnten Sie das Bild auch beispielsweise als TIFF oder PSD speichern.

▲ **Abbildung 11.11**
Die mittlere Vorschaugröße kann stehen bleiben.

Aber noch einmal zur Erinnerung: Die Einstellungen werden innerhalb der Raw-Datei gespeichert, aber nicht unmittelbar auf das Bild angewendet. Das macht schließlich unter anderem die Klasse einer Raw-Datei aus, auf die Sie verzichten müssten, wenn Sie das Bild in ein anderes Format als DNG konvertierten.

Abbildung 11.12 ▲
Mit der richtigen Weißbalance wirkt das Bild natürlicher und farbgetreuer.

11.3 Beleuchtung und Farbe in Camera Raw angleichen

Natürlich lassen sich Bilder, die in der Beleuchtung nicht ganz stimmig sind, im Raw-Dialog anpassen. Allerdings haben Sie auch die Möglichkeit, Ihre Einstellungen von Photoshop Elements überprüfen zu lassen. Das ist besonders dann wichtig, wenn Sie ein Raw-Foto für die Ausgabe auf einem Drucker vorbereiten wollen.

Schritt für Schritt
Raw-Bilder nachbearbeiten

»IMG_1418.CR2«

Die Datei »IMG_1418.CR2« zeigt eine zwar sehr hübsche, aber leider etwas zu dunkle Fassade. Hier sollte Einfluss auf die Beleuchtung genommen werden. Öffnen Sie das Bild, und widmen Sie sich dem Raw-Dialog.

1 Optional: Kameradaten ablesen
Sie können übrigens jetzt auch eine Menge über die verwendete Kamera, die Blendenöffnung, Belichtungszeit und Ähnliches in Erfahrung bringen. Schauen Sie doch dazu einmal auf die rechte Seite des Dialogs. Gleich unterhalb des Histogramms finden Sie relevante Einträge zur Kameraeinstellung ❷. Das Objektiv war

demzufolge (aufgrund des Gegenlichts) nur eine fünfhundertstel Sekunde geöffnet.

▲ Abbildung 11.13
Der Raw-Converter gibt auch Aufschluss über die Datei-Informationen.

2 Lichter anheben

Lassen Sie uns zunächst die Fassade ein wenig erhellen. Dazu schieben Sie den Regler BELICHTUNG ❹ etwas nach rechts. So bei etwa +0,50 sollte die Fassade in einer annehmbaren Helligkeit erstrahlen.

3 Lichterwarnung aktivieren

Allerdings haben Sie jetzt ein Problem. Die Wolken am Himmel sind nämlich zu hell geworden – genauer gesagt: fast schon reinweiß. Das kann sich nicht nur beim Ausdruck des Fotos als problematisch erweisen. Zu helle Bereiche werden beim Druck nämlich nicht mit Farbe versehen. Das sieht dann unter Umständen im Ergebnis löchrig aus.

Sie können sich die entsprechenden Problembereiche von Photoshop Elements anzeigen lassen. Aktivieren Sie doch einmal (falls nicht bereits geschehen) den Button WARNUNG ZUR LICHTERBESCHNEIDUNG ❶ oben rechts im Histogramm, oder drücken Sie [O] auf Ihrer Tastatur.

Auto-Belichtung verwenden

In Sachen Beleuchtungskorrektur lassen sich ganz gute Resultate erzielen, wenn Sie gleich oberhalb des Reglers BELICHTUNG auf AUTOMATISCH klicken. Damit passt Photoshop Elements die Lichtverhältnisse im Bild automatisch an. Im hier verwendeten Bildbeispiel ist diese Methode jedoch nicht geeignet, da es sich um eine Gegenlichtaufnahme handelt. Auto-Korrekturfunktionen sind für solche Fotos kein probates Mittel, sie sollten manuell korrigiert werden.

Tiefen- und Lichterwarnung

Photoshop Elements kennzeichnet solche Bereiche im Bild mit Rot, in denen es nicht mehr zum Farbauftrag und somit zu unnatürlichem Weiß kommt. Wenn Sie die TIEFENWARNUNG einschalten (die Schaltfläche oben links innerhalb des Histogramms), werden problematische (d.h. zu dunkle) Stellen in Blau angezeigt. Dort wird dann zu viel Farbe aufgetragen, und die Stelle wirkt möglicherweise im Ergebnis wie ein Klecks.

Jetzt präsentiert Photoshop Elements alle Bereiche des Bildes in Rot, die eigentlich zu hell sind. Das ist natürlich nur eine optische Warnung und wirkt sich nicht auf das Bild selbst aus. Ein erneuter Klick auf die Schaltfläche WARNUNG ZUR LICHTERBESCHNEIDUNG würde die Anzeige deaktivieren.

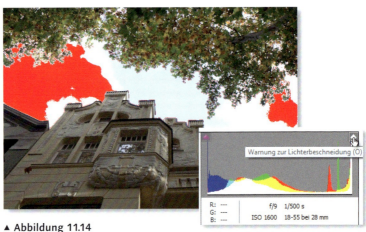

▲ Abbildung 11.14
Problematische Bereiche werden im Bild in Rot angezeigt.

4 Lichter abdunkeln

Zurück zur Einstellung: Da das Verstellen der Belichtung zwar die Fassade aufgehellt hat, aber dadurch am Himmel echte Farbverluste aufgetreten sind, müssen wir entsprechend gegensteuern. Hier bietet das neue Camera-Raw-Modul (7.1 oder höher) eine vorzügliche neue Option an: Dunkeln Sie einfach die ganz hellen Stellen des Bildes ab, indem Sie den Regler LICHTER nach links ziehen. Diese werden nun abgedunkelt. Ein Verziehen nach rechts würde die Lichter erhellen. Bei etwa –20 dürften alle roten Stellen verschwunden sein.

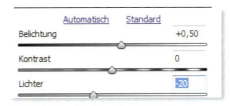

▲ Abbildung 11.15
Zu helle Lichter »fransen aus«. Wirken Sie diesem Umstand mit Abdunklung der besonders hellen Bildbereiche entgegen.

5 Blitz simulieren

Was bei der Aufnahme vergessen worden ist, kann in Camera Raw prima nachträglich noch integriert werden – der Blitz. Wählen Sie im Pulldown-Menü Weissabgleich ❸ (siehe Abbildung 11.13) den Listeneintrag Blitz. Dabei bleibt die Farbtemperatur innerhalb der Grundeinstellungen verhältnismäßig weit unten, was es Ihnen wiederum möglich macht, die Helligkeit zu erhöhen, ohne dass es zur Lichterwarnung in den hellen Bildbereichen kommt.

6 Weitere Einstellungen vornehmen

Ziehen Sie jetzt den Regler Schwarz ❺ auf etwa +17. Das sorgt dafür, dass die dunklen Bildbereiche (Tiefen) noch ein wenig erhellt werden. Zuletzt bewegen Sie die Klarheit ❻ auf +18 (bringt mehr Details zum Vorschein – die Kanten werden klarer strukturiert) sowie die Dynamik ❼ auf +20. Letzteres kräftigt die Farben, wie es auch der Regler Sättigung macht; jedoch mit dem Unterschied, dass weniger gesättigte Bildbereiche stärker angehoben (gesättigt) werden als jene, die schon ziemlich kräftig sind. In den meisten Fällen erreichen Sie so eine sehr viel ausgewogenere Leuchtkraft der Farben. Deaktivieren Sie die Tiefen- und Lichterwarnung ❶ zum Schluss wieder.

▼ **Abbildung 11.16**
So wird das Foto optimiert.

▼ **Abbildung 11.17**
Die Fassade ist aufgehellt, der Himmel aber trotzdem nicht ausgefranst.

Wichtige Raw-Grundeinstellungen im Überblick

- Belichtung: verändert nachträglich die Blendenöffnung, um die Belichtung des Bildes anzupassen.
- Kontrast: verändert das Gefälle zwischen hellen und dunklen Bereichen des Bildes. Die Einstellungen wirken sich somit vorwiegend auf die Mitten aus.
- Schwarz: Hiermit legen Sie fest, welche Tonwertbereiche schwarz dargestellt werden sollen. Dunkle Bildbereiche werden weiter abgedunkelt, wenn Sie den Regler weiter nach rechts stellen. (Wenn Sie den Regler bedienen, während Sie [Alt] gedrückt halten, und diesen dann langsam nach rechts schieben, sehen Sie, wo im Bild die ersten Konzentrationen schwarzer Pixel zu finden sind.)
- Klarheit: Hierbei werden die Konturen klarer dargestellt. Sie können dadurch dem Verlust an Schärfe entgegenwirken, der mit der eigentlichen Bildkorrektur einhergehen kann.
- Dynamik: verhindert, dass kräftige Farben übersättigen (überstrahlen) können.
- Sättigung: hebt die Leuchtkraft der Farben an.

11.4 Stapelverarbeitung in Camera Raw

Natürlich muss nicht jedes Foto einzeln geöffnet, bearbeitet und anschließend wieder geschlossen werden.

Mehrere Fotos öffnen

Es besteht durchaus die Möglichkeit, mehrere Raws gleichzeitig in den Dialog zu bringen.

1. Der einfachste Weg: Schließen Sie zunächst den Raw-Dialog. Danach markieren Sie alle Fotos, die Sie öffnen wollen, während Sie [Strg]/[cmd] gedrückt halten, klicken danach eines der markierten Fotos erneut an, halten die Maustaste gedrückt und ziehen das gesamte Paket auf die Fotoeditor-Oberfläche.
2. Alternativ dürfen Sie natürlich beim Bereitstellen mehrerer Fotos über Datei • Öffnen gehen und die gewünschten Raw-Formate aussuchen. Im Raw-Dialog wird daraufhin links eine

Miniaturspalte erzeugt, in der Sie per Klick aussuchen können, welches Foto Sie nachbearbeiten wollen.

▲ Abbildung 11.18
In der linken Spalte befinden sich Miniaturen aller geöffneten Fotos.

Mehrere Fotos bearbeiten

Prinzipiell steht aber auch einer Bearbeitung mehrerer Fotos gleichzeitig nichts im Wege – zumindest solange alle mit der gleichen Korrektur versehen werden sollen.

Dazu markieren Sie ganz einfach die gewünschten Fotos, während Sie [Strg]/[cmd] gedrückt halten. Lassen Sie danach die Korrektur folgen. Dass ein Bild bereits korrigiert worden ist, sieht man sehr schön an dem kleinen Kreis-Symbol ❶ (siehe Abbildung 11.9).

Fotos bewerten

Auch eine sofortige Bewertung des Fotos ist möglich, indem eines der fünf kleinen Kreuzchen ❷ angeklickt wird. Diese mutieren dann zu Sternen ❸. Bereits zugewiesene Sterne lassen sich löschen, indem der Mauszeiger vor den ersten Stern gestellt wird. Dadurch erscheint ein kleines Halt-Symbol ❹. Einmal daraufgeklickt, und die Sterne sind Geschichte.

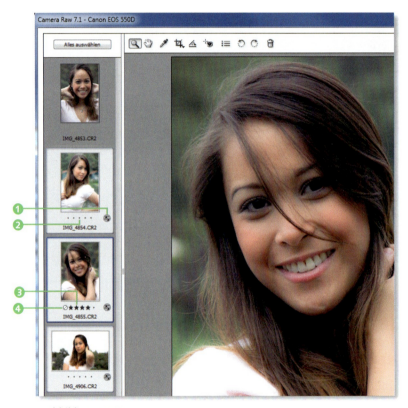

▲ **Abbildung 11.19**
Warum nicht gleich mehrere Fotos in einem Arbeitsgang bearbeiten?

Bilder drucken und präsentieren

Die optimale Ausgabe Ihrer Fotos

- ▶ Wie bereite ich Dateien optimal zum Druck vor?
- ▶ Wie kann ich vor dem Druck die Auflösung ändern?
- ▶ Wie drucke ich direkt aus dem Organizer heraus?
- ▶ Wie drucke ich Karten aus?
- ▶ Wie erzeuge ich eine Diashow?

12 Bilder drucken und präsentieren

Niemand verzichtet gern auf altbewährte Papierabzüge. Der Beweis kreativen Schaffens liegt nirgendwo so schön »auf der Hand« wie beim Druckerzeugnis. Doch trotzdem kommt auch der Internetauftritt oder die DVD nicht mehr wirklich ohne Bilder, Fotogalerien und Diashows aus. Welche Möglichkeiten es da im Einzelnen gibt, zeigt Ihnen dieses Kapitel.

12.1 Bilder für den Druck vorbereiten

Beim Optimieren Ihrer Fotos für den Druck gibt es einiges zu beachten.

Auflösung überprüfen

Zu Beginn einer jeden Druckarbeit sollten Sie die Auflösung prüfen. Das ist sehr wichtig, denn niedrigauflösende Bilder (wie z. B. 72-dpi-Dateien aus dem Internet) sind für einen Qualitätsdruck ungeeignet.

Vor allem kommt es natürlich darauf an, ob Sie Ihre Datei in Originalgröße zum Ausdruck bringen wollen:

- Ab **150 dpi** erreichen Sie bereits gute Standardergebnisse – mehr ist jedoch besser.
- In der professionellen Druckvorbereitung werden **300 dpi** verwendet.
- Für einen sehr guten Ausdruck auf dem heimischen Tintenstrahldrucker reichen meist **220 dpi** vollkommen aus – auf Fotopapier, versteht sich.

Die Auflösung können Sie in der Expertenansicht unten links ablesen ❶. Sollte hier eine andere Anzeige präsentiert werden, klicken Sie auf die kleine Dreieck-Schaltfläche ❷ und entscheiden sich für den Eintrag DOKUMENTMASSE.

dpi und ppi

In der Anzeige unten links wird die Einheit **ppi** (= pixels per inch) angeboten, da es sich hierbei um ein Maß für die Bildschirmdarstellung handelt. Im Druck spricht man jedoch von **dpi** (= dots per inch), da hier einzelne Punkte gedruckt werden. Zur rechnerischen Ermittlung der Auflösung sind beide Werte jedoch identisch.

»Drucken.tif«

Bilder für den Druck vorbereiten 12.1

◀ **Abbildung 12.1**
Lassen Sie sich die gewünschten Informationen in der Fußleiste des Bildes anzeigen.

Bildgröße oder Auflösung ändern

Wenn Sie Änderungen vornehmen wollen, stellen Sie BILD • SKALIEREN • BILDGRÖSSE ein.

Gerade bei Kameradaten sind ja die Abmessungen des Bildes meist recht hoch, wobei die Auflösung (ppi und dpi) eher gering ist. Eine 4-Megapixel-Aufnahme (4:3) ist beispielsweise 80 × 60 cm groß, während die Auflösung nur 72 Pixel pro Zoll ausweist. Letzterer Wert ist eigentlich zu gering, um für ein anständiges Druckergebnis zu sorgen, wobei aber die recht ansprechenden Abmessungen (die natürlich nicht auf einen DIN-A4-Bogen passen würden) dieses Manko locker wieder wettmachen. Bei Dateien ab dieser Größe müssen Sie also nichts ändern – wohl aber bei kleineren wie unserem Beispielbild »Drucken.tif«.

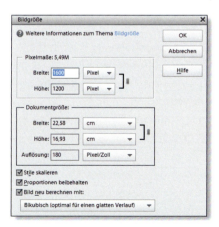

◀ **Abbildung 12.2**
Der BILDGRÖSSE-Dialog lässt Änderungen in den Abmessungen und der Auflösung zu.

Über den Dialog lässt sich nun die Auflösung ändern.

381

12 Bilder drucken und präsentieren

Datei vergrößern, Qualitätsverluste minimieren

Prinzip der Bildvergrößerung

Bei Erhöhung der Auflösung von Bildern werden der Datei Pixel hinzugefügt. Stellen Sie sich vor, es handelte sich dabei um ein Bild, das ein schwarzes Objekt vor einer weißen Wand zeigt. Schwarze und weiße Pixel liegen direkt nebeneinander und bilden eine scharfe Kante. Durch die Hinzurechnung wird nun ein Pixel dazwischen eingefügt, das sich aus dem Mittelwert beider vorhandenen Pixel ergibt – also ein neutrales Grau. Die Folge: Die Kante zwischen Schwarz und Weiß ist nicht mehr ganz so scharf wie zuvor, da der Übergang nun nicht mehr von Schwarz nach Weiß, sondern von Schwarz nach Grau und dann erst nach Weiß erfolgt.

Vielleicht ist die Bildfläche selbst ja auch zu klein, und Sie möchten diese erhöhen. Bitte bedenken Sie dabei aber, dass jede Größenänderung auch Qualitätseinbußen zur Folge hat.

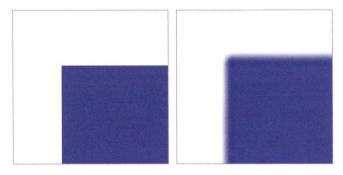

▲ **Abbildung 12.3**
Die vergrößerte Datei (rechts) wird an der Kante unscharf.

Wenn die Differenz zum Zielmaß aber nicht zu hoch ist, können Sie das machen. Geben Sie die neuen Abmessungen nach Wunsch ein. Ganz wichtig: Kontrollieren Sie vor dem Verlassen des Dialogs, ob das Häkchen vor Bild neu berechnen mit aktiv ist. Wenn das nämlich nicht der Fall ist, wird es nichts mit der Neuberechnung! Das Bild bleibt dann im Originalformat.

Für den Fall, dass Sie eine Datei stärker vergrößern müssen, möchte ich Ihnen einen Trick verraten, bei dessen Anwendung die Qualitätsverluste durchaus hinnehmbar sind. Die Frage, ob Sie mit dieser Technik von einer Briefmarke auch gleich ein Poster machen können, muss ich allerdings verneinen.

Nehmen wir einmal an, Sie möchten ein Bild (Auflösung 72 dpi) für den Druck vorbereiten, ohne die Größe des Bildes selbst zu ändern: Öffnen Sie dazu den Bildgrösse-Dialog im Fotoeditor über Bild • Skalieren • Bildgrösse. Tragen Sie unter Auflösung ❶ 80 dpi ein, und bei Bild neu berechnen mit ❷ verwenden Sie Bikubisch glatter. Bestätigen Sie mit OK.

Wiederholen Sie den Vorgang, indem Sie jedes Mal die Auflösung um 10 bis 15 Pixel bikubisch glatter heraufsetzen. Viel Arbeit? Stimmt – aber für Ihr Lieblingsfoto ist das nicht *zu* viel Arbeit, oder?

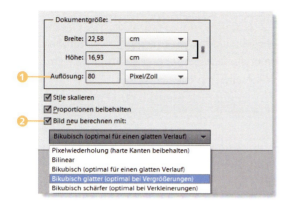

◄ Abbildung 12.4
Erhöhen Sie schrittweise die Auflösung.

Bildfläche vergrößern

Sie möchten die Auflösung erhalten und die Bildfläche erhöhen? Öffnen Sie, wie zuvor beschrieben, den BILDGRÖSSE-Dialog. Setzen Sie auch hier BILD NEU BERECHNEN MIT auf BIKUBISCH GLATTER. Ändern Sie die Maßeinheit im Frame DOKUMENTGRÖSSE auf PROZENT, und tragen Sie in eines der vorangestellten Eingabefelder (BREITE oder HÖHE) einen Wert zwischen 110 und 115 ein. Kleinere Rundungsfehler beim Parallelmaß sind zu vernachlässigen. Auch diesen Vorgang wiederholen Sie, bis die gewünschte Größe erreicht ist.

Keine Einstelloption

Leider können Sie hier nicht einstellen, dass BIKUBISCH GLATTER automatisch von Photoshop Elements angeboten werden soll, wie das beim großen Bruder Photoshop der Fall ist. Deshalb müssen Sie diese Einstellung immer wieder manuell vornehmen.

12.2 Dateien drucken

Grundsätzlich haben Sie die freie Wahl, das Foto aus dem Fotoeditor oder aus dem Organizer heraus zu drucken. Beim Organizer-Druck müssen Sie lediglich darauf achten, dass sich das Foto nicht noch in Bearbeitung im Fotoeditor befindet. Zwar können Sie es auch in diesem Fall drucken, doch werden noch nicht gespeicherte Änderungen beim Druck nicht berücksichtigt.

▲ Abbildung 12.5
Dass die Datei noch im Fotoeditor geöffnet ist, wird im Organizer entsprechend ausgewiesen.

Ein einzelnes Foto drucken

Markieren Sie ein Bild, und drücken Sie [Strg]/[cmd]+[P], oder wählen Sie DATEI • DRUCKEN, um in den Druckdialog zu gelangen. Standardmäßig zeigt Photoshop Elements in der Mitte eine DIN-A4-Seite an.

»Drucken.tif«

12 Bilder drucken und präsentieren

Abbildung 12.6 ▼
Das ausgewählte Foto im Menü für die Druckvorbereitung in der Windows-Umgebung (hier: Fotoeditor)

Wenn Sie den Fotoeditor verwenden, wird das Seitenformat automatisch angepasst. Das ist beim Windows-Organizer anders, da hier davon auszugehen ist, dass Sie mehrere Fotos auf einem Druckbogen unterbringen wollen.

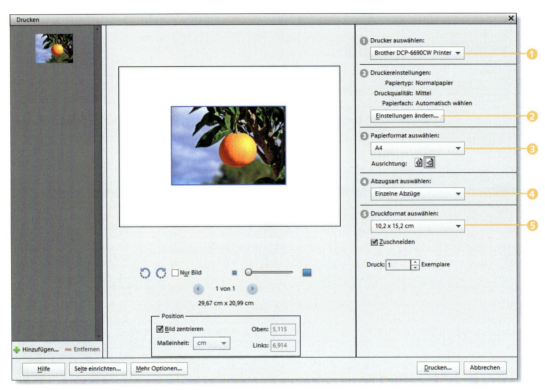

Stellen Sie zunächst im Flyout-Menü Drucker auswählen ❶ Ihren Drucker ein. Klicken Sie darunter auf Einstellungen ändern ❷ (nur Windows), wenn Sie beispielsweise den Papiertyp ändern wollen (z. B. Normal- oder Fotopapier).

Abbildung 12.7 ▶
Die Mac-Version des Organizers schickt Fotos zum Druck an den Editor.

Danach stellen Sie das Papierformat ❸ ein, das standardmäßig mit DIN A4 angegeben ist. In der Zeile Ausrichtung können Sie gleich festlegen, ob die Druckausrichtung horizontal oder vertikal verlaufen soll (hochkant oder Querformat). Legen Sie im Anschluss die weiteren Optionen fest, die sich auf die Art und Beschaffenheit des verwendeten Papiers beziehen. ABZUGSART AUSWÄHLEN 4 (nur Windows) ist erst interessant, wenn Sie mehrere Bilder ausgewählt haben.

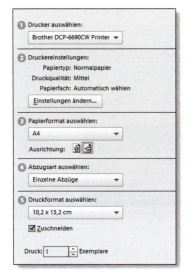

▲ Abbildung 12.8
Der Windows-Druckdialog ist umfangreicher als der am Mac.

▲ Abbildung 12.9
Die Punkte DRUCKEREINSTELLUNGEN und ABZUGSART AUSWÄHLEN fehlen auf dem Mac.

Drucken aus dem Mac-Organizer

Am Mac stellt sich diese Problematik nicht, da der dortige Organizer gar keinen eigenständigen Druckdialog mitbringt. Schicken Sie aus dem Organizer heraus einen Druckauftrag ab, werden Sie mit einer Hinweistafel darauf aufmerksam gemacht. Auf dem Mac muss also ein zu druckendes Foto zuerst an den Fotoeditor übergeben werden.

Mit DRUCKFORMAT AUSWÄHLEN 5 haben Sie die Möglichkeit, Bilder zu vergrößern oder zu verkleinern. So können Sie beispielsweise bestimmen, dass das Foto auf Seitengröße gestreckt wird. Dabei kommt aber möglicherweise die zuvor schon einmal angesprochene Problematik der zu geringen Auflösung zum Tragen. Photoshop Elements gibt in diesem Fall nach Klick auf DRUCKEN einen Warnhinweis aus (siehe Beispieldatei »Drucken_02.tif«).

◄ Abbildung 12.10
Photoshop Elements bemängelt, dass die Auflösung für den Druck bei dieser Bildgröße zu gering ist.

12 Bilder drucken und präsentieren

Nur Bild

Die Checkbox Nur Bild sorgt dafür, dass nur das Foto gedreht wird, während der Rahmen stehen bleibt. Ist das Kästchen deaktiviert, drehen sich Bild *und* Rahmen.

Es ist möglich, Fotos auch an dieser Stelle des Workflows noch zu **skalieren** und zu **drehen**. Das machen Sie mit den Steuerelementen, die sich unterhalb der Vorschaufläche befinden ❶. Nachdem Sie einen Ausschnitt gewählt haben (Schieberegler verstellen!), können Sie die Maus sogar noch auf das kleine Vorschaubild stellen und den Ausschnitt selbst mit gedrückter Maustaste korrigieren.

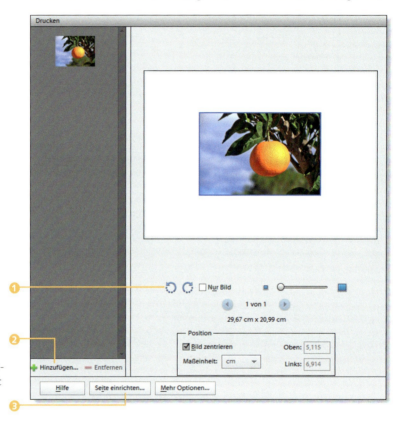

Abbildung 12.11 ▶
Selbst die Bildausschnitte lassen sich zu diesem Zeitpunkt noch beeinflussen.

Mehrere Fotos drucken

Unten links im Druckdialog lassen sich zudem noch weitere Fotos hinzufügen ❷. Hierbei ist allerdings zu berücksichtigen, dass jedes Foto auf einem eigenen Druckbogen ausgegeben wird. Wenn Sie also fünf Fotos verwenden, werden auch fünf Seiten ausgegeben. Wenn Sie das nicht wollen, müssen Sie die Abzugsart ändern (siehe den folgenden Abschnitt).

Sollten hingegen mehrere Fotos innerhalb des Fotoeditors geöffnet sein, müssen Sie bei Aktivierung von Datei • Drucken bedenken, dass nicht automatisch alle geöffneten Fotos gedruckt werden. Ebenso wird auch nicht automatisch das derzeit zur Bearbeitung vorn stehende gedruckt. Na, welches denn dann? Immer das, das im Projektbereich aktiviert ist, sprich: das mit einem blauen Rahmen ausgezeichnet ist.

Seite einrichten

Durch einen Klick auf SEITE EINRICHTEN ❸ im Fuß des Dialogs erreichen Sie im Allgemeinen den herstellerspezifischen Druckdialog. Hierüber können die Einstellungen ebenfalls vorgenommen werden. Wo Sie das nun erledigen (im Druckdialog oder über SEITE EINRICHTEN), spielt keine Rolle, da sich beide Umgebungen synchron zueinander verhalten.

▲ **Abbildung 12.12**
Bei dieser Anwahl wird das linke Foto gedruckt (blau markiert).

Erweiterte Funktionen

Sollten die hier angebotenen Einstellungen nicht ausreichen, können Sie den Button MEHR OPTIONEN in der Fußleiste des Druckdialogs anklicken.

Unter DRUCKAUSWAHL haben Sie dann z. B. die Möglichkeit, Datum oder Bildtitel mit auszugeben, die Seite zu spiegeln, einen Rand oder sogar Schnittmarken hinzuzufügen.

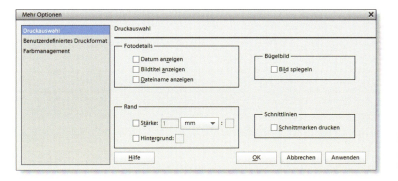

◄ **Abbildung 12.13**
Die erweiterten Druckoptionen sind eine kleine Schatzkiste.

Markieren Sie doch links auf der Seite des Dialogs einmal den zweiten Eintrag, BENUTZERDEFINIERTES DRUCKFORMAT. Danach können Sie auch hier noch Einfluss auf das Format nehmen. Wenn Sie die Checkbox AUF MEDIENGRÖSSE SKALIEREN anwählen, wird das

Foto an das eingestellte Papierformat angepasst. Doch Vorsicht: Das hat auch Auswirkungen auf die Druckauflösung!

Abbildung 12.14 ▶
Die angezeigte Druckauflösung wird auf dieser Tafel nicht aktualisiert!

Abschließend noch ein Wort zum Eintrag FARBMANAGEMENT: Lassen Sie hier bitte grundsätzlich FARBHANDHABUNG: DURCH DRUCKER stehen, und füttern Sie Ihren Drucker mit Dateien im Modus RGB. Da Printer grundsätzlich ein eigenes, integriertes Farbmanagement mitbringen, sollten Sie hier keine Änderungen vornehmen.

12.3 Grußkarten, Bildband oder Kalender erstellen und drucken

Im folgenden Abschnitt geht es um die Erstellung einer Grußkarte und die damit verbundenen Vorlagenelemente, die sich ganz individuell zusammenstellen lassen. Es kann auch eine Vielzahl anderer Medien ausgegeben werden, wie z. B. ein Bildband oder ein Kalender. Da die Vorgehensweise prinzipiell identisch ist, wählen wir hier stellvertretend eine Grußkarte.

Schritt für Schritt
Eine Grußkarte erstellen

Bevor Sie mit der Gestaltung einer Karte beginnen, sollten Sie einen Blick in den Organizer werfen. Fotos, die dort markiert sind, werden nämlich automatisch in die Grußkarte mit aufgenommen. Klicken Sie also vorsorglich auf einen freien Bereich des Organizers, damit alle Fotos zunächst abgewählt werden. Um die Auswahl der Bilder kümmern wir uns später.

Grußkarten, Bildband oder Kalender erstellen und drucken **12.3**

1 Effektstil einstellen

Zunächst verwenden wir einen vordefinierten Effektstil. Dazu wählen Sie im Bedienfeldbereich die Registerkarte ERSTELLEN. Schalten Sie anschließend gleich unterhalb auf GRUSSKARTE um.

◄ **Abbildung 12.15**
Der erste Schritt zur virtuellen Postkarte

2 Thema wählen

Anschließend widmen Sie sich der linken Spalte, GRÖSSEN, und aktivieren die Zeile 200.00 x 100.00 MM (FLACH, QUERFORMAT). In der mittleren Spalte, THEMEN, suchen Sie REISEN aus und verlassen den Dialog anschließend mit OK.

◄ **Abbildung 12.16**
Damit ist das Thema festgelegt.

389

12   Bilder drucken und präsentieren

3   Layout wählen

Schauen Sie jetzt einmal unten rechts in die Aktionsleiste (in der Fußleiste). Hier ist aktuell SEITEN ❶ aktiv. Da es für den von uns gewählten Stil nur eine Seite gibt, klicken Sie gleich auf LAYOUTS ❷. Die Folge: Die Spalte wird mit sechs potenziellen Layouts gefüllt, von denen Sie das erste mit einem Doppelklick aktivieren sollten.

Abbildung 12.17 ▶
Gehen Sie unten rechts auf LAYOUTS.

4   Grafik hinzufügen

Gehen Sie jetzt auf den nächsten Eintrag, GRAFIKEN ❸, und entscheiden Sie sich für die Miniatur EUROPAKARTE. Kein Zweifel; wir könnten diesen Hintergrund jetzt ebenfalls per Doppelklick zuweisen. Gehen Sie aber jetzt einmal einen alternativen Weg, indem Sie die Miniatur mit gedrückter Maustaste auf die Karte ziehen. Dort angekommen, lassen Sie los.

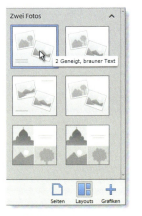

▲ Abbildung 12.18
Das Layout wird mit einem Doppelklick zugewiesen.

Abbildung 12.19 ▶
Die Grafik kann auch per Drag & Drop zugewiesen werden.

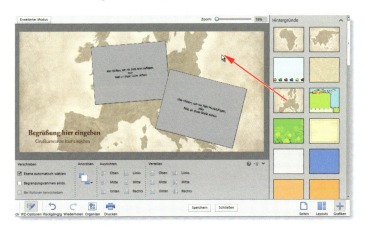

5 Text ändern

Aktivieren Sie das Textwerkzeug auf der linken Seite, und setzen Sie einen dreifachen Mausklick auf den bereits in der Karte vorhandenen Text, BEGRÜSSUNG HIER EINGEBEN.

Überschreiben Sie die Zeile mit einem Text Ihrer Wahl. Um das Erscheinungsbild des Textes zu ändern, müssten Sie diesen abermals mit einem Dreifachklick markieren und in den Werkzeugoptionen (in der Optionsleiste) entsprechend einstellen. Wenn der Textrahmen übrigens nicht groß genug für den gewünschten Text ist, können die Anfasser wie beim Freistellungsrahmen in Form gezogen werden. Nach Abschluss der Texteingabe klicken Sie auf einen anderen Bereich der Karte. Unser Zwischenergebnis sieht jetzt aus, wie es in Abbildung 12.21 gezeigt wird.

▲ Abbildung 12.20
Der Text muss markiert sein.

◀ Abbildung 12.21
Auf Ihre Karte dürfen Sie natürlich viel mehr schreiben.

6 Fotos hinzufügen

Jetzt fehlt noch die letzte Aktion, nämlich das Platzieren der Fotos. Dazu müssen Sie einen Mausklick auf den Text innerhalb der grauen Flächen setzen. Fügen Sie im folgenden Dialog das gewünschte Bild ein. Verfahren Sie mit der zweiten grauen Fläche entsprechend. Nehmen Sie zwei beliebige Fotos.

Textblock hinzufügen

Mit Hilfe des Textwerkzeugs lassen sich auch noch weitere Texte hinzufügen. Klicken Sie dazu einfach auf eine freie Stelle der Karte, und schieben Sie beherzt drauflos.

◀ Abbildung 12.22
So kinderleicht lassen sich Fotos integrieren.

7 Fotos anordnen

Das Schöne ist, dass Sie jetzt sogar noch auf die Fotos klicken und diese auf den grauen Flächen mit gedrückter Maustaste nach Wunsch verschieben können. Weit weniger schön sind – na klar, die grauen Flächen.

8 Foto skalieren

Setzen Sie einen Doppelklick auf eines der Bilder. Dadurch werden einige äußerst interessante Overlay-Steuerelemente sichtbar. Oben links finden Sie einen kleinen Schieberegler ❶, der die Vergrößerung des Fotos gestattet. Ziehen Sie ihn vorsichtig nach rechts oder links, um ein Foto zu vergrößern oder zu verkleinern. Das Verschieben des Bildinhalts gelingt im Übrigen durch Anklicken und Ziehen des Fotos.

Abbildung 12.23 ▶
Das Foto kann noch nach Wunsch geschoben und skaliert werden.

▲ **Abbildung 12.24**
Am Schluss wird die Einstellung mit Klick auf das Häkchen bestätigt.

9 Optional: Foto weiterbearbeiten

Mit Hilfe der Overlay-Steuerelemente können Sie das Bild zudem noch drehen ❷ (das funktioniert auch mit Drehen des kleinen Kreises ❹ unterhalb des Overlay-Rahmens) oder – falls Sie an dieser Stelle doch lieber ein anderes Foto hätten – ganz einfach austauschen ❸. Anschließend bestätigen Sie diesen Vorgang mit einem Klick auf das Häkchen.

10 In erweiterten Modus wechseln

Sehr interessant ist die Möglichkeit, zu jeder Zeit der Projektarbeit auf die Werkzeuge und Bedienfelder zurückgreifen zu können.

Dazu müssen Sie nichts weiter tun, als oben links auf ERWEITERTER MODUS zu klicken. Der Aufbau kann einen Augenblick dauern. Sobald aber Werkzeuge und Bedienfelder angezeigt werden, können Sie fortfahren.

11 Karte drucken oder speichern
Wenn Sie eine solche Karte drucken wollen, müssen Sie in der Aktionsleiste nur auf DRUCKEN gehen, um Zugang zum Druckdialog zu bekommen.

Sicher wollen Sie das gute Stück aber auch speichern, oder? Dazu wählen Sie SPEICHERN (ebenfalls in der Aktionsleiste). Beachten Sie, dass hierbei standardmäßig das Format ».pse« angelegt wird. Hierbei handelt es sich um ein Photoshop-Projektformat, das außerhalb der Adobe-Anwendungen Photoshop und Photoshop Elememts nicht weiterverarbeitet werden kann. Außerdem kann jemand, der Photoshop Elements nicht im Einsatz hat, mit dieser Datei in der Regel nicht viel anfangen. Wollen Sie das gute Stück also weitergeben, empfiehlt es sich, davon ein PDF zu machen.

Die Ergebnisse finden Sie, wie gewohnt, im ERGEBNISSE-Ordner; in diesem Fall sogar in doppelter Ausfertigung. »Karte_fertig« ist einmal als PSE- und ein weiteres Mal als PDF-Dokument enthalten.

▲ Abbildung 12.25
Hier lässt sich die Arbeitsumgebung noch anpassen.

PDF

PDF ist ein Seitenbeschreibungsformat, das zum Austausch geradezu prädestiniert ist. Zum Öffnen von PDFs muss der Empfänger lediglich den kostenlos unter *www.adobe.com/de* erhältlichen Adobe Reader installieren.

▲ Abbildung 12.26
Die Karte gibt es gleich zweimal.

12.4 Diashow (nur Windows)

Mac-User haben leider nur die Möglichkeit, eine Diashow in Form einer PDF-Ausgabe zu erstellen. Der direkte filmische Aspekt, der in der Windows-Version mit Hilfe des Organizers realisiert werden kann, ist hier leider nicht möglich. Windows-User haben es hier besser. Sie können ihre Diashow (fast schon wie in einer Videoschnitt-Applikation) gestalten und entsprechend ausgeben. Hier steht der Kreativität letztlich gar nichts mehr im Weg. Dazu müssen Sie allerdings noch die vor Ihnen liegenden Workshops bewältigen.

Auf eines möchte ich in diesem Zusammenhang aber gleich zu Beginn hinweisen: Die Diashow ist seit Jahren nicht weiterentwickelt worden. Die verwendeten Standards sind heute nicht mehr unbedingt als zeitgemäß zu bezeichnen. So ist beispielsweise die Gestaltung im Format 16:9 nicht vorgesehen. Schade eigentlich, denn das würde das Elements-Paket richtig schön rundmachen. Wer sich ernsthaft mit Diashows und zeitgemäßem Komfort beschäftigen will, wird auf Dauer zu einer anderen Software greifen (z. B. Premiere Elements). Dennoch: Zur Präsentation im Web oder am PC ist die Diashow durchaus zu gebrauchen.

Schritt für Schritt
Eine eigene Diashow erstellen I (Vorbereitungen)

Markieren Sie (während Sie [Strg] gedrückt halten) sämtliche Bilder innerhalb des Organizers, die Sie in die Diashow aufnehmen wollen. Wählen Sie danach ERSTELLEN oben rechts, und entscheiden Sie sich unterhalb für den Listeneintrag DIASHOW.

▲ Abbildung 12.27
Der erste Schritt zur Diashow geht über ERSTELLEN.

1 Foliendauer bestimmen

Bereits hier können Sie die typischen Parameter setzen, die in Ihrer fertigen Diashow Verwendung finden sollen. Bestimmen Sie mit STATISCHE DAUER ❶, wie lange jedes Bild (das hier übrigens »Folie« genannt wird) stehen bleiben soll. Legen Sie darüber hinaus eine Art der Überblendung zwischen zwei Folien fest (ÜBERGANG) sowie deren Dauer. Bestätigen Sie noch nicht mit OK.

Diashow (nur Windows) **12.4**

◀ **Abbildung 12.28**
Die Diashow-
Voreinstellungen

2 Weitere Parameter vergeben

Wenn Sie sich für Horizontalen Bildlauf und Zoom auf alle Folien anwenden ❷ entscheiden, können Sie interessante Kamerafahrten realisieren. Setzen Sie deshalb jetzt dort ein Häkchen, sofern Sie diese Funktion nutzen wollen. Sie können das aber auch später noch realisieren.

Mit Audiokommentaren als Sprechtext ❸ bedeutet: Falls Sie Ihre Bilder im Organizer mit Audiokommentaren versehen haben, werden diese abgespielt, sobald die Folie erscheint. Falls die Musik, die Sie Ihrer Diashow hinzufügen möchten, kürzer ist als die Gesamtdauer der Bildpräsentation, wird der Sound einfach erneut abgespielt – sofern Sie Soundtrack bis zur letzten Folie wiederholen angewählt lassen.

Einstellungen bleiben editierbar

Falls Sie im weiteren Verlauf Ihrer Arbeiten an der Diashow Änderungen an den getroffenen Voreinstellungen vornehmen wollen, erhalten Sie jederzeit Zugriff auf den Dialog in Abbildung 12.28, indem Sie Bearbeiten • Diashow-Voreinstellungen wählen.

3 Bilder auf Foliengröße zuschneiden

In den seltensten Fällen liegen Ihre Bilder in dem Format vor, in dem sie später auch angezeigt werden sollen. So werden hochformatige Bilder beispielsweise links und rechts mit einem schwarzen Rand versehen. Falls Sie das nicht wollen, wählen Sie im Bereich Auf Foliengrösse zuschneiden ❹ die Formate an, die Sie anpassen wollen. Fotos im Querformat sollten Sie insbesondere dann anwählen, wenn Sie Ihre Diashow später im zeitgemäßen 16:9-Format ausgeben wollen (siehe dazu auch den letzten Workshop dieses Kapitels).

12 Bilder drucken und präsentieren

4 Vorschauqualität einstellen

Mit VORSCHAUQUALITÄT ❺ (siehe Abbildung 12.28) wird lediglich bestimmt, in welcher Güte Ihnen die Bilder während der weiteren Erstellung der Diashow angezeigt werden. Wenn Sie umfangreiche Diashows planen, sollten Sie hier keinen zu hohen Wert wählen. Mit der finalen Bildqualität hat diese Einstellung im Übrigen nichts zu tun. Zum Schluss bestätigen Sie mit OK.

Schritt für Schritt
Eine eigene Diashow erstellen II (Medien integrieren)

Nachdem Sie diese Parameter gesetzt haben, können Sie die eigentliche Diashow erzeugen.

1 Medien hinzufügen

Sie könnten jetzt noch weitere Bilder hinzufügen. Darüber hinaus lassen sich aber auch Sound-Dateien integrieren, indem Sie ebenfalls MEDIEN HINZUFÜGEN ❶ wählen und dann den Eintrag AUDIO AUS ORDNER folgen lassen. Allerdings reicht auch ein Klick auf die Fläche unterhalb der Bildminiaturen ❸. Diese Aneinanderreihung von Miniaturen ist übrigens die sogenannte *Timeline*.

Abbildung 12.29 ▶
So präsentiert sich Ihre Diashow zu Beginn.

Beim Hinzufügen der Bilder über den Listeneintrag MEDIEN HINZUFÜGEN • FOTOS UND VIDEOS AUS ELEMENTS ORGANIZER ❷ präsentiert die Anwendung den Dialog MEDIEN HINZUFÜGEN.

◀ **Abbildung 12.30**
Auch nachträglich können der Diashow noch Bilder hinzugefügt werden.

Markieren Sie, während Sie ⌜Strg⌝/⌜cmd⌝ gedrückt halten, auf der rechten Seite alle Dateien, die Sie in die Diashow aufnehmen möchten. Wenn Sie danach auf FERTIG klicken, wird der Dialog geschlossen. Falls Sie aber noch weitere Bilder aus anderen Verzeichnissen hinzufügen möchten, wählen Sie AUSGEWÄHLTE MEDIEN HINZUFÜGEN.

2 Medien von bestimmten Orten hinzufügen
Darüber hinaus erhalten Sie, wenn Sie auf ERWEITERT klicken, die Möglichkeit, weitere Fotos anhand bestehender Alben, Stichwort-Tags und Orte hinzuzufügen.

3 Diashow speichern
Spätestens jetzt sollten Sie erstmals Ihr PROJEKT SPEICHERN. Klicken Sie dazu auf die gleichnamige Schaltfläche in der Symbolleiste, oder entscheiden Sie sich für DATEI • SPEICHERN UNTER. Vergeben Sie einen aussagekräftigen Namen, und lassen Sie einen Klick auf SPEICHERN folgen. Denken Sie bitte auch daran, Ihr Meisterwerk von Zeit zu Zeit erneut zu sichern. Als Tasten-Profi machen Sie das logischerweise mit ⌜Strg⌝+⌜S⌝ und würden deshalb niemals den Button PROJEKT SPEICHERN in der Symbolleiste verwenden, oder irre ich mich?

▲ **Abbildung 12.31**
Durch die erweiterte Liste ergeben sich zusätzliche Möglichkeiten.

4 Diashow erneut öffnen

Das DIASHOW-Fenster selbst können Sie jederzeit nach einem erneuten Speichern schließen. Wann immer Sie an der Diashow weiterarbeiten wollen, doppelklicken Sie das dazugehörige Vorschaubild. Es ist übrigens mit einer kleinen Play-Schaltfläche oben rechts ❶ gekennzeichnet.

Abbildung 12.32 ▶
Die Diashow selbst taucht in Form einer Vorschauminiatur im Organizer-Katalog auf.

5 Folien sortieren

Zurück zur Bearbeitung der Diashow: Möchten Sie die Bilder sortieren, dann können Sie das problemlos per Drag & Drop in der Timeline machen. Ziehen Sie eine Folie einfach zwischen zwei andere, und lassen Sie sie an der gewünschten Stelle fallen. Die nachfolgenden Folien machen ihr artig Platz.

▲ **Abbildung 12.33**
Folien werden per Drag & Drop angeordnet.

Alternativ klicken Sie auf den Button SCHNELL NEU ORDNEN ❷ links über der Timeline. Auch in dieser Ansicht können Sie die Folien nach Belieben umsortieren. Arbeiten Sie mit vielen Folien, ist diese Ansicht die bessere, da Sie hier wesentlich mehr Übersicht haben als in der Timeline. Wenn Sie fertig sind, klicken Sie auf die Schaltfläche ZURÜCK ❸.

12.4 Diashow (nur Windows)

▲ **Abbildung 12.34**
Auch in umfangreichen Diashows behalten Sie hier gut den Überblick.

Schritt für Schritt
Eine eigene Diashow erstellen III (Überblendungen bearbeiten)

Nun geht es darum, die Überblendungen der Diashow zu bearbeiten. Hier bietet Elements zahlreiche vorgefertigte Effekte, ich rate Ihnen jedoch, sich auf eine wenige zu beschränken. Ihre Diashow wirkt sonst schnell ermüdend auf die Zuschauer.

1 Überblendungsart ändern

Falls Sie die vorab eingestellten Überblendungen noch bearbeiten möchten, markieren Sie eines der kleinen Rechtecke, die sich innerhalb der Timeline zwischen den Bildern befinden ❷ (siehe Abbildung 12.35), und entscheiden sich im Bedienfeld EIGENSCHAFTEN unter ÜBERGANG ❶ für einen anderen Effekt. Im Übrigen funktioniert das auch, wenn Sie das kleine Dreieck ❸ neben der Blende in der Bildleiste anklicken. Bitte machen Sie dabei aber nicht den typischen Einsteigerfehler, die Überblendungen inflationär einzusetzen. Denken Sie immer daran: Sie zeigen Ihre Fotos – nicht die Anzahl Ihrer Überblendungen!

Abbildung 12.35 ▶
Wie immer wartet Photoshop Elements mit vorgefertigten Überblendungen auf.

2 Alle Überblendungen ändern

Vielleicht entscheiden Sie sich im weiteren Verlauf Ihrer Arbeiten dafür, doch alle Überblendungen zu ändern. Dann käme es natürlich einer Strafarbeit gleich, diese alle manuell öffnen und das geänderte Format aus der Liste wählen zu müssen. Erledigen Sie das in einem Arbeitsgang, indem Sie auf eines der schwarzen Dreieck-Schaltflächen klicken und die Blende zunächst einstellen. Danach klicken Sie erneut auf das Dreieck und stellen AUF ALLE ANWENDEN ein.

3 Foliendauer ändern

Definieren Sie anschließend, falls gewünscht, eine andere Foliendauer, indem Sie die Zeitangabe unterhalb der Blendenminiatur ❹ markieren. Dort steht eine vordefinierte Liste zur Verfügung, die Bildlängen zwischen drei und sieben Sekunden zulässt. Wollen Sie hingegen eine andere Länge, stellen Sie dies über EIGENE ein. Öffnen Sie das gleiche Menü erneut, und stellen Sie ALLE FOLIEN AUF [X SEKUNDEN] EINSTELLEN ein.

Abbildung 12.36 ▶
Die eingestellte Foliendauer kann schnell auf alle anderen Übergänge übertragen werden.

Schritt für Schritt
Eine eigene Diashow erstellen IV (Sound bearbeiten)

Was ist ein Bild ohne Musik? In dieser Schritt-für-Schritt-Anleitung lernen Sie, Ihre Diashow mit Sounds zu versehen.

1 Sound einbinden
Klicken Sie, sofern das noch nicht geschehen ist, auf die Fläche unterhalb der Folienminiaturen, um nach einer Sound-Datei zu suchen, die die Präsentation untermalen soll. Die Musik, die dem Organizer beiliegt, aktivieren Sie mit Klick auf MEDIEN HINZUFÜGEN • AUDIO AUS ELEMENTS ORGANIZER.

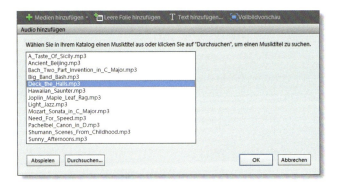

◄ Abbildung 12.37
Diese Sounds hat der Organizer in petto.

2 Foliendauer an Audio anpassen
Nachdem alle Bilder eingebunden sind, können Folien und Sound angeglichen werden. Der Button, der diese wundersame Errungenschaft der Technik zugänglich macht, heißt FOLIEN AN AUDIO ANPASSEN.

◄ Abbildung 12.38
Foliendauer und Audio werden aufeinander abgestimmt.

Wenn Sie allerdings nun davon ausgehen, dadurch würden Übergänge im Rhythmus der Musik erfolgen, muss ich Sie leider enttäuschen. Über diesen Button wird nämlich nur die Anzeigedauer der einzelnen Folien gleichmäßig verändert, so dass Musik und Präsentationslänge zueinander passen. Wenn Sie also, sagen wir einmal, sechs Bilder an eine Wagner-Oper angleichen möchten, werden die Folien jeweils so etwa eine halbe Stunde lang stehen bleiben.

3 Mehr Musik hinzufügen

Ein Titel allein ist möglicherweise zu wenig. Fahren Sie in diesem Fall mit dem Scrollbalken ❶ so weit nach rechts, bis Sie sich hinter dem ersten Stück befinden. Setzen Sie einen Mausklick auf SOUNDTRACK WIRD BIS ZUM ENDE WIEDERHOLT ❷, um ein weiteres Musikstück anzuhängen.

▼ **Abbildung 12.39**
Wenn noch Platz ist, kann ein weiteres Stück angehängt werden.

4 Audio an Foliendauer anpassen

Aber auch der umgekehrte Weg ist möglich. Sie können den Sound auch verkürzen, indem Sie seine Länge im Bereich EIGENSCHAFTEN individuell festlegen. Ziehen Sie einfach die kleinen Symbole ANFANG und/oder ENDE nach innen, um nur einen bestimmten Bereich des Musikstücks abspielen zu lassen. Dabei sollten Sie aber zwei Werte im Auge behalten: erstens die Gesamtlänge der Diashow und zweitens die Länge des Sounds ❸. Diese sollen ja in der Regel zusammenpassen.

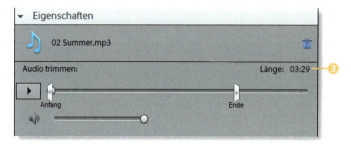

▲ **Abbildung 12.40**
Der umgekehrte Weg: Die Länge der Musik wird gekürzt.

Diashow (nur Windows) 12.4

Schritt für Schritt
Eine eigene Diashow erstellen V (Cliparts und Text hinzufügen)

Auf der Registerkarte EXTRAS (oberhalb von EIGENSCHAFTEN) können Sie sich aus einem Fundus an Cliparts, Rahmen und Ähnlichem bedienen. Das macht Ihre Diashow noch vielfältiger.

1 Extras hinzufügen
Aktivieren Sie dazu den Button GRAFIKEN ❹. Weisen Sie die Objekte zu, indem Sie sie auf den Vorschaumonitor ziehen und bei Bedarf das Bild mit den quadratischen Anfassern des Rahmens skalieren (mit ⇧ gelingt das sogar proportional). Durch Markieren und einen Druck auf Entf werden Sie die Dinger sogar wieder los – nur für den Fall, dass der Schneemann in der Karibik dann doch etwas zu kitschig wirkt.

▼ **Abbildung 12.41**
Selbst der Wunsch, einen karibischen Schneemann zu visualisieren, kann mit Photoshop Elements real werden.

2 Text hinzufügen
Wenn Sie die Folien beschriften wollen, aktivieren Sie zunächst den mittleren Button, TEXT ❺. Doppelklicken Sie auf einen der Buchstaben. Danach können Sie jene Botschaft eingeben, die in Ihrer Diashow auf gar keinen Fall fehlen darf. Und über die EIGENSCHAFTEN auf der rechten Seite des Diashow-Editors lassen sich die Textoptionen anschließend noch anpassen.

12   Bilder drucken und präsentieren

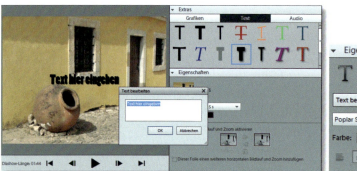

▲ Abbildung 12.42
Text auf den Folien – ist das schön …

▲ Abbildung 12.43
Der Text ist weiterhin editierbar.

Schritt für Schritt
Eine eigene Diashow erstellen VI (Kamerafahrten erzeugen)

Dann wären da noch die Kamerafahrten, die sich ebenfalls prima verändern lassen. Nein, ich habe das nicht vergessen und bringe es jetzt noch fast zum Schluss unter. Diesen Schritt sollten Sie tatsächlich erst zum Ende hin machen, wenn Sie abschätzen können, wie Ihre Diashow wirkt, und wenn Sie die Standardbewegungen bereits einmal begutachtet haben. Zu viel Bewegung tut nämlich auch einer Diashow nicht gut. Weniger ist ja mehr, wie Sie nur zu gut wissen.

1   Kamerafahrten verändern
Wenn Sie etwas ändern möchten, geht das so: Markieren Sie eine der Folien in der Timeline, und widmen Sie sich den EIGENSCHAFTEN in der Liste rechts neben dem Vorschaumonitor. Schalten Sie HORIZONTALEN BILDLAUF UND ZOOM AKTIVIEREN  ein. (Sollten Sie ganz zu Anfang bereits in den Voreinstellungen zur Diashow Entsprechendes veranlasst haben, ist die Funktion bereits aktiv.)

Die beiden Miniaturen ANFANG und ENDE lassen sich per Mausklick anwählen. Auf dem Vorschaumonitor sehen Sie dann einen Rahmen (grün für den Anfang, rot für das Ende der Kamerafahrt), der ebenfalls an den Ecken skaliert werden kann – wie zuvor die Cliparts. Richten Sie damit den Bildausschnitt für Anfang und Ende der Bewegung ein. Den kompletten Rahmen verschieben

Kamerafahrt deaktivieren

Falls Sie sich nun doch dazu durchgerungen haben, keine Bewegungssimulation anzuwenden, deaktivieren Sie das Kontrollkästchen HORIZONTALEN BILDLAUF UND ZOOMEN AKTIVIEREN .

Sie, indem Sie die Maus in die Begrenzung bringen und ihn mit gedrückter Maustaste verschieben.

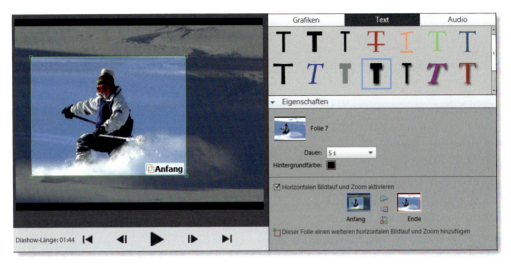

▲ **Abbildung 12.44**
Über den Auswahlrahmen legen Sie den Anfang und das Ende der Kamerafahrt fest.

2 **Anfangs- und Endpunkte kopieren und vertauschen**
Mit den drei mittleren Punkten schließlich wird der Endpunkt der Folie mit dem aktuellen Anfangspunkt ❷ und der Anfangspunkt der Folie mit dem aktuellen Endpunkt synchronisiert ❸, und Anfangs- und Endpunkt werden miteinander vertauscht ❹.

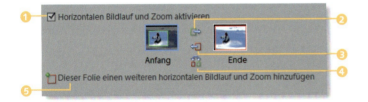

◀ **Abbildung 12.45**
Schwer zu erkennen, aber sehr effektiv – die Steuerelemente für Bildlauf und Zoom.

3 **Kamerafahrt erweitern**
Die Bewegungssimulation lässt sich bis ins Unermessliche ausdehnen. Klicken Sie auf DIESER FOLIE EINEN WEITEREN HORIZONTALEN BILDLAUF UND ZOOM HINZUFÜGEN ❺, um die Folie wiederholt in der Timeline anzuordnen. Praktischerweise ist der Endpunkt der alten Folie der Startpunkt der neuen, die sich danach weiterbearbeiten lässt. So wird das Ruckeln beim Übergang zwischen alter und neuer Folie gänzlich eliminiert.

Schritt für Schritt
Eine eigene Diashow erstellen VII (Diashow ausgeben)

Sie haben es geschafft, Ihre Diashow ist fertig. Nun muss sie nur noch ausgegeben werden, um auch außerhalb von Photoshop Elements abgespielt werden zu können.

1 Diashow kontrollieren

Mit den Buttons unterhalb der Bildvorschau lässt sich die Präsentation zur finalen Kontrolle abspielen. Oder möchten Sie lieber das Ganze im Vollbildmodus betrachten? Drücken Sie dazu einfach [F11], oder klicken Sie in der Symbolleiste auf VOLLBILDVORSCHAU. Zum Verlassen der Vollbilddarstellung drücken Sie [Esc]. Drücken Sie noch einmal [Strg]+[S], um den aktuellen Stand Ihrer Diashow zu sichern.

2 Diashow für die Ausgabe vorbereiten

Was jetzt noch fehlt, ist die Ausgabe. Schließlich muss sie dem ungeduldig wartenden Publikum ja auch zur Ansicht gebracht werden. Ob Sie dazu DATEI • DIASHOW AUSGEBEN oder die Schaltfläche AUSGABE innerhalb der Symbolleiste benutzen, ist dabei gänzlich unerheblich. Sie werden sich in FOLIEN EXPORTIEREN ALS in der Regel für ALS DATEI SPEICHERN entscheiden. Das sorgt dafür, dass die Ausgabe für den PC vorbereitet wird.

Abbildung 12.46 ▶
Die Ausgabeeinstellungen für die Diashow

Wenn Sie eine VCD oder DVD brennen möchten, entscheiden Sie sich für den zweiten Eintrag. Beachten Sie aber, dass auch auf einer DVD nur VCD-Qualität erzeugt wird. In jedem Fall müssen Sie aber, sofern Sie eine WMV-Filmdatei erzeugen wollen, die Sie später auch in einer Videoschnitt-Software verwenden können, jetzt noch für die richtige Foliengröße sorgen. WMV steht übrigens für »Windows Media Video«. Das Format ist zwar mittlerweile nicht mehr wirklich up to date, doch gibt es in Photoshop Elements leider keine echte Alternative dafür. Erst die Zusammenarbeit mit Premiere Elements lässt gängigere Formate zu.

3 Foliengröße einstellen

Jetzt müssen Sie sich noch entscheiden, was mit dem guten Stück geschehen soll. Das legen Sie im Feld FOLIENGRÖSSE fest. Wenn Sie den Film später am heimischen TV ausgeben wollen, müssen Sie DVD-PAL einstellen. Das ist der europäische Standard. Erbtante Paula in Massachusetts bekommt aber eine Ausgabe in DVD-NTSC, weil sie die Scheibe andernfalls dort nicht abspielen kann.

Aber: Wie Sie sehen, werden im Menü FOLIENGRÖSSE nicht allzu viele Formate gelistet. Wenn Sie die WMV-Datei für eine spätere Verwendung im TV ausgeben wollen, bliebe Ihnen lediglich DVD-PAL (720 × 576). Das ist allerdings nicht mehr zeitgemäß. Was aber tun Sie nun, wenn Sie den Film in 16:9 und/oder auf einem HD-Bildschirm betrachten wollen? In diesem Fall entscheiden Sie sich für den Eintrag WEITERE SUCHEN, den Sie ganz unten finden.

PDF-Diashow

Wenn Sie auf Kamerafahrten und dergleichen verzichten können und die Diashow vielleicht sogar per Internet verschicken wollen, entscheiden Sie sich für das platzsparende Format PDF-DATEI (.PDF). Hier ist wichtig zu wissen, dass die Diashow mit den geplanten Funktionen nur auf Rechnern angesehen werden kann, auf denen der kostenlose Adobe Reader (*www.adobe.de*) installiert ist.

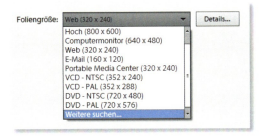

◂ **Abbildung 12.47**
Erweitern Sie das Angebot in dieser Liste.

Wählen Sie den folgenden Pfad: [LAUFWERKSBUCHSTABE]\PROGRAMME oder PROGRAMME (X86)\ADOBE\ELEMENTS 11 ORGANIZER\ASSETS\LOCALE\DE _ DE\TV _ PROFILES. Hier werden weitere überaus nützliche Profile zur Verfügung gestellt, die in der Standardansicht nicht enthalten sind. Klicken Sie das gewünschte Format an. WIDESCREEN STANDARD DEFINITION (PAL).PRX ist das Gleiche wie DVD-PAL, nur mit dem Seitenverhältnis 16:9. Für High Definition verwenden Sie WIDESCREEN HIGH DEFINITION.PRX. Die neu hinzugewonnene Foliengröße wird durch Klick auf ÖFFNEN zum festen Bestandteil des Menüs FOLIENGRÖSSE.

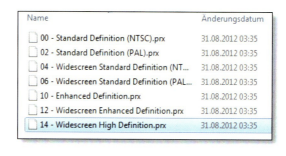

Abbildung 12.48 ▶
Etwas versteckt, aber überaus nützlich – die zusätzlichen Ausgabeformate

Abbildung 12.49 ▶
Das gewählte Format ist übernommen worden.

4 Diashow als WMV speichern

Zuletzt bestätigen Sie mit OK und vergeben den gewünschten Speicherort für die WMV-Datei. Je nach Umfang und Rechnerleistung müssen Sie jetzt mehr oder weniger Geduld aufbringen. Am Ende verarbeiten Sie die WMV-Datei in Ihrer DVD-Software nach Wunsch weiter (z. B. mit Premiere Elements, Nero oder jeder anderen Software, die im Stande ist, Film-DVDs zu erzeugen). Alternativ spielen Sie den Film am PC ab (z. B. mit Windows Media Player).

Andere Formate einstellen

Für die Wiedergabe am 4:3-TV reicht es ja, wenn Sie DVD-PAL mit einer Auflösung von 720 × 576 Pixel einstellen. Was bei 16:9 zu tun ist, haben Sie im vorangegangenen Workshop erfahren. Wenn Sie jedoch den Film auf Ihre Website bringen wollen, sollten Sie hier ein geringer auflösendes Format wählen, damit die Datenraten nicht zu hoch werden (z. B. WEB (320 × 240)). Die Einzelheiten zu sämtlichen Einstellungen können Sie sich übrigens anzeigen lassen, indem Sie DETAILS markieren. Grundsätzlich gilt aber: Wenn Sie eine Diashow für unterschiedliche Medien vorge-

Diashow (nur Windows) 12.4

sehen haben, müssen Sie auch mehrere unterschiedliche Formate ausgeben. Ein durchgängiges Format für alle Verwendungsformen gibt es nicht.

Datei für Premiere Elements vorbereiten

Erstellen Sie eine DVD mit interaktiven Menüs, sofern Sie in Besitz von Premiere Elements sind. Bedenken Sie aber, dass Sie Diashows natürlich auch direkt in Premiere Elements erzeugen können. Aus dem Organizer heraus wählen Sie im Register ERSTELLEN • DVD MIT MENÜ.

◄ Abbildung 12.50
Vom Organizer aus können Sie gleich ein Premiere Elements-Projekt beginnen – vorausgesetzt, die App ist installiert.

Die DVD zum Buch

Die DVD zum Buch ist eine wahre Fundgrube, die Ihnen viel Freude bei der Arbeit mit Ihren Digitalfotos bereiten wird. Sie setzt sich aus folgenden Verzeichnissen zusammen:
- Beispieldateien
- Testversion
- Video-Lektionen

Beispieldateien

Das Verzeichnis enthält alle im Buch genannten Beispieldateien im Format TIF oder JPEG. Auf der obersten Ebene finden Sie die Ausgangsbilder. In den einzelnen Workshops wird auf die jeweils verwendete Datei verwiesen. Dann finden Sie noch einen Ordner ERGEBNISSE, in dem die finalen Fassungen der Beispieldateien zu finden sind. Diese können Sie dann mit Ihren eigenen Ergebnissen vergleichen.

Im Unterordner PANORAMAFOTOS sind zudem sechs Dateien integriert, die Sie für den Panorama-Workshop benötigen.

Testversion

Das Verzeichnis beherbergt eine Testversion von Photoshop Elements 11 in deutscher Sprache für Windows und Mac. Um das Programm zu installieren, kopieren Sie bitte zunächst den entsprechenden Ordner MAC oder WINDOWS auf Ihren Computer. Unter Windows klicken Sie danach die Datei »Setup.exe« doppelt, die sich im Ordner befindet. Am Mac müssen Sie entsprechend die dmg-Datei doppelklicken.

Sollten Sie bereits einmal eine Demoversion von Photoshop Elements 11 auf Ihrem Computer installiert gehabt haben, so ist die erneute Installation einer Testversion leider nicht mehr möglich.

Video-Lektionen

In diesem Ordner finden Sie ein attraktives Special: Aus unserem Video-Training »Photoshop Elements 11 für digitale Fotografie« von Alexander Heinrichs (ISBN 978-3-8362-2002-6) haben wir für Sie relevante Lehrfilme ausgekoppelt. So haben Sie die Möglichkeit, dieses neue Lernmedium kennenzulernen und gleichzeitig Ihr Wissen zu vertiefen. Sie schauen dem Trainer bei der Arbeit zu und verstehen intuitiv, wie man die erklärten Funktionen anwendet.

Um das Video-Training zu starten, legen Sie bitte die DVD-ROM in das DVD-Laufwerk Ihres Rechners ein. Führen Sie im Ordner Video-Lektionen die Anwendungsdatei »start.exe« (Windows) bzw. »start.app« (Mac) mit einem Doppelklick aus. Das Video-Training sollte nun starten. Bitte vergessen Sie nicht, die Lautsprecher zu aktivieren oder gegebenenfalls die Lautstärke zu erhöhen. Sollten Sie Probleme mit der Leistung Ihres Rechners feststellen, können Sie alternativ die Datei »start.html« aufrufen. Sie finden folgende Filme:

Photoshop Elements 11 kennenlernen
1.1 Die Benutzeroberfläche (10:11 Min.)
1.2 Tipps und Voreinstellungen (05:39 Min.)
1.3 Der Organizer (09:31 Min.)

Perfekte Foto-Organisation
2.1 Fotos von der Kamera importieren (08:14 Min.)
2.2 Bilder richtig organisieren (04:27 Min.)
2.3 Die Gesichtserkennung nutzen (06:37 Min.)

Bilder korrigieren und optimieren
3.1 Bilder optimieren im Schnellmodus (06:15 Min.)
3.2 Bildrauschen entfernen (04:45 Min.)
3.3 Sattgrüne Landschaften erschaffen (07:50 Min.)

Index

150 dpi 380
220 dpi 380
300 dpi 380

A

Abdunkeln 293, 300
   Bildbereiche 302, 308
   Korrektur einschränken ... 302
   mit Füllmethoden 300
   mit Masken 302
Abmessungen ändern 192
Abwedeln 306, 309
Abwedler 310
Abzugsart auswählen 385
Adobe Revel 26
Aktionsleiste 43
Album erstellen 51
Alle Ebenen aufnehmen 134
Alle Ebenen drehen 222
Ankerpunkt 132
Ansicht
   Details 42
   Lineale 229
   Raster 223
Arbeitsfläche
   anpassen 221
   Ausdehnungsrichtung
   festlegen 207
   erweitern 204
   Größe ändern 204
   vergrößern 77
   verkleinern 77
Assistent 97
   begradigen 222
   Bilderstapel 244
   Farben verbessern 253
   Feldtiefe 330
   Foto freistellen 196
   Foto neu zusammen-
   setzen 210
   Lomo-Effekt 100
   Orton-Effekt 102

   Out-of-Bounds 238
   Perfektes Portrait 354
   Pop-Art 98
   Tiefenunschärfe 329
   Weichzeichnen 333
Audio-Dateien ausblenden ... 25
Aufhellen 288
   Abwedeln 307
   Bildbereiche 308
   mit Füllmethoden 294
Auf Hintergrundebene
reduzieren 180
Auflösung 46, 120
   ändern 381
   erhöhen 382
   für Ausdruck 380
   zu gering 385
Augen aufhellen 356
Augenbrauen abdunkeln 357
Augenfarbe ändern 264
Augen-Symbole 142
Ausgabe 379, 380
Ausgerichtet 345
Ausrichten 153, 218, 230
Auswahl
   aufheben 131
   aus der Mitte heraus
   erstellen 128
   erstellen 127
   erweitern 190
   Farben 128
   Farben auswählen 133
   Füllfarbe 128
   glätten 131
   hinzufügen 130
   Kante verbessern 189
   korrigieren 137, 177
   laden 189
   Lasso 132
   mit dem Lasso 132
   Modus 131
   neu 130
   Optionsleiste 129
   Schnittmenge bilden 130
   subtrahieren 130

   über Pfeiltasten
   verschieben 178
   verändern 178
   vergrößern 178
   weiche Auswahlkante 130
   Zauberstab 133
Auswahlarten 131
Auswahlellipse 126, 177
Auswahlfarben 128
Auswahlkante verbessern ... 189
Auswahlkombinationen 129
Auswahlkreis 177
Auswahlpinsel 78, 135
   Maskieren 136
   Modus 136
Auswahlrahmen auf-
ziehen 127
Auswahlrechteck 126
Auswahltechniken 176
Auswahl umkehren 132
Auswahlwerkzeug 127
Automatische Analyse 71

B

Backup 38
   inkrementelles 40
   komplettes 40
Bearbeitet am 46
Bearbeitung begrenzen auf
Bildbereiche 316
Bedienfeld 111
   erstellen 113
   zurücksetzen 115
   zusammenstellen 113
Bedienfeldbereich 76, 111
Bedienfeldmenü 111
Begradigen 218, 230
Begrenzungsrahmen ein-
blenden 138
Beleuchtung
   in Camera Raw
   angleichen 372

Index

Beleuchtung (Forts.)
  in Raw-Bildern
    korrigieren 367
    korrigieren 292
Benachbart 134
Benennen 44
Bereiche,
schwierige freistellen 187
Bereichsreparatur-Pinsel 348
    inhaltsbasiert 351
Bewegungsunschärfe 338
Bikubisch glatter 382
Bild
  duplizieren 289
  entfärben 281, 282
  gerade ausrichten 231
  in Schwarzweiß
  konvertieren 283
  schärfen 321
  vergrößern 382
  zu flau 311
Bildarchiv 24
Bildausschnitt verschieben ... 78
Bildbereich 251
  abdunkeln 302
  duplizieren 344
  klonen 344
Bilddatei
  benennen 44
  erstellen 119
Bildeigenschaften 44
Bildelement entfernen   211, 348
Bilder
  Druckvorbereitung 380
  vergrößern/verkleinern ... 385
Bilderrahmen 204, 238
  ein Foto in mehreren 244
Bilderstapel 244
Bildfläche erhöhen 383
Bildgröße
  ändern 192, 200, 381
  für viele Bilder gleich 193
  verändern 381
Bildkomposition 156
Bildmaß ändern 193
Bild neu berechnen mit 382
Bildschirmfarben 139
Bild-Tags 57

Bildtitel 44
  drucken 387
Bildverfremdungen 256
Bildvergrößerung 382
Blau erhöhen 92
Blaustich 258
Blitz mit Raw simulieren 375
Buntstift 140

C

Camera Raw 364
  Bild öffnen 371
  Bild speichern 371
  Stapelverarbeitung 376
  Vollbildmodus 368
CMYK 120, 139

D

Datei
  drucken 383
  duplizieren 289
  erstellen 119
  neu 119
  öffnen 116
  schließen 119
  speichern 121
Dateiformat
  Photoshop (PSD) 121
  TIFF 121
Dateiname 44, 46
  einblenden 42
Datenbestand aktualisieren ... 26
Datum drucken 387
Deckkraft 155
Deckkraft-Maskierung 306
Detail-Smartpinsel 360
Diashow
  als WMV speichern 408
  Audiokommentare 395
  Auflösung einstellen
  (Windows) 408
  ausgeben (Windows) 406

Bildgröße festlegen 192
Cliparts hinzufügen
  (Windows) 403
  erstellen (Windows) 393
  Foliendauer 394, 400
  Folien sortieren
  (Windows) 398
  Kamerafahrt
  (Windows) 404
  kontrollieren
  (Windows) 406
  Medien hinzufügen
  (Windows) 396
  Musik 395
  Musik (Windows) 401
  Sound (Windows) 401
  speichern 397
  Text hinzufügen
  (Windows) 403
  Überblendungen
  (Windows) 399
Digitales Negativ 366
  speichern 367
DNG Converter 365
DNG → Digitales Negativ
Doppelte Fotos 68
dpi 380
Drehen 86, 386
Drittelregel 196
Drucken 380, 383
  auf Mediengröße
  skalieren 387
  Foto skalieren 387
  mehrere Fotos 386
  mehr Optionen 387
Druckfarben 139
Druckformat und Optionen
auswählen 385
Dunkle Bilder aufhellen 288

E

Ebene 142
  ausgewählt 145
  aus Hintergrund 145
  automatisch wählen 138

Index

Ebene (Forts.)
  Bildkomposition 156
  Deckkraft 155
  duplizieren 295
  erstellen 145
  erzeugen 143
  farbig hinterlegt 145
  Füllmethoden 156
  Hintergrund 144
  löschen 154
  maskieren 166, 327
  mehrere 156
  neu 143
  schützen 155
  verknüpfen 153
  Verknüpfung lösen 154
  verschieben 152
Ebenen-Bedienfeld 142
  Miniaturgröße 303
  Schloss-Symbol 144
Ebenenmaske 162
  invertieren 262
Ebenenoptionen 151
Effekt
  Lomo 100
  Orton 102
  Pop-Art 98
Effektstil 389
Einstellungsebene 315
  erstellen 317
  Farbton/Sättigung 257
  Tonwertkorrektur 315
Ellipse 126
Entfärben 281
Erstellen
  Diashow (Windows) 394
  DVD mit Menü 409
  Grußkarte 389
Erstellt am 46
Externe Festplatte 38

F

Facebook-Freunde 59
Farbe
  am Bildschirm 139
  anpassen 250
  ausdrucken 139
  austauschen 260, 269
  dekontaminieren 192
  entfernen 281
  ersetzen 269, 272
  für Hautton anpassen 276
  *in Camera Raw
  angleichen* 372
  korrigieren 253
  kräftiger 91
  Leuchtkraft beeinflussen ... 91
  Leuchtkraft verbessern 253
  verändern 129, 260, 269
Färben 279
Farbkanal 139
Farbkorrektur 294
Farbkurven
  Helligkeit anpassen 298
  in Schwarzweißbildern ... 285
Farbsaum entfernen 192
Farbstich entfernen 258
Farbton/Sättigung 255
  anpassen 268
Farbvariationen 250
Farbveränderung
  einschränken 262
  im gesamten Bild 250
  punktuelle 260
Farbverfremdung 250
Farbwähler 129
Feldtiefe 330
Feste Größe 131
Festes Seitenverhältnis 131
Filter
  Bewegungsunschärfe 338
  *Kameraverzerrung
  korrigieren* 228
  Windeffekt 161
  Wolken 148
Foto
  abdunkeln 298, 300
  Abmessungen 44
  anzeigen 29
  anzeigen und ordnen 24
  aufhellen 288
  *automatische Größen-
  änderung* 201
  drehen 43, 386
  flau 298
  Größe 44
  im Fotoeditor bearbeiten ... 116
  in Teilbereiche zerlegen ... 244
  kennzeichnen 50
  kombinieren 163
  laden 29
  mehrere öffnen 117
  nebeneinander öffnen 118
  öffnen 116
  ordnen 50
  schief 218
  schließen 119
  sichern 38
  skalieren 386
Fotoalbum → Album
Foto-Downloader 33
Fotoeditor
  Foto öffnen 116
  Grundfunktionen 105, 106
  Layout 118
  Oberfläche 107
Fotomontage 155, 156, 162
Fotostapel
  *automatisch vorschlagen
  lassen* 30, 51
  erzeugen 50
Fotoverhältnis ver-
wenden 195
Freistellen 193
  auf Originalgröße 222
  Farbsäume entfernen 192
  Maße angeben 192
  *mehrere Bilder auf gleiche
  Größe* 192
  *mit Schnellauswahl-
  Werkzeug* 182
  nach Drittelregel 196
  Porträt 185
  Tastenkürzel 78
  *zum Entfernen des
  Hintergrunds* 221
Freistelltechniken 176
Freistellungswerkzeug 79
Füllmethode 156, 294
  ändern 295, 307
  Dunklere Farbe 159

415

Index

Füllmethode (Forts.)
  Hartes Licht 161
  Multiplizieren 295, 301
  Negativ Multiplizieren 295
Füllwerkzeug 127

G

Gaußscher Weichzeichner ... 326
Gerade ausrichten und
freistellen 230
Gerade-ausrichten-
Werkzeug 218, 219
  Optionen 221
Gesamtkontrast 88
Gesperrte Symbole 111
Glanz hinzufügen 357
Glätten 131
Graumaskierung 306
Grauschleier entfernen 311
Graustufen-Modus 281, 286
Größe 120
Grußkarte
  drucken 388
  erstellen 388

H

Hand-Werkzeug 78
  kurzfristig umschalten 78
  Tastenkürzel 78
Haut
  abdunkeln 301
  bräunen 275, 278
  retuschieren 356
Hautton
  kolorieren 278
  korrigieren 275
Helle Bilder abdunkeln 300
Helligkeit/Kontrast erhö-
hen 288
Helligkeitskorrektur 288
Hilfslinie 229
Himmel austauschen 144

Hintergrund 144
  entfernen 188
  färben 191
  in Ebene umwandeln 145
  löschen 154
  strecken 214
  transparent 121
  unscharf 325
  weichzeichnen 325
Hintergrundfarbe 128
  einstellen 187
Hintergrundinhalt 121
Histogramm 312
Horizont begradigen 218
Hot-Text-Steuer-
elemente 96, 155

I

Import 29
  Fotos umbenennen 35
Ineinanderkopieren 307
In Elements Organizer
aufnehmen 121
Intelligente Korrektur 86
  Problem 87
iPhoto, Fotos übertragen 28

J

JPEG-Vorschau erzeugen 371

K

Kalender drucken 388
Kalligrafiepinsel 136
Kamera, Fotos importieren ... 33
Kameradaten ablesen in
Camera Raw 372
Kameraverzerrung
korrigieren 228
Kante verbessern 134, 189

Karos 145
Kartenlesegerät 33
Katalog
  importieren 26
  konvertieren 26, 27
  sichern 40
  wiederherstellen 41
Klonen 342, 344
Kontrast 88, 298
  verbessern 298
  Was ist das? 88
Konturen verblassen 141
Kopierstempel 342
  aktivieren 344
  einstellen 344
Kopierüberlagerung 343
Kreis erzeugen 128
Kunstlicht 258

L

Lasso 132
  Kontrast 133
Leere Datei 119
Leuchtkraft verstärken 253
Lichter 88, 251, 310
  abdunkeln 88
Lichterwarnung 373
Lineal einblenden 229
Linie zeichnen 140
Lomo-Effekt 100

M

Magnetisches Lasso 133
Maske
  erzeugen 327
  korrigieren 305
  umkehren 303
Maskenbereich, Pinsel 136
Maskierung 136
Maßeinheiten 120
  ändern 194

Mehrere Dateien
verarbeiten 201
Metadaten anzeigen 45
Miniatursymbole 42
Mit Original im Versionssatz
speichern 121
Mitteltöne 88, 251, 310
Mittelton-Kontrast 293
Modus 120
   Graustufen 282, 286
Montage 156
   mit Ebenenmasken 162
   mit Füllmethoden 156
Montagefläche 76
Motiv-Suche 66
Musterstempel 345

N

Nachbelichten 306, 309
Nachbelichter 310
Navigator-Bedienfeld 115
Neue Ebene erstellen 145
Neue leere Datei 119
Neutrale Farbe 307
Neu-zusammensetzen-
Werkzeug 210
Nur nachher 80
Nur vorher 80

O

Objekte entfernen 211
Objektsuche 67
Offline 42
Öffnen 116
Optionsleiste 80, 109
Ordner überwachen 37
Organizer
   Aktionsleiste 43
   Ansichtsoptionen 42
   Arbeitsoberfläche 42
   Bestand sichern 38
   Dateinamen einblenden 42

Fotos drehen 43
Korrekturfunktionen 70
Miniaturgröße 43
Oberfläche 42
Orte 62
Personenerkennung 57
starten 24
Suche 66
Symbole im Bild 42
updaten 26
Vollbildansicht 46
Vorgängerversion 26
Zoom 43
zu Fotoeditor
umschalten 71
Originalfoto 73
Ort hinzufügen 62
Orton-Effekt 102
Out-of-Bounds 238
Overlay 343

P

Panorama
   erstellen 233
   Layout auswählen 235
Papierkorb 154
Personenerkennung 57
Personen-Fotos finden 58
Perspektive korrigieren 223
Perspektivisch
verzerren 223, 228
Photomerge 233
   Layout 237
   Panorama 234
Pinsel 136
   Alternativen laden 136
   Durchmesser 333
   einstellen 304
   Kantenschärfe 136
   Rand 136
Pinselspitze
   vergrößern/verkleinern ... 351
   verkleinern/vergrößern ... 187
Pinsel-Werkzeug 308

Pixel 120
   aufnehmen 345
Pixelmaße 131
Pixel/Zoll 120
Polygon-Lasso 132
Pop-Art 98
Porträt-Retusche 353
Postkarte 204
   erstellen 388
ppi 380
Preferences 113
Premiere Elements 409
Protokoll 122
Px 131

Q

Quadrat erzeugen 128
Qualitätsverluste
minimieren 382
QuickInfo 110

R

Rahmen
   Bildelemente hinausragen
   lassen 238
   erstellen 204, 238
   füllen 127
   mehrere aus einem
   Foto 244
Rand drucken 387
Raster
   Abstand ändern 228
   einblenden 223
   Rasterweite ändern 228
Raw-Datei
   nachbearbeiten 372
   öffnen 367
   Weißbalance einstellen ... 368
Raw-Formate 364
Raw-Grundeinstellungen 376
Raw-Plug-in installieren 366
Rechteck 126

Index

Registerkarten	112
Reiter	112
Reparatur-Pinsel	348
Retusche	348
inhaltsbasierte	351
Komplexe Strukturen	351
Probleme	350
verbessern	349
Retuschieren	342
RGB	
Bild	286
Farbe	120, 139
Modus	139
Werte	129
Rohdaten	364
Rote-Augen-Effekt	
automatisch beim Import entfernen	31
manuell entfernen	94
Rote Augen entfernen	94
Rote-Augen-entfernen-Werkzeug, Schnellkorrektur	94
Rot erhöhen	92
Rückgängig	154
machen	123
Rückgängig-Protokoll	122

S

Sättigung	251
Schärfe einstellen	324
Schärfentiefe	325
Schärfeverlauf	336
Schärfung, Prinzip	323
Scharfzeichnen	321
Scharfzeichner	340
Schieberegler	83
Schloss	155
Schnellauswahl, Tastenkürzel	78
Schnellauswahl-Werkzeug	78, 137, 181
Optionen	185
Schnellkorrektur	
Ansichten	80
Arbeitsoberfläche	76
automatische	85
Balance korrigieren	92
Bedienfelder	82
Bildbearbeitung	82
Bildschärfe korrigieren	93
Farbe korrigieren	91
Freistellungswerkzeug	79
Hand-Werkzeug	78
Intelligente Korrektur	86
Korrektur verwerfen	85
Rote Augen entfernen	94
rückgängig machen	85
Unschärfe korrigieren	93
Werkzeuge	77
Zoom	77
Schnittmarken	387
Schnittmaske erzeugen	318, 319
Schwamm	360
Schwarzweißbild erstellen	281, 283
Schwellenwert	323
Skalieren	386
Arbeitsfläche	205
Bildgröße	200
Slider	83
Smartpinsel, Farbe ersetzen	269
Smartradius	192
Sonnenlicht	258
Speicherkarte	34
Speichern	121
Dateiformat	121
Speicherort anzeigen	44
Standardansicht wiederherstellen	115
Standardfarben für Vorder- und Hintergrund	128
Stapelverarbeitung	201, 203
Größenänderung	201
Startbildschirm	24, 106
Steuerelementleiste	109
Stichwort-Tag → Tag	
Stürzende Linien	223
Subtraktives Farbsystem	139
Suche	
doppelte Fotos	68
Objekte	67
Orte	62
Personen	57
Visuelle Ähnlichkeit	66

T

Tag	53
auf Bilder übertragen	55
Bild-Tags	57
importiertes	57
neue Kategorie	55
zuweisen	54, 55
Temperatur verändern	277
Text	168
auf Pfad platzieren	169
einfügen	208
Text-auf-eigenem-Pfad-Werkzeug	168
Textwerkzeug einstellen	170
Tiefen	88, 251, 310
anpassen	299
aufhellen	88
Tiefen/Lichter	292
aufhellen	290
Tiefenunschärfe mit Assistent	329
Tilt-Shift	335
Toleranz	134
Tonwertbereich	311
Tonwerte	
korrigieren	311
Tonwertkurve	312
verändern	312
Tonwertkorrektur	88, 312
mit Einstellungsebenen	315
Tonwertkurve interpretieren	312
Toolbox	110
Transformieren	
perspektivisch verzerren	228
verzerren	224
Transparente Pixel fixieren	155

Index

U

Überarbeiten,
Farbe anpassen 255
Überlagerung 136
   anzeigen 343
Überlagerungsfarbe 136
Umfärben
   Augen 264
   Bildbereiche 260
Unscharf maskieren 321
Unterordner erstellen 35

V

Verbindung zeichnen 141
Vergrößern 77
Verkleinern 77
Verschieben 137
Versionssatz erzeugen 72
Verteilen 153
Verzerren 223, 224
Vignette erzeugen 101
Visuelle Ähnlichkeit 66
Vordergrundfarbe 128
Vorgabe 119

Vorgängerversion, Umstieg ... 26
Vorher und nachher
(Hochformat) 81
Vorschauqualität 396

W

Warnung zur Lichter-
beschneidung 373
Wechseldatenträger, Backup 38
Weiche Auswahlkante 267
Weiche Kante 130
Weiche Pinselpitzen 141
Weichzeichnen 325, 340
   per Assistent 333
   verringern 333
Weichzeichnungsfilter 326
Weißabgleich
   in Camera Raw 368
   nachträglich ausführen ... 258
Werkzeug
   verschieben 137
   zurücksetzen 80
Werkzeugleiste 110
Werkzeugmenüleiste 109
Werkzeug-Shortcuts 110

Wimpern 357
Windeffekt 161
Wischfinger 339
Wolken-Filter 148
WZ-Optionen 109

Z

Zähne weißen 359, 360
Zahnkosmetik 359
Zauberstab 133
   Himmel austauschen 146
Zauberstab-Auswahl
   erstellen 182
Zentimeter auf Zoll
umschalten 120
Zoll 120
Zoom 77
   Tastenkürzel 78
   über Navigator 115
   während Transforma-
   tionen 225
Zuletzt bearbeitete Datei
öffnen 116
Zurück 97

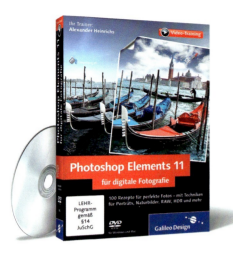

DVD, Windows und Mac, ca. 11 Stunden
Spielzeit, 29,90 Euro
ISBN 978-3-8362-2002-6, Nov. 2012
www.galileodesign.de/3246

Alexander Heinrichs

Video-Training:
Photoshop Elements 11
für digitale Fotografie

Film für Film führt Sie Alexander Heinrichs auf unterhaltsame Weise durch die Bildbearbeitung mit Photoshop Elements. Besondere Tipps finden Sie in Spezialkapiteln für eindrucksvolle Porträts und Naturbilder, RAW und HDR, Fotomontagen und Fotoeffekte. Profitieren Sie jetzt von den Rezepten eines Fotoprofis.

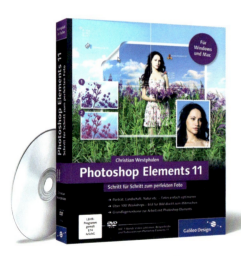

ca. 400 S., komplett in Farbe, 29,90 Euro
ISBN 978-3-8362-2016-3, Dez. 2012
www.galileodesign.de/3270

Christian Westphalen

Photoshop Elements 11
Schritt für Schritt zum perfekten Foto

Dieses Workshop-Buch bietet Ihnen den passenden Einstieg in Photoshop Elements 11! Schritt für Schritt und Bild für Bild lernen Sie die digitale Bildbearbeitung kennen. Auch anspruchsvollere Aufgaben wie Panoramen meistern Sie mit Hilfe des Buches schnell.

Ausführliche Informationen: www.galileodesign.de

- Alle Werkzeuge und Funktionen genau erklärt

- Fotos perfekt bear•eiten und verwalten

- Fotomontagen, Retuschen, Panoramen, Texteffekte u.v.m.

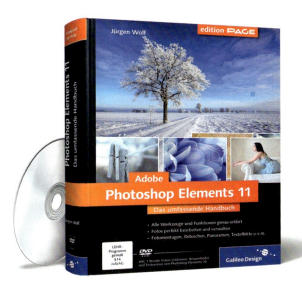

Jürgen Wolf

Adobe Photoshop Elements 11

Das umfassende Handbuch

Dieses umfassende Handbuch zu Adobe Photoshop Elements 11 bietet alles, was das Herz eines Digitalfotografen begehrt. Ihre Bilder erstrahlen in leuchtenderen Farben, Fotomontagen werden Schritt für Schritt erklärt und auch die Verwaltung Ihrer Bilder erledigen Sie im Handumdrehen. Zahlreiche Workshops, Tipps und Tricks helfen Ihnen dabei, auch knifflige Aufgaben zu bewältigen. Egal, was Sie mit Photoshop Elements 11 machen wollen – in diesem Buch finden Sie die Antwort!

ca. 992 S., komplett in Farbe, mit DVD, 39,90 Euro
ISBN 978-3-8362-2014-9, November 2012
www.galileodesign.de/3264

- Das umfassende Handbuch zur digitalen Fotografie
- Digitale Technik verständlich erklärt
- Mit vielen Tipps für die fotografische Praxis
- Auf der Buch-DVD: Beispielbilder, Testberichte, Software-Testversionen u.v.m.

Christian Westphalen

Die große Fotoschule
Digitale Fotopraxis

Vollständig und verständlich präsentiert dieses Schwergewicht unter den Fotoschulen Kamera- und Objektivtechnik, Regeln und Prinzipien der Bildgestaltung, Umgang mit Licht und Beleuchtung, Blitzfotografie, Techniken der Scharfstellung und vieles mehr. Die großen Fotogenres werden vorgestellt, und Sie erhalten Anregungen und Kniffe für Ihre tägliche Fotopraxis!

602 S., 2011, komplett in Farbe, mit DVD, 39,90 Euro
ISBN 978-3-8362-1311-0
www.galileodesign.de/1950

»Dieses Buch bietet gebündeltes Wissen rund um die Digitalfotografie.«
PHOTOGRAPHIE

- Fünf Fotografen – fünf Arbeitsweisen – fünf Bildsprachen

- Bildideen für Porträt, Kinder, Beauty, Fashion, Hochzeiten u. v. m.

- Inspiration und Praxistipps für eigene Fotoshootings

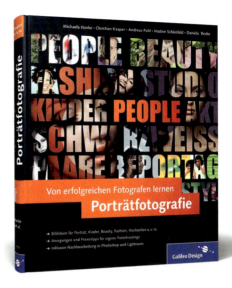

Michaela Hanke, Christian Kasper, Andreas Puhl, Daniela Reske, Nadine Schönfeld

Von erfolgreichen Fotografen lernen: Porträtfotografie

Fragen Sie sich, wie andere Fotografen zu ausdrucksstarken Porträts mit ihrer ganz eigenen Bildsprache kommen? In diesem Buch nehmen Sie fünf Fotografinnen und Fotografen mit »hinter die Kulissen«! Sie berichten praxisnah und persönlich aus ihrem fotografischen Alltag und stellen Ihnen ihre Lieblingsthemen und spannendsten Fotoprojekte vor. Ganz nebenbei lernen Sie dabei die Vielfalt der People- und Porträtfotografie kennen: Studioporträt, Lifestyle, Beauty, Fashion, Hochzeiten, Paare, Kinder, Reportage, Akt, kreative Porträts u.v.m.

ca. 320 S., komplett in Farbe, 39,90 Euro
ISBN 978-3-8362-1935-8, Dezember 2012
www.galileodesign.de/3143

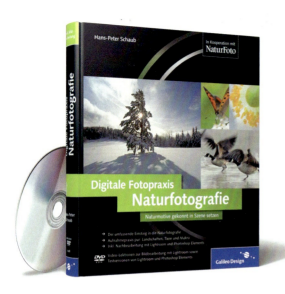

- Der umfassende Einstieg in die Naturfotografie
- Aufnahmepraxis pur: Landschaften, Tiere und Makro
- Inkl. Nachbearbeitung mit Lightroom und Photoshop Elements
- Video-Lektionen zur Bildbearbeitung mit Lightroom

Hans-Peter Schaub

Digitale Fotopraxis: Naturfotografie
Naturmotive gekonnt in Szene setzen

Lernen Sie in diesem umfassenden Handbuch alles, was Sie als Naturfotograf wissen möchten! Hans-Peter Schaub zeigt Ihnen, dass überall um Sie herum Naturmotive zu finden sind – egal, ob Sie bevorzugt Landschaften, Tiere oder Pflanzenmakros fotografieren. Dieses Buch liefert Ihnen wichtige Praxistipps, damit Sie im richtigen Moment auslösen können!

356 S., 2010, komplett in Farbe, mit DVD, 39,90 Euro
ISBN 978-3-8362-1408-7
www.galileodesign.de/2116

»Wer sich ernsthaft mit der Naturfotografie beschäftigen und sich solide Grundlagen erarbeiten will, findet hier eine ausgezeichnete Anleitung.«
NaturFoto

Das gesamte Buchprogramm: www.galileodesign.de